CATALOGUE

DE LA

BIBLIOTHÈQUE COMMUNALE

DE BREST

PAR

A. MARION ✳

Docteur en Médecine, Bibliothécaire

ET

P.-L. TISSOT ✳

Ancien Officier de Marine, Bibliothécaire-Adjoint

HISTOIRE

PREMIÈRE PARTIE

BREST

Imprimerie L. ÉVAIN-ROGER, rue Saint-Yves, 32.

1889

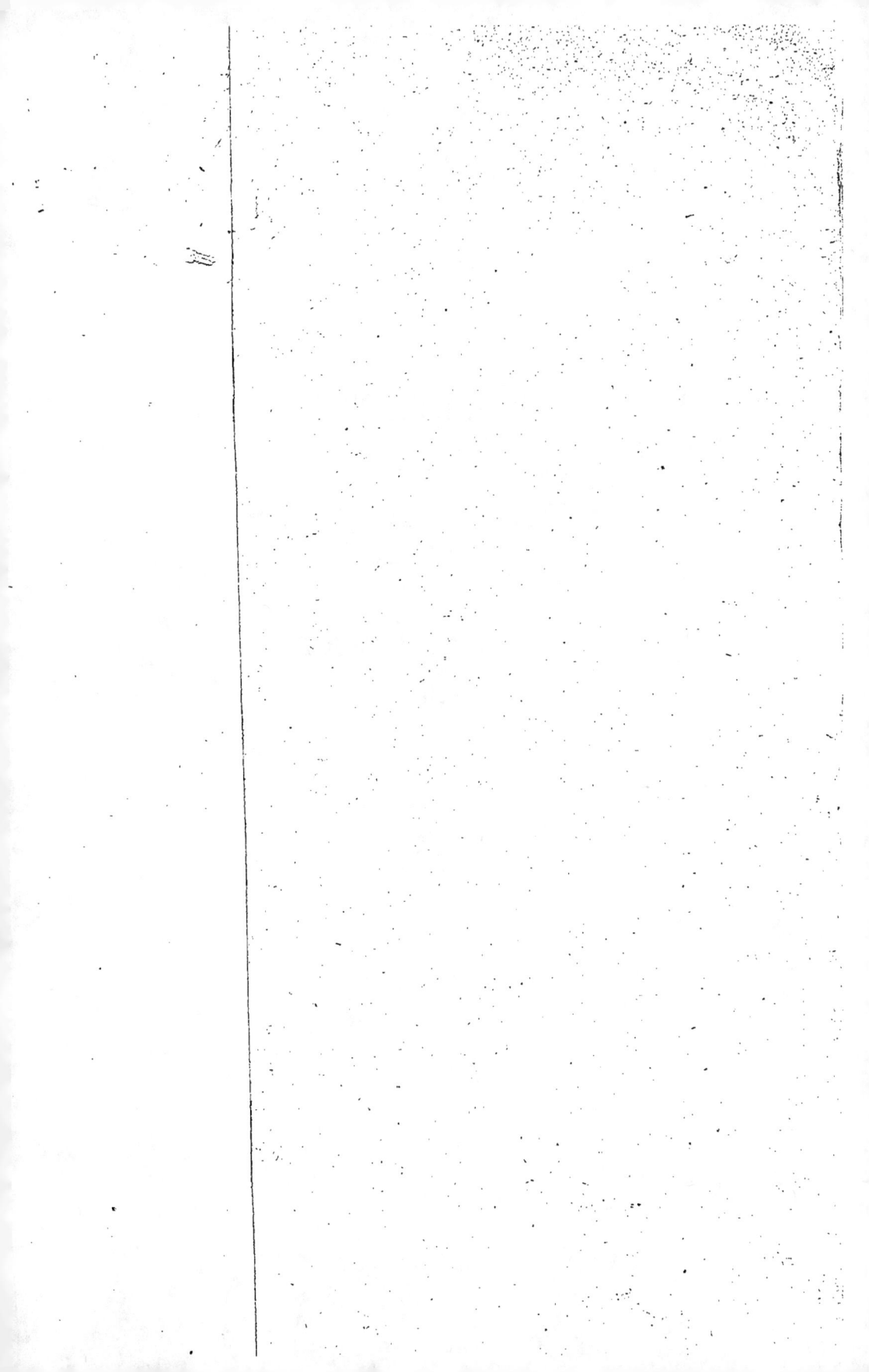

BIBLIOTHÈQUE

DE LA

VILLE DE BREST

HISTOIRE

Première Partie

Offert

Au nom du Conseil Municipal de la Ville de Brest,

à la Bibliothèque de la Ville de

Le Maire,

CATALOGUE

DE LA

BIBLIOTHÈQUE COMMUNALE

DE BREST

PAR

A. MARION ✳

Docteur en Médecine, Bibliothécaire

ET

P.-L. TISSOT ✳

Ancien Officier de Marine, Bibliothécaire-Adjoint

HISTOIRE

PREMIÈRE PARTIE

BREST

Imprimerie L. ÉVAIN-ROGER, rue Saint-Yves, 32.

—

1889

AVIS

La Table des divisions et subdivisions, contrairement à ce qui a lieu d'ordinaire pour les Catalogues, se trouve à la fin du volume. Nous nous sommes, en effet, aperçu que la plupart des lecteurs, ne la trouvant pas à cette place, se figurent qu'elle n'existe pas et perdent un temps souvent précieux à feuilleter les Catalogues avant de trouver l'ouvrage qu'ils désirent consulter.

Une Table alphabétique générale sera annexée à la deuxième partie, qui paraîtra dans quelques mois.

Le Bibliothécaire,

MARION.

HISTOIRE

I. — PROLÉGOMÈNES HISTORIQUES

1. — TRAITÉS SUR LA MANIÈRE D'ÉCRIRE L'HISTOIRE.
— PHILOSOPHIE DE L'HISTOIRE. — ATLAS HISTORIQUES. —
DICTIONNAIRES.

1. — MABLY (L'abbé de). — De la manière d'écrire l'histoire. N^lle édition,
— Paris, *A. Jombert, 1784, in-12 rel.* (2 exempl.).

2. — D°. — La même, suivie du supplément à la manière d'écrire l'histoire,
ou réponse à l'ouvrage de l'abbé de Mably, par Gudin de la Brunellerie.
Kehl, *1784, in-12, 2 vol. rel.*

3. — LENGLET DU FRESNOY (L'abbé). — Méthode pour étudier l'histoire, avec un catalogue des principaux historiens et des remarques sur
la bonté de leurs ouvrages et sur le choix des éditions. Nouvelle édit. —
Paris, *P. Gaudouin, 1735, in-12, 9 vol. rel.*

4. — LARCHER (Ph.). — Supplément à la philosophie de l'histoire de feu
l'abbé Bazin (Voltaire). — Amsterdam, *Changuion, 1767, in-8° rel.*

5. — D°. — Le même. — Amsterdam, *Changuion, 1769, in-8°,* avec réponse
à la Défense de mon oncle, précédée de la relation de la mort de l'abbé
Bazin (Voltaire) et suivie de l'apologie de la mort de Socrate, trad. du
grec de Xénophon. — Amsterdam, *Changuion, 1767, in-8° rel.*

6. — FRANÇOIS (L'abbé). — Observations sur la philosophie de l'histoire
et le Dictionnaire philosophique, avec des réponses à plusieurs difficultés.
— Paris, *Dillet, 1770, in-8°, 2 tomes en 1 vol. rel.*

7. — PENHOEN (Barchou de). — Essai d'une philosophie de l'histoire. —
Paris, *Comptoir des imprimeurs-réunis, 1854, 2 vol. in-8°.*

8. — PICHON (L'abbé). — La physique de l'histoire ou considérations générales sur les principes élémentaires du tempérament et du caractère
naturel des peuples. — La Haye, *1765, in-12 rel.*

1

9. — LANCELLOTI (L'abbé). — Les impostures de l'histoire, trad. de l'italien, par l'abbé Oliva, publiées par le président Rolland et Charpentier. — Paris, *Costard, 1770, in-12 rel.*

10. — GAIL (J.-B.). — Atlas pour servir à l'étude de l'histoire ancienne et à l'intelligence des auteurs grecs et latins, contenant les tableaux chronologiques des principaux faits de l'histoire ancienne, etc., etc. — *Imprimerie royale*, Paris, *Delalain, 1815, in-4° rel.*

11. — MORERI (L'abbé). — Le grand dictionnaire historique ou le mélange curieux de l'histoire sacrée et profane, 5ᵉ édition, divisée en deux volumes — Lyon, *J.-B. Deville*, Paris, *Denys Thierry, 1688.* Titre rouge et noir.

12. — Dᵒ, dᵒ. — Supplément au 3ᵉ vol. du grand dictionnaire qui contient des matières de même nature que celle des deux premiers tomes, et encore les dignités, la magistrature, etc. — Paris, *Denys Thierry, 1689, in-fᵒ rel.* Titre rouge et noir.

13. — BOUILLET (M.-N.). — Dictionnaire universel d'histoire et de géographie. Onzième édit. — Paris, *L. Hachette et Cⁱᵉ, grand in-8° rel.* (2 parties).

14. — Dᵒ. — Atlas universel d'histoire et de géographie contenant : 1° La chronologie ; 2° la généalogie ; 3° la géographie. — Paris, *L. Hachette, 1865, in-4° rel.* (Pl. c. arm.).

15. — DEZOBRY (Ch.) et BACHELET (Ph.). — Dictionnaire général de géographie et d'histoire. — Paris, *Dezobry et Magdeleine et Cⁱᵉ, 1857, 2 vol. gᵈ in-8° rel.*

2. — GÉOGRAPHIE

A. — Introduction et Dictionnaires

16. — ROBERT DE VAUGONDY (D.). — Essai sur l'histoire de la géographie ou sur son origine, ses progrès et son état actuel. — Paris, *A. Boudet, 1755, in-12 rel.*

17. — Dᵒ. — Institutions géographiques. — Paris, *Boudet, 1766, in-8° rel.*

18. — ANVILLE (d'). — Considérations générales sur l'étude et les connaissances que demande la composition des ouvrages de géographie. — Paris, *Lambert, 1777, in-8°*, relié avec : Mémoire de d'Anville sur la Chine. — Pékin *et* Paris, *1776, in-8° rel.* V. rac.

19. — LACROIX (S.-F.). — Introduction à la géographie mathématique et critique, et à la géographie physique, Nᵉ édit. — Paris, *J.-G. Dentu, 1811, in-8° rel.* V. vert rac. fil.

20. — MENTELLE (E.). — Manuel de géographie chronologique et historique. — Paris, *Cuissart, 1760, in-12 rel.*

21. — Dᵒ. — Cours complet de cosmographie, de géographie, de chronologie et d'histoire ancienne et moderne, avec 166 tableaux et un atlas, 2ᵉ édit. — Paris, *Bernard, an XII, 1804, in-8°, 4 vol. rel.*

22. — HENRY (J.-F.). — Mémoire sur la projection des cartes géographiques adoptées au Dépôt général de la guerre. — Paris, *Impᵗᵉ impᵗᵉ, 1810, in-4° cartonné.*

23. — MARTINIÈRE (Bruzen de la). — Le grand dictionnaire géographique, historique et critique. — Dijon, *J.-B. Augé, 1739, 6 vol. in-fᵒ rel.*

24. — Dᵒ, dᵒ, dᵒ, dᵒ, dᵒ, Nᵉ édit. — Paris, *Libraires associés, 1768, 6 vol. in-fᵒ rel.*

25. — CORNEILLE. — Dictionnaire universel géographique et historique, contenant la description des Royaumes, Empires, Etats, Provinces, Pays, Contrées, Déserts, Villes. Bourgs, etc. — Paris, *Coignard, 1708, 3 vol. in-fᵒ rel.*

26. — MATY (Ch.). — Dictionnaire géographique universel, etc., tiré du Dictionnaire géographique latin de Baudrand, des meilleures relations, etc. — Amsterdam, *1701, in-4° rel.*

27. — VOSGIEN. — Dictionnaire géographique portatif etc., trad. de l'anglais sur la deuxième édit. de Laurent Eschard. — Paris, *1807, in-8° rel.*

28. — Dᵒ. — Dictionnaire géographique, ou Description des quatre parties du Monde, Nᵉ édit. augmentée et entièrement refondue, par Girard, orné de 6 cartes géographiques. — Lyon, *J.-B. Kindelen, 1810, in-8° rel.*

29. — LADVOCAT (J.-B.). — Nouveau dictionnaire géographique ou description de toutes les parties du monde, par Vosgien (Ladvocat), entièrement refondu par A. L*** (Antoine J. Letronne). — Paris, *Saintin, 1813, in-12 rel.*

30. — MALTE-BRUN (C.). — Dictionnaire géographique portatif, contenant la description générale et particulière des cinq parties du Monde connu, revu avec soin, et augmenté de plus de 20,000 articles, par le Docteur Friéville et F. Lallement. — Paris, *C. Gosselin, 1827, in-4°, 2 vol.*

31. — VOSGIEN. — Nouveau dictionnaire géographique. — Paris, *Saintin, 1819, 1 vol. in-8° rel.*

32. — D°. — Dictionnaire géographique universel, totalement refondu et mis au niveau de la science moderne, avec un tableau synoptique, par V. Parisot, avec 7 cartes nouvelles dressées par Dufour. — Paris, *Baudouin frères, 1828, g^d in-8°.* Texte à 2 col. rel.

33. — MAC-CARTHY (J.). — Dictionnaire universel de géographie physique, politique, historique et commerciale, 2e édit. — Paris, *A. Guyot et Scribe, 1839, in-8° 2 vol. rel.*

B. — Description du globe terrestre
Mesure de la terre et mesures itinéraires

34. — LETRONNE (A.). — Recherches géographiques et critiques sur le livre de *Mensurâ orbis terræ*, composé en Irlande au commencement du ixe siècle, par Dicuil, suivies du texte restitué. — Paris, *G. Mathiot, 1814, in-8°ʲ* reliées avec Dicuili liber de mensurâ orbis Terræ ex duobus Codd. M. S. S. Bibliothecæ Imperialis nunc primùm in lucem editus à Car. Athan. Walckenaer. — Parisiis, *1807, in-8°.* 2 tom. en un vol. rel.

35. — ANVILLE (d'). — Traités des mesures itinéraires, anciennes et modernes. — Paris, *Imprimerie royale, 1769, in-8°.* M. R. F. d. S. T.

36. — GOSSELIN (P.-F.-J.). — Observations générales sur la manière de considérer et d'évaluer les anciens stades itinéraires, etc. Relié avec : Eclaircissements sur les différentes roses des vents des anciens, du même auteur. — Pl. *in-4° rel.*

C. — Géographie ancienne et géographie comparée

37. — BOISTE (P.-C.-V.). — Dictionnaire de géographie universelle, ancienne, du moyen-âge et moderne, comparées ; offrant le tableau géographique, historique, politique et statistique du globe et de ses parties, etc. — Paris, *Desray, 1806, in-8° rel.*

38. — DICTIONNAIRE classique de géographie ancienne pour l'intelligence des auteurs anciens, etc. — Paris, *Lacombe, 1768, in-8° rel.*

39. — PATRIX (Samuel). — Geographia antiqua cum indice quo vetera locorum nomina novis præponuntur, scholarum usui accommodata. — Berolini, *sumptibus Oehmigke junioris, 1800, in-8° rel.*

40. — GEOGRAPHIÆ veteris scriptores Græci minores, cum interpretatione latina, dissertationibus ac annotationibus (H. Dodwelli, J. Hudson et Edw. Wells). — Oxoniæ, *E. Theatro Sheldoniano, 1698-1703-1712.* Le 4ᵉ vol. est de 1697, *in-8°; 4* vol. couv. en peau de vélin.

41. — DENYS. — Dionysii Byzantii de Bospori navigatione quæ supersunt una cum supplementis in geographos græcos minores, etc. — Edidit Carolus Wescher. — Parisiis, *e typographeo publico, 1874, in-4°.*

42. — STRABON. — Géographie, traduite du grec, par MM. de La Porte du Theil, Coray et Letronne, avec des notes et une introduction par Gosselin. — Paris, *Imprimerie impériale, an XIII (1805), in-4°,* 5 vol.

43. — VINCENT (W.). — Voyage de Néarque des bouches de l'Indus jusqu'à l'Euphrate, ou journal des expéditions de la flotte d'Alexandre, etc., etc., contenant l'histoire de la première navigation que des Européens aient tentée dans la mer des Indes. Traduit de l'anglais, par J.-B.-L.-J. Billecocq. — Paris, *Imprimerie de la République. an VIII (1800), grand in-4°* avec cartes, rel. v. m. (2 exempl.)

44. — POMPONIUS MELA. — JULIUS SOLINUS. — Itinerarium Antonini Aug. Vibius Sequester. P. Victor de regionibus urbis Romæ Dionysius. Afer de Situ orbis Prisciano interprete. — Venetiis, *in ædibus Aldi et Andreæ soc. 1518, in-8°.* Rel. v. frap. rel. anc.

45. — Dᵒ. — Trad. en français sur l'édit. d'Abr. Grovovius, le texte vis-à-vis la traduction, avec des notes critiques, géographiques et historiques, etc. par C.-P. Fradin. — Paris, *C. Pougens, 1804, in-8° 3 vol. rel.*

46. — PEUTINGER. — Peutingeriana tabula itineraria quæ in Augusta bibliotheca vindobonensi nunc servatur, adcurate exscripta a Francisco Christophoro de Scheyb. — Vindobonæ, *ex typographia Trattneriana, 1753, in-fᵒ rel.*

47. — Dᵒ. — Edit. nouvelle, avec introduction historique, *1868, in-fᵇ rel.*

48. — ROBERT DE VAUGONDY. — Orbis vetus in utroque continente juxta mentem sansonianam distinctus nec non observationibus astronomicis redactus, accurante Robert de Vaugondy. — Lutetiæ Parisiorum, *1752, gᵈ in-fᵇ rel.*

49. — DESJARDINS (Ernest). — Essai sur la topographie du Latium. Thèse pour le doctorat. — Paris, *A. Durand, 1854, in-4°.* Cartes rel.

50. — PLUCHE (L'abbé). — Concorde de la géographie des différents âges. — Paris, *les frères Estienne, 1766, in-12 rel.* (Cart.)

51. — ANVILLE (d'). — Géographie ancienne abrégée. — Paris, *Merlin, 1768, in-12, 3 vol. rel.*

52. — D°. — La même, avec les cartes nécessaires, pour en faciliter l'intelligence. — Paris, *Barrois, 1782, in-12, 3 vol. rel.*

53. — GOSSELIN (P.-F.-J.). — Géographie des grecs analysée, ou les systèmes d'Eratosthène, de Strabon et de Ptolémée, comparés entre eux et avec nos connaissances modernes. — Paris, *Didot aîné, 1798, in-4° rel.* (2 ex.).

54. — D°. — Recherches sur la géographie systématique et portative des anciens, pour servir de base à l'histoire de la géographie ancienne. — Paris, *imprimerie de la République, an VI (1797), in-4°, 4 vol. rel.*

55. — NAVARRE (P.). — La géographie, tant ancienne que moderne, par l'histoire de tous les temps, ou l'application de la géographie aux éléments chronologiques de l'histoire et des révolutions du globe, etc. — Paris, *Belin, 1809, in-8°.*

56. — WALCKENAER (C.-A.). — Recherches sur la géographie ancienne et sur celle du moyen-âge. — Paris, *imprimerie royale, 1823, in-4°.*

57. — DUREAU de LA MALLE (A.-J.-C.-A.). — Géographie physique de la mer Noire, de l'intérieur de l'Afrique et de la Méditerranée. — Paris, *Dentu, 1807, in-8° rel.*

D. — Géographes modernes

58. — CLUVIER (Ph.). — Philippi Cluverii introductio in universam geographiam, tam veterem quam novam, tabulis geographicis xlvi, ac notis olim ornata à Johanne Bunone, jam verò locupletata additamentis et annotationibus Joh. Frid. Hekelii et Joh. Reiskii. — Amstelædami, *apud Joannem Wolters, 1697, in-4° rel. v. f.*

59. — D°. — Eadem opera Petri Louvet. — Lugduni, *1666, in-32,* Paris.

60. — D°. — Introduction à la géographie, trad. du latin. 2ᵉ édit. — Paris, *in-8° parch.*

61. — GORDON (Pat.). — Grammaire géographique, ou analyse exacte et courte du cours entier de la géographie moderne. Trad. de l'anglais sur la 16ᵉ édit., par de Puisieux et augmentée par Toussaint. — Paris, *Durand, 1748, in-8° rel.*

62. — DUBOURG (Le Val.) — Connaissances premières de la géographie, dédiées à la noblesse de Bretagne. — Rennes, *Vatar, 1765, in-8° rel.*

63. — DAVITY. — Les États, Empires et Principautés du monde, représentés par la description des pays, mœurs des habitants, etc., etc., avec l'origine de toutes les religions et de tous les chevaliers et ordres militaires, par le sieur D. T. V. Y. — Rouen, *C. Malassis, 1664, in-4° parch.*

64. — DU CAILLE (L.-A.). — Etrennes géographiques, année 1761. Royaume de France, divisé en généralités, subdivisé par élections, diocèses, baillages, etc., gravé par Lattré. — Paris, *Ballard, in-24 rel.*

65. — VARENIUS (B.). — Géographie générale, composée en latin, revue par Newton, augmentée par J. Jurin et trad. en anglais d'après les éditions latines, etc., et présentement trad. de l'anglais en français, avec des fig. en taille douce, par de Puissieux. — Paris, *Vincent et Lottin, 1765, in-12, 4 vol. rel.*

66. — HUBNER (Jean). — La géographie universelle où l'on donne une idée abrégée des quatre parties du monde et des différents lieux qu'elles renferment. — Basle, *Jⁿ Rodolphe Imhof, 1767, 6 vol. in-12 rel.*

67. — MENTELLE. — Recueil renfermant :

1° Annonce de quelques ouvrages relatifs à la géographie ;

2° Analyse du cours de géographie ;

3° Cosmographie ;

4° Suite de l'analyse du cours de géographie ;

5° Réponse de M. l'abbé Grenet et annonce d'une sphère céleste, etc. ;

6° Rapport de Buache sur le perfectionnement des cartes ;

7° Travail des auteurs de l'atlas national, par Chantaire ;

8° Mémoire sur le Moéris, par D. Leroy ;

9° Mémoire sur la terre des Arsacides, découverte en 1768 par M. de Bougainville, et sur des recherches à faire de M. de La Pérouse.

Le tout en un vol. *in-8°* cartonné, sans date ni nom d'imprimeur.

68. — LACROIX (L'abbé Nicolle de). — Géographie moderne, précédée d'un petit traité de la sphère et du globe, avec une table des longitudes et latitudes des principales villes du monde, etc., etc. Nˡˡᵉ édition, par J.-L. Barbeau de La Bruyère. — Paris, *Delalain, 1775, in-12 rel., 2 vol.*

69. — SALMONS. — Description générale de l'univers, trad. de l'anglais, d'après la xvᵉ édit. donnée à Londres en 1768, par l'abbé Jurain (28 cart) Paris, *1776, in-8°, 2 vol. rel.*

70. — FRANÇOIS (L'abbé). — Méthode abrégée et facile pour apprendre la géographie, dite de Crozat, etc. N^lle édit. — ROUEN, *1782, in-12 rel.* (cart.)

71. — LE MOINE (E.-M.-J.). — Principes de géographie, suivis d'un Traité du globe, etc. — PARIS, *1784, in-12 rel.*

72. — GÉOGRAPHIE de France, suivant la division en 88 départements. — PARIS, *Devaux, an III, 2 vol, in-12 rel.*

73. — LACROIX (L'abbé NIC. DE). — Géographie moderne. — PARIS, *Libraires associés, 1800, 2 vol. in-8°.*

74. — THIÉBAUT (Citoyen de Nancy). — Annuaire de la République pour l'an IV, contenant la description géographique de chaque département, leurs productions, etc.

75. — PINKERTON (J.). — Géographie moderne, rédigée sur un nouveau plan, etc. trad. de l'anglais, avec des notes et augmentations considérables, par C.-A. Walckenaer, précédée d'une introduction à la géographie mathématique et critique, par S.-F. Lacroix, revue et corrigée par J.-N. Buache. — PARIS, *Dentu, an XII (1804), in 8°, 6 vol. rel.*

76. — MENTELLE (EDME). — Cours complet de cosmographie, de géographie, de chronologie et d'histoire ancienne et moderne, avec 166 tableaux et un atlas de 20 cartes enluminées, dressées d'après les derniers traités de paix. — PARIS, *Bernard, 1804.*

77. — LACROIX (L'abbé N. DE). — Géographie moderne, nouvelle édition considérablement augmentée et ornée de cartes, par M. Fontenay. — PARIS, *Delalain fils, an XIII (1805), in-12, 2 vol. rel.*

78. — MALTE-BRUN. — Précis de la géographie universelle. Collection de cartes géographiques. Atlas. — PARIS, *Buisson F^bis, 1810, 1 vol.*

79. — D°. — Précis de la géographie moderne, ou description de toutes les parties du monde sur un plan nouveau, etc., avec cartes, tableaux analytiques, synoptiques et élémentaires, et d'une table alphabétique des noms des lieux. — PARIS, *Buisson, 1810, 6 vol, in-8°.*

80. — GUTHRIE (W.). — Abrégé de la nouvelle géographie universelle, 8e édit., ornée de 9 cartes par Aurow Smith. — PARIS, *Langlois, 1812, grand in-8° rel.* (Il ne reste que 8 cartes.)

81. — LE TELLIER (CHARLES-CONSTANT). — Nouvelle géographie élémentaire divisée par leçons, contenant la nouvelle division de la France par départements et l'ancienne division par gouvernements ou provinces, avec les changements faits en Europe et dans les autres parties du monde.

82. — FRANÇOIS (L'abbé L.). — Méthode abrégée et facile pour apprendre la géographie dite de Crozat. Nouvelle édit., revue et corrigée d'après les actes du Congrès de Vienne et les traités de Paris de 1814 et 1815. 17 cartes, par un ancien professeur de géographie — Paris, A. Delalain, 1818, in-12 rel.

83. — MALTE-BRUN. — Précis de la géographie universelle, ou description de toutes les parties du monde sur un plan nouveau, 2ᵉ édit. — Paris, Buisson, 1812, in-8°, 8 vol. rel.

84. — ATLAS de 80 planches. — In-folio rel.

85. — BARBERET et MANGIN. — Précis de géographie historique universelle. — Paris, Dezobry, Magdeleine et Cⁱᵉ, 1841, in-8°, 2 vol. rel.

86. — SARDOU (M.). — Abrégé de géographie commerciale et industrielle, indiquant pour chaque état sa situation maritime, les principaux ports de mer, les places de commerce et centres de grande fabrication, le climat, etc., avec un tableau des monnaies, poids et mesures de tous les pays, 3ᵉ édit. — Paris, Hachette, 1855, in-8° br.

87. — RECLUS (Elisée). — Nouvelle géographie universelle. — Paris, Hachette et Cⁱᵉ, 1884-1889, 14 vol. in-8°.

E. — Mélanges de géographie

88. — BULLETIN de la Société de géographie. — Paris, 1822 à 1842, in-8° rel.

89. — Dᵒ, dᵒ. — Collection complète du bulletin de la Société de géographie de 1881 à 1889. — Paris, Ch. Delagrave, in-8° rel.

90. — GRABERG (Giacomo). — Annali di geographia et di statistica. — Geneva, in Scurreria la Vecchia, 1802, in-8°, 2 vol. rel.

91. — ROUSSELOT de SURGY. — Mémoires géographiques, physiques et historiques sur l'Asie, l'Afrique et l'Amérique, tirés des lettres édifiantes et des voyages des missionnaires jésuites. — Paris, Durand, 1767, in-12, 4 vol. rel.

92. — VIVIEN de SAINT-MARTIN. — L'année géographique, revue annuelle des voyages de terre et de mer, ainsi que des explorations, missions et publications diverses, relatives aux sciences géographiques et ethnographiques.

1ʳᵉ année, 1862. — 2ᵉ année, 1863. — 3ᵉ année 1864. — 7ᵉ année, 1868. Paris, Hachette et Cⁱᵉ, 1863, 1864, 1865, 1869, 4 vol. petit in-8° rel.

93. — MAUNOIR et DUVEYRIER (H.). — L'année géographique, revue annuelle des voyages de terre et de mer, des explorations, missions, relations et publications diverses relatives aux sciences géographiques et ethnographiques. — Paris, *Hachette et Cie 1880*. Tome III de la 2e série (dix-septième année, 878), *in-8° broché*.

94. — DRAPEYRON (M. Ludovic). — Revue de géographie dirigée par M. Ludovic Drapeyron. — 4e année, tome VIII, années 1881-1882-1883-1884-1885. — Paris, *Ch. Delagrave, in-8° rel.*

95. — COMPTE-RENDU des séances de la Société de géographie et de la commission centrale. — Paris, *1882, Société de géographie, in-8° rel.* Années 1882, 1883, 1884, 1885, 1886.

F. — Atlas généraux et Cartes particulières

96. — MAPPEMONDES. — 1° Introduction à la géographie, cartes des diverses positions de la sphère, des systèmes de l'univers, des planètes, des éclipses, etc., par Delafosse (sans date), une feuille.

2° Mappemonde, par Henri Hondius, 1630, deux feuilles.

3° Carte générale de la Terre ou Mappemonde avec les quatre principaux systèmes et les figures des sept planètes, le tout selon les nouvelles observations. 1729, mis au jour par M. Danet, gendre de M. de Fer, une feuille.

4° Mappemonde ou Carte générale de l'Univers sur une projection nouvelle d'une sphère ovale, pour mieux entendre les distances entre l'Europe et l'Amérique, avec le tour du monde du lieutenant Cook, et toutes les découvertes nouvelles, dessinée et gravée par J.-M. Probst. — Augsbourg, *1782*, une feuille.

5° Carte réduite des parties connues du Globe terrestre, dressée au Dépôt des Cartes et Plans et journaux de la Marine, pour le service des vaisseaux français, augmentée des nouvelles découvertes, 1745.

6° Mappemonde ou Carte réduite des parties connues du Globe, pour servir au voyage de La Pérouse, fait en 1785, 1786, 1787, 1788, une feuille.

7° Mappemonde, divisée en hémisphère oriental ou de l'ancien monde, et hémisphère occidental ou du nouveau monde, par d'Anville, 1761, revue et augmentée des nouvelles découvertes, en 1786, par Barbié du Bocage ; 2 grandes feuilles.

8° Mappemonde, par A. Vuillemin. — Paris (sans date), une feuille.

9° Mappemonde en deux hémisphères, par A. Lorrain, avec les hauteurs des sommités du globe. — Paris, *1840*.

10° Cartes réunies en un rouleau.

97. — DUFOUR (M.-A.-H.). — Atlas universel, physique, historique et politique de géographie ancienne et moderne. — Paris, *Chevalier, cartes et texte in-f°*.

98. — BONNE ET DESMAREST. — Atlas encyclopédique, contenant la géographie ancienne et quelques cartes sur la géographie du moyen-âge, la géographie moderne, et les cartes relatives à la géographie physique. — Paris, *Hôtel de Thou, 1787, in-4° cartonné*.

99. — MERCATOR (Gérard). — Orbis terræ novissima descriptio, auctore Gerardo Mercatore, nuperrimè vero juxtà recentiores cosmographos, aucta et recognita. — *J. Hondius, sculp., J. Leclerc, excud. 1602, in-f°, 2 vol.* parch. vert.

100. — ROBERT de VAUGONDY (G.). — Atlas portatif universel et militaire. — Paris, *1748, in-8° rel.*

101. — BUY de MORNAS (C.). — Atlas méthodique et élémentaire de géographie et d'histoire. — Paris, *1761, in-f°, 4 vol. rel.*

102. — D°. — Paris, *an 2, in-4° cart.*

103. — BELLIN. — L'Enfant géographe, ou nouvelle méthode d'enseigner la géographie. — Paris, *1772, in-f° oblong*.

104. — ATLAS DES ENFANTS. — Ou nouvelle méthode pour apprendre la géographie, avec un nouveau traité de la sphère en 24 cartes, N^lle édit. — Lyon, *J.-M. Bruyset, 1784, in-12 rel.*

105. — BRAUN (G.). - - Civitates orbis terræ. — Coloniæ *Agrippinæ, 1595, in-f° rel.*

106. — DENAIX (M.-A.). — Atlas physique, politique et historique de l'Europe. N^lle édit., des. et grav., par R. Wahl. — Paris, *1855, grand in-folio rel.*

107. — CARTES DU MONDE ANCIEN :

1° Orbis veteribus notus, par d'Anville, 1763, une feuille (2 exempl.).

2° Græciæ antiquæ specimen geographicum, par d'Anville, 1762, une feuille.

3° Tabulæ Italiæ antiquæ, par d'Anville, 1764, une feuille.

4° Orbis Romani pars orientalis, par d'Anville, 1764, une feuille collée sur toile.

Cinq cartes réunies en un seul rouleau.

EUROPE

108. — CARTES GÉNÉRALES DE L'EUROPE :

1º Europe, par M. Sanson, revue par G. Sanson. — PARIS, *1688*, une feuille.

2º General Karte von Europe (en allemand). — NURNBERG, *1799*, une feuille.

3º Carte générale de l'Europe, où l'on voit le départ et le retour du capitaine Cook dans ses différents voyages, dressée par Hérisson. — PARIS, *1806*, une feuille.

4º Carte de l'Europe, par J.-B. de Bouge. — *1809*, une feuille.

5º Carte générale de l'Europe, par Hérisson. (La même que le n° 3, revue et augmentée.) — *1811*, une feuille.

6º Carte générale de l'Europe, avec les divisions des principaux Etats fixées par les derniers traités, par Hérisson, revue, corrigée et augmentée, en *1823*, une feuille.

7º Carte muette de l'Europe, par le même. — *1833*, une feuille.

8º Europe, divisée en ses empires, royaumes et républiques, par Delamarche, *1797*.

8 cartes réunies en un rouleau.

109. — FRANCE. — PERROT ET ARCHIN TARDIEU. — Atlas géographique, statistique et progressif des départements de la France et de ses Colonies. — PARIS, in-fº oblong.

1º Le Royaume de France, distingué suivant l'étendue de toutes les provinces et ses acquisitions dans l'Espagne, l'Italie, l'Allemagne, les Pays-Bas, par S. Sanson, dédié au Roi, par H. Juillot. — Sans date, une feuille en mauvais état.

2º Le royaume de France, divisé en toutes ses provinces, avec toutes ses acquisitions dans les Pays-Bas, l'Allemagne, l'Italie et l'Espagne, revu et corrigé par Sanson. — PARIS, *1742*, 4 feuilles.

3º Carte de l'Empire français, divisé en 110 départements, comprenant aussi la République d'Hollande, divisée en 14 départements, une partie des cercles d'Allemagne, en deçà du Rhin et de l'Angleterre, etc., par Roussel, J.-G. — PARIS, *1807*, une grande feuille.

4º Carte de l'Empire français, par Belleyme. — *1812*, une feuille (incomplet).

5° Carte de l'Empire français, divisé en 130 départements, par Phélipeau. — *1813*, une feuille.

6° Carte de France, en 1834, par Charles. — Une feuille.

7° Carte de la France, divisée en 86 départements et 20 divisions militaires, par A. Lorrain. — *1838*, une feuille.

8° Carte générale des postes et des routes de France, par L.-V. Monin. — PARIS, sans date, une feuille.

9° Carte itinéraire du royaume de France, divisé en départements, indiquant les différentes routes et les distances des villes, par Charmont. — PARIS, une feuille.

10° Carte itinéraire et routière de France, par Hérisson. — PARIS, *1834*, une feuille.

11° Carte itinéraire de France indiquant etc.... les distances.... par A. Lorrain. — PARIS, *1837*, une feuille.

12° Carte électorale et administrative de la France, etc., par L. Vivien, *1824*, une feuille.

13° Carte muette de la France, par Hérisson, *1833*, une feuille.

13 cartes réunies en un rouleau.

110 — FRANCE (BRETAGNE).

1° Tabula ducatus Britanniæ Gallis (le gouvernement general de Bretagne), in suos novem Episcopatus, omnes Turonensi Aurel, Archi-Ep°, subjectos divisa. Editore Joh. Bapt. Hommanno Nurembergæ (sans date). Carte coloriée, une feuille, avec le plan de la ville de Brest.

2° Carte générale de la province de Bretagne, dédiée et présentée à N. N. S. S. les Etats de Bretagne, par Ogée, gravée par Mon, 1771, écrite par E. de Beauvais et par J. Dezauche, 4 feuilles.

3° Carte routière de la Bretagne, divisée en ses cinq départements, etc; par Hérisson. — PARIS, *1838*. Une feuille coloriée.

4° Carte figurative des rivières et des canaux projetés pour la navigation intérieure de la Bretagne.— RENNES, *Olivault*, une feuille s. d. (2 ex.).

5° — Le diocèse de Saint-Paul de Léon, de Tréguier et de Quimper, 3 feuilles.

6° L'évêché de Vannes, divisé en ses doyennés et territoires. Une feuille (sans date).

7° Belle-Ile, avec une partie de ses côtes et les Iles voisines, par le sieur Brion, avec la description de l'île et le plan de la citadelle du Palais, 1761, une feuille.

8° Plan de la ville de Guingamp (anc.). Olivault.

9° Carte de l'île de Belle-Ile, par Bellin, 1761, collée sur toile et pliée.

Les 8 premières, réunies en un rouleau.

111. — D°, d°. — Carte de Bretagne pliée dans un carton in-8°. — PARIS, *Logerot*, s. d.

10° Carte itinéraire de la Bretagne, contenant les départements du Finistère, du Morbihan, des Côtes-du-Nord, etc., dressée par Dezauche. — PARIS, *an VIII.*

112. — FRANCE (FINISTÈRE).

1° Le département du Finistère, par J. Aupick et A.-M. Perrot. — *1823*, une feuille.

2° Le Finistère en 1833. — Une feuille sur toile (2 ex.).

3° Département du Finistère, de l'atlas national illustré. — Sans date.

4° D°, d°. — Sans date, une feuille.

5° Carte routière hydrographique du Finistère, dressée par les soins de M. Goury, par ordre de M. le baron Boullé, préfet du département. — Un rouleau de 5 cartes.

6° Carte géologique du département du Finistère, par E. Fourcy. 6 feuilles avec la description. — Un rouleau de 6 cartes.

7° Département du Finistère, extrait de la carte topographique de la France, levée par les officiers d'état-major, etc. — BREST, *1863*, une grande feuille collée sur toile.

113. — FRANCE (ILLE-ET-VILAINE).

Atlas national de France. Département de l'Ille-et-Vilaine, décrété le 30 Janvier 1790, par l'Assemblée nationale, divisé en 6 arrondissements et 44 communes. Une feuille.

114. — FRANCE (COTES-DU-NORD).

Atlas national de France. Département des Côtes-du-Nord, décrété le 30 Janvier 1790, par l'Assemblée nationale, divisé en 5 arrondissements et 47 communes (2 exempl.).

115. — FRANCE (NORMANDIE).

Le gouvernement de Normandie, divisé en Haute et Basse, par N. de Fer, 1790. Gravé par P. Starckman. Une feuille.

116. — FRANCE (ROUSSILLON).

Carte de la droite de la frontière de Roussillon. Plan lavé à la main. Une feuille.

117. — PAYS-BAS.

1° Carte chorographique des Pays-Bas autrichiens, dédiée à S. M. Imp. et Roy., par le comte de Ferraris, lieut. général, gravée par E.-A. Dupuis, 1777, présentée le 10 Décembre 1777 à S. M. Joseph II, Empereur des Romains. Cette carte est divisée en 9 grandes, collées sur toile, comprenant 25 divisions. La 21e est le plan de Bruxelles, et la 22e la carte générale réduite.

2° Belgii XVII Provinciarum Tabula per. F. de Witt. Une grande carte collée sur toile avec rouleaux en bois.

3° Carte générale des Provinces-Unies et des Pays-Bas. Une feuille.

4° Carte des Pays-Bas. — Théâtre de la guerre, avec les nouvelles limites fixées en 1785, par Brion de la Tour. — PARIS, 1792. Une feuille.

5° Carte des environs de Bruges, Ostende, Anvers, Gand, etc., etc. Grande carte collée sur toile.

6° Carte topographique de la forêt de Soignes et de ses environs, par le comte de Ferraris. Gravée par Cardon, 1770. Collée sur toile.

7° Atlas général de France. — Département de la Dyle, divisé en 3 arrondissements et 30 cantons. Une feuille.

8° Reconnaissance du cours du Hout ou Wester Schelde (Escaut occidental), depuis Antwerpen (Anvers) jusqu'à son embouchure, faite par ordre de M. le Ministre de la marine, en l'an VII et l'an VIII, par Beautemps-Beaupré. 3 feuilles coloriées. (2 exempl.)

9° Reconnaissance hydrographique de la côte occidentale de l'île de Walcheren, faite en l'an XI, par Beautemps-Beaupré. Une feuille.

Les nos 3, 4, 7, 8 et 9 forment un rouleau.

Les autres, collées sur toile, sont pliées.

118. — ITALIE.

1° Carte de l'Empire romain. — PARIS, 1824. Une feuille.

2° Italie ancienne. 2 feuilles.

3° Carte générale de l'Italie. Une feuille.

4° Do, do, par Hérisson. — 1828. Une feuille.

5° Théâtre de la guerre en Italie, contenant la carte générale de Lombardie, etc., par J.-B. Nolin. — PARIS, 1701, in-4°.

6° Carte générale du théâtre de la guerre en Italie et dans les Alpes, etc., par Bacler d'Albe. 30 feuilles.

7° Nouvelle carte des Etats de l'Eglise, dressée sur celle de P. Boscawich, divisée en trois feuilles, avec la géographie ancienne respective. — VENISE, P. Fantini. 3 feuilles.

8° Carte topographique de la République de Gênes, suivant l'original, par le fameux Chaffrion, publiée et augmentée en 1784. 6 feuilles (incomplet).

9° Carta compendiara dello stato di Milano. Une feuille.

10° Royaume de Naples. Une feuille.

11° Mappos del Corso delli due fiumi Brenta et Bacchiglione con tutti gl'altri canali ch'attraversano la Provincia Paduana sino al mare, etc. Une feuille.

12° Partie méridionale du Piémont et du Mont Ferrat, par Guil. Del Isle. Une feuille.

13° Carta degli stati di S. M. Il Re di Sardegna, e parte di paesi adessi confinante rettificata nella Regia Topographia, par F. de Caroly. — Turin, 1800, 4 ïeuilles.

14° Carte des Etats du Roi de Sardaigne en terre ferme. Une feuille.

15° Carta geographica dell' stato Veneto in Italia. Une feuille.

16° Il territorio veronese e sua diocese nei suoi veri confini coi posti di publiche Guardie, etc. Une feuille collée sur toile et pliée.

17° Vue et perspective du port et de la ville de Gênes, par Riviera. Gravé par Al. Gismondi. Une feuille.

18° Topografia del porto città di Genova. Une feuille.

19° Plan de la ville de Gênes et de ses environs. Une feuille.

20° Mantua, la citta principale et fortezza incomparabile del ducato medesino in Italia data in luço da Matth. Scutter; plan colorié. Une feuille.

21° Plan de la commune de Turin, divisée en 4 sections, avec les numéros des cantons et portes, selon le nouvel ordre établi par le gouvernement, an XII. Une feuille.

22° Pianta della citta di Turino. Une feuille.

23° Plan von La Valetta, 1800. Plan de la Cité Valette, dans l'île de Malte (en allemand). Une feuille.

24° Carte marine de l'Italie. Une feuille.

Un rouleau de 22 cartes.

119. — MER MÉDITERRANÉE.

Carte géographique représentant la Mer Méditerranée, ou la deuxième partie du théâtre de la guerre entre les Russes et les Turcs, c'est-à-dire les royaumes, les Etats, les provinces et les diverses cités, situées dans ladite mer, avec la Mer Noire, etc., par Tobie Conrad-Lotter. — Ausbourg, 1770. Une feuille coloriée.

Karte de Mistellœn dischen meers (carte de la Méditerranée, en allemand). — *1787*. Une feuille.

En rouleau, 2 cartes.

120 — SUISSE.

1° Carte routière et de poste de la Suisse, divisée en ses **22** cantons, comprenant les pays sujets et les pays alliés de la Suisse. — Paris, *Hérisson, 1823*. Une feuille.

2° Plan de la ville de Genève, corrigé sur les lieux en 1777 et 1793, par Meyer, dédié au Conseil de la Ville et République de Genève, par C.-B. Glot. Une feuille.

3° Carte des environs de Genève, comprenant le territoire de cette République et les frontières de France, de Savoie et de Suisse, entre lesquelles elle est située, 1776. Une feuille, un rouleau, 3 cartes.

121. — ESPAGNE et PORTUGAL.

1° Carte d'Espagne et de Portugal, par E. Mentelle et P.-J. Chanlaire. — Paris, collée sur toile, une feuille.

2° Carte d'Espagne et de Portugal, par S.-J. Longchamps. — Paris, *1808*. Une feuille.

3° Nouvelle carte des routes de postes et itinéraires des royaumes d'Espagne et de Portugal, d'après les cartes de Lopez et de Tofino, dressée par Hérisson. — Paris, *1822,* une feuille reliée in-4°.

4° D°. — Par Hérisson. — Paris, *1823,* une feuille.

5° D°, itinéraire, publié en 1823, une feuille.

6° D°. Le Portugal et ses frontières avec l'Espagne, par Bellini, une feuille.

Les numéros 1, 2, 4, 5 et 6, réunis en un rouleau.

122. — ESPAGNE. — Cartes séparées des provinces rangées par ordre alphabétique.

7° Carte du royaume d'Aragon, par d'Anville, 1719, une feuille collée sur toile pliée.

8° Mappa del regno d'Aragon, par d'Anville, 1765, 4 feuilles.

9° Royaume de Cordoue, par Lopez, sur papier végétal (calque), collée sur toile.

10° Mappa de Guipuzcoa, par Lopez, 1770. Une feuille collée sur toile, avec Mappa de Viscaya, par le même, collée sur toile pliée.

11° Mappa de Toledo, par le même. Une feuille collée sur toile pliée.

12° Mappa de Valladolid, par le même, 1779. Une feuille collée sur toile pliée.

6 cartes pliées. Une liasse.

123. — ESPAGNE. — Plans des villes et ports, par ordre alphabétique :

13° Plano de la Concha y Barra de Bilbao, 1789. Une feuille.

14° Plan de la baie et de la ville de Cadix. Une feuille.

15° Plan de la ville de Cadix. Une feuille.

16° Plan de Gibraltar, à la main, colorié. Une feuille.

17° Plan topographique de la ville, du port et de la baie de Gibraltar et de ses environs. Une feuille.

18° Plano del puerto de Pasages, 1788. Une feuille.

19° Plano de la Plaza y puerto de San Sebastien, 1788. Une feuille.

Un rouleau de 7 cartes.

124. — ALLEMAGNE.

1° Carte de l'empire d'Allemagne, par C.-F. Delamarche, 1792. Une feuille.

2° Carte de poste de toute l'Allemagne et des provinces limitrophes. Une feuille collée sur toile et pliée.

3° Partie septentrionale de l'Allemagne. 2 feuilles collées sur toile pliée.

4° Théâtre de la guerre en Allemagne sur le Haut et le Bas Rhin, sur la Moselle, sur les fleuves et rivières voisines, par F.-B. Nolin. — PARIS, J.-B. Nolin, 1735, in-4°.

5° Carte du théâtre de la guerre en Allemagne, en Autriche et en Italie, où se trouvent tracées les marches, positions, batailles et combats de la Grande Armée, commandée par S. M. Napoléon, pendant la campagne de 1805, et ceux de l'armée commandée par le maréchal Masséna, par Picquet et Maginel. Une feuille collée sur toile, pliée.

6° Tabula synoptica Danubii a fontibus usque ad ostia in qua omnes regiones quas perfluit et amnes quas recipit, imprimis integrum Hungariæ Regnum, etc., etc. — T. C. Lotteri et Aug. Vindel. 3 feuilles coloriées.

Un rouleau, 4 cartes, les n°s 1, 2, 3 et 6.

ALLEMAGNE, divisée par royaumes, duchés, etc. :

7° Les duchés de Clèves, de Juliers et de Limbourg, le comté de Mours, le quartier de Ruremonde dans le duché de Gueldres, l'archevêché et l'électorat de Cologne, etc., etc., par A. Hubert Jaillot. (Sans date.) Une feuille.

8° Les archevêchés et électorats de Mayence et de Trèves. Le Palatinat et électorat du Rhin. Le duché de Wirtemberg, par H. Jaillot, 1785. 3 feuilles.

9° Carte particulière des pays qui sont situés entre le Rhin, la Saare, la Moselle et la basse Alsace, contenant partie du Palatinat, des électorats de Mayence et de Trèves, des évêchés de Spire et de Worms, avec les duchés des Deux-Ponts, etc., etc. — PARIS, 1785. Une feuille.

10° Le cercle de Bavière, par Jaillot. — PARIS, 1783. Une feuille.

Les nᵒˢ 7, 8, 9 et 10 forment un rouleau. 4 cartes.

10° bis. Reise atlas von Baiery. Atlas de voyages de la Bavière, ou représentation géographico-géométrique de toutes les routes, avec les contrées et les lieux environnants. In-4° cartonné avec étui.

125. — ALLEMAGNE-PRUSSE.

11° Cartes anciennes de la Prusse et de ses provinces, presque toutes en allemand. Un gros rouleau ; plusieurs cartes.

12° Nouvelle carte du Margraviat de Brandebourg, divisé en ses provinces, par G.-L. Gussefeld, 1773. Une feuille.

13° Principatus Silesiæ (par cercles), 1736. 8 feuilles.

14° Carte générale du duché de Silésie, divisé en ses XVII principautés et domaines. — AMSTERDAM, 1741. Une feuille.

15° Duché de Silésie, par Tobie Mayer. — NUREMBERG, 1749. Une feuille.

16° Duché de Silésie, 1785. 2 feuilles.

17°   Dᵒ,   dᵒ,   sans date. 2 feuilles.

18°   Dᵒ.   dᵒ.   Une feuille.

19° La Haute et Basse-Silésie, divisée en 17 principautés et 6 seigneuries, par T.-C. Lotter. Sans date. 4 feuilles.

Un rouleau : 8 cartes.

126. — ALLEMAGNE. — Plans de villes :

20° Vues de Berlin et de ses environs.

21° Vues de Dresde, 1809. Une feuille.

22º Plans de Weimar et autres villes d'Allemagne, en allemand. Plusieurs feuilles. — Un rouleau.

127. — ANGLETERRE. — Itinéraire de toutes les routes de l'Angleterre, revues, corrigées et augmentées et réduites par Senex, en 101 cartes, contenant un détail exact de toutes les villes, bourgs, villages, etc. ; augmenté par Bowles, en 1757. Traduit en français par Le Rouge. — PARIS, *1759, in-4º obl.*

128. — DANNEMARK. — 1º Karte von Herzogthum Schleswig, 1806. Une feuille (2 ex.) collée sur toile et placée dans un étui.

2º Karte von Herzogthum Holsten, 1801. Une feuille (2 ex.) collée sur toile et renfermée dans un étui.

129. — RUSSIE. — 1º Charte von Russich litanen, etc, 1775, une feuille.

2º Mappa generalis Gubernii Novæ Russiæ, in circulos divisi, 1779. Johanne Islenieff, 1782, une feuille.

3º Mappa generalis Gubernii Serviensis. Joh. Islenieff, 1782, une feuille.

4º Mappa Sistens regionem Cuban, comp. J. Trescot, 1783, une feuille.

5º Carte générale de la Russie et de la grande Tartarie, par F.-L. Gussefeld, héritier de Homann, 1786. Une feuille.

6º Carte générale de la Russie, 1785. Tardieu, 2 feuilles.

7º Magnus ducatus Finlandiæ. Une feuille.

8º Theatrum belli Russorum victoriis illustratum. T.-C. Lotter et A. Vindel. Une feuille.

9º Carte de la mer Noire et de la mer d'Asov, levée pendant la dernière guerre, en 1773. Une feuille. Un rouleau, 9 cartes.

10º Carte de la Russie d'Europe, avec l'empire d'Autriche, la Suède, le Danemark, la Norwège, la Prusse, le grand duché de Varsovie, les provinces illyriennes, une partie de la confédération du Rhin et de la Turquie d'Europe, par P. Lapie. Gravée et publiée par Tardieu, 1812. Une grande carte avec rouleau en bois.

130. — POLOGNE. — 1º Regni Poloniæ magnique ducatus Lithuaniæ nova et exacta tabula. Authore, J.-B. Homanno. — Nurimbergæ. Une feuille.

2º Magni ducatus Lithuaniæ divisa tam in Palatinus quam in subiacentes Cartellanias, par J. Danckerts. — Amst, une feuille coloriée.

3º Livonie et Courlande.

Ducatuum Livoniæ et Courlandiæ cum vicinis insulis nova exhibitio. Editore J.-B. Homanno, Norimbergæ. Une feuille.

Un rouleau : 3 cartes.

131. — TURQUIE.

1° Magni Turcarum Dominatoris Imperium per Europam, Asiam et Africam, etc., per T.-C. Lotter. Une feuille.

2° Imperii Turcæi Europæi terra, imprimis Græciæ, 1741. Une feuille.

3° Carte de la Turquie d'Europe. Une feuille.

4° Carte de la Turquie d'Europe et d'Asie, comprenant la Grèce, ou théâtre de la guerre entre les Grecs et les Turcs, par Hérisson et Berthe. — Paris, 1828. Une feuille.

5° Regnum Moreæ accuratissime divisum in provincias, etc. Cum insulis, etc. Sumptibus T.-C. Lotter et Augustæ Vindel. Une feuille.

6° Carte de la Morée, anciennement Péloponèse, 1785. Une feuille.

7° Carte de l'île de Candie, nommée par les Turcs Icriti. Une feuille.

Un rouleau de 7 cartes.

ASIE

132. — 1° Asiæ recentissimæ delineatio, quà Status et Imperia totius Orientis una cum orientalibus Indiis exhibentur. Authore J.-B. Homanno. — Norimbergæ. Une feuille.

2° L'Asie, divisée en ses principales régions et où se peut voir l'étendue des empires, monarchies, royaumes et Etats qui partagent présentement l'Asie, par S. Sanson, dédiée au Roi par H. Jaillot, 1719. Une feuille.

3° Carte générale de l'Asie, par A. Beaupré. — Paris, 1832. Une feuille.

4° Autre, par Delamarche.

Un rouleau de 4 cartes.

133. — ASIE-MINEURE.

1° Asia Minor in Epitomen contracta, etc, Nic. et Guil. Sanson, cum privileg. Regis; 8 mars 1704. Une feuille.

2° Asiæ quæ vulgò minor dicitur et Syriæ Tabula geographica, etc. Quam Tabulam Clariss. Dom Comes de Caylus in ære incidi curavit. D'Anville, 1764, une feuille (2 ex).

134. — PERSE.

1° Opulentissimi regni Persiæ juxta suas provincias recentissima, etc...
Designatio studio et sumtibus T. C. Lotteri G. A. Vindel. Une feuille
coloriée.

2° Carte de la Perse dressée pour l'usage du roi, par G. Delisle, gravée
par Starkmann, *1745*. Une feuille.

Un rouleau, 2 cartes.

135. — INDE.

1° Carte de l'Inde, dressée pour la Cie des Indes, par d'Anville, *1752*.
2 feuilles (3 exempl.).

2° Indostan ou presqu'île en deçà du Gange. Une feuille.

Un rouleau de 2 cartes.

AFRIQUE

136. — 1° L'Afrique, dressée selon les dernières relations et suivant les
nouvelles découvertes dont les points sont placés sur les observations
de M. M. de l'Acad. royale des Sciences, par N. de Fer. — Paris, *1722*,
Une feuille.

2° L'Afrique, par d'Anville, *1749*. Une grande feuille.

3° Africa according to d'Anville with several additions and improve-
ments, etc, etc. — London, *1772*. Carte en 4 feuilles.

La Bibliothèque n'a que trois feuilles.

4° Afrique dressée d'après les voyages de Mungo. — Park, Bruce, etc,
par L.-B. Povison, *1828*. Une feuille (2 ex.).

5° Carte de l'Afrique, divisée en ses principaux Etats, par Hérisson,
1830. Une fenille.

6° Carte de l'Afrique, par A. Beaupré. — Paris, *1832*. Une feuille.

7° Carte de l'Afrique, divisée en ses principaux Etats, par Hérisson,
1833.

8° Chart of the Coast of Africa, from cap Blanco to the river Sierra-
Leone, with the navigation of the rivers Gambia, Senegal, etc., etc. Une
feuille.

9° Carte particulière de la Côte occidentale de l'Afrique, depuis le cap
Blanc, jusqu'au cap Verga, et du cours des rivières du Sénégal et de
Gambie, dressée pour la Cie des Indes, par d'Anville, *1751*. Une feuille.

10° Afrique divisée en ses principaux Empires et Royaumes, par Robert de Vaugondy, corrigée par Lamarche.

137. — EGYPTE.

1° Carte de l'Egypte, ancienne et moderne, dressée sur celle du R. P. Sicard et autres, par Robert de Vaugondy. Une feuille.

2° Carte physique et politique de l'Egypte, par E. Mentelle, et L. G. Chanlaire, an VII. Une feuille. Un rouleau, 2 cartes.

3° Plan d'Eléphantine et de Syenne et environs. Lavé à la main. Collé sur gros carton. Un rouleau.

138. — ALGÉRIE.

1° Carte de l'Algérie et d'une partie de la Méditerranée, indiquant le rapport qui existe entre l'Afrique et l'Europe, par A. H. Dufour ; avec les environs de Constantine et un plan d'Alger. — PARIS, 1838. Une feuille.

2° Nouvelle carte du gouvernement d'Alger, ou théâtre de la guerre en Afrique, dressée d'après les derniers documents officiels, par A. Toussaint, avec le plan des environs d'Alger et le plan de Constantine. — PARIS, 1843. Une feuille.

Un rouleau, 2 cartes.

139. — ÎLES.

1° Carte de l'Ile de France, par Bellin, 1763. Une feuille.

2° Plano de Zeuta. Plan lavé, avec une légende. Une feuille.

3° Plan of the road of Funchal (and view of the city Funchal, etc. Une feuille.

Un rouleau, 2 cartes.

140. — ETHIOPIE.

Carte de l'Ethiopie orientale, située sur la mer des Indes, entre le cap Guardafouin et le cap de Bonne-Espérance, par d'Anville, 1727. Une feuille. Un rouleau. Une carte.

AMÉRIQUE

141. — Atlas géographique, statist. et chronologique des deux Amériques, etc., par Buchon, un vol. grand in-f°, 1825.

1° Carte de l'Amérique septentrionale et méridionale, divisée en ses principaux Etats, par Hérisson, 1826. Une feuille.

2° Carte des deux Amériques, avec leurs nouvelles divisions politiques, dressée d'après des découvertes récentes, par Hérisson, *1828*. Une feuille.

3° Carte de d'Anville, du nord de l'Amérique et (sur la même feuille), carte de M. Buache, où il a placé les prétendues découvertes d'un amiral de Fonte ou Fuentes. Une feuille.

4° Amérique septentrionale, par d'Anville *1746*. 2 feuilles.

5° Amérique septentrionale, par Robert de Vaugondy, *1750*. Une feuille.

6° Amérique méridionale, par Sanson et Henri Jaillot. Une feuille.

7° L'Amérique méridionale, par Brion de la Tour. — PARIS, *1791*. Une feuille.

8ᵉ Carte nouvelle de l'Amérique anglaise contenant tout ce que les Anglais possèdent sur le continent de l'Amérique septentrionale, par M. A. Lotter. — AUSBOURG. Une feuille.

Un rouleau, 8 cartes, plus :

9° Amérique ou Indes occidentales, par Delamarche. — PARIS, *1792*.

142. — 1° Paraquariæ provinciæ. Societ Jesu cum adjacentibus novissima descriptio. Post iterat. peregrinationes et plures observationes Patrum missionariorum ejusdem soc... etc. etc., *1732*, sumptibus J. Dom. Oc. *1760*. Une feuille.

2° Plano de la ciudad de Lima. Une feuille.

Un rouleau, 2 cartes.

143. — ILES ET PORTS.

1° Carte des îles de l'Amérique et de plusieurs pays de terre ferme, situées au devant de ces îles et autour du golfe de Mexique, par d'Anville, *1731*. Une feuille.

2° Carte particulière de l'île de Saint-Domingue, an XI. Une feuille.

3° Plan du port de San-Carlos, dans l'île de Chiloe, *1821*. Une feuille.

4° Plan du port de Baldivia, à la côte occidentale de l'Amérique méridionale, levé en 1788, publié en 1821, et plan de la rade de San-Juan Batista, à la pointe de l'île de Juan Fernandez, *1821*. Une feuille.

5° Plan du mouillage de Chorillos, côte du Pérou, *1828*. Une feuille.

6° Port Antonio ou the north side of Jamaïca, *1790*. Une feuille. Un rouleau, 6 cartes.

144. — SÉGUR (DE). — Atlas pour servir à l'histoire ancienne romaine et du Bas-Empire. — PARIS, *Alexis Eymery*, *1824*.

C. — Hydrographie ou Géographie maritime

145. — BEAUTEMPS-BEAUPRÉ (L.-F.) — Méthode pour la levée et la construction des cartes et plans hydrographiques, publiée en 1808, sous le titre d'appendice, à la suite de la Relation du voyage de C.-A.-B· d'Entrecasteaux, imprimée par ordre du ministre Decrès. — PARIS, *Imprimerie impériale, in-4° cartonné.*

146. — D°. — Description nautique des côtes occidentales de la Grande-Bretagne, traduite de l'anglais, et publiée par le Dépôt général de la Marine, d'après les ordres du C.-A. Decrès, ministre de la marine et des colonies. — PARIS, *Imprimerie de la République, an XII in-4° rel.*

146 *bis.* — D°. — Instructions pour la navigation sur les côtes des îles Britanniques et sur celles d'une partie de la Norwège, du Jutland, de la Hollande et de la France. — PARIS, *Imprimerie de la République.*

147. — D°. — Mémoire pour servir d'instruction à la navigation des côtes, depuis Calais jusqu'à la baie de Cancale. — PARIS, *Imprimerie impériale, an XIII (1804), in-4° relié.*

147 *bis.* — D°. — Description nautique de la côte de France sur la mer du Nord, de Calais à Ostende. — PARIS, *Imprimerie impériale, an XII, in-4° relié.*

148. — D°. — Table alphabétique générale des noms de lieux contenus dans les descriptions nautiques des îles Britanniques, des côtes de Hollande, du Jutland, de Norwège et d'une partie de la côte de France sur la mer du Nord. — PARIS, *Imprimerie impériale, Fructidor, an XII, in-4° relié.*

149. — GRANDPIÉ (Le Cte de). — Dictionnaire universel de géographie maritime, ou description exacte de tous les ports, hâvres, rades, etc., trad. de l'anglais (D. Malham) refaite presque en entier, soigneusement corrigé et augmenté. — PARIS, *Delalain, 1803, in-8°, 3 vol. rel.*

150. — BELIN. — Hydrographie française. — PARIS, *2 vol. in-f° rel.*

151. — D°. — Neptune français. — PARIS, *2 vol. in-f°. rel.*

152. — ANALYSE de la carte générale de l'Océan atlantique ou occidental, dressée au dépôt des cartes de la Marine. — PARIS, *imprimerie royale, 1786, in-4° rel.*

153. — BOUGARD (R.). — Le petit Flambeau de la mer ou le véritable Guide des pilotes côtiers, etc. — Havre-de-Grace, *J. Gruchet, 1684, petit in-4° rel.* Mar. R. Arm. L. S. P. D. S. D.

D°. — Le même. — Havre-de-Grace, *veuve G. Gruchet et Pierre Faure, 1742. Petit in-4° rel.*

D°. — Le même, dernière édit. — Saint-Malo, *1817, in-8° cart.*

154. — LE ROUGE (G.-L.). — Recueil des côtes maritimes sur quatre lieues de large environ, en 50 feuilles. — Paris, *1767, in-4° cartonné* (2 ex.).

155. — FAURE (G.-S.). — Nouveau Flambeau de la mer, ou description nautique des côtes d'Angleterre, d'Irlande, d'Ecosse, de France, depuis Calais jusqu'à Saint-Jean de Luz. Extrait et traduit des meilleurs ouvrages français et anglais. — Havre et Paris, *1822, in-8°.*

156. — COLLINS (Grenville). — Great Britain's coating pilot. — *London, William and John Mount and Thomas Page, 1749, in-8° cartonné.*

157. — DESCRIPTION NAUTIQUE des côtes occidentales de la Grande-Bretagne, traduite de l'anglais et publiée par le Dépôt de la marine, d'après les ordres du Ministre Decrès. — Paris, *imprimerie de la République, an XII, in-4° cartonné.*

158.— MICHELOT (H.).— Nouvelle carte générale de la mer Méditerranée, suivie de plusieurs cartes particulières et précédée d'une nouvelle carte des côtes de l'Océan (16 cartes et 3 planches).

La 1re : coupe d'un vaisseau-amiral de 104 canons, avec ses principales proportions et les noms des pièces du dedans.

La 2e : description de toutes les pièces qui entrent dans la construction d'un vaisseau de 1er rang lorsqu'elles sont façonnées.

La 3e : coupe d'une galère avec ses proportions. Marseille, *L. Brémont, 1726-1720, in-f° rel.*

159. — AYROUARD. — Recueil de plusieurs plans des ports et rades et quelques cartes particulières de la mer Méditerranée, avec les figures des terres remarquables pour les reconnaissances des atterrages, *1732-1746, grand in-8°.*

160. — ROUX (J.). — Recueil des principaux plans des ports et rades de la Méditerranée, extraits de ma carte en 12 feuilles, dédiée à Msr le duc de Choiseul. — Marseille, *1764 in-4° oblong. rel.*

161. — ATLAS ou NEPTUNE des cartes de la Méditerranée par les capitaines Smith, Elson, Zannoni Visconti, Topino, etc., suivis de beaucoup de plans inédits, appartenant à MM. les officiers de la marine française. Cet atlas faisant suite au nouveau Portulan, contient le routier depuis le détroit jusques et y compris la mer Noire, les cartes de détails et des plans particuliers des mouillages les plus fréquentés.

Lithographiées. — Toulon, *Belluc, 1830 in-fᵒ cart.*

162. — APRÈS de MANNENILLE (D'). — Neptune oriental. — Paris et Brest, *1775, in-fᵒ, 2 vol. rel.*

163. — Dᵒ. — Routier des côtes des Indes orientales et de la Chine. — Paris, *J.-B, Delespine, 1745, in-4ᵒ rel.*

164. — HORSBURGH (J.). — Instructions nautiques sur la navigation de la mer de l'Inde, tirées de la dernière édit. de l'ouvrage anglais et trad. par Le Prédour. — Paris, *Imprimerie royale, 1837-1839, in-8ᵒ, 5 vol.*

165. — CHASTENET de PUYSÉGUR. — Le pilote de Saint-Domingue et des débouquements de cette île, depuis la caye d'Argent jusqu'à la partie ouest du placement des îles Lucayes. — Paris, *Imprimerie royale, 1787, gᵈ in-fᵒ cart.*

166. — PILOTE (Le) de Terre-Neuve ou recueil de plans des côtes de cette île, d'après les plans de James Cook et de Michel Lane, publié au Dépôt de la Marine, 1784. — Paris, *gᵈ in-fᵒ cart.*

167. — ROUSSIN (Le Bᵒⁿ). — Le pilote du Brésil, ou description des côtes de l'Amérique méridionale comprises entre l'île Santa-Catarina et celle de Maranaô, avec les instructions nécessaires pour attérir et naviguer sur ces côtes. — Paris, *Imprimerie royale, 1827, gᵈ in-8ᵒ cart.*

168. — Dᵒ. — Navigation aux côtes du Brésil. — Paris, *Imprimerie royale, 1821, in-8ᵒ pap. fort.*

169. — TOULON et MARSEILLE (Vieux plans de).

170. — PLANS ou CARTES :

de l'Aberwrac'h et de ses environs.

des ports du Conquet et de Camaret (2 ex.).

des environs d'Argenton et de Laber-Ildut (2 ex.).

des passes et de la rade de Morlaix.

des environs de la Chèvre, Toulinguet, Petit Créach et Corbeau.

d'Audierne et de l'anse de la Torche (2 exempl.).

des environs de Douarnenez.

de Tevennec et de l'île de Sein.

des roches de Pen'march.

de la chaussée de Sein.

Rouleau composé de 22 cartes ou plans de ports ou rades de la Manche et des roches de l'Iroise.

171. — PLANS et CARTES :

de l'entrée de la rade de Brest.

de la partie septentrionale du chenal du Four (2 ex.).

du Goulet de Brest (2 ex.).

de la rade de Brest et de Douarnenez.

de la Chaussée des Pierres-Noires.

des environs de Brest.

de la baie de Quibéron et de Morbihan.

de l'entrée du port de Lorient.

de la partie comprise entre les roches de Porsal et de Pontusval.

des costes de Bretagne (Vieille carte hydrographique).

Rouleau composé de 14 plans ou cartes.

172. — PLANS et CARTES :

du port de Saint-Malo et de ses environs.

de la rade de Toulon (2 ex.).

des environs de Brest.

de la baie de Brest et de la baie de Douarnenez.

de l'anse de Varville, cap de la Hague, rade de Cherbourg.

de la partie comprise entre le cap Couronne et le phare de Villefranche, 2e feuille, 1850 n° 1245 du dépôt.

de Marseille et de ses environs.

de la partie orientale de la Méditerranée et de la mer Noire.

de la partie occidentale de la Méditerranée.

Rouleau composé de dix cartes ou plans.

3. — VOYAGES

A. — Introduction.

173. — LOCKE (J.). — Histoire de la navigation, son commencement, son progrès et ses découvertes jusqu'à présent, trad. de l'anglais. Le commerce des Indes occidentales, avec un catalogue des meilleures cartes, etc. — PARIS, *Et. Ganeau, 1722, in-12, 2 vol. rel.*

B. — Histoire générale et particulière ou analyse des voyages

174. — PRÉVOST (L'abbé ANT.-F.). — Histoire générale des voyages. Cartes et fig. — PARIS, *Didot, 1749.* 76 vol. rel. et 4 vol. broch. soit 80 vol.

175. — LA HARPE. — Abrégé de l'histoire générale des voyages, contenant ce qu'il y a de plus remarquable, de plus utile et de mieux avéré dans les pays où les voyageurs ont pénétré. — PARIS, *Jauet, 1813, 29 vol. in-8° rel.*

176. — D°, d°, d°, d°, d°. N^clle édit. (pl.). — PARIS, *1825, Ledentu, in-8°, 24 vol. rel.*

177. — WALKENAER (C.-A.). — Histoire générale des voyages. — PARIS, *Lefèvre, 1826, in-8°, 17 vol. cart.*

178. — BARROW (J.). — Abrégé chronologique ou histoire des découvertes faites par les Européens dans les différentes parties du monde, etc. trad. de l'anglais, par M. Targe. — PARIS, *Saillant, 1766, in-12, 12 vol. rel.*

179. — LAPORTE (L'abbé de). — Le voyageur français ou la connaissance de l'ancien et du Nouveau-Monde. 4e édit. — PARIS, *L. Cellot, 1772, in-12, 42 vol. rel.*

180. — EYRIÈS (J.-B.-B.). — Abrégé des voyages modernes, depuis 1780 jusqu'à nos jours. — PARIS, *Ledoux, 1822-1824; in-8°, 14 vol. rel.*

181. — MULLER (G.-P.). — Voyages et découvertes faites par les Russes le long des côtes de la mer glaciale et sur l'Océan oriental, tant vers le Japon que vers l'Amérique. On y a joint l'histoire du fleuve Amour et des pays adjacents, etc. ; trad. de l'allemand, par C.-J.-F. Dumas. — AMSTERDAM, *MM, Rey, 1766, 2 vol. in-12 rel.*

182. — COXE (W.). — Les nouvelles découvertes des Russes entre l'Asie et l'Amérique, avec l'histoire de la conquête de la Sibérie et du commerce des Russes et des Chinois, trad. de l'Anglais, par Demeunier. Cartes. — Paris, *Hôtel de Thou, 1781, in-4° rel.*

183. — FORSTER (J.-L.). — Histoire des découvertes et des voyages faits dans le Nord, mise en français par M. Broussonet. Cartes. — Paris, *Gruchet, 1788, 2 vol. in-8° rel.*

184. — DEPERTHES (J.-L.-H.-S.). — Histoire des naufrages, ou Recueil des relations les plus intéressantes des naufrages, hivernements, délaissements, etc., depuis le xv° siècle jusqu'à présent. — Paris, *Gruchet, an III, 3 vol. in-8° rel.*

184 *bis.* — CUVILLIER-FLEURY. — Voyages et voyageurs. — Paris, *M. Lévy frères, 1856, in-8° br.*

C. — Collections de relations de voyages

185. — CHAUMONT (Relation de l'ambassade de M. le chevalier de) à la cour du roi de Siam, avec ce qui s'est passé de plus remarquable durant son voiage. — Paris, *A. Seneuze, 1687, in-12 rel.*

186. — COXE (W.). — Lettres de William Coxe à M. Ramond. — Paris, *Belin, 1782, 6 vol. in-8° rel.*

187. — CAMUS (A.-G.). — Mémoires sur la collection des grands et petits voyages, et sur la collection des voyages de Melchisédech Thévenot. — Paris, *Baudouin, an XI (1802), in-4° cartonné.*

188. — LEGUAT (gentilhomme bressan). — Voyages et aventures. Le titre manque. — *In-8° rel.*, 1707.

189. — COLLECTION DE VOYAGES très anciens. — Voyages de Benjamin Tudelle autour du Monde, commencé l'an 1173 ; de Jean du Plan Carpin, en Tartarie ; du frère Ascelin et de ses compagnons vers la Tartarie ; de Guillaume de Rubruquis en Tartarie et en Chine, 1253, suivis des additions de Vincent de Beauvais et de l'histoire de Guillaume de Nangis, pour l'éclaircissement des précédents voyages. — Paris, *imprimé aux frais du Gouvernement pour procurer de l'ouvrage aux ouvriers typographes, Août, 1830, in-8° cartonné.*

D. — Voyages autour du Monde

190. — DAMPIER (Guil.). — Nouveau voyage autour du Monde, 3ᵉ édit. Cartes et fig. — Amsterdam, *Veuve de Paul Marret, 1711-1712, 5 vol. in-12 rel.*

191. — Dᵒ. — Le même. Cartes et fig. — Rouen, *J.-B. Machuel, 1723,* 5 vol. in-12 rel.

192. — ROGERS (Woods). — Voyage autour du Monde, commencé en 1708 et fini en 1711, trad. de l'anglais par de Gomberville. — Amsterdam, *veuve de P. Marret, 1716, 2 vol. in-12 rel.*

193. — ANSON (G.). — Voyage autour du monde, fait dans les années 1740-41-42-43-44, rédigé par B. Robin, publié par R. Walter. Cartes et fig. trad. de l'anglais par Elie de Joncourt et revu par l'abbé Guade Malves. — Paris, *Quillau, père, 1750, 4 vol. in-12 rel.*

194. — Dᵒ. — Voyage autour du monde, fait en 1740-41-42-43-44. Cartes et fig. 2ᵉ édit. trad. de l'anglais par Elie de Joncourt. — Paris, *1764,* 5 vol. in-12 rel.

195. — Dᵒ. — Atlas. — *In-4° rel.*

196. — LE TOUR DU MONDE, nouveau Journal des Voyages, publié sous la direction de M. Edouard Charton et illustré par nos plus célèbres artistes de 1864 à 1889. Librairie Hachette et Cⁱᵉ. — Paris, Londres, *King. Willam Street sand.* — Paris, *typographie Lahure.* Texte à 2 col. in-4°.

197. — BYRON (J.). — Voyage à la mer du Sud, complétant la relation du voyage d'Anson, avec un extrait du second voyage de Byron autour du Monde, trnd. de l'anglais par A. de Cantwell. — Paris, *1799, in-8° rel.*

198. — BANKS ET SOLANDER. — Supplément au voyage de M. de Bougainville, ou Journal d'un voyage fait autour du monde en 1768-69-70-71, trad. de l'anglais, par M. de Fréville. — Paris, *Saillant et Nyon, 1772, in-8° cart.*

199. — COOK (J.). — Voyage dans l'hémisphère austral et autour du Monde, fait en 1772-73-74-75, dans lequel on a inséré la relation du capitaine Furneaux et celle de M. M. Forster, traduit de l'anglais, par J.-B.-A. Suard. — Paris, *hôtel de Thou, 1778, in-8°, 6 vol. rel.*

200. — Dᵒ. — Troisième voyage à l'Océan Pacifique, en 1776-1777-1778-1779 et 1780, traduit de l'anglais, par Demeunier. — Paris, *1785, in 4°,* 4 vol. rel. Fig. et cartes.

201. — Dᵒ. — Le même. — Paris, *1785, in-8°, 8 vol. rel.*

202. — Dᵒ. — Le même. — Paris, 1785, in-8ᵒ, 4 vol. cartonnés.

203. — Dᵒ. — Atlas. — In-4ᵉ cartonné.

204. — FORSTER, Père. — Observations faites pendant le deuxième voyage de M. Cook dans l'hémisphère austral et autour du Monde, sur la géographie, l'histoire naturelle et la philosophie morale, etc. — Paris, hôtel de Thou, 1778, in-4ᵒ rel. Ce volume sert de suite à l'ouvrage précédent du format in-4ᵒ.

205. — KIPPIS (A.). — Vie du capitaine Cook, traduit de l'anglais, par Castera. — Paris, 1789, in-8ᵒ, 2 vol. rel.

206. — SPARMANN (A.). — Voyage au Cap de Bonne-Espérance et autour du Monde, avec le capitaine Cook, et principalement dans le pays des Hottentots et des Caffres. Cartes et fig. Pl. — Paris, Buisson, 1787, in-4ᵒ, 2 vol. rel.

207. — PAGÈS (de). — Voyage autour du Monde et vers les pôles, par terre et par mer, de 1767 à 1776. — Paris, Moutard, 1782, in-8ᵒ, 2 vol. reliés.

208. — DIXON (G.) et PORTLOCK. — Voyage autour du monde et principalement à la côte N.-O. de l'Amérique, fait de 1785 à 1788, traduit de l'anglais par M. Lebas. — Paris, Maradan, 1789, in-4ᵒ cartonné. Cartes et planches.

209. — Dᵒ. — Le même. — Paris, Maradan, 1789, in-8ᵒ, 2 vol. rel. Cartes et pl.

210. — LA PÉROUSE. — Voyage autour du monde, publié et rédigé, par L. A. Milet-Moreau. — Paris, imprimerie de la République, an V (1797), in-4ᵒ, 4 vol. v. rac. fil. (2 exempl.).

211. — Dⁿ. — Atlas. — Gᵈ in-fᵒ v. rac fil. Un autre. — Gᵈ in-fᵒ cartonné.

212. — Dᵒ. — Relation abrégée du voyage de La Pérouse. Port. fig. et cart. — Leipsick, 1799, in-8ᵒ rel.

213. — MARCHAND (Et.). — Voyage autour du monde, de 1790 à 1792, précédé d'une introduction historique avec des recherches sur les terres australes de Drake et un examen critique du voyage de Roggewen. Cart. et fig. par C. P. Claret de Fleurieu, etc. — Paris, imprimerie de la République, an VI, in-8ᵒ 5 vol. v. g. f.

214. — Dᵒ. — Atlas. — An VIII, in-4ᵒ rel.

215. — VANCOUVER (G.). — Voyage de découvertes à l'Océan pacifique du Nord et autour du monde, de 1790 à 1795. trad. de l'anglais, par Demeunier et Morellet, fig. — PARIS, *imprimerie de la République, an VIII, in-4°, 3 vol. cart.*

216. — D°. — Atlas. — *G^d in-f° cart.*

217. — LA BILLARDIÈRE (J.-J.). — Relation du voyage à la recherche de La Pérouse, pendant les années 1791-1792, la 1re année et la 2e de la République. — PARIS, *H. J. Jansen, an VIII, in-4°, 2 vol.*

218. — D°. — Atlas. — *G^d in-f° cart.*

219. — BRUNY D'ENTRECASTEAUX. — Atlas du voyage fait par ordre du gouvernement en 1791-1792 et 1793, publié par Beautemps-Beaupré. — PARIS, *1807, g^d in-f° cart.*

220. — CAMPE. — Recueil de voyages intéressants dans toutes les parties du monde. — PARIS, *Dufour, 1804, 6 vol. in-16 cart.*

221. — BANCHAREL (F.). — Collection abrégée des voyages anciens et modernes autour du monde, rédigée par F. B***. — PARIS, *1808, Dufart, père, édit., 12 vol. in-8°.*

222. — PETIT VOYAGEUR. — En Europe, Asie. Afrique et Amérique. 2e édit. revue, corrigée par J. L. — PARIS, *Langlumé et Peltier, 1883, 2 vol. in-18 rel.*

223. — VOYAGE AUTOUR DU MONDE. — Voyage pittoresque autour du monde. — PARIS, *Tenre, 1834, 2 vol. in-4°.*

224. — FRÉMINVILLE (Le Ch^{ier} de). — Nouvelle relation du voyage à la recherche de La Pérouse, exécuté de 1791 à 1794, par M. d'Entrecasteaux. — BREST, *J.-B. Lefournier, 1836, in-8° rel.*

225. — LAPLACE. — Campagne de circumnavigation de la frégate l'*Artémise*, pendant les années 1837-1840. — PARIS, *Arthus Bertrand, 1841 et suivantes, g^d in-8° cart., 6 vol.*

226. — CHARTON (ED.). — Le Tour du monde, 1834-1889. — PARIS, *Hachette et Cie, in-4° br.* (en cours de publication).

227. — BEAUVOIR (Le Cte de). — Voyage autour du monde. N^{lle} édition. — PARIS, *Plon, 1869-1870, g^d in-18, 3 vol. pl. et cartes rel.*

228. — BRANDAT (PAUL). — Les trois Caps, journal de bord. — PARIS, *Sandoz et Fischbacher, 1877, g^d in-12 rel.*

229. — D°. — Autour du monde. — PARIS, *Fischbacher 1884, in-12 rel.*

230. — HOMBRON (M.). — Aventures les plus curieuses des voyageurs. Coup d'œil autour du monde, d'après les relations anciennes et modernes et des documents recueillis sur les lieux par M. Hombron, Ch^{ier} de la L^{on} d'honneur, l'un des compagnons de l'amiral Dumont d'Urville, pendant son voyage au pôle Sud et dans l'Océanie, illustré. — PARIS, *Belin-Leprieur et Morizot, s. d., 2 vol. in-8° br.*

E. — Voyages en Europe, en Asie et en Afrique.

231. — LA BOULLAYE (Le Gouz de). — Les Voyages et Observations où sont décrits les religions, gouvernements et situations des États et royaumes d'Italie, Grèce, Natolie, Syrie, Perse, etc., etc., fig. — PARIS, *Gervais, Clousier, 1657, in-4° rel.*

232. — THÉVENOT (J. DE). — Voyages tant en Europe qu'en Asie et en Afrique, fig. — PARIS, *Ch. Angot, 1689, in-12, 5 tomes en 4 vol. rel.*

233. — D°. — Les mêmes, 3e édit., fig. — AMSTERDAM, *chez E. Le Cène, 1727, in-12, 5 vol. rel.*

234. — OLOF TORÉE. — Voyage fait à Surate, à la Chine, etc., depuis le 1er avril 1750 jusqu'au 26 juin 1752, publié par Linnœus et traduit du suédois par Dom de Blackford.— MILAN, *1771, chez les frères Reycends, in-12 relié* avec :

1° Précis historique de l'économie rurale des Chinois, présenté à l'Académie royale des sciences de Suède, par M. Charles-Gustave Eckeberg, capitaine d'un vaisseau de la compagnie suédoise des Indes orientales, publié par M. Linnœus, et traduit du suédois par M. Dominique de Blackford. — MILAN, MDCCLXXI.

2° Précis de l'état actuel des colonies anglaises dans l'Amérique septentrionale, par M. D. de Blackford.

F. — Voyages en Europe, en Afrique et en Amérique

235. — EVEUX DE FLEURIEU (D'). — Voyage fait par ordre du roi en 1768 et 1769, à différentes parties du monde, pour éprouver en mer les horloges marines inventées par M. Ferd. Berthoud. — PARIS, *imprimerie royale, 1773, in-4°, 2 vol. rel.*

236. — VERDUN DE LA CRENNE (DE), DE BORDA et PINGRÉ. — Voyage fait en 1771 et 1772 en diverses parties de l'Europe, de l'Afrique et de l'Amérique. Cartes et plans. — PARIS, *imprimerie royale, 1778, in-4°, 2 vol. rel.*

237. — LEDRU (André-Pierre). — Voyage aux îles de Ténériffe, la Trinité, Saint-Thomas, Sainte-Croix et Porto-Ricco, accompagné de notes et d'additions par M. Sonnini. — Paris, *1810, Arthus Bertrand, 2 vol. in-8° rel.*

G. — Voyages au Levant.

238. — LEBRUYN (C.). — Voyage au Levant, c'est-à-dire dans les principaux endroits de l'Asie-Mineure, dans les îles de Chio, Rhodes, de Chypre, etc., de même que dans les plus considérables villes d'Egypte, Syrie et Terre-Sainte, fig. — La Haye, *P. Gosse et J. Neaulme, 1732, in-4°, 5 vol. rel.*

239. — LUCAS (P.). Voyage dans la Grèce, l'Asie-Mineure, la Macédoine et l'Afrique, rédigé par Fourmont l'aîné.— Paris, *N. Simart, 1712, in-12, 2 vol. rel. cart. et fig.*

240. — Do. — Voyage au Levant, rédigé par Baudelot de Derval. N^lle éd. fig. — Paris, *N. Simart, 1731, in-12, 2 tom. en 1 vol.* Marb. arm. S. L. P. fil. d. s. t.

241. — Do. — Troisième voyage fait en 1714, etc., par ordre de Louis XIV, dans la Turquie, l'Asie, la Sourie, la Palestine, etc., fig. — Rouen, *R. Machuel, 1719, in-12, 3 vol. rel.*

242. — Do. — Le même. — Amsterdam, *Steenhouwer et Uytwerf, 1720, in-12, 2 vol. rel.*

243. — FORBIN (Le comte de). — Voyage dans le Levant, en 1817 et 1818. — Paris, *imprimerie royale, 1819, in-8° cartonné.*

244. — GIRAUDEAU (J.). — L'Italie, la Sicile, Malte, la Grèce, l'Archipel, les îles Ioniennes et la Turquie. Souvenirs de voyage historiques et anecdotiques, 2e édit. — Paris, *Delaunay, 1835, in-8° rel.*

245. — ROYER (Alph.). — Aventures de voyage. Tableaux, récits et souvenirs du Levant. — Paris, *Dumont, 1837, 2 vol. in-8° cartonné.*

246. — WALSH (Le Vte). — Souvenirs et impressions de voyage. — Tours, *Mame et Cie, 1845, in-8°.*

247. — LAMARTINE (Alp. de). — Voyage en Orient. — Paris, *typographie de Firmin Didot frères, 1849, 4 vol. in-8°.*

H. — Voyages en Europe et en Asie
(Non compris dans la section précédente)

248. — OLEARIUS (A.). — Voyages très curieux et très renommés faits en Moscovie, Tartarie et Perse, traduit et augmenté par le sieur de Wicquefort. N^lle^ édit. cart. et pl. — AMSTERDAM, *M. C. Le Cène, 1727, in-f°, 2 tomes en 1 vol. rel.*

249. — MANDELSLO (J.-A.). — Voyages célèbres et remarquables faits de Perse aux Indes orientales, mis en ordre et publiés par Ad. Olearius, traduit par le sieur de Wicquefort. N^lle^ édit. cart. et pl. — AMSTERDAM, *M. C. Le Cène, 1727, in-f°, 2 tomes en 1 vol. rel.*

J. — Voyages en Asie, en Afrique et en Amérique

250. — MOCQUET (J.). — Voyages en Afrique, Asie, Indes orientales et occidentales. — PARIS, *imprimé aux frais du Gouvernement pour procurer du travail aux ouvriers typographes, Août 1830, in-8° cartonné.*

251. — POIVRE (P). — Voyages d'un philosophe, ou observations sur les mœurs et les arts des peuples de l'Afrique, de l'Asie et de l'Amérique, avec une notice par Dupont de Nemours. — PARIS, *Dupuy, an V, in-8°.*

252. — PÉRON (Le capitaine). — Mémoires rédigés par Brissot-Thivars sur ses voyages aux côtes d'Afrique, en Arabie, etc. — PARIS, *Brissot-Thivars, 1824, in-8°, 2 vol. rel.*

K. — Voyages en Asie et en Afrique.

253. — SHAW (T.). — Voyages dans plusieurs provinces de la Barbarie et du Levant, contenant des observations géographiques, etc., sur les royaumes d'Alger et de Tunis, sur la Syrie, l'Egypte et l'Arabie. Cart. et fig. Trad. de l'anglais. — LA HAYE, *J. Neaulme, 1743, in-4°, 2 vol. rel.*

254. — BROWNE (W. G.). — Nouveau voyage dans la haute et basse Egypte, la Syrie, le Darfour, où aucun Européen n'avait pénétré, fait de 1792 à 1798, etc., avec des notes critiques sur les ouvrages de Savary et de Volney, trad. de l'anglais sur la 2e édit. par J. Castéra. — PARIS, *Dentu, an VIII (1800), in-8° 2 vol, rel. (fig.).*

255. — EYRIÈS (J.-B.). — Voyage pittoresque en Asie et en Afrique. Résumé général des voyages anciens et modernes, d'après Erman, Lesseps, etc., *in-4°*. — PARIS, *Furne et Cⁱᵉ, 1839*.

L. — Voyages en Asie, en Amérique et dans la Polynésie

256. — BILLINGS (Le Commodore). — Voyage fait par ordre de l'Impératrice de Russie, Catherine II, dans le Nord de la Russie asiatique, dans la mer d'Anadyr et sur les côtes d'Amérique, de 1785 à 1794, rédigé par Sauer et trad. de l'anglais avec des notes, par J. Castéra. — PARIS, *Buisson, an X (1802, in-8°, 2 vol. rel.*

257. — D°. — Atlas, *in-4° cart.*

M. — Voyages en Europe

a. — *Relations qui, dans un seul itinéraire, embrassent plusieurs parties de l'Europe*

258. — MONTAIGNE (M. DE). — Journal du voyage en Italie, par la Suisse et l'Allemagne, en 1580 et 1581, avec des notes de Querlon. — ROME et PARIS, *Le Jay, 1774, in-12, 2 vol. rel.*

259. — LABAT (Le P. J. B) — Voyages en Espagne et en Italie. — PARIS, *J. B. Delespine, 1730, in-12, 2 vol. rel.*

260. — SILHOUETTE (ET. DE). — Voyage de France, d'Espagne, de Portugal et d'Italie, par M. S***, du 22 avril 1729 au 6 février 1730. — PARIS, *Mérlin, 1770, in-8°, 2 vol. rel.*

261. — PILATI DE TASSULO (C. A. DE). — Voyages en différents pays de l'Europe en 1774-75 et 76, ou lettres écrites de l'Allemagne, de la Suisse, de l'Italie, de Sicile et de Paris. — LA HAYE, *C. Plaat et Cⁱᵉ, 1777, in-12, 2 vol. rel.*

262. — MURALT (B. L.) — Lettres sur les Anglais et les Français et sur les voiages, *1725, in-8° rel.*

263. — FORSTER (J. G. A.) — Voyage philosophique et pittoresque en Angleterre et en France, fait en 1790, suivi d'un essai sur l'histoire des arts dans la Grande-Bretagne, trad. de l'allemand, avec des notes critiques sur la politique, la littérature et les arts, par C. Pougens, pl. — *Buisson, an IV, in-8° rel.*

264. — CHAMPAGNAC (J. B. J.) — Le Trésor des voyages ou les petits correspondants, récits instructifs et curieux de quelques jeunes voyageurs, seconde édit revue par l'auteur. — Paris, *librairie de l'Enfance et de la Jeunesse, P. C. Lehuby, 1838, p^t in-8° rel.*

265. — MANOIR (Deschamps de). — Souvenirs de France et d'Italie, 1867-1872. — Avranches, *A. Thébault, 1872. in-8° br.*

b. — *Voyages en France*

266. — LISTE GÉNÉRALE des postes de France pour l'année 1780. — Paris, *in-12 rel., et pour 1785, an VII et 1812, 4 vol, rel.*

267. — PIGANIOL de LA FORCE (J.-A.). — Nouveau voyage en France, avec un itinéraire et des cartes faites exprès, qui marquent exactement les routes qu'il faut suivre pour voyager dans toutes les provinces de ce royaume. — Paris, *G. Deprez, 1755, in-12, 2 vol. rel.*

268. — TAYLOR (Le baron). — Voyage pittoresque et romantique dans l'ancienne France, par Taylor, de Cailleux et Nodier. — Paris, *F. Didot, grand in-folio, 16 vol.* (Bretagne, Dauphiné, Champagne, Languedoc, Normandie, Franche-Comté.)

269. — DEZALLIER D'ARGENVILLE. — Voyage pittoresque de Paris, ou Indication de tout ce qu'il y a de plus beau dans cette grande ville, en peinture, sculpture et architecture. 2e édit. — Paris, *de Bure, 1752, in-12 rel.* Fig.

270. — D°. — Le même, 6e édit. — Paris, *de Bure, 1778, in-12 rel.*

271. — LEGRAND. — Voyage fait en 1787 et 1788, dans la ci-devant Haute et Basse Auvergne, etc. — Paris, *imprimerie des sciences et des arts, an III, 3 vol. in-8° br.*

272. — PARIS. — Le répertoire itinéraire et analytique de Paris, composé d'une table alphabétique et raisonnée des rues, ruelles, culs-de-sac, passages, quais, places, carrés, carrefours, cloîtres, enclos, cours, boulevards, chemins de ronde, avenues, allées, îles, rivières, ponts, voieries, etc. — Paris, *Debray, 1811, in-8° br.* Mutilé.

273. — THIÉBAULT de BERNEAUD (Ars.). — Voyage à Ermenonville, contenant des notes inédites sur J.-J. Rousseau, le plan des jardins et la flore d'Ermenonville. — Paris, *Dupont, 1819, in-8° br.*

274. — DIBDIN (Le R. P. Th. Frognall). — Voyage bibliographique, archéologique et pittoresque, en France, trad. de l'anglais, avec des notes, par Théod. Licquet. — Paris, *Crapelet, 1825, in-8°, 4 tom. en 2 vol. rel.*

275. — RAMOND de CARBONNIÈRES (Le Bᵒⁿ). — Observations faites dans les Pyrénées, pour servir de suite à des observations faites sur les Alpes, insérées dans une traduction des lettres de W. Coxe sur la Suisse. — Paris, *Belin, 1789, in-8° rel. 2 tom. en 1 vol.*

276. — DUSAULX (J.). — Voyage à Barège et dans les Hautes-Pyrénées, fait en 1788. — Paris, *Didot, 1796, in-8°, 2 vol. rel.*

277. — CAMUS (A.-G.). — Voyage fait dans les départements nouvellement réunis et dans les départements du Bas-Rhin, du Nord, du Pas-de-Calais et de la Somme, à la fin de l'an X. — Paris, *Baudouin, an XI (1803), in-18, 2 vol. rel.*

278. — GUIDE PITTORESQUE du voyageur en France, publié en 100 livraisons, contenant chacune la description complète d'un département. Paris, *Didot frères, 1835, 6 vol. in-8°.*

279. — Dᵒ. — Atlas in-8° rel. formant le 7ᵉ vol. de l'ouvrage précédent.

280. — MERCEY (F.-B. de). — Souvenirs et récits de voyages. Les Alpes françaises et la Haute-Italie. — Paris, *F. Sartorius, 1857, in-8°.*

281. — DORGAN. — Nouveau panorama de la Gironde et de la Garonne, ou Voyage historique et pittoresque sur les bateaux à vapeur. — Auch, *J. Foix, 1845, in-8° br.*

281 bis. — Dᵒ, dᵒ, dᵒ, dᵒ. — Paris, *Dentu, 1842, in-8° br.*

282. — MORLENT (J.). — Voyage historique et pittoresque du Havre à Rouen et de Rouen au Havre, sur la Seine en bateau à vapeur, avec une carte des rives de la Seine. — Rouen, *Edouard Frère ;* Le Havre, *chez les principaux libraires, 1836, in-18 br.*

283. — MÉRIMÉE (Prosper). — Notes d'un voyageur dans l'Ouest de la France. Extrait d'un rapport adressé au Ministre de l'intérieur. — Bruxelles, *Société belge de librairie, 1837, in-8° br.* (Don de M. Auffret, médecin en chef de la Marine.)

284. — BRIAND (A.). — Le livre de poche du voyageur en France. — Paris, *Lavigne, 1837, in-32.*

285. — TASTU (Mᵐᵉ Amable). — Voyage en France. — Tours, *Mame et Cⁱᵉ, in-8°, 1846.*

286. — LAURENT (F.). — Voyage de S. M. l'Empereur Napoléon III dans les départements de l'Est, du Centre et du Midi de la France. — Paris, *Raçon, 1853, in-8°.*

287. — VERSAILLES (Le parc et les grandes eaux de). — Paris, *Hachette, 1855, in-12 br.*

288. — CHAPUS (Etg.). — Guide itinéraire de Paris au Havre. — Paris, *Hachette, 1855, in-12 cartonné.*

289. — VOYAGE de LL. MM. Impériales dans le Sud-Est de la France, en Corse et en Algérie. — Paris, *Didot, 1860, pl.*

290. — ARRIGHI (Le chevalier). — Voyage de Lycomède en Corse, et sa relation historique et philosophique sur les mœurs anciennes et actuelles des Corses, à un de ses amis. — Paris, *Lerouge, 1806, in-8°, 2 vol. rel.* (italien et français).

291. — JOANNE (Adolphe). — Géographie du département de la Savoie, 2e édit. — Paris, *Hachette et Cie, 1881, pt in-8° rel.*

292. — D°. — Itinéraire de Paris à Nantes. — Paris, *Hachette et Cie, in-12 cart.*

293. — D°. — Les environs de Paris illustrés, itinéraire descriptif et historique. — Paris, *Hachette et Cie in-12 cart.*

294. — GUIDE-CICERONE. — Paris illustré, son histoire, ses monuments, ses musées, son administration, son commerce, et ses plaisirs. Nouveau guide des voyageurs. — Paris, *Hachette at Cie, in-12 cart.*

295. — GUIDE du promeneur au Jardin d'acclimatation.

296 — ROUEN-GUIDE. — La ville, par M. Bachelet. Les environs, par M. J. Adeline. — Rouen, *Augé, s. d., pt in-8° br.*

297. — MAVERNIER (E. Buisson de). — Excursion poétique et sentimentale d'un Limousin dans l'Oberland. — Limoges, *Chabras, 1860, in-8°.*

Voyages en Bretagne et dans les départements
qui en ont été formés

298. — LEPELLETIER (Alm. le). — Voyage en Bretagne, etc. Histoire générale des bagnes, etc. — Le Mans, *Monnoyer, 1853, pl. gd in-8°.*

299. — LOUDUN (E.) — La Bretagne, paysages et récits. — Paris, *P. Brunet, 1862, in-12.*

300. — PANORAMA DE LA LOIRE. — Voyages de Nantes à Angers et d'Angers à Nantes, sur les bateaux à vapeur, 2e édit. — Nantes, *Mellinet, Malassis, 1830, in-18 lith.*

301. — COURCY (Pol de). — De Rennes à Brest et à Saint-Malo. Itinéraire descriptif et historique. — Paris, *Hachette, 1864, gd in-18.*

302. — VOYAGE de L. L. M. M. l'Empereur et l'Impératrice, dans les départements de l'Ouest en 1858. Normandie et Bretagne, *in-f° pl.*

303. — JOANNE (Ad) — Bretagne, avec une carte et cinq plans. — Paris, *Hachette et Cⁱᵉ, 1870.*

Voyages dans le Finistère

304. — FRÉMINVILLE (Le chevalier de). — Le Guide du voyageur dans le département du Finistère, ou description des monuments anciens et modernes et autres objets curieux qu'il renferme, suivi d'un appendice indiquant les routes royales et départementales, les distances des villes et des bourgs, les heures de départ et d'arrivée des voitures publiques, etc., etc., avec la carte du Finistère. — Brest, *Le Blois, 1845, in-12.*

305. — D°, d°, d°, d°. — Brest, *A. Proux et Cⁱᵉ, 1844, in-8° br.*

306. — VILLENEUVE (Gilbert). — Itinéraire descriptif du département du Finistère. — Paris, *Delaunay, 1828, in-8° cartonné.* (3 exempl.)

307. — CAMBRY (J.). — Voyage dans le Finistère, ou état de ce département en 1794 et 1795. — Paris, *an VII (1799), in-8°, 3 vol. pl.* 3 exempl. : Un relié v. f. f. d. s. tr , sans les planches ; un autre papier vélin broché et le 3ᵉ broché.

308. — Dᵉ. — Le même, revu et augmenté, par E. Souvestre. — Brest, *Come et Bonetheau, 1835, lith., in-4° rel.* (2 exempl.)

309. — COURCY (P. de). — Fragment d'un voyage archéologique en Cornouailles. — Brest, *A. Proux, 1844, in-8° br.*

310. — D°. — Itinéraire de Saint-Pol à Brest. — Nantes, *V. Foret, 1859, in-8°.*

311. — VALLIN (Edouard). — Voyage en Bretagne (Finistère) précédé d'une notice sur la Bretagne au xixᵉ siècle. Grav. et cart. — Paris, *1859, gᵈ in-18.*

312. — VOYAGE de S. A. Mᵐᵉ la princesse Baciocchi à Brest, septembre 1861. — Brest, *Lefournier, 1861, in-8°.*

313. — FLEURY (Ed.). — Excursions dans l'arrondissement. Environs de Saint-Renan et de Ploudalmézeau. — *Anner, 1861, in-8°.*

314. — RADIGUET (Max). — A travers la Bretagne. Souvenirs et paysages. Paris, *M. Lévy, 1865, gᵈ in-18.*

315. — RIOU (A.). — Promenades dans le Finistère. — Brest, *in-8°, 1881* (2 exempl.).

c. — *Voyages en Espagne, Portugal, Iles Baléares*

316. — LANGLE (Le Mᵗˢ de). — Voyage de Figaro en Espagne. — Séville, *1786, in-8° rel.*

317. — LANTIER (de). — Voyage en Espagne du Chevalier de Saint-Gervais, officier français, et les divers événements de son voyage, 2ᵉ édit. (pl.) — Paris, *Arthus Bertrand, 1820, in-8° rel.*

318. — TWISS (R.) — Voyage en Portugal et en Espagne, fait en 1772 et 1773. Trad. de l'anglais. Cartes et plans. — Berne, *1776, in-8° rel.*

319. — DESOTEUX de COMATIN (Le Bᵒⁿ). — Voyage du ci-devant duc du Chatelet en Portugal, où se trouvent des détails intéressants sur ses colonies, sur le tremblement de terre de Lisbonne, sur M. de Pombal et la Cour (rédigé par Serieys), revu, corrigé sur les manuscrits et augmenté de notes sur la situation actuelle de ce Royaume et de ses colonies, par J. Bourgoing. Cart. et pl. — Paris, *P. Buisson, an VI (1798), in-8°.* 2 tom. en 1 vol. rel.

320. — LABORDE (Le Comte Alexandre de). — Voyage pittoresque et historique de l'Espagne. — Paris, *H. Nicolle, 1820, gᵈ in-f° 4 vol. rel.*

320 bis. — GAUTIER (Théophile). — Voyage en Espagne. — Paris, *Charpentier, 1845, in-8° br.*

320 ter. — Dᵒ. — dᵒ, dᵒ, dᵒ, *1858,* dᵒ, dᵒ.

d. — *Voyages en Italie et ses iles*

321. — MISSON (Maximilien). — Nouveau voyage d'Italie, avec un mémoire contenant des avis utiles à ceux qui voudront faire le même voyage. — La Haye, *Henri Van Bulderen, 1717, 3 vol. in-8° rel.* Les deux premiers vol. sont de 1731 et de la 5ᵉ édit. Le 3ᵉ vol. est de la 4ᵉ édit. (3 ex.).

322. — COYER (L'abbé). — Voyages d'Italie et de Hollande. — Paris, *Duchesne, 1775, in-8° rel.*

323. — BRYDONE (M.). — Voyage en Sicile et à Malthe, traduit de l'anglais par M. Demeunier. — Londres, *1776, in-8° rel.*

324. — LALANDE (de). — Voyage en Italie, contenant l'histoire et les anecdotes les plus singulières de l'Italie et la description, etc. — Paris, *Desaint, 1786, 9 vol. in-18 rel.*

325. — BROSSES (C. de). — Lettres historiques et critiques sur l'Italie, avec des notes relatives à la situation actuelle de l'Italie et la liste raisonnée des tableaux et autres monuments qui ont été apportés à Paris, de Milan, de Rome et de Venise. — Paris, *Ponthieu, an VII, in-8°*, *2 vol. rel.*

326. — COCHIN (C.-M.). — Voyage d'Italie, ou Recueil de notes sur les ouvrages de peinture et de sculpture, etc. — Paris, *C.-A. Jombert, 1769, in-8°, 3 vol. rel.*

327. — BARTHÉLEMY (L'abbé J.-J.). — Voyage en Italie, imprimé sur les lettres originales écrites au comte de Caylus, avec un appendice où se trouvent les morceaux inédits de Winkelmann, du Père Jacquier, de l'abbé Zarillo, publié par A. Sérieys, etc., 2e édit. — Paris, *F. Buisson, an X (1802), in-8° rel.*

328. — DUPATY (Le président). — Lettres sur l'Italie, en 1785. — Rome et Paris, *de Senne, 1789, in-8°, 2 vol. rel.*

329. — CREUZÉ de LESSER (Le Bon A.). — Voyage en Italie et en Sicile fait en 1801 et 1802. — Paris, *Didot, 1806, in-8° rel.*

330. — GUIDI (J.-B.-M.). — Lettres contenant le Journal d'un voyage fait à Rome en 1773 — Genève et Paris, *1783, in-12, 2 vol. rel.*

331. — SAUSSURE (H.-B. de). — Voyage dans les Alpes, précédé d'un essai sur l'histoire naturelle des environs de Genève (Cart.).— Neufchatel, *S. Fauche, 1779, in-4°*. Les 2 premiers vol. seulement.

332. — BREISLAK (Scipion). — Voyages physiques et lithologiques dans la Campanie, suivis d'un mémoire sur la constitution physique de Rome, etc. etc., trad. du manuscrit italien et accompagné de notes par le général Pommereuil. — Paris, *Dentu, an IX (1801), in-8°, 2 vol. rel.*

333. — TOZETTI (J. Targioni). — Voyage minéralogique, philosophique et historique en Toscane. — Paris, *Lavilette, 1792, in-8°, 2 vol. rel.*

334. — GRASSET SAINT-SAUVEUR (A.). -- Voyage historique, littéraire et pittoresque dans les îles et possessions ci-devant vénitiennes du Levant, savoir : Corfou, Haxos, Parga. — Paris, *Tavernier, an VIII, in-8° 3 vol. rel.*

D°. — Atlas. — *In-4° cart.*

335. — BRYDONE (P.) — Voyage en Sicile et à Malte, trad. de l'anglais par Demeunier, nouvelle édition. — Amsterdam et Paris, *Pissot, 1776, in-12, 2 vol. rel.*

336. — SPALLANZANI (L'abbé). — Voyages dans les deux Siciles et dans quelques parties des Apennins, trad. de l'italien par G. Toscan, avec des notes par Faujas de Saint-Fond. — Paris, *Maradan, an VIII, in-8°, 6 vol. rel.*

337. — RIEDESEL (le baron de). — Voyages en Sicile, dans la Grande Grèce et au Levant, suivis de l'histoire de la Sicile par Le Novaïri. — Paris, *H. J. Jansen. an X (1802), in-8° rel.*

338. — VOYAGE dans les catacombes de Rome par un membre de l'Académie de Cortani. — Paris, *Scholl, 1810, in-8° rel.*

339. — DOLOMIEU (Déodat de). — Voyage aux îles de Lipari, fait en 1781, ou Notice sur les îles Æoliennes, pour servir à l'histoire des Volcans, suivi d'un mémoire sur une espèce de volcan d'air, et d'un autre sur la température du climat de Malthe, et sur la différence de la chaleur réelle et de la chaleur sensible. — Paris, *1783, in-8° rel.*

340. — DELÉCLUSE. — Florence et ses vicissitudes (1215-1790), avec une carte de Florence et neuf portraits de célèbres Florentins. — Paris, *Gosselin et Cie, 1837, 2 vol. in-8° rel.*

341. — GUIDE (Nouveau) de la ville de Florence et de ses environs, avec la description de la galerie publique du palais Pitti et du cabinet de physique. — Florence, *Garinci, 1840, in-12 cart.*

342. — STENDHAL (Henri Beyle de). — Promenades dans Rome. — Paris, *M. Lévy frères, 1858, 2 vol. in-8° br.*

343. — JACOB (Bibliophile), Paul LACROIX. — Impressions de voyage en Italie. — Paris, *Ad. Delahays, 1859, in-12 br.*

344. — NORTHCOTE (J.-S.), PENCER (W.), R. BROWNLOW. — Rome souterraine. Résumé des découvertes de M. de Rossi dans les catacombes romaines, en particulier dans le cimetière de Caliste. Trad. de l'anglais par P. Allard. Préface de M. de Rossi. — Paris, *Didier, 1872, in-8° rel.* 20 pl. hors texte.

345. — PAYS (A. du). — Italie et Sicile. — Paris, *Hachette, 1876.*

346. — BASTARD (Georges). — Cinquante jours en Italie, avec une préface par H. Nadault de Buffon. — Paris, *Dentu, 1878, in-12.*

347. — BOURNET (A.). — Venise. Notes prises dans la bibliothèque d'un vieux vénitien. Voyageurs illustres à Venise. Venise aux seizième, dix-septième et dix-huitième siècles. La peinture vénitienne. — Paris, *E. Plon et Cie, 1882, in-12.*

348. — JANIN (J.). — Voyage en Italie. — Paris, *Bourdin, in-8°.*

348 *bis.* — GAUTIER (Théophile). — Italia. — Paris, *M. Lévy frères, 1855, in-12 rel.*

e. — *Voyages en Suisse*

349. — ZURLAUBEN. — Tableaux topographiques, pittoresques, historiques, moraux, politiques et littéraires de la Suisse, publiés par J. B. de La Borde, avec la table analytique par Quetant. — Paris, *Clousier, 1786, gᵈ in-fᵒ, 4 vol. rel.* 420 gravures.

350. — CAMBRY (J.) — Voyage pittoresque en Suisse et en Italie. — Paris, *Jansen, H. J., an IX (1801), in-8ᵒ, 2 vol. rel.*

351. — MANGOURIT (A. B. de). — Le Mont-Joux ou le Mont-Bernard, discours historique lu à la séance publique de la Société philotechnique du 20 Messidor, an VIII. Suivi d'une lettre de Mr Murith, religieux du Mont-Bernard. Son origine, son institution, les fonctions pénibles auxquelles se vouent les religieux, etc. — Paris, *an IX, in-8ᵒ br.*

352. — CHAFFARD. — Guide des chemins de fer en Suisse, Savoie et Piémont, du Lyon-Genève, avec correspondance et embranchement sur Marseille et Paris. — Genève, *Juin 1858, in-8ᵒ br.*

353. — TOPFFER (R.) — Premiers voyages et nouveaux voyages en zigzag. — Paris, *Garnier frères, 1859, gᵈ in-8ᵒ rel. 2 vol.*

354. — JOANNE (Adolphe et Paul). — Guides diamant. Guides en Suisse. — Paris, *Hachette, 1872, in-18.*

355. — MAUZET (J. L.) — Guide du voyageur à Genève, autour du lac et au bassin du Rhône supérieur. Carte. — Genève, *1873.*

356. — MENTELLE et LEBOSC. — Recueil contenant :
1ᵒ Suisse (tableau pittoresque de la) ;
2ᵒ Voyage en Espagne, à travers les royaumes de Galice, Léon, Castille-Vieille et Biscaye, par Le Bosc.
3ᵒ Voyage dans le département du Pas-de-Calais.
4ᵒ Voyage dans le département du Nord. — Paris, *Jacob, 1790, in-8ᵒ cart.*

f. — *Voyages en Belgique et Hollande ; diverses parties de l'Allemagne, Autriche et Hongrie*

357. — BEAUJEU (Mémoires du Chevalier de). — Contenant les divers voyages, tant en Pologne, en Allemagne qu'en Hongrie, avec des relations particulières des affaires de ces pays là, depuis l'année 1679. — Amsterdam, *A Schelte, 1700, in-12 rel.*

358. — VOYAGE en Hollande et sur les frontières occidentales de l'Allemagne, fait en 1794, suivi d'un voyage dans les comtés de Lancaster, le Westmoreland et le Cumberland, trad. de l'anglais par A. Cantwel. — Paris, *Buisson, an 5ᵉ de la République, in-8ᵒ, 2 vol. rel.*

359. — RISBECK (Baron de). — Voyage en Allemagne dans une suite de lettres. — Paris, *Buisson, 1778, 4 vol. in-12.*

360. — Dᵒ. — Le même, trad. de l'anglais et revu sur l'original allemand (trad. sur la version anglaise de Marty par Letourneur), avec une carte de l'Allemagne. — Paris, *Regnault, 1788, in-8ᵒ, 3 vol. rel.*

361. — TOWNSON (D. Robert). — Voyage en Hongrie, précédé d'une description de la ville de Vienne, et des Jardins impériaux de Schoenbrun, publié à Londres en 1797. — Paris, *Poignée, an VII, in-8ᵒ, 3 vol.*

362. — BERNARD (Frédéric). — Les bords du Rhin, ouvrage illustré de 70 vignettes dessinées d'après nature par Daubigny, Lancelot, etc., et accompagné de cartes et de plans. — Paris, *Hachette et Cⁱᵉ, 1854, pᵗ in-8ᵒ.*

363. — GUINOT (Eug.) — L'été à Bade, illustré par MM. Tony Johannot, Eug. Lami, etc. — Paris, *Furne et Cⁱᵉ, in-4ᵒ.*

364. — DU PAYS. — Itinéraire descriptif, historique, artistique et industriel de la Belgique. — Paris, *Hachette et Cⁱᵉ, in-8ᵒ br.*

365. — MORNAND (Félix). — Guide-cicérone. Belgique. — Paris, *Hachette et Cⁱᵉ (sans date).*

366. — PROMENADES d'un artiste. Bords du Rhin, Hollande, Belgique. Avec 26 gravures. — Paris, *J. Renouard (sans date).*

g. — *Voyages aux îles Britanniques.*

367. — LACOSTE (de). — Voyage philosophique d'Angleterre, fait en 1783 et 1784. — Londres, *1786, in-8ᵒ, 2 vol. rel.*

368. — PILLET (M. le maréchal de camp). — L'Angleterre vue à Londres et dans ses provinces, pendant un séjour de dix années, dont six comme prisonnier de guerre. — Paris, *A. Eymery, 1815, in-8ᵒ rel.*

369. — HAMILTON (W.). — Voyage à la côte septentrionale du comté d'Antrim, en Irlande et à l'île de Rhaghery, contenant l'histoire naturelle de ses productions volcaniques et plusieurs observations sur les antiquités et mœurs de ce pays, trad. de l'anglais, auquel on a ajouté l'essai sur l'oryctographie du Derbyshire, par M. Ferber, trad. de l'allemand. — Paris, *Cuchet, 1790, in-8ᵒ.*

370. — BLACK'S. — Guide throug Edinburgh. Illustrated with a plan of the city, and numerous views of the public buildings, etc. Eighth. — EDINBURGH, *Adam and Charles Blanck, 1851, in-8° rel.*

371. — SKETCHES. — Of the tower of London as a fortress a prison, and a palace and a Guide to the armories. Sold at the armory ticket office Price, six pence, — *1855, in-12 br.*

372. — LONDRES (Guide du voyageur à), précédé d'un itinéraire historique et descriptif des chemins de fer de Paris à Londres. — PARIS, *Hachette et Cie, 18..., in-8° br.*

373. — PENNANT. — A tour in Scotland and voyage to the Hebrides, 1772. — CHESTER, *1774, in-4° 2 vol.* (pl.)

h. — *Voyages en Danemark, Suède, Norwège, Laponie, Russie, Crimée, etc.*

374. — TROIL (évêque de Linkœping DE). — Lettres sur l'Islande, traduites du suédois par M. Lindblomb. — PARIS, *imprimerie de Monsieur, 1781, in-8° br.*

375. — ALGAROTTI (lettres du Cte). — Sur la Russie, contenant l'état du commerce, de la marine, des revenus et des forces de cet empire, etc. — LONDRES et PARIS, *Merlin, 1759, in-8° br.*

376. — COXE (W.) — Voyage en Pologne, Russie, Suède, Danemarck, etc., trad. de l'anglais, enrichi de notes et des éclaircissements nécessaires, et augmenté d'un voyage en Norwège, par P. H. Mallet, cart. port. pl. et fig. — GENÈVE, *Barde, Manget et Cie, 1786, 4 vol. rel.*

377. — SWINTON. — Voyage en Norwège, en Danemarck et en Russie, dans les années 1788-89-90 et 91, trad. de l'anglais par P. F. Henry, suivi d'une lettre de Richer-Sérisy sur la Russie. — PARIS, *Arthus Bertrand, 1801, in-8° 2 vol.*

378. — PALLAS. — Voyages entrepris dans les gouvernements méridionaux de l'Empire de Russie pendant les années 1793 et 1794. — PARIS, *Guillaume, 1811, 4 vol. in-8° br.*

379. — MARMIER (X.) — Lettres sur le Nord Danemarck, Suède, Norwège, Laponie et Spitzberg. — PARIS, *Garnier frères, 1845, in-8° br.* 2 tom.

380. — GAIMARD (PAUL). — Voyage en Islande et en Groënland, exécuté pendant les années 1835 et 1836 sur la corvette la *Recherche*, commandée par M. Tréhouart, lieutenant de vaisseau, dans le but de découvrir les traces de la *Lilloise*. — PARIS, *A. Bertrand, 1851, in-8° br.*

381. — CHARLES EDMOND (CHOIECKI). — Voyage dans les mers du Nord sur la Reine Hortense. — PARIS, *Michel Lévy frères, 1857, g^d in-8° pl.*

382. — SAILLET (V.). — Expédition polaire de MM. Weyprecht et Payer, trad. de l'allemand. — BREST, *J. Robert, 1872, in-8° br.*

383. — D^o. — Les premiers explorateurs des mers arctiques. Découverte de l'Islande, du Groënland, des côtes de l'Amérique du Nord, etc. — BREST, *Gadreau, 1876, in-8°.*

384. — PALLAS. — Voyage dans plusieurs provinces de l'empire de Russie et dans l'Asie septentrionale, trad. de l'Allemand par le citoyen Gauthier de la Peyronie. N^{lle} édit., revue et enrichie de notes par les C. C. Lamarck et Langlès. — PARIS, *Maradan, an II, in-8°, 2 vol. rel.*

385. — D^o. — Atlas. — *G^d in-f^o cart.*

386. — ANCELOT (J.-F.-A.). — Six mois en Russie. Lettres écrites à M. X. B. Saintines, en 1826, à l'époque du couronnement de l'Empereur, 2 édit. — PARIS, *Dondey Dupré, 1827, in-8° cart.*

i. — *Voyages en Turquie d'Europe y compris la Grèce et les îles Ioniennes.*

387. — WHELER (G.). — Voyage de Dalmatie, de Grèce et du Levant, enrichi de médailles et de figures des principales antiquités qui s'y trouvent, etc, trad. de l'anglais. — AMSTERDAM, *J. Volters, 1692, in-12, 2 vol. v. b. arm.*

388. — GAUTHIER (TH.). — Constantinople. — PARIS, *M. Lévy frères, 1855, in-12 rel.* 2 exempl.

389. — GUYS (P.-A.). — Voyage littéraire de la Grèce, ou Lettres sur les Grecs anciens et modernes, avec un parallèle de leurs mœurs. — PARIS, *veuve Duchesne, 1771, in-12, 2 vol. rel.*

390. — CHOISEUL-GOUFFIER (DE). — Voyage pittoresque de la Grèce. — PARIS, *Blaise, 1780-1824, g^d in-f° 3 vol. cart.*

391. — SAVARY. — Lettres sur la Grèce, faisant suite aux lettres sur l'Egypte (cart.) — PARIS, *Onfroi, 1788, in-8°.*

392. — SONNINI (C. S.) — Voyage en Grèce et en Turquie, fait par ordre de Louis XVI, et avec l'autorisation de la cour ottomane. — PARIS, *F. Buisson, an IX (1801), 2 vol. in-8° rel.*

393. — D^o. — Atlas, *in-4° cart.*

394. — BARTHOLDY (J. L. L.) — Voyage en Grèce, fait dans les années 1803 et 1804, trad. de l'allemand par A. du C***. — Paris, *Dentu, 1807, in-8° 2 vol* (fig. et cart.)

395. — POUQUEVILLE (F.-C.-H.-L.) — Voyage de Grèce, cartes, vues et fig., 2ᵉ édit.— Paris, *F. Didot, 1826, in-8° 6 vol. cart.*

396. — Dᵒ. — Voyage en Morée. — Paris, *Gabon, 1805, in-8° 3 vol.* (pl)

397. — ZALLONY (Marcakij). — Voyage à Tine, l'une des îles de l'archipel de la Grèce, suivi d'un traité de l'asthme ; avec la carte de l'île de Tine, dessinée par M. Barbié-Dubocage et gravée par M. Tardieu. — Paris, *Arthus Bertrand, 1809, in-8°.*

398. — POUQUEVILLE. — L'Univers. Histoire et description de tous les peuples. Grèce. — Paris, *Firmin Didot, 1835, in-8°.*

399. — GAUDRY (Albert). — Animaux fossiles et géologie de l'Attique, d'après les recherches faites en 1855-56 et 1860, sous les auspices de l'Académie des sciences. — Paris, *F. Savy, 1862, gᵈ in-4°.*

400. — Dᵉ. — Atlas, *in-4°.*

N. — Voyages en Asie

a. — *Relations qui embrassent, dans un même itinéraire, différentes parties de l'Asie*

401. — PINTO (Fernand Mendez). — Ses voyages adventvrevvx, trad. du portugais par R. Figuier. — Paris, *imprimé aux frais du gouvernement, 1830, in-8° cart.*

402. — VOYAGES dans l'Inde, en Perse, etc., avec la description de l'île de Poulo-Pinang, nouvel établissement des anglais près de la côte de Coromandel, par différents officiers au service de la compagnie anglaise des Indes orientales. Trad. de l'anglais par les C*** (par Langlès). — Paris, *Lavillette et Cⁱᵉ, 1801, in-8° rel.*

403. — TANCOIGNE (J. M.) — Lettres sur la Perse et la Turquie d'Asie, grav. — Paris, *Nepveu, 1819, in-8° 2 vol.*

404. — OPPERT (Jules). — Exposition scientifique en Mésopotamie, exécutée par ordre du Gouvernement, de 1851 à 1854, par MM. Fulgence Fresnel, Félix Thomas et Jules Oppert. — Paris, *imprimerie impériale, 1863, in-8°, 2 vol. rel.*

b. — *Turquie asiatique, comprenant l'Asie-Mineure, l'Arménie et en particulier la Terre-Sainte.*

405. — CHANDLER (R.). — Voyages dans l'Asie-Mineure et en Grèce, fait aux dépens de la Société des dilettanti, de 1764 à 1766, trad. de l'anglais et accompagné de notes géographiques, historiques et critiques, par J. S. Servais et Barbier du Bocage. Cartes et pl. — Paris, *Arthus Bertrand, 1806, in-8°, 3 vol. rel.*

406. — LECHEVALIER (J.-B.). — Voyage de la Propontide et de Pont-Euxin, avec la carte de ces deux mers, etc., etc. — Paris, *Dentu, an VIII, (1800), in-8°, 2 vol.*

407. — Do. — Voyage dans la Troade, ou tableau de la plaine de Troie dans son état actuel, 2e édit. — Paris, *Laran, an VII (1799), in-8°*, Cart. et pl.

408. — Do. — Le même, fait dans les années 1785 et 1786, 3e édit. — Paris, *Dentu, an X (1802), in-8°, 3 vol.*

409. — Do. — Recueil de cartes, plans, vues et médailles pour servir au voyage de la Troade. — Paris, *Dentu, an X, 1802, in-4° cart.* Atlas.

410. — HOMMAIRE de HELL (Xavier). — Voyage en Turquie et en Perse, exécuté par ordre du gouvernement français en 1846, 1847 et 1848. Cartes, inscriptions, pl. par Jules Laurens. — Paris, *P. Bertrand, 1854-55-56, in-8°, 3 vol.* Atlas.

411. — SESTINI (L'abbé Dom.). — Voyage dans la Grèce asiatique, à la péninsule de Cyzique, à Brusse et à Nicée, avec détails sur l'histoire naturelle de ces contrées, trad. de l'italien par Pingeron. — Londres et Paris, *Leroy, 1789, in-8° rel.*

412. — Do. — Le Guide du voyageur en Egypte, ou description des végétaux et des minéraux qui existent en Egypte. Trad. de l'italien, par Pingeron. — Paris, *an XI (1805), in-8°.*

Le même que le voyage de Constantinople à Bassora, trad. par le comte de Fleury.

413. — ZUALLART (J.) — Le très-dévot voyage de Jérusalem, avec les figures des lieux saints et plusieurs autres, tirées au naturel. — Anvers, *Arnauld S'Coninca, 1608, in-4° parch.*

414. — NAU (Le Père M.) — Nouveau voyage de la Terre-Sainte, enrichi de plusieurs remarques particulières pour l'intelligence de la Sainte-Ecriture, etc. — Paris, *Pralard, 1679, in-12 rel.*

415. — MORISON (A.) — Relation historique d'un voyage nouvellement fait au Mont de Sinaï et à Jérusalem, divisée en 3 livres. — Toul, *A. Laurent, 1704, in-4° rel.*

416. — VOLNEY. — Voyage en Egypte et en Syrie pendant les années 1783, 1784 et 1785, suivi de considérations sur la guerre des Russes et des Turcs, publiées en 1788 et 1789. — Paris, *Bossange frères, 1823, 3 vol. in-12, rel.*

417. — SAULCY (F. de). — Voyage autour de la mer morte et dans les terres bibliques, exécuté de Décembre 1850 à Avril 1851. — Paris, *Gide et Baudry, 1853, in-8°, rel.* — Atlas.

418. — CLERMONT-GANNEAU (Ch.) — La Palestine inconnue. — Paris, *E. Leroux, 1876, in-18.* Elzévir.

419. — TUDEBODE [(Pierre), ou TUDEBŒUF. — Mémoires de l'historien], sur son pélérinage à Jérusalem, traduit du latin par Stephen de Goy. — Quimper, *Kérangal, 1878, in-8° br.*

c. — *Arabie, Mer Rouge*

420. — NIEBUHR (C.) — Description de l'Arabie d'après les observations et recherches faites dans le pays même. — Copenhague, *N. Moëller, 1773, in-4°, v. porph. fil. (fig.)*

421. — D°. — Voyage en Arabie et en d'autres pays circonvoisins, trad. de l'allemand. — Amsterdam, *S. F. Baalde, etc., 1776, in-4°, 2 vol. v. porph. fil. (fig.)*

422. — MICHAELIS (J. D.) — Recueil de questions proposées à une Société de savants qui font le voyage de l'Arabie, trad. de l'allemand. — Amsterdam, *S. F. Baalde, etc., 1774, in-4°, v. porph. fil.*

423. — LABORDE (Léon de). — Voyage de l'Arabie Pétrée, par Laborde et Linant. — Paris, *Giard, 1830, g⁴ in-f°* rel. (Lith.)

424. — LOTTIN de LAVAL. — Voyage dans la Péninsule arabique du Sinaï et de l'Egypte moyenne. Histoire, Géographie, Epigraphie. — Paris, *Gide et Cⁱᵉ, 1855-59, in-4° rel.*

425. — D°. — Atlas *in-f°*. (Lithographies).

d. — *Voyages aux contrées Caucasiennes, Géorgie, Circassie,*
pays des Kalmouks, Sibérie et Kamtschatka

426. — GMÉLIN (J.-G.). — Voyage en Sibérie. Traduction libre de
l'original allemand, par M. de Keralio. — Paris, *Desaint, 1767, in-12,*
2 vol. rel.

427. — CHAPPE D'AUTEROCHE (J.). — Voyage en Sibérie, fait en
1761, contenant les mœurs, les usages des Russes et leur état actuel, la
description géographique et le nivellement de la route de Paris à
Tobolsk. Enrichi de cartes, plans, gravures. — Paris, *Debure, 1768,*
g^d in-4°. 3 vol. porph. fil.

428. — D°. — Atlas. — *Grand inf^e.* Cartes.

429. — FLANDIN (Eugène). — Voyage en Perse de MM. E. Flandin,
peintre, et Pascal Coste, architecte, pendant les années 1840-41. —
Paris, *Gide, 1851, in-8°, 2 vol.* Atlas.

430. — ITER PERSICUM, ou description du voyage en Perse, entrepris
en 1602, par Etienne Karasch de Zalonkemeny, envoyé comme ambassadeur. Traduit, publié et annoté par Ch. Schefer. — Paris, *E. Leroux,*
1877, in-12.

e. — *Route de l'Europe aux Indes orientales, et retour soit par*
le Nord de l'Asie, soit par le grand Désert

431. — HOWEL (Th.). — Voyage en retour de l'Inde par terre et par une
route en partie inconnue jusqu'ici, suivi d'observations sur le passage
dans l'Inde par l'Egypte et le grand Désert, par James Capper. Trad. de
l'anglais par Théophile Mandar. — Paris, *imprimerie de la République,*
an V, in-4°.

432. — FORSTER (G.) — Voyage du Bengale à travers les provinces
septentrionales de l'Inde, le Kachmyr, la Perse, sur la mer Caspienne,
etc., suivi de l'histoire des Rohillahs et de celle des Seykes. Trad. de
l'anglais, avec des additions et une notice chronologique des khans de
Crimée, etc., par L. Langlès. — Paris, *Delance, an X (1802), in-8°*
3 vol.

f. — *Recueil de relations de voyages dans l'Inde, relations*
de séjours dans les mêmes contrées et à Ceylan

433. — RENAUDOT (L'abbé Eusèbe). — Anciennes relations des Indes
et de la Chine, de deux voyageurs mahométans qui y allèrent dans le
9e siècle. Trad. de l'arabe, avec des remarques sur les principaux
endroits de ces relations. — Paris, *J. B. Coignard, 1718, in-8° rel.*

434. — VASCO DE GAMA. — Journal de son voyage en 1497. Trad. du portugais, par Arthur Morelet. — LYON, *Louis Perrin, 1864, in-4°.* Tiré à 250 exemp. sur papier teinté, et 20 exemp. sur papier velin blanc.

435. — SOUCHU DE RENNEFORT. — Histoire des Indes orientales. — PARIS, *Arnoul Seneuze, 1688, in-4° rel.*

436. — LEGUAT (FRANÇOIS). — Voyages et avantures de F^ois Leguat et de ses compagnons, en deux isles désertes des Indes orientales. — LONDRES, *D. Mortier, 1707, in-8° rel.* (2 exempl.).

437. — CHOISY (L'abbé DE). — Journal du voyage de Siam.— TRÉVOUX, *par la Cie, 1741, in-8° rel.*

438. — BERNIER (F^ois). — Voyages contenant la description des Etats du Grand Mogol, de l'Indoustan, du royaume de Cachemire. — PARIS, *imprimés aux frais du gouvernement, août 1830, in-8° cart. 2 vol.*

439. — SONNERAT (P.). — Voyage aux Indes orientales et à la Chine, fait en 1774 et 1781 (cart et pl.). — PARIS, *1782, in-4°, 2 vol. v. br. fil.*

440. — STAVORINUS (J.-S.). — Voyage par le cap de Bonne-Espérance, à Batavia et au Bengale en 1768-69-70 et 71, avec des observations sur la navigation et le commerce de ces contrées, etc. Trad. du hollandais par H.-J. Jansen, cart. — PARIS, *H.-J. Jansen, an VI (1798), in-8°.*

441. — D^o. — Voyage par le cap de Bonne-Espérance et Batavia, à Samarang, à Macassar, à Amboine et à Surate, en 1744-75-76-77 et 78. Trad. du hollandais par H.-J. Jansen. — *An VII (1799), in-8°, 2 vol.*

442. — CHARPENTIER COSSIGNY (J.-F.). — Voyage au Bengale, suivi de notes critiques et politiques, d'observations sur cet ouvrage, par Stavorinus, d'une notice sur le Japon et de la description de la culture du riz en Asie. — PARIS, *Emery, an VII (1799), in-8°, 2 vol.*

443. — GRANDPRÉ (L.-D.). — Voyage dans l'Inde et au Bengale, fait en 1789 et 1790, contenant la description des îles Séchelles et de Trinquemalay, etc., etc., suivi d'un voyage fait dans la mer Rouge, contenant la description de Moka, et du commerce des arabes avec l'Yémen, etc., etc. Grav. et plans. — PARIS, *Dentu, an IX (1801), in-8°, 2 vol.*

444. — JACQUEMONT (VICTOR). — Sa correspondance avec sa famille et plusieurs de ses amis pendant son voyage dans l'Inde (1828-1832). N^lle édit., augmentée de lettres inédites et accompagnée d'une carte. — PARIS, *Garnier frères et Fournier aîné, 1841, g^d in-18, 2 vol. rel.*

445. — ARGOUT (D'). — Java, Singapoure et Manille. — PARIS, *Vinchon, 1842, in-8° br.*

g. — *Voyages en Indo-Chine ou Asie centrale,*
y compris le Thibet

446. — SYMES (Michel). — Relation de l'ambassade anglaise, envoyée en 1795 dans le Royaume d'Ava, ou l'Empire des Birmans, suivie d'un voyage fait en 1798 à Colombo, dans l'île de Ceylan, et à la baie de Da Lagoa, sur la côte orientale d'Afrique, de la description de l'île de Carnicobar et des ruines de Maralipouram. Trad. de l'anglais, avec des notes par J. Castéra. — Paris, *F. Buisson, an IX (1800),* in-8° 3 vol.

447. — D°. — Atlas de 30 planches, gravées par Tardieu, Delignon, Niquet et Delvaux, *in-4° cart.*

448. — HUNTER (W.) — Description du Pégu et de l'île de Ceylan, renfermant des détails exacts et neufs sur le climat, les productions, le commerce, le gouvernement, les mœurs et les usages de ces contrées, par W. Hunter, Ch. Wolf et Eschelskroon. Trad. de l'anglais et de l'allemand, par L. L*** (Langlès). — Paris, *Maradan, 1793,* in-8° rel.

449. — TACHARD (Guy). — Voyage de Siam des P. P. Jésuites, envoyés par le Roi aux Indes et à la Chine, avec leurs observations astronomiques et leurs remarques de physique, etc. — Paris, *Seneuze, 1686,* in-4° rel.

450. — CHOISY (L'abbé de). — Journal du voyage de Siam. Nouvelle édition. — *1741,* in-12 rel.

451. — TURNER (S.) — Ambassade au Thibet et au Boutan, contenant des détails sur les mœurs, la religion, etc., du Thibet, du Boutan et des Etats voisins, et une notice sur les événements qui s'y sont passés en 1793. Trad. de l'anglais, avec des notes, par J. Castéra. — Paris, *F. Buisson, an IX (1800),* in-8° 2 vol.

452. — D°. — Atlas. Quinze planches gravées par Tardieu. — *In-4°.*

453. — BRANDAT (Paul). — Le Haut-Mékong ou Le Laos ouvert. — Paris, *Fischbacher, 1887,* in-8°. Avec une carte autographe du Haut-Mékong, dressée par M. de Fésigny.

h. — *Navigation dans la mer des Indes, etc.,*
comprenant l'archipel des Moluques

454. — LE GENTIL (G.-H.-J.). — Voyage dans les mers de l'Inde, fait par ordre du Roi, à l'occasion du passage de Vénus sur le disque du Soleil, le 6 Juin 1761 et le 3 du même mois 1769. — Paris, *imprimerie royale, 1779,* in-4°, 2 vol. rel.

455. — GRENIER (Le Vte de). — Mémoires de la campagne de découvertes dans les mers de l'Inde, où il propose, avec une route qui abrège de 800 lieues, les traversées de France à la côte de Coromandel et en Chine. — Brest, *Malassis*, *1770*, *in-4°*. Cartes (2 exemplaires) pl. de 38 pages.

456. — D°. — Mémoire de la campagne de découvertes, etc., etc. — Brest, *Malassis*, *1772*, *in-4°*. Carte pl. de 52 pages.

457. — D°. — Les mêmes. — Brest, *R. Malassis. 1787, in-4°*. Carte pl. rel. de 42 pages.

458. — BRANDAT (Paul). — Mers de l'Inde.— Paris, *E. Lachaud, 1870*, *in-8°*.

i. — *Voyages en Chine, Corée, Japon.*

459. — GUIGNES (C.-L.-J. de). — Voyages à Péking, Manille et l'île de France, faits dans l'intervalle des années 1784 et 1801. — Paris, *imprimerie impériale, 1808, in-12, 3 vol.*

460. — D°. — Atlas. — *Petit in-f°, cartes.*

461. — MACARTNEY (Lord). — (Voyage dans l'intérieur de la Chine et en Tartarie, fait dans les années 1792, 1793 et 1794 par) ; avec la relation de cette ambassade, celle du voyage entrepris à cette occasion par les vaisseaux le *Lion* et l'*Indostan*, et des détails très curieux sur les colonies espagnoles, portugaises et hollandaises ; rédigés sur les papiers de lord Macartney, sur ceux de sir Erasme Gower, etc., par sir Georges Staunton, trad. de l'anglais, avec des notes par J. Castéra. Avec des fig. et cartes gravées en taille douce, et une collection de nouvelles planches. — Paris, *F. Buisson, an 6 et 7 (1798-1799), in-8°, 6 vol.*

462. — BARROW (John). — Voyage en Chine, formant le complément du voyage de lord Macartney, contenant des observations et des descriptions faites pendant le séjour de l'auteur dans le palais impérial de Yuen-Min-Yuen, et en traversant l'Empire chinois de Péking à Canton, suivi de la relation de l'ambassade envoyée, en 1719, à Péking, par Pierre Ier, empereur de Russie. Trad. de l'anglais, avec des notes par J. Castéra. — Paris, *F. Buisson, an XIII (1805), in-8°, 3 vol.*

463. — D°. — Atlas, 22 pl. *in-4° cart.*

464. — HUTNER (J.-C.). — Voyage à la Chine, trad. de l'allemand par Winckler, avec une carte de la Chine, gravée par Tardieu, et de la musique chinoise, publiée par Ch. Battinger. — Paris, *Pillot, an XI (1803)*, *in-18.*

465. — HOUCKGEEST (André-Everard Van-Braam). — Voyage de l'ambassadeur de la Cⁱᵉ des Indes orientales hollandaises vers l'Empereur de la Chine, en 1794 et 1795. Publié par M. L.-E. Moreau de Saint-Méry. — Paris, *Garnery, an VI (1798, v. St).*

466. — THUNBERG (C.-P.). — Voyages au Japon par le cap de Bonne-Espérance, les îles de la Sonde, etc. Trad., rédig. et augmentés de notes sur la Religion, etc., par L. Langlès, et revus pour l'histoire naturelle par J.-B. Lamarck. Pl. — Paris, *B. Dandré. en IV (1796), in-8°, 4 vol.*

467. — CHASSIRON (Le Bᵒⁿ Ch. de). — Notes sur le Japon, la Chine et l'Inde, 1858-59-60. — Paris, *Dentu, 1861.* Cart , fig. *in-8°.*

468. — BRANDAT (Paul). — Mers de Chine. — Paris, *Pichon et Cⁱᵉ, 1872, in-12.*

469. — BOUSQUET (Georges). — Le Japon de nos jours et les échelles de l'Extrême-Orient, ouvrage contenant 3 cartes. — Paris, *Hachette et Cⁱᵉ, 1877, 2 vol. in-8°* (2 exempl.).

470. — ROCHER (Emile). — La province chinoise du Yun-Nam. — Paris, *E. Leroux, 1879, gᵈ in-8°.* 1ʳᵉ et 2ᵉ partie.

471. — BRANDAT (Paul). — Çà et là. — Cochinchine et Cambodge. — L'âme Khmère. — Ang-Kor. — Paris, *Fischbacher.*

O. — Voyages en Afrique

a. — *Relations qui embrassent, dans un même itinéraire, plusieurs parties de l'Afrique*

472. — LÉON L'AFRICAIN. — De l'Afrique, contenant la description de ce pays et la navigation des anciens capitaines portugais aux Indes orientales et occidentales. Trad. de Jean Temporal. — Paris, *imprimé aux frais du gouvernement, Août 1830, in-8°, 4 vol. cart.*

473. — LEYDEN et MURRAY. — Histoire complète des voyages et découvertes en Afrique, depuis les siècles les plus reculés jusqu'à nos jours, accompagnée d'un précis géographique sur ce continent, de notices sur l'état physique, moral et politique des divers peuples qui l'habitent et d'un tableau de son histoire naturelle. Traduite de l'anglais et augmentée de toutes les découvertes faites jusqu'à ce jour, par M. A. C. S. de S. de F. (M. A. Cuvillier, Sʳᵉ des Sceaux de France). — Paris, *Arthus Bertrand, 1821, in-8°.*

474. — Dᵒ. — Atlas, 7 cartes, *in-4° cart.*

475. — WALCKENAER (C. A.) — Recherches géographiques sur l'intérieur de l'Afrique septentrionale, comprenant l'histoire des voyages entrepris ou exécutés jusqu'à ce jour pour pénétrer dans l'intérieur du Soudan, l'exposition des systèmes géographiques qu'on a formés sur cette contrée, l'analyse de divers itinéraires arabes pour déterminer la position de *Timbouctou*, et l'examen des connaissances des anciens relativement à l'intérieur de l'Afrique. Suivies d'un appendice contenant divers itinéraires, traduits de l'arabe, par M. le baron Silvestre de Sacy et M. de La Porte, et plusieurs autres relations ou itinéraires également traduits de l'arabe, ou extraits des voyages les plus récents. Carte. — Paris, *Arthus Bertrand, 1821, in-8°.*

476. — PACHO (M.-J.-R.). — Relation d'un voyage dans la Marmarique, la Cyrénaïque et les oasis d'Audjèlah et de Maradèh, accompagnée de cartes géographiques et topographiques, et de planches représentant les monuments de ces contrées. — Paris, *F. Didot frères et fils, 1827, in-4° rel.*

477. — D°. — Atlas, *in-f°.*

478. — VOYAGE dans l'intérieur de l'Afrique. — Paris, *Société des bons livres, 1838, in-18.*

479. — TRÉMAUX (P.). — Voyage au Soudan oriental et dans l'Afrique centrale pendant les années 1847 et 1848, comprenant une exploration dans l'Algérie, la Régence de Tunis, l'Egypte, la Nubie, les déserts, l'île de Méroé, le Sennaar, le Fa-Zoglo, et dans des contrées inconnues de la Nigritie. — Paris, *Borrain et Droy, 2 vol. in-8°.*

480. — D°. — Voyage en Ethiopie, au Soudan oriental et dans la Nigritie. — Paris, *Hachette et Cⁱ. 1862, 2 vol. in-8°.*

481. — D°. — Atlas, vues pittoresques, etc. Cartes *in-f°.*

482. — D°. — Atlas. Parallèles des édifices anciens et modernes du continent africain. — *In-f°.* Pl.

b. — *Région du Nil, contenant l'Egypte, l'Abyssinie, etc.*

(Voir les Sections E. F. G. H. I. K et N b, des Voyages où se trouvent différentes relations de l'Egypte.)

483. — VANSLEB (Le P.). — Nouvelle relation, en forme de journal, d'un voyage fait en Egypte, en 1672 et 1673. — Paris, *E. Michallet, 1677, in-12 rel.*

484. — GRANGER. — Relation du voyage fait en Egypte en 1730, où l'on voit ce qu'il y a de plus remarquable, particulièrement sur l'histoire naturelle. — Paris, *J. Vincent, 1745, in-12 rel.*

485. — NORDEN (F.-L.). — Voyage d'Egypte et de Nubie. N^lle édit., avec des notes et des additions tirées des auteurs anciens et modernes, et des géographes, par L. Langlès. Ouvrage enrichi de cartes et de figures, dessinées par l'auteur. — PARIS, *P. Didot aîné, 1795-1798, g^d in-4°, 3 vol. v. m. fil.*

486. — BRUCE (J.). — Voyage aux sources du Nil, en Nubie et en Abyssinie, pendant les années 1768-69-70-71 et 72. Trad. de l'anglais par J.-H. Castéra. — LONDRES, *1790-1792, in-8°, 14 vol. rel.*

487. — D°. — Atlas. Cartes et figures du voyage en Nubie et en Abyssinie. — PARIS, *Plassan, 1792, in-4° rel.*

488. — VOLNEY (C.-F.). — Voyage en Syrie et en Egypte pendant les années 1783-84 et 85, avec deux cartes géographiques et deux planches gravées, représentant les ruines du Temple du Soleil, à Balbeck, et celles de la ville de Palmyre, dans le désert de Syrie, 2e édit. — PARIS *Desenne, 1787, in-8°, 2 vol. rel.*

489. — D°. — 4e édit , accompagnée : 1° De la Notice de deux manuscrits arabes inédits, etc. ; 2° d'un Tableau exact du commerce du Levant ; 3° des considérations sur la guerre des Russes et des Turcs, publiées en 1788 ; 4° de deux gravures nouvelles représentant les Pyramides et le Sphinx, etc. — PARIS, *Courcier, 1807, in-8°, 2 vol. rel.*

490. — D°. — Le même, 5e édit. — PARIS, *Bossange frères, 1822, in-18, 2 vol.*

491. — D°. — Le même, 6e édition. — *Bossange frères, 1823, in-18, 3 vol.*

492. — DUMAS (ALEXANDRE) et DAUZATZ. — Quinze jours au Sinaï, édit. illustrée. — PARIS, *Maresq, et Cie, 1854, in-4°.*

493. — LENOIR (PAUL). — Le Fayoum, le Sinaï et Pétra. Expédition dans la moyenne Egypte et l'Arabie Petrée, sous la direction de J.-L. Gérôme. PARIS, *H. Plon, 1872, in-18 rel. (Gr.).*

494. — BELZONI (G.). — Voyages en Egypte et en Nubie. Trad. de l'anglais, par G.-B. Depping. — PARIS, *à la librairie française, 1822, in-8°, 2 vol. rel.* Atlas.

495. — JOANNIS (L. DE). — Campagne pittoresque du Luxor. — PARIS, *Mme Huzard, 1835, in-8°.*

    D°. — Atlas contenant 18 pl. in-f°.

496. — LOBO (JÉRÔME). — Relation historique d'Abyssinie. Trad. du Portugais continuée et augmentée de plusieurs dissertations, lettres et mémoires, par Legrand. — PARIS, *Veuve Coustelier, 1728, in-4° rel.*

497. — GRANGER (Le sieur). — Relation du voyage fait en Egypte, en l'année 1730. — Paris, *J. Vincent, 1745, in-8° rel.*

498. — CAILLIAUD (Frédéric). — Voyage à Méroé, au Fleuve blanc au-delà du Fâzoql, dans le midi du royaume de Sennâar, etc.— *Imprimerie royale, 1826, in-8°, 4 vol.* Atlas in-f° de 150 pl., 2 vol.

499. — SPEKE (John Hanning). — Les sources du Nil, journal de voyages. Trad. de l'anglais, par E. D. Forgues. — Paris, *Hachette, 1861, grand in-8° rel.*

500. — ROUGÉ (Le Vte Emmanuel de). — Inscriptions et Notices recueillies à Edfou (Haute-Egypte), pendant la mission scientifique. — Paris, *Le Roux, 1880, 2 vol. in-4°.*

501. — LEJEAN (Guil.) — Voyage aux deux Nils (Nubie, Cordofan, Soudan oriental), exécuté par ordre de l'Empereur, de 1860 à 1864. — *Hachette et Cie. in-4° rel.* Avec Atlas *in-f°.*

502. — Dᵒ, dᵒ, en Abyssinie. — Dᵒ, de 1862 à 1864. — Dᵒ, dᵒ, dᵒ.

c. — *Région de l'Atlas, contenant les côtes de Barbarie, Tunis, Alger, etc.*

503. — POIRET (L'abbé). — Voyage en Barbarie, ou Lettres écrites de l'ancienne Numidie pendant les années 1785-1786 sur la religion, les mœurs des Maures et des Arabes-Bédouins, avec un essai sur l'histoire naturelle de ce pays. — Paris, *Née de la Rochelle, 1789, in-8°, 2 vol. rel.*

504. — ROZET (Cl. A.) — Voyage dans la Régence d'Alger, ou description du Pays occupé par l'armée française en Afrique, contenant des observations sur la géographie physique, la géologie, la météorologie, l'histoire naturelle, etc., suivies de détails sur le commerce, l'agriculture, les sciences et les arts, les mœurs, les coutumes et les usages des habitants, de l'histoire de son gouvernement, d'un plan de colonisation, etc. — Paris, *Arthus Bertrand, 1833, in-8°, 3 vol. rel.*

505. — Dᵒ. — Atlas, *in-4° cart.*

506. — RELATION de ce qui s'est passé dans les trois voyages que les religieux de la Mercy ont faits dans les Etats du Roi de Maroc pour la Rédemption des captifs en 1704, 1708 et 1712, par un des Pères députés pour la Rédemption. — Paris, *A. N. Coustelier, 1724, in-12 rel.*

507. — LEMPRIÈRE (G.) — Voyage dans l'Empire du Maroc et le Royaume de Fez, fait pendant les années 1790 et 1791. Trad. de l'anglais par M. de Sainte Suzanne. — Paris, *Tavernier, 1801, in-8°.*

508. — BROSSARD (G^{al} de). — Mélanges sur l'Afrique. — Perpignan, *J.B. Alzine, 1838, in-8° br.*

509. — BLANQUI (Membre de l'Institut). — Rapport sur la situation éco-nomique de nos possessions dans le nord de l'Afrique, lu à l'Académie des sciences morales et politiques dans les séances du 16, 23 et 30 no-vembre 1839. — Paris, *Coqueret, 1840, in-8° br.*

510. — BOUREL-RONCIÈRE. — Aperçu sur l'établissement d'une com-mune bretonne en Algérie. — *Saint-Brieuc, Prud'homme, 1852, in-8° rel.*

511. — POUJOULAT. — Voyage en Algérie. Etudes africaines. — Paris, *J. Vermot, in-8° br.*

512. — AVEZAC (d'). — L'univers. Histoire et description de tous les pays. Afrique. — Carthage, Numidie et Mauritanie. Afrique chrétienne. — Paris, *F. Didot, in-8°.*

513. — DAUMAS (Le Général). — Les chevaux du Sahara, ou les mœurs du désert, avec des commentaires, par l'émir Abd-El-Kader. — Paris, *Lévy frères, 1858, in-8° br.*

d. — *Région du Sahara et Région centrale.*

514. — SAVIGNY (J.-B.-H.) et CORRÉARD (Alex.). — Naufrage de la *Méduse*, faisant partie de l'expédition du Sénégal en 1816. Relation con-tenant les événements qui ont eu lieu sur le radeau, dans le désert de Sahara, à Saint-Louis et au camp de Daccard, suivie d'un examen sous les rapports agricoles de la partie occidentale de la côte d'Afrique, depuis le Cap-Blanc jusqu'à l'embouchure de la Gambie. — Paris, *Hocquet, etc.,* *1817, in-8°* (Planches).

515. — HORNEMANN (F.). — Voyage dans l'Afrique septentrionale, depuis le Caire jusqu'à Mourzouk, capitale du royaume de Fezzan, suivi d'éclaircissements sur la géographie de l'Afrique, par M. Rennell. Trad. de l'anglais par Griffet de la Baume, et augmenté de notes et d'un Mémoire sur les oasis, composé principalement, d'après les auteurs arabes, par L. Langlès. (Cartes.) — Paris, *Dentu, an XI (1803), in-8°,* *2 vol.*

516. — DUREAU de LAMALLE. — Géographie physique de la Mer Noire, de l'intérieur de l'Afrique et de la Méditerranée, accompagnée de deux cartes dressées par J.-N. Buache, membre de l'Institut de France, etc. — Paris, *Dentu, 1807, in-8° rel.*

517. — CAILLIÉ (René). — Journal d'un voyage à Temboctou et à Jenné, dans l'Afrique centrale, précédé d'observations faites chez les Maures Braknas, les Nalous et d'autres peuples, pendant les années 1824, 1825, 1826, 1827, 1828. Cartes itinéraires et remarques géographiques par Jomard. — Paris, *imprimerie royale, 1830, 3 vol. cart.*

518. — DAUMAS (Le G^{al}) et AUSONE de CHANCEL.— Le grand Désert, ou Itinéraire d'une caravane du Sahara au pays des Nègres (royaume de Haoussa). — Paris, *Chaix et Cie, 1850, in-8°.*

e. — *Régions occidentales y compris les côtes, depuis le cap Blanc jusqu'au cap de Bonne-Espérance*

519. — LABARTHE (P.) — Voyage à la côte de Guinée, ou Description des côtes d'Afrique, depuis le cap Tagrin jusqu'au cap de Lopez-Gonzalves, contenant des instructions relatives à la Traite des Noirs, d'après des Mémoires authentiques, avec une carte gravée par Tardieu, dressée par Brion fils. — Paris *Debray, an XI (1803), in-8°,* v. rac. fil.

520. — GRANDPRÉ (L. de). — Voyage à la côte occidentale d'Afrique, fait pendant les années 1786 et 1787, contenant la description des mœurs, usages, lois, gouvernement et commerce des Etats du Congo, fréquentés par les Européens, et un précis de la traite des Noirs, ainsi qu'elle avait lieu avant la Révolution française. Suivi d'un voyage fait au cap de Bonne-Espérance, contenant la description militaire de cette colonie, vues, cartes et plans. — Paris, *Dentu, an IX (1801), in-8°, 2 vol. rel.*

521. — NORRIS (Robert). — Voyage au pays de Dahomé, dans l'intérieur de la Guinée avec des observations sur la traite des Nègres, et une description de quelques parties de la côte de Guinée, durant un voyage fait en 1787 et en 1788, avec le docteur Sparrman et le capitaine Arrehenius, par C. B. Wadstrom. Trad. de l'anglais. — Paris, *1790, in-8°* rel.

f. — *Régions australe et occidentale, où sont compris le cap de Bonne-Espérance et la Cafrérie*

522. — LE VAILLANT (F.) — Voyage dans l'intérieur de l'Afrique par le cap de Bonne-Espérance, dans les années 1780, 81, 82, 83, 84 et 85. — Paris, *Leroy, 1790, in-8°, 2 vol. cart.*

523. — BARROW (J.). — Voyage dans la partie méridionale de l'Afrique, fait dans les années 1797 et 1798, contenant des observations sur la géographie, l'histoire naturelle de ce continent, et une esquisse du caractère physique et moral des diverses races d'habitants qui environnent l'établissement du cap de Bonne-Espérance. Suivi de la description de l'état présent de la population et du produit de cette colonie. Trad. de l'anglais par L. de Grandpré. — Paris, *Dentu, an IX (1801),* *in-8°, 2 vol. cart.* (Cartes et pl.)

524. — RILEY (James). — Naufrage du brigantin américain le *Commerce,* perdu sur la côte occidentale d'Afrique, au mois d'Août 1815, accompagné de la description de Tombuctoo et de la grande ville de Wassanah, inconnue jusqu'à ce jour. Trad. de l'anglais. — Paris, *Le Normant,* *1818, 2 vol. in-8° rel.*

g. — *Iles d'Afrique*

525. — POIVRE (P.). — Œuvres complètes, précédées de sa vie et accompagnées de notes. — Paris, *Fuchs, 1797, in-8° rel.*

526. — DESCRIPTION de l'île de Sainte-Hélène, séjour destiné à Napoléon Buonaparte, précédée de détails relatifs à sa dernière abdication, à son départ pour Rochefort et à son embarquement pour l'Angleterre. Trad. de l'anglais par un voyageur. Carte. — Paris, *Caillot, 1815, in-18.*

527. — COQUEREAU (L'abbé F.). — Souvenirs du voyage à Sainte-Hélène. — Paris, *Delloye, 1841, in-8° rel., pl.*

528. — MASSELIN (E.). — Sainte-Hélène. Dessins de Staal, d'après les croquis de l'auteur. — Paris, *H¹ Plon, 1862, in-8°.*

529. — LE GUÉVEL de LACOMBE (B.-F.). — Voyages à Madagascar et aux îles Comores (1823-1830), précédé d'une notice historique et géographique sur Madagascar, par E. de Froberville. — Paris, *Desessart,* *1840, 2 vol. in-8° rel.*

530. — LACAILLE (Louis). — Connaissance de Madagascar. Carte. — Paris, *Dentu, 1863, in-8°.*

P. — Voyages dans les deux Améripues

a. — *Recueils de relations*

531. — MAC-CARTHY (J.). — Choix de voyages dans les quatre parties du Monde, ou précis des voyages les plus intéressants par terre et par mer, entrepris depuis 1806 jusqu'à ce jour. — Paris, *Poulet, 1823,* *in-12, 3 vol. cart.* (Les voyages en Amérique seulement.)

532. — RICCOUS. — Le *Bougainville* de la jeunesse, ou nouvel abrégé des voyages dans l'Amérique, contenant la description des mœurs et coutumes des peuples de ce continent, extraits des voyages de Bougainville, Cook, etc., 4e édit. — Paris, *Belin, 1834, in-8° rel.*

533. — ROSELLY de LORGUES. — Christophe Colomb. Histoire de sa vie et de ses ouvrages. — Paris, *Didier et Cie, 1856, in-8°, 2 vol.* (Portr.)

534. — AMPÈRE (J. J.) — Promenade en Amérique, 4e édit. — Paris, *M. Lévy, 1866, 2 vol. in-8° br.*

535. — IRVING (Wasington). — Voyages et aventures de Christophe Colomb, traduit de l'anglais par Paul Merruau. — Tours, *Alfred Mame, 1866, in-12 rel.*

536. — ROSTAING (Jules). — Voyage dans les deux Amériques, ou les Neveux de l'oncle Tom. — Paris, *Janet* (sans date), *in-8° rel.*

b. — *Voyages dans les mers polaires, comprenant les expéditions entreprises pour trouver un passage Nord-Ouest à la partie septentrionale de l'Océan Pacifique.*

537. — HEARNE (S.) — Voyage du Port du Prince de Galles, dans la baie de Hudson, à l'Océan Nord, entrepris par ordre de la compagnie de la baie d'Hudson, dans les années 1769, 70, 71 et 72, et exécuté par terre, pour la découverte du passage au N. O. Trad. de l'anglais par Lallemand. — Paris, *Patris, 1799, in-8°, 2 vol.* (cart. et plans).

538. — D°. — Atlas, *in-4°.*

539. — PHIPPS (C. J.) — Voyage au pôle boréal fait en 1773. Trad. de l'anglais par Demeunier. — Paris, *Saillant et Nyon, 1775, in-4°,* v. m. fil. (cart. et plans).

540. — MEARES (J.) — Voyages de la Chine à la côte N.-O. d'Amérique, faits dans les années 1787 et 1788. Précédés de la relation d'un autre voyage exécuté en 1786, sur le vaisseau le *Nootka,* parti du Bengale, d'un recueil d'observations sur la probabilité d'un passage N.-O., et d'un Traité abrégé du commerce entre la côte Nord-Ouest et la Chine, etc. Trad. de l'anglais par J. B. L. J. Billecocq. — Paris, *F. Buisson, l'an 3° de la République, in-8°, 3 vol.*

541. — D°. — Atlas in-4°. Cartes (2 ex.).

542. — PARRY (W.-E.). — Voyage fait en 1819 et 1820, sur le vaisseau de S. M. B. l'*Hécla et Griper*, pour découvrir un passage du Nord-Ouest, de l'Océan Atlantique à la mer Pacifique. Trad. de l'anglais, par l'auteur de *Quinze jours à Londres* (Defauconpret). — PARIS, *Gidet, fils, 1822,* in-8° (Cart. fig.).

543. — D°. — Autre exemplaire.

544. — LAMBERT (GUSTAVE). — Projet de voyage au pôle Nord. Note lue à la Société de géographie, dans la séance publique du 15 décembre 1866. Extrait du bulletin de la Société de géographie. — PARIS, *Martinet, 1866,* in-8° br.

P* — Amérique septentrionale.

C. — Relations qui, dans un même itinéraire, embrassent plusieurs parties de l'Amérique septentrionale.

545. — KERGUELEN-TRÉMAREC (DE). — Relation d'un voyage dans la mer du Nord, aux côtes d'Islande, du Groënland, de Ferro, de Schlettland, des Orcades et de Norwège, fait en 1767 et en 1768 (pl.). — PARIS, *Prault, 1771, in-4° rel.*

546. — SPRINGFIELD. — Route (the) from New-York to Boston. — By. H. F. *Walling, 1867, in-12.*

d. — Détroit de la baie d'Hudson, Nouvelle-Bretagne, Canada, Louisiane, Floride, Etats-Unis.

547. — CHABERT (Le marq. DE). — Voyage fait par ordre du roi, en 1750 et 1751 dans l'Amérique septentrionale pour rectifier les cartes des côtes de l'Acadie, de l'île Royale et de l'île de Terre-Neuve et pour en fixer les principaux points par des observations astronomiques — PARIS, *Imprimerie royale, 1753, in-4° v. fil. d. s. t.*

548. — CARVER (J.). — Voyage dans les parties intérieures de l'Amérique septentrionale, pendant les années 1766, 1767 et 1768. Trad. sur la 3e édit. anglaise, par M. de C**** (de Montucla). Avec des remarques et quelques additions. — PARIS, *Pissot, 1784, in-8° rel.*

549. — CHAMPLAIN (Sieur DE). — Voyage ou Journal des découvertes de la Nouvelle France.— PARIS, *aux frais du Gouvernement, in-8°, 2 vol.* cartonnés.

550. — MACKENZIE (Alex.). — Voyages dans l'intérieur de l'Amérique septentrionale, faits en 1789-92 et 93.

Le 1er, de Montréal au fort Chipiougan et à la Mer glaciale.

Le 2e, du fort Chipiougan jusqu'aux bords de l'Océan pacifique.

Précédés d'un tableau historique et politique sur le commerce des pelleteries, dans le Canada. Trad. de l'anglais par J. Castéra. — Avec des notes et un itinéraire, tirés en partie des papiers du vice-amiral Bougainville. — Paris, *Dentu, an X (1802), 3 vol. in-8° rel.* (Cartes et fig.)

551. — HENNEPIN (Le R. P. L.). — Description de la Louisiane, nouvellement découverte au Sud-Ouest de la Nouvelle-France. — Paris, *A. Auroy, 1688, in-12 rel.*

552. — VALETTE (de). — Journal d'un voyage à la Louisiane, fait en 1720, par M***, capitaine de vaisseau. — La Haye et Paris, *Musier fils, 1768, in-12 rel.* (2 exempl.)

553. — BOSSU (Le capitaine). — Nouveau voyage dans l'Amérique septrionale, contenant une collection de lettres écrites sur les lieux par l'auteur à son ami Douin. Nlle édit. — Amsterdam et Paris, *veuve Duchesne, 1778, in-8° rel.* (Fig.)

554. — BAUDRY des LOZIÈRES. — Voyage à la Louisiane, sur le continent de l'Amérique septentrionale, fait en 1794 à 1798, contenant un tableau historique de la Louisiane, etc., par B*** D***. (Cartes.) — Paris, *Dentu, an XI (1802), in-8° rel.*

555. — BERQUIN DUVALLON. — Vue de la colonie espagnole du Mississipi, ou des provinces de Louisiane et Floride occidentales, en l'année 1802, par un observateur résidant sur les lieux. — Paris, *imprimerie expéditive, 1803, in-8° cart.*

556. — SMITH (J.-F.-D.). — Voyage dans les Etats-Unis de l'Amérique, fait en 1784, contenant une description de sa situation présente, de sa population, etc., avec quelques anecdotes sur plusieurs membres du Congrès et officiers-généraux de l'armée américaine. Trad. de l'anglais par M. de B*** (Barentin de Montchal). — Paris, *Buisson, 1791, in-8°, 2 vol. rel.*

557. — BAYARD (Ferd. M.). — Voyage dans l'intérieur des Etats-Unis, à Bath, Winchester, dans la vallée de Shenandoha, etc., etc., pendant l'été de 1791. — Paris. *Cocheris, an V (1797), in-8°.*

558. — MAXIMILIEN de WIED-NEUWIED (Le prince). — Voyage dans l'intérieur de l'Amérique du Nord dans les années 1832-33 et 34, accompagné d'un atlas de 80 planches, dessinées sur les lieux par Chles Bodmer. — Paris, *Arthus Bertrand, 1840, 3 vol. in-8°,* avec pl. et atlas, *grand in-f°.*

559. — CRÈVECŒUR (J.-H.-V. John). — Voyage dans la Haute-Pensyl-vanie et dans l'Etat de New-York, par un membre adoptif de la nation Onéida. Trad. et publié par l'auteur des *Lettres d'un cultivateur amé-ricain* (Crèvecœur). — Paris, *Crapelet, Maradan, an IX (1801), in-8°, 3 vol. rel.* (Cartes et plans.)

560. — SHERIDAN HOGAN (J.). — Le Canada. — Montréal, *John Lovell, 1855.*

561. — ETOURNEAU. — De Paris au Nouveau-Monde et du Nouveau-Monde à Paris. Narration d'un voyage de dix ans. — Paris, *Bestel et Cⁱᵉ, grand in-18, 2 vol. rel.* (Cartes et pl.)

562. — LAFERRIÈRE (J.). — De Paris à Guatemala. Notes de voyages au Centre-Amérique (1866-1875), illustré de 35 planches. — Paris, *Garnier frères, 1877.* Avec : Opinion de la Presse sur un ouvrage intitulé : *De Paris à Guatemala*, etc. — Paris, *Garnier frères.*

e. — *Mexique, Californie, Nouveau-Mexique*

563. — BEULLOCH. — Le Mexique en 1823, ou Relation d'un voyage dans la Nouvelle-Espagne, contenant des notions exactes et peu connues sur la situation physique, morale et politique de ce pays, accompagnée d'un atlas de 20 planches, par M. Beulloch. Trad. de l'anglais par M***. Précédée d'une introduction et enrichie de pièces justificatives et de notes, par Sʳ John Byerley. — Paris, *A. Eymery, 1824, in-8°, 2 vol.*

564. — D°. — Atlas, *in-4° cart.*

P**. — Amérique méridionale

f. — *Relations qui, dans un même itinéraire, embrassent plusieurs parties de l'Amérique méridionale*

565. — LAFITEAU (J.-F.). — Histoire des découvertes et conquêtes des Portugais dans le Nouveau-Monde, avec des fig. en taille douce. — Paris, *Saugrain, 1733, 2 vol. in-4° rel.*

566. — ULLOA (Don Jorge Juan et Don A. de). — Relacion historica del viage a la America meridional hecho de orden de S. Mag. para medir algunos grados de meridiano terrestre, y venir por ellos en conocimiento de la verdadera Figura y Magnitud de la Tierra, con otras varias obser-vationes astronomicas, y phisicas. — Madrid, *A. Marin, 1748, in-4°, 5 tomes en 2 vol. rel.* (Cart., pl. et fig.)

567. — D°. — Voyage historique de l'Amérique méridionale, fait par ordre du Roi d'Espagne, par Don Georges Juan et Don Antoine de Ulloa, orné de fig , cartes et plans, et qui contient une histoire des Incas du Pérou et les observations astronomiques et physiques faites pour déterminer la figure et la grandeur de la terre. Trad. de l'espagnol, de Mauvillon. — Paris, *C.-A. Jombert, 1752, in-4°, 2 vol. rel.*

568. — CASTELNAU (Francis de). — Expédition dans les parties centrales de l'Amérique du Sud, de Rio-de-Janeiro à Lima 'et de Lima au Para, exécuté par ordre du gouvernement français, pendant les années 1843 à 1847. — Paris, *P. Bertrand, 1850-51, in-8°, 6 vol.* Atlas *in-f°.*

569. — D°. — Deux atlas in-4°. Vues et scènes lithog. par Champin , et deux autres in-f°. Itinéraire et coupe géologique et géographique.

Et cinq autres in-4°, dont : Botanique, 2 vol. Entomologie, 1 vol. Poissons et reptiles, 1 vol. Anatomie, mammifères et oiseaux, 1 vol.

g. — *Colombie, Pérou, Chili, Rio de la Plata, Paraguay, etc.*

570. — GRANDIDIER (Ernest). — Voyage dans l'Amérique du Sud, Pérou et Bolivie. — Paris, *M. Lévy frères, 1861, in-8° br.*

571. — LA CONDAMINE (de). — Relation abrégée d'un :voyage fait dans l'intérieur de l'Amérique méridionale, depuis la côte de la mer du Sud jusques aux côtes du Brésil et de la Guyane, en descendant la rivière des Amazones. Cart. du Maragnon ou Rivière des Amazones. — Paris, *Veuve Pissot, 1745, in-8° rel.* Cartes et plans.

572. — D°. — Journal d'un voyage fait à l'Equateur, servant d'introduction historique à la mesure des trois premiers degrés du méridien. — Paris, *imprimerie royale, 1751, in-4° rel.* Cartes et plans.

573. — BOUGUER (M.) — Justification des Mémoires de l'Académie royale des sciences de 1744, et du livre de la figure de la Terre. — Paris, *C. A. Jombert, 1752, in-4°.*

574. — GENDRIN (V^{or} Athanase). — Récit historique, exact et sincère, par mer et par terre de quatre voyages faits au Brésil, au Chili, etc., *1856, in-8° rel.* (pl.)

575. — AGASSIZ (Mme et M. Louis). — Voyage au Brésil, trad. de l'anglais, par Félix Vogeli. Ouvrage illustré. Cartes. — Paris, *Hachette, 1869, g^d in-8° rel.*

h. — *Patagonie, Îles malouines, Détroit de Magellan et Pôle Sud.*

576. — PERNETTY (Dom). — Histoire d'un voyage aux îles malouines fait en 1763 et 1764, avec des observations sur le détroit de Magellan et sur les Patagons. Nouvelle édit. refondue et augmentée d'un discours préliminaire de remarques sur l'histoire naturelle, etc. par Delisle de Sales. — Paris, *Saillant et Nyon, 1770, in-8°, 2 vol. rel.* (pl.).

577. — RELACION del viage hecho per las goletas sutil y Mexicano en el âno de 1792, para reconocer el Estrecho de Fuca, etc., de ordon del Rey. Madrid, *en la imprenta real, âno de 1802, in-4° rel.* (à larges marges).

Q. — Voyages dans les mers du Sud, comprenant la Polynésie australe, etc.

578. — BROSSES (Le Pt de). — Histoire des navigations aux terres australes, contenant ce que l'on sait des mœurs et des productions des contrées découvertes jusqu'à ce jour, et où il est traité de l'utilité d'y faire de plus amples découvertes, et des moyens d'y former un établissement. — Paris, *Durand, 1756, in-8°, 2 vol. rel.*

579. — DALRYMPLE (A.). — Voyages dans la mer du Sud par les Espagnols et les Hollandais. Trad. de l'anglais par M. de Fréville. — Paris, *Saillant et Nyon, in-8° rel.* (cart.).

580. — FLEURIEU (Claret de). — Découvertes des Français en 1768 et 1769, dans le Sud-Est de la Nouvelle-Guinée et reconnaissances postérieures des mêmes terres par des navigateurs anglais, qui leur ont imposé de nouveaux noms ; précédées de l'Abrégé historique des navigations et découvertes des Espagnols. — Paris, *imprimerie royale, 1790, in-4° rel.*

581. — FRÉZIER (A.-F.). — Relation du voyage de la mer du Sud aux côtes du Chili et du Pérou, fait pendant les années 1712, 1713 et 1714. (Pl.) — Paris, *Nyon, etc., 1716, in-4° rel.*

582. — Do. — La même, avec une réponse à la préface critique du livre intitulé : Journal des observations physiques, mathématiques et botaniques du R. P. Feuillée, contre la relation du voyage de la mer du Sud, et une chronologie des vice-rois du Pérou, depuis son établissement jusqu'au temps de la relation du voyage de la mer du Sud. (Pl.) — Paris, *Nyon, etc., 1732, in-4° rel.*

583.— FORREST (Th.).— Voyage aux Moluques et à la Nouvelle-Guinée, fait sur la galère la *Tartare*, en 1774-75 et 76, par ordre de la Compagnie anglaise. (Plans et cartes.) Trad. de l'anglais par Demeunier. — Paris, *1780, in-4° rel.*

584. — KEATE (G.). — Relation des îles Pelew, situées dans la partie occidentale de l'Océan Pacifique, composée sur les journaux et les communications du capitaine Henri Wilson et de quelques officiers qui, en août 1788, y ont fait naufrage sur l'*Antilope*, paquebot de la Compagnie des Indes. Trad. de l'anglais par Mirabeau. (Pl.) — Paris, *Le Jay fils, etc., 1788, in-8°, 2 vol. rel.*

585. — D°. — An account of the Pelew Islands, situated in the Western part of the Pacific Ocean, composed from the journals and communications of captain Henry Wilson, and some of his officers, Who in august 1788, Were There shipwrecked, in the *Antelope, etc.* — London, *Printed, cap. Henry Wilson, by W. Bulmer and C° Cleveland, Row. Pall-Mall, and J. Asperne, etc., 1808, in-4° cart.*

586. — BLIGH (W.). — Relation de l'enlèvement du navire le *Bounty*, commandé par le lieutenant Guill. Bligh, avec le voyage subséquent de cet officier et d'une partie de son équipage dans sa chaloupe depuis les îles des Amis, dans la mer du Sud, jusqu'à Timor, établissement hollandais aux îles Moluques. Trad. de l'anglais, par D. Lescallier. Cart. — Paris, *F. Didot, 1790, in-8°.*

587.— FRÉMINVILLE (de).—(Nouvelle relation du voyage à la recherche de La Pérouse, exécuté par M. d'Entrecasteaux et rédigé par M. le Ch^ier). Brest, *J.-B. Lefournier, 1838, in-8° br.* (2 exempl.).

588. — BRANDAT (Paul). — Lettres d'un marin. Calédonie, le Cap, S^to Hélène. — Paris, *G. Fischbacher, 1881, in-12.*

589. — GÉOGRAPHIE physique de l'Océanie, *in-12 br.*, mutilé (la première page manque).

4. — CHRONOLOGIE

A. — Systèmes et Traités de Chronologie générale

590. — SCALIGER (J.) — Opus novum de emendatione temporum, e Lutetiæ, *apud Mamertum Palissonium typographum Regium. In offic: Roberti Stephani, 1583, in-f° rel.*

591. — PETAU (Denis). — Dionijsii Petavii, Rationarium temporum in partes tres libros quatuordecim distributum, in quo ætatum omnium sacra profanaque historia chronologicis probationibus munita summatim traditur. Editio novissima. Ad hæc tempora perducta ; Tabulis chronologicis atque notis historicis et dissertationibus auctior facta. — Parisiis, *apud Florentinum Delaulme, 1702, 1703, in-12 rel.*, 2 vol.

592. — PEZRON (Dom P.) — L'antiquité des temps rétablie et défendue contre les Juifs et les nouveaux chronologistes. — Paris, *Veuve Edme Martin, etc., 1688, in-12 rel.*

593. — LEQUIEN (Le R. P. M.) — Défense du texte hébreu et de la version vulgate, servant de réponse au livre intitulé : L'antiquité des temps, etc. — Paris, *A. Auroy, 1690, in-12 rel.*

594. — MARTIANAY (Le R. P. Dom J.) — Défense du texte hébreu et de la chronologie de la vulgate contre le livre de l'antiquité des temps rétablie. — Paris, *L. Roulland, 1689, in-12 rel.*

595. — PEZRON (Dom P) — Défense de l'antiquité des temps où l'on soutient la traduction des Pères de l'Eglise contre celle du Talmud et où l'on fait voir la corruption de l'hébreu des Juifs. — Paris, *G. Martin, 1704, in-4° rel.*

596. — HANEZ de SEGOVIA (Don Gaspar). — Obras chronologicas. — En Valencia, *Ant. Bordazar de Artazu, 1744, in-f° vélin.*

B. — Systèmes et Traités de Chronologie particuliers à certains peuples et à certaines époques. Histoire du Calendrier.

597. — DES VIGNOLES (A.). — Chronologie de l'histoire sainte et des histoires étrangères qui la concernent, depuis la sortie d'Egypte jusqu'à la captivité de Babylone. — Berlin, *Ambroise Haude, 1733, in-4°, 2 vol.*

598. — PERRIN (O.) et BOUET (Alex.). — Galerie chronologique et pittoresque de l'histoire ancienne, gravée sur acier par Normand fils et Reveil. Publiée par Perrin fils. Texte par Alex. Bouet. — Paris, *grand in-f°.*

599. — BLONDEL (F.). — Histoire du calendrier romain, qui contient son origine et les divers changements qui lui sont arrivés. — Paris, *Langlois, 1682, in-4° rel.*

C. — Chronologie historique. Tables chronologiques

600. — ART (L') de vérifier les dates des faits historiques, des inscriptions, des chroniques et autres anciens monuments avant l'ère chrétienne, par un religieux de la congrégation de Saint-Maur. Imprimé pour la première fois sur les manuscrits des Bénédictins, mis en ordre par M. de Saint-Allais, formant la 1re partie de la nouvelle édit. in-8° et in-4°. — PARIS, *Moreau, 1819, in-8°, 5 vol.*

601. — ART (L') de vérifier les dates des faits historiques, des chartes et autres anciens monuments, depuis la naissance de Notre-Seigneur, 3e éd. Par un religieux de la Congrégation de Sainte-Maur. — PARIS, *A. Jombert jeune, 1783, in-f° 3 vol.*

602. — BUCELINUS (G.). — Nuclei historiæ universalis, cum sacræ, tum profanæ ad dies annosque relatæ, auctarium variis, utriusque fructibus fæcundum et locuples. Plurimis, tam ad historiam ducentibus, quam pertinentibus, geographicis non minus quam genealogicis tabellis instructum atque adornatum. — *Augustæ Vindelicorum, apud Joan Prætorium, Impensis Joan Gorlini, 1658, in-12 rel.*

603. — SCHRADER (CH.). — Analysis chronologico-pragmatologica sive illustratio tabularum chronologicarum *Christophori Schraderi* exhibens succinctam pragmatologiam illarum rerum et personarum quæ tanquam per indicem in istis Tabulis commemorantur. Huic præmissa est synoptica ratio legendi historiam tam universalem quam particularem. Editio prima. Auctore Johann Diderich van Gulich sumptibus. — *Bartholdi Fuhmanni, 1692, in-18, 2 vol.*

604. — RENAUDOT (CL.). — Arbre chronologique de l'Histoire universelle, ou tableau des principaux états souverains du monde, etc. — PARIS, *F. D. Brocas, 1765, in-12 rel.*

605. — BERLIÉ (L'abbé). — Essai historique et chronologique sur les principaux événements qui se sont passés depuis le commencement du monde jusqu'à nos jours. — LYON, *J. Deville, 1766, in-8° rel.*

606. — CHAUDON (L. M.) — Leçons élémentaires d'histoire et de chronologie. Ouvrage nécessaire à toutes les classes de citoyens, mais surtout aux jeunes gens auxquels on veut donner une idée précise, mais distincte de l'origine des Etats, de l'histoire des peuples et des révolutions des Empires, depuis la création jusqu'à nos jours, etc. — CAEN, *G. Le Roy, 1781, in-12, 2 vol. rel.*

607. — BLAIR (John). — Tables chronologiques qui embrassent toutes les parties de l'histoire universelle, année par année, depuis la création du monde jusqu'en 1768. Publiées en anglais et traduites en français par Chantreau, qui les a continuées jusqu'à la paix conclue avec l'Espagne en 1795, avec deux notices raisonnées, contenant plusieurs séries chroniques intéressantes qu'on ne trouve point ailleurs. — Paris, *Henri Agasse, an IV (1795), in-4° rel.*

608. — SUPPLÉMENT aux Tables chronologiques de l'histoire universelle. (La première page manque), *in-8° br.*

609. — IDATII (Episcopi). — Chronicon et fasti consulares. Operâ et studio Jac. Sirmondi Societatis Jesu presbyteri. — Lutetiæ, *Parisiorum, ex officina Nivelliana. Apud Sebastianum Cramoisy, via Jacobæa, sub Ciconiis, 1619, in-8° br.*

610. — MARCELLINI (V. C. Comitis). — Illyriciani chronicon. Opera Jac. Sirmondi Societatis Jesu presbyteri. — Lutetiæ, *Parisiorum. Ex officinâ Nivellianâ. Apud Sebastianum Cramoisy, via Jacobæa, sub Circoniis, 1819.*

II. — HISTOIRE UNIVERSELLE

Ancienne et moderne

___

1. — ANCIENNES CHRONIQUES ET OUVRAGES SUR L'HISTOIRE UVIVERSELLE

611. — BOSSUET (J.-B.). — Discours sur l'histoire universelle, pour expliquer la suite de la Religion et les changements des Empires depuis le commencement du monde jusqu'à l'empire de Charlemagne. — PARIS, *Séb. Mabre-Cramoisy, 1681, in-4°.* V. mar. fil.

612. — D°. — Discours sur l'histoire universelle, etc. Nouvelle édit. — PARIS, *G. Durand, 1765, in-12, 2 vol. rel.*

613. — D°, d°, d°. — METZ, *Collignon, 1806, in-12, 2 vol. rel.*

614. — D°, d°, d°. — PARIS, *Duprat-Duverger, 1806, 2 vol. in-8°.*

615. — D°, d°, d°. — PARIS, *Le Dentu, 1835, 2 vol. in-8° rel.*

616. — D°, d°, d°, augmenté : 1° De la lettre du pape Innocent XI sur l'instruction du Dauphin ; 2ⁿ de la réponse du pape, etc. — PARIS, *Charpentier, 1844, in-8° br.*

617. — GIN (P.-L.-C.). — Discours sur l'histoire universelle depuis Charlemagne jusqu'à nos jours, faisant suite à celui de Bossuet. — PARIS, *Bertrand-Pottier, an X (1802), in-12, 2 vol. rel.*

618. — LENGLET (E.-G.). — Introduction à l'histoire, ou recherches sur les dernières révolutions du globe et sur les plus anciens peuples connus. PARIS, *Verdière, 1812, in-8° rel.*

619. — PUFENDORFF (Le Bᵒⁿ). — Introduction à l'histoire générale et politique de l'univers, où l'on voit son origine, les révolutions, l'état présent et les intérêts des souverains. Nouvelle édit., avec la continuation de tous les chapitres jusqu'à présent et un éloge historique de l'auteur. AMSTERDAM, *Z. Chatelain, 1732, in-12, 9 vol. rel. pl.*

620. — D°. — La même, complétée et continuée jusqu'à 1743, par M. Bruzen de la Martinière. — AMSTERDAM, *Z. Chatelain, 1743, in-12, 5 vol. rel.*

621. — D°. — La même, augmentée par Bruzen de La Martinière et de Grace. — Paris, *Mérigot, 1753, in-4°, 8 vol. rel.*

622. — CAILLEAU (A. C.). — Spectacle historique, ou Mémorial des principaux événements, tirés de l'histoire universelle. — Paris, *Valleyre et Cailleau, 1764, in-8°, 2 vol. rel.*

623. — VALLEMONT (L'abbé de). — Les éléments de l'histoire, ou ce qu'il faut savoir de chronologie, de géographie, de l'histoire universelle de l'Eglise, de l'ancien Testament, etc., avant que de lire l'histoire particulière, avec une suite de médailles impériales, depuis Jules César jusqu'à Héraclius, nouvelle édit. — Paris, *Nyon, etc., 1758, in-12, 5 vol. rel.*

624. — ÉLÉMENTS d'histoire universelle. — Londres, *1768, in-12 rel.*

625. — HISTOIRE UNIVERSELLE depuis le commencement du monde jusqu'à présent, composée en anglais par une société de gens de lettres. Nouvellement traduite par une société de gens de lettres. Cart. et fig. — Paris, *Moutard, 1779-1789, in-8°, 126 vol. rel.*

626. — MILLOT (L'abbé). — Eléments d'histoire générale, 4ᵉ édit. — Paris, *Durand, in-12, 1772, 9 vol. rel.*

627. — D°, d°. — Histoire ancienne, 5 vol. Histoire moderne, 4 vol. — Paris, *Durand, 1789, 9 vol. in-8°.*

628. — DELISLE de SALLE, MAYER et MERCIER. — Histoire nouvelle de tous les peuples du Monde, réduite aux seuls faits qui peuvent instruire ou piquer la curiosité, ou Histoire des hommes. — Paris, *1779, in-8°, 53 vol. rel.* (Cart. et plans).

629. — D°. — Atlas, *3 vol. in-f°,* dont deux oblongs.

630. — GUINAN-LAOUREINS (J. B.). — Le classique des Dames, cahiers élémentaires d'histoire, etc. — Paris, *1803, in-8°, 3 vol. rel.*

631. — CALMET (Aug.). — Histoire universelle, sacrée et profane etc. — Strasbourg, *Doulssecker, 1735, 17 vol. in-4° rel.*

632. — ANQUETIL (L. P.). — Précis de l'histoire universelle, 3ᵉ édit., revue par Jondot. — Paris, *Maradan, 1807, in-12, 12 vol. rel.*

633. — D°. — Le même, nouvelle édition. — Paris, *Th. Dabo, 1821, in-18, 12 vol. cart.*

634. — DUPORT du TERTRE. — Histoire générale des conjurations, conspirations et révolutions célèbres, dédiée à S. A. S. Mᵍʳ le duc d'Orléans, premier prince du sang. — Paris, *Duchesne, 1762, 10 vol. in-8° rel.* (Les deux derniers vol. sont de Désormaux).

635. — JUSTIN. — Histoire universelle, extraite de Trogue-Pompée, etc. — Paris, *Delalain, 1826, 2 vol. in-12.*

636. — FERRAND (A.) — L'Esprit de l'histoire ou Lettres politiques et morales d'un père à son fils sur la manière d'étudier l'histoire en général et particulièrement l'histoire de France, 5ᵉ édit. — Paris, *Déterville, 1809, in-8°, 4 vol. rel.*

637. — JONDOT (E.) — Tableau historique des nations, ou rapprochements des principaux événements arrivés à la même époque sur la surface de la Terre, avec un aperçu général des progrès des arts, des sciences et des lettres, depuis l'origine du Monde jusqu'à nos jours. — Paris, *Maradan, 1808, in-8°, 4 vol. rel.*

638. — SÉGUR (Le Cᵗᵉ ᴅᴇ). — Histoire universelle, ancienne et moderne. — Paris, *A. Eymery, 1821, gᵈ in-8°, 10 vol.* Atlas (manque le 5ᵉ vol.).

639. — FOURMONT (H.-D.). — Annales universelles, contenant l'histoire du monde, de la création à Jésus-Christ. — Nantes, *Guéraud.* Paris, *Hachette, 1848, gᵈ in-f° rel.*

640. — DOMAIRON. — Les rudiments de l'histoire en 3 parties scolastiques. — Paris, *Déterville, an XIII (1805), 3 vol. in-8° br.*

2. — TRAITÉS PARTICULIERS RELATIFS A L'HISTOIRE UNIVERSELLE. — MŒURS ET USAGES

641. — ESPIARD (L'abbé ᴅ'). — Essai sur le génie et le caractère des nations. — La Haye, *N. Van Daalen, 1751, in-8°, 2 tomes en 1 vol. rel.*

642. — RENAUDOT (C.). — Révolutions des Empires, Royaumes, Républiques et autres Etats considérables du monde, depuis la création jusqu'à nos jours. Avec un arbre chronologique et successif des différents Etats. — Paris, *Saillant, 1769, in-12, 2 vol. rel.*

643. — VOLNEY. — Les Ruines, ou méditations sur les révolutions des Empires, nouvelle édit. On y a joint la loi naturelle. — Paris, *Lebègue, 1832, in-18.*

644. — Dᵒ, dᵒ, dᵒ. — Paris, *Desenne, 1792, in-8°.*

645. — BROTONNE (F. ᴅᴇ). — Histoire de la filiation et des migrations des peuples. — Paris, *Desessart et Cⁱᵉ, 1837, in-8°, 2 vol. rel.*

646. — STEEBS. — Essai d'une description générale des peuples policés et des peuples non policés, etc. Trad. de l'allemand. — Amsterdam, *Reviol, 1764, in-12 rel.*

647. — SALVERTE (E.). — Essai historique et philosophique sur les noms d'hommes, de peuples et de lieux, considéré principalement dans leurs rapports avec la civilisation. — Paris, *Bossange, 1824, in-8°, 2 vol.*

648. — QUICHERAT (J.). — De la formation française des anciens noms de lieux, etc. — Paris, *A. Franck, 1867, petit in-8°.*

649. — HECQUET-BOUGRAND (Paul). — Dictionnaire étymologique des noms propres d'hommes, etc. — Paris, *Victor Sarlit, 1868, in-8°.*

650. — DÉMEUNIER (J.-N.). — L'esprit des usages et des coutumes des différents peuples, ou observations tirées des voyageurs et des historiens. — Londres et Paris, *Pissot, 1776, in-8°, 3 vol. rel.*

651. — GRÉGOIRE. — De la domesticité chez les peuples anciens et modernes. — Paris, *Egron, 1814, in-8°.*

652. — LEFRANC (E.). — Abrégé du cours d'histoire, spécialement destiné aux communautés religieuses et aux institutions de demoiselles. — Paris et Lyon, *Périsse, 1842, in-12 cart.*

653. — TERRIEN (C.). — Etudes d'histoire. — Manuel du baccalauréat ès-lettres. — Rennes, *Blin, 1856, in-8° cart.*

III. — HISTOIRE DES RELIGIONS & DES SUPERSTITIONS

1. — HISTOIRE GÉNÉRALE DES RELIGIONS.

654. — DUPUIS (C.-F.). — Origine de tous les cultes, ou religion univer-selle. — Paris, *H. Agasse, an III, 7 tomes in-12, vol. in-8°*.

655. — D°. -- Abrégé de l'origine de tous les cultes. — Paris, *H. Agasse, an VI, in-8°*.

656. — D°. — Atlas. — *In-4° cart.*

657. — D°. — Abrégé de l'origine, etc., 2e édition, augmentée d'une dis-sertation sur le Zodiaque de Dendra. — Paris, *Chassériau, 1821.*

658. — D°, d°. — Paris, *1833, in-18.*

659. — ABRÉGÉ de l'histoire sacrée et profane, en français et en latin, pour servir de matière de thème à ceux qui s'appliquent à cette dernière langue. — Amsterdam, *M. Mich. Rey, 1771, in-8° br.*

660. — LACROIX (J.-F. de). — Dictionnaire historique des cultes reli-gieux établis dans le Monde, depuis son origine jusqu'à présent (fig.). N^{lle} édit. — Paris, *Mérigot, 1777, in-8°, 3 vol.* Marb. fil.

661. — JOVET. — Histoire des religions de tous les royaumes du monde. Paris, *Le Conte et Montalant, 1712, in-12, 4 vol. rel.*

662. — CÉRÉMONIES et COUTUMES RELIGIEUSES de tous les peuples du Monde, représentées par des figures dessinées par Bernard Picart, avec des explications historiques et des dissertations curieuses. Nouvelle édit. — Paris, *L. Prudhomme, 1807, in-f°, 12 vol.* v. porph. fil. d. s. tr.

663. — HISTOIRE des WAHABIS depuis leur origine jusqu'à la fin de 1809. — Paris, *1810, Crapart, in-8° rel.*

664. — DUMESNIL (A.) — De l'esprit des religions, 2e édition. — Paris, *Maradan, 1811, in-8° cart.*

665. — DULAURE (J. A.) — Des cultes qui ont précédé et amené l'idolâtrie ou l'adoration des figures humaines. — Paris, *Fournier, 1805, in-8°.*

666. — D°. — Histoire abrégée des différents cultes. Des cultes qui ont amené et précédé l'Idolatrie etc., et des divinités génératrices chez les anciens et les modernes, 2e édit. — Paris, *Guillaume, 1825, in-8°, 2 vol.*

667. — SÉNANCOURT (de). — Résumé de l'histoire des traditions morales et religieuses chez les divers peuples. — Paris, *Lecointe, 1825, 1 vol. in-12 br.*

668. — MOORE (Thomas). — Voyage d'un jeune irlandais à la recherche d'une Religion. — Paris, *1836, Gaume frères, in-8° rel.*

A. — Histoire de l'Eglise chrétienne

a. — *Introduction et origines, etc.*

669. — SULPICE SÉVÈRE. — Historia sacra cum optimis primisque editionibus accurate collata et recognita. — Lugd. Batavorum, *ex officinâ Elseviriorum, 1635, petit in-12 rel.*

670. — CALMET (D.-A.). — Histoire de l'ancien et du nouveau Testament et des Juifs, pour servir d'introduction à l'histoire ecclésiastique de M. l'abbé Fleury. — Paris, *Eymery, 1725, in-12, 7 vol. rel. pl.*

671. — BERRUYER (Le P. J.-J.). — Histoire du peuple de Dieu depuis son origine jusqu'à la naissance du Messie, tirée des seuls livres saints, ou le texte sacré des livres de l'ancien Testament réduit en corps d'histoire. Nouvelle édit. — Paris, *Haart, 1742, in-12, 2 vol. rel.*

672. — D°. — Histoire du peuple de Dieu, depuis la naissance du Messie jusqu'à la fin de la Synagogue, etc. — La Haye, *Neaulme, 1753, in-12, 8 vol. rel.*

673. — MAILLE (Le P.). — Le Père Berruyer, jésuite convaincu d'Arianisme, de Pélagianisme, de Nestorianisme, etc. — La Haye, *Neaulme, 1755, in-12 rel.* Avec : L'abbé Duhamel. Projet d'instruction pastorale sur les erreurs du livre intitulé : Histoire du peuple de Dieu, depuis la naissance du Messie, etc. — *In-12, 1 vol. rel.*

674. — D°. — Le Père Berruyer, convaincu d'obstination dans l'Arianisme, le Pélagianisme, le Nestorianisme, etc., ou confrontation de la doctrine de la 3e partie de l'histoire du peuple de Dieu, etc. — *1758, in-12*, relié avec : Arrêt des Inquisiteurs ordinaires et députés de la Sainte-Inquisition, contre le Père Malagrida (Gabriel), jésuite, lu dans l'acte public de foi, célèbre à Lisbonne, le 2 Septembre 1761. Trad. sur l'imprimé portugais. — Lisbonne, *A.-R. Galhardo, 1761, in-8°, 1 vol. relié.*

675. — MANDEMENT ET INSTRUCTION PASTORALE de Mgr l'archevêque de Lyon, portant condamnation des trois parties de l'histoire du
peuple de Dieu, composée par le P. Berruyer, etc. — LYON, *1763, in-12.*

676. — EUSÈBE (évêque de Césarée). — Histoire de l'Eglise. Trad. par
Cousin. — PARIS, *D. Foucault, 1686, in-12, 5 tomes en 6 vol. rel.*

677. — NICÉPHORE (CALLISTE). — Nicephori Callisti Xanthopuli, scrip-
toris verè catholici ecclesiasticæ historiæ libri decem et octo…. operâ
verò ac Studio doctiss viri Johannis Langi, è Græco in Latinum sermo-
nem translati, nuncque denuò castigatiores è Scholiis ad marginem
permultis superadditis, auctiores in lucem editi, etc. Adiecimus quoque
ad Nicephorum, Magni Aurelii Cassiodori Tripartitam, quam vocant
historiam luculenter à mendis infinitis cum suo indice repurgatam. —
PARIS, *apud Gulielmum Cavellat, 1562, in-f° rel.*

678. — LE NAIN DE TILLEMONT (L.-S.). — Mémoires pour servir à
l'histoire ecclésiastique des six premiers siècles, justifiés par les citations
des auteurs originaux, avec une chronologie où l'on fait un abrégé de
l'histoire ecclésiastique et profane, et des notes pour éclaircir les difficultés des faits et de la chronologie. — PARIS, *Robustel, 1693, 1712,
in-4°, 16 vol. v. f.*

679. — LE MAIRE. — Les traits de l'histoire universelle sacrée, d'après
les plus grands peintres et les meilleurs écrivains. — AMSTERDAM et
PARIS, *1760, p^t in-4° rel.* (Fig.)

b. — *Histoire de l'Eglise, par des écrivains catholiques*

680. — MARCEL (G.) — Tablettes chronologiques contenant, avec
ordre, l'état de l'Eglise en Orient et en Occident, les conciles généraux
et particuliers, les auteurs ecclésiastiques, les schismes, hérésies et
opinions qui ont été condamnées pour servir de plan à ceux qui lisent
l'histoire sacrée. — PARIS, *Denys Thierry, 1682, in-8° rel.*

681. — BARONIUS (CÉSAR). — Abrégé des annales ecclésiastiques, composé en latin par le R. P. Aurèle Pérusin, et trad. en français par Charles
Chaulmer, historiographe. — PARIS, *Jean Cochart, 1673, p^t in-12,
10 tom. en 8 vol. rel.*

682. — FLEURY (L'abbé CL.) — Histoire ecclésiastique. Nouvelle édition.
PARIS, *Desaint et Saillant, 1758, in-12, 40 vol. rel.*

683. — RONDET (L. E.) — Table générale des matières contenues dans les 36 volumes de l'histoire ecclésiastique de M. Fleury et du P. Fabre, avec les dates des principaux événements, etc. — Paris, *Desaint et Saillant, 1758. in-4° rel.*

684. — FLEURY (L'abbé). — Discours sur l'histoire ecclésiastique. Nouvelle édition. — Paris, *J. T. Herissant, 1763, in-12 rel.*

685. — OSMONT du SELLIER. — Justification des discours et de l'histoire ecclésiastique de l'abbé Fleury. — *1736, in-8° rel.*

686. — D°. — La même. — *1738, in-12, 2 vol. rel.*

687. — CHOISY (L'abbé F.-T. de). — Histoire de l'église, contenant les trois premiers siècles. — Paris, *C. David, 1727, in-12, 11 vol.*

688. — BÉRAULT-BERCASTEL (L'abbé A. H. de). — Histoire de l'Eglise. — *Moutard, 1778, in-12, 24 vol. rel.*

689. — CHAUDON (L'abbé). — Eléments de l'histoire ecclésiastique, renfermant, en abrégé, ce qui s'est passé de plus intéressant dans l'Eglise, depuis la naissance de Jésus-Christ, jusqu'au pontificat de Pie VI. Nouvelle édit. — Caen, *G. Le Roy, 1787, in-12, 2 vol. rel.*

690. — VIDAILLAN (A. de). — Histoire politique de l'Eglise. — Paris, *Dufey et Vezard, 1832-1833.*

691. — D°. — Paris, *in-8°, 3 vol. rel.*

692. — ALZOG (Jean). — Histoire universelle de l'Eglise. Trad. sur la 5e édition, par I. Goschler et C. F. Audley, 2e édit. — Paris, *V. A. Waille, 1849, in-8°, 3 vol. rel.* (Cart.).

693. — NEWMAN (J.-H.). — Histoire du développement de la doctrine chrétienne, ou motifs de retour à l'Eglise catholique. Trad. de l'anglais sur la 2e édit. par J. Gondon. — Paris, *Sagnier et Bray, 1848, in-8°.*

694. — ROHRBACHER. — Histoire universelle de l'Eglise catholique continuée jusqu'en 1866, par Chantrel, avec une table générale entièrement refondue et un atlas historique spécial, orné par A. Dufour, 5e édit. — Paris, *Gaume frères, 1869, 14 vol. in 8° br.*

c. — *Histoire de l'Eglise à certaines époques*

695. — JAUFFRET (L'abbé). — Mémoires pour servir à l'histoire de la Religion à la fin du xviiie siècle. — Paris, *Le Clerc, an XI (1803), in-8°, 2 vol.*

d. — *Histoire de l'Eglise par des écrivains protestants*

696. — CRESPIN (J.). — L'estat de l'Eglise, avec le discours des temps, depuis les apôtres jusqu'à présent. Nouvelle édit., etc.

Item. Un traité de la religion et république des juifs, depuis le retour de l'exil de Babylone jusques au dernier saccagement de Jérusalem. — *Eustache Vignon, 1581, in-8°.* V. vert frap.

697. — PORRÉE (Jonas). — Traité des anciennes cérémonies, ou histoire contenant leur naissance, et par quels degrés elles ont passé jusques à la superstition, 4e édit. — Rouen, *J. Lucas, 1673, petit in-8° rel.*

698. — HISTOIRE DES CÉRÉMONIES et des superstitions qui se sont introduites dans l'Eglise.

On a joint à ce livre quelques autres traités qui étaient devenus rares : Préservatif contre les changements de religion, ou idée juste et véritable de la Religion catholique opposée aux portraits flattés que l'on en fait, etc., par P. Jurieu. — Amsterdam, *1717, in-12.* — Ratramne ou Bertram, Prestre du corps et du sang du Seigneur, avec une dissertation préliminaire sur Ratramne, etc. Trad. de l'anglais. — Amsterdam, *1717, in-12, J.-F. Bernard.* Maroq. rouge, fil. d. s. tr.

699. — CORBETT (W.) — Lettres sur l'histoire de la Réforme en Angleterre et en Irlande. — Paris, *Gaume frères, 1841, in-12 rel.*

700. — POTTER (L. J. A. de). — L'esprit de l'Eglise, ou considérations philosophiques sur l'histoire des Conciles, depuis les Apôtres jusqu'au grand Schisme, entre les Grecs et les Latins, sous l'Empire de Charlemagne. — Paris, *Parmentier, 1821, in-8°, 6 vol.*

701. — CAZENOVE (Raoul de). — Mémoire de Samuel de Pechels. — Montauban, *1685.* Dublin, *1692,* Toulouse, *1878, in-8°.*

e. — *Histoire ecclésiastique de différents pays*

702. — BOUSQUET (J.) — Histoire du clergé de France, depuis l'introduction du Christianisme dans les Gaules jusqu'à nos jours. — Paris, *Pillet, fils aîné, 1851, in-8°, 4 vol.*

703. — BEAUNIER (Dom.) — Recueil historique, chronologique et topographique des archevêchés, abbayes, et prieurés de France, tant d'hommes que de filles, etc. — Paris, *A. X. R. Mesnier, 1726, in-4°, 2 vol. rel.*

704. — RICHER (Edmond). — Histoire de son syndicat. — Avignon, *A. Girard, 1753, in-8° rel.*

705. — TRESVAUX (L'abbé). — L'Eglise de Bretagne, depuis ses commencements jusqu'à nos jours, ou histoire des sièges épiscopaux, séminaires et collégiales, abbayes et autres communautés régulières et séculières de cette province, publiée d'après les matériaux de Dom Hyacinthe Morice de Beaubois. — Paris, *Méquignon Junior, 1839, in-8°.*

706. — DEVILLE (A.). — Tombeaux de la cathédrale de Rouen. — Rouen, *Nicétas Periaux, 1833, in-8° rel.* (fig).

707. — LACROZE (M. V.). — Histoire du christianisme des Indes. — La Haye, *Vaillant et Prévost, 1757, in-12, 2 vol. rel.*

708. — D°. — Histoire du christianisme d'Ethiopie et d'Arménie. — La Haye, *Veuve Levier, 1732, in-8° rel.*

f. — *Missions en différentes parties du Monde.*

709. — LETTRES ÉDIFIANTES et curieuses, écrites des missions étrangères. — Nlle édit, par Querbeur. — Paris, *J. G. Mérigot, 1780, in-12, 20 vol.*

710. — ÉTAT des missions de Grèce, présenté aux archevêques, évêques et députés du clergé de France, en l'année 1695. — Paris, *A. Lambin, 1695, in-12 rel.*

711. — ALEXANDRE (Le P. N.). — Apologie des Dominicains missionnaires de la Chine, en réponse au livre de P. Letellier, intitulé : Défense des nouveaux chrétiens, et à l'éclaircissement du P. Le Gobien, sur les honneurs que les Chinois rendent à Confucius et aux morts, 2e édit. — Cologne, *chez les héritiers de Corneille d'Egmond, 1700, in-12 rel.*

g. — *Histoire des papes, des cardinaux et des conclaves*

712. — MAIMBOURG (P.-L.). — Traité historique de l'établissement des prérogatives de l'Eglise de Rome et de ses évêques, 2e édit. — Paris, *Séb. Mabre-Cramoisy, 1685, in-12 rel.*

713. — CLÉMENT XIV (Ganganelli). — Lettres intéressantes du pape Clément XIV. Trad. de l'italien et du latin, 2e édit. — Paris, *Lottin, 1776, 2 vol. in- rel.*

714. — TAMBURINI (L'abbé Don Pierre), *de Brescia*. — Vraie idée du Saint-Siège, en deux parties ; trad. de l'italien sur l'édition publiée à Milan, en 1818, par l'abbé Guil. Aug. Joubert, suivant la *France littéraire* de Quérard. — Paris, *P. Mongie aîné, Juillet 1819, in-8°.*

715. — D°, d°, d°, publiée à Milan, en 1814. D°, d°.

716. – LLORENTÉ (J.-A.). — Portrait politique des papes, considérés comme princes temporels et comme chefs de l'Eglise, depuis l'établissement du Saint-Siège à Rome, jusqu'en 1822. — Paris, *Béchet aîné, 1822, in-8°, 2 vol. rel.*

717. — MAIMBOURG (de). — Histoire du Pontificat de Saint-Grégoire-le-Grand. — Paris, *C. Barbin, 1686, in-12, 2 vol. rel.*

718. — BAILLET (A.). — Histoire des démêlés du pape Boniface VIII avec Philippe-le-Bel, roi de France. — Paris, *F. Delaulne, 1718, in-12 relié.*

719. — SPANHEIM (F. de). — Histoire de la papesse Jeanne, fidèlement tirée de la dissertation latine, par L'Enfant. Nouvelle édit., (fig.) — La Haye, *Scheurler, 1738, in-12, 2 vol. rel.*

720. — D°. — La même. — La Haye, *1758, in-12, 2 vol. rel.* (sans les fig.).

721. — GORDON (A.). — La vie du pape Alexandre VI et de son fils César Borgia, contenant les guerres de Charles VIII et Louis XII, rois de France, les principales négociations et Révolutions arrivées en Italie, depuis l'année 1492, jusqu'en 1506, avec les pièces originales. Trad. de l'anglais. — Amsterdam, *P. Mortier, 1732, in-12, 2 vol. rel.*

722. — RAVIGNAN (Le P. de). — Clément XIII et Clément XIV, documents historiques et critiques. — Paris, *Julien Lanier et Cie, 1854, 2 v. in-8° br.*

723. — FAVÉ (J.). — Etudes critiques sur l'histoire d'Alexandre VI. — Paris, *A. Vaton, 1859, in-12.*

724. — LÉTI (G.). — La vie du pape Sixte cinquième, trad. de l'italien, par l'abbé Le Pelletier. — Paris, *Veuve Damonneville, 1758, in-12, 2 vol. rel.* (2 ex.).

725. — CARACCIOLI (L.-A. de). — La vie du pape Clément XIV (Ganganelli), 3e édit. — Paris, *Veuve Desaint, 1776, in-12, v. f.*

726. — HISTOIRE CIVILE, POLITIQUE ET RELIGIEUSE de Pie VI, écrite sur des mémoires authentiques par un Français catholique romain. Avignon et Paris (sans date), *in-8°.*

727. — BERULLE (La vie du cardinal DE). — Paris, *Nyon, 1764, in-12* rel.

728. — VANEL. — Histoire des conclaves, depuis Clément IV jusqu'à présent. — Lyon, *Anisson, Posuel et Rigaud, 1691. in-12 rel. 2 vol.*

729. — MULLOIS (M. l'abbé), chapelain de l'Empereur. — Le Saint-Père et Rome. — Paris, *E. Ponge, 1862, in-8° br.*

730. — VILLEMAIN. — Histoire de Grégoire VII, précédée d'un discours sur l'histoire de la papauté jusqu'au xie siècle. — Paris, *Didier et Cie, 2 vol. in-8°.*

731. — LANGERON. — Grégoire VII et l'origine de la doctrine ultramontaine, 2e édition. — Paris, *E. Thorin, 1874, in-8° rel.*

h. — *Histoire des Inquisitions.*

732. — GOUJET (L'abbé C. P.). — Histoire des Inquisitions, tirée des Mémoires historiques de Dupin, de l'histoire de Marsollier et du voyage de Delon, où l'on rapporte l'origine et le progrès de ces tribunaux, leurs variations, la forme de leur juridiction et l'extrait du manuel des Inquisiteurs (par Morellet). — Cologne, *Marteau, 1769, in-12, 2 vol. rel.*

733. — LHORENTE. — Petite histoire de l'Inquisition d'Espagne, précédée d'une introduction par R. Bourdon. — Paris, *Mds de nouveautés, 1826, in-32 br.* (de la Bibliothèque en miniature).

i. — *Histoire des Conciles.*

734. — ALLETZ — Dictionnaire portatif des conciles, contenant une somme de tous les conciles généraux, nationaux, provinciaux et particuliers, le sujet de leur tenue, etc., depuis le premier concile tenu par les apôtres à Jérusalem, jusques et au-delà le concile de Trente, avec une collection des canons les plus remarquables, distribués par matière, et une table chronologique de tous les conciles, etc. Nlle édit.—Paris, *1764, in-8° rel.*

735. — LENFANT (J.). — Histoire du Concile de Pise et de ce qui s'est passé de plus mémorable depuis ce Concile jusqu'au Concile de Constance. (Portr.) — Amsterdam, *P. Humbert, 1724, in-4°, 2 vol. v. f.*

736. — D°. — Histoire du Concile de Constance. Nouvelle édit. (Portrait.) — Amsterdae, *P. Humbert, 1727, in-4°, 2 vol. v. f.*

737. — D°. — Histoire de la guerre des Hussistes et du Concile de Basle. (Portr.) — Amsterdam, *P. Humbert, 1731, in-4°, 2 tomes en 1 vol. v. f.*

738. — SARPI (Fra-Paolo). — Histoire du Concile de Trente écrite en italien, trad. en français, avec des notes critiques, historiques et théologiques, par P.-F. Le Courayer, suivant l'édition d'Amsterdam, 1736. Basle, *J. Brandmuller et fils, 1738, in-4°, 2 vol. rel.*

739. — CONCILE (Le saint, sacré, universel et général), légitimement signifié et assemblé sous nos Saints Pères les papes, Paul iij, l'an 1545, 1546 et 1547, Jules iij, l'an 1551 et 1552, et sous notre Saint-Père Pius, quatrième, 1562 et 1563; dernière édit. — Rouen, *chez Doré;* trad. par Gration Hervé, *in-24,* rel. en p. de vélin.

740. — PERNANOS (Los). — Ante sus autoritades y el Sacrosante Concilio œcumenico de Roma. — Arequipa, *en el studio del autor, in-8° broché.*

1. — *Histoire du Clergé et des Ordres religieux de l'un et de l'autre sexe.*

741. — HELYOT (Le P. P.). — Histoire des ordres monastiques, religieux et militaires, et des congrégations séculières de l'un et l'autre sexe qui ont été établies jusqu'à présent, etc., avec des figures qui représentent tous les différents habillements de ces Ordres et de ces Congrégations. — Paris, *N. Gosselin, 1714, in-4°, 8 vol. rel.*

742. — MUSSON. — Ordres monastiques, histoire extraite de tous les auteurs qui ont conservé, à la postérité, ce qu'il y a de plus curieux dans chaque ordre. — Berlin, *1751, in-12, 4 vol. rel.*

743. — MONTALEMBERT (Le Cte de). — Les moines d'Occident, 3e édit. Paris, *Lecoffre, 1868, in-8°, 5 vol.*

744. — MABILLON (J.). — Annales ordinis S. Benedicti, etc, in quibus non modò res monasticæ, sed etiam ecclesiasticæ historiæ non minima pars continetur. — Lutetiæ, *C. Robustel, 1703-1739, iu-f°, 6 vol. rel.*

745. — MARTIN (Ed.). — Commentarius in regulam S. P. Benedicti, litteralis, moralis, historicus ex variis antiquorum scriptorum commentationibus, actis sanctorum, monasteriorum ritibus, etc. — Parisiis, *F. Muguet, 1690, in-4° rel.*

746. — BOUILLARD (J.).— Histoire de l'abbaye royale de Saint-Germain-des-Prés (fig.). — Paris, *G. Dupuis, 1724, in-f° rel.*

747. — FÉLIBIEN (Dom M.). — Histoire de l'abbaye royale de Saint-Denis, en France, contenant la vie des abbés qui l'ont gouvernée depuis onze cents ans, etc. Pl. fig. et cart.). — Paris, *F. Léonard, 1706, in-f°* relié.

748. — BADIUS (C.). — L'Alcoran des Cordeliers, tant en latin qu'en français, c'est-à-dire Recueil des plus notables bourdes et blasphèmes de ceux qui ont osé comparer saint François à Jésus-Christ, tiré du grand livre des conformités, jadis composé par Frère Barthélemy de Pise. Nouvelle édit. ornée de fig., par Bernard Picard. — Amsterdam, *1734, in-12, 2 vol.* m. r. fil. d. s. tr.

749. — THIERS (J.-B.). — La guerre séraphique, ou Histoire des périls qu'a courus la barbe des Capucins par les violentes attaques des Cordeliers, avec une dissertation sur l'inscription du grand portail de l'église des Cordeliers de Rheims : Deo-homini et Beato Francisco, utrique crucifixo. — La Haye, *P. de Hodt, 1740, in-12, rel.*

750. — CHAPONNEL (Le R. P. Raimond). — Histoire des chanoines, ou recherches historiques critiques sur l'Ordre canonique. — Paris, *veuve J. Cochart, 1699, in-12 rel.*

751. — FONTAINE. — Mémoires pour servir à l'histoire de Port-Royal. — Cologne, *1753, 4 vol. in-12 rel.*

752. — LINGUET (S.-N.-H.). — Histoire impartiale des Jésuites, depuis leur établissement jusqu'à leur première expulsion. — Sans lieu, *1768, 2 vol. rel.*

753. — HENRI de SAINT-IGNACE. — Tuba magna mirum clangens sonum ad sanctissimum D. N. Papam Clementem XI. De necessitate longè maxima reformandi Imperatorem, reges, principes, magistratus omnes, orbemque universum, Societatem Jesu. Editio tertia, correcta, aucta, etc., in duos tomos divisa, per Liberium Candidum (Henricum a Sancto Ignacio). — Argentinæ, *1717, in-12, 2 vol. rel.*

754. — BOYER (Le P. F.). — Parallèle de la doctrine des payens avec celle des Jésuites, et de la Constitution du pape Clément XI, qui commence par ces mots : *Unigenitus Dei filius.* — *1726, in-8° rel.* (sans lieu d'impr.).

755. — PLAIX (C. de). — Anti-Cotton; nouvelle édit., augmentée de quelques remarques et précédée d'une dissertation historique et critique sur ce fameux ouvrage. — La Haye, *veuve C. Le Vier, 1738, in-12 rel.*

756. — PROCÈS contre les Jésuites, pour servir de suite aux causes célèbres. — Brest, *1750*, (sans nom d'imprimeur.)

757. — JOUIN (N.). — Procès pour la succession d'Ambroise Guys. On y a joint les affaires des Jésuites de Liège, de Fontenay-le-Comte, de Châlons, de Brest, de Bruxelles, de Muneau, avec la prophétie de Georges Bronsvel. — Brest, *1750, in-12 rel.* (sans nom d'imprimeur).

758. — BILLARD de LORIÈRE. — Démonstration de la cause des divisions qui règnent en France. — Avignon, *1754, in-12*, relié avec : Mémoire sur l'Institut et la doctrine des Jésuites, par le P. Griffet. — *In-12, 1 vol. rel.*

759. — JÉSUITES (Les) condamnés malgré l'appel à la raison. — Bruxelles, *1764, in-12 rel.*

760. — DOCTRINE (La) de Saint-Augustin et de Saint-Thomas, victorieuse de celle de Molina et des Jésuites, par les armes que présente Mgr l'archevêque de Paris, dans son instruction pastorale du 28 octobre 1763, pour la défense de ces derniers. — En France, *1764*, (s. n. d'aut.), *in-12 rel.*

761. — RECUEIL DE PIÈCES SUR LES JÉSUITES : 1° Compte-rendu des constitutions des Jésuites, par L. R. de Caradeuc de la Chalotais, *1762*, *in-12, relié*; avec : 2° Mémoire sur l'Institut et la doctrine des Jésuites, par le P. Griffet; 3° Observations sur l'Institut de la Société des Jésuites. — Avignon, *A. Giraud*, *1761*.

762. — RECUEIL DE PIÈCES SUR LES JÉSUITES. — 1° Griefs de la Compagnie de Jésus, contre la demande d'un nouveau supérieur pour gouverner les provinces de France, lat. et français ; 2° Sur la destruction des Jésuites en France, par d'Alembert, *1765* ; 3° Les Jésuites condamnés malgré l'appel à la raison. — Bruxelles, *1762*. Ces trois ouvrages, en un vol. in-12 rel.

763. — RECUEIL DE PIÈCES SUR LES JÉSUITES. — 1° L'inutilité des Jésuites démontrée aux évêques. — En France, *1752* ; 2° Observations sur l'Institut de la Société des Jésuites. — Avignon, *A. Girod, 1761*, par Neuville ; 3° Réponse à un libelle intitulé : Idée générale des vices principaux de l'Institut des Jésuites, tirée de leurs constitutions et des autres titres de leur Société. — Avignon, *L. Chambeau, 1761*, par Lombard ; 4° Les Jésuites convaincus par leurs propres ouvrages d'être toujours les mêmes. — Rome, *1761* ; 5° Moyens de récusation contre plusieurs des évêques assemblés à Paris au mois de décembre 1761, au sujet de l'affaire des Jésuites ; 6° Réflexions sur l'avis des évêques au Roi ; 7° Avis aux évêques assemblés à Paris en décembre 1761, au sujet des Jésuites ; 8° Mémoire sur un projet au sujet des Jésuites ; 9° Mémoire dans lequel on prouve par l'Institut et la conduite des Jésuites, qu'ils ont toujours été les ennemis des évêques et de l'épiscopat ; 10° Raisons invincibles qui doivent empescher le pape d'accorder et les souverains de poursuivre l'abolition de la Compagnie de Jésus, tant que cette cause sera dans l'état où elle est. — S. l. d'imp., *1773* ; 11° Clément XIV, ad futuram Rei memoriam, etc..... suppression des Jésuites. — Rome, *1773* ; 12° Bulle de la suppression des Jésuites, par le pape Clément XIV, de Rome, le 20 juillet 1773. Le tout en un volume in-12 rel.

764. — RECUEIL DE PIÈCES SUR LES JÉSUITES. Bibliothèque populaire ou en miniature.

La liasse, sous le numéro collectif ci-contre, comprend les ouvrages suivants, savoir :

Instructions secrètes des Jésuites. . . . . a

Voltaire et un Jésuite.. . . . . b

Grande mascarade jésuitique, en 1647. c

Epître à M. le président Séguier, par Méry et Barthélemy. . . . d

Les hauts faits des Jésuites. . . . . e

Lettre d'accusation, par M. le Cᵗᵉ de Montlozier. . . . . . . f

Halte-là ! Ou la terreur à Mont-Rouge. . . . . g

Les Jésuites peints par eux-mêmes. . . . . h

Les Jésuites en goguette. i

Déclarations du clergé en 1682. . . . . j

L'Argus des Jésuites (2 exempl.).. . . . . k

Résumé des constitutions des Jésuites. l

Maximes et pensées des Jésuites (2 exempl.). . . . . m

Le petit Jésuite. . . . . n

Ballet moral donné par les Jésuites. . . . . o

Instructions adressées aux princes touchant la manière dont les Jésuites se gouvernent. . . . . p

Onguent pour la brûlure. . . . . q

Discours de Mᵍʳ l'évêque d'Hermopolis. . . . . r

Résumé de la doctrine des Jésuites. . . . . s

Compte-rendu des Comᵒⁿˢ des Jésuites. . . . . t

Dénonciations des crimes et attentats des Jésuites. x

Destruction des Jésuites. v

La passion des Jésuites.. . . . . y

Conspiration des Jésuites. . . . . z

— Paris, *1826, 24 vol. in-32.*

765. — ARNAULD (La mère MARIE-ANGÉLIQUE). — Relation de ce qui est arrivé de plus considérable dans Port-Royal, *in-12 rel.* (s. d.).

766. — RIVET DE LA GRANGE. — Nécrologie de l'abbaye de Notre-Dame de Port-Royal-des-Champs, qui contient les éloges historiques avec les épitaphes des fondateurs, etc. — AMSTERDAM, *N. Pogieter, 1723, in-4° rel.*

767. — GRÉGOIRE (Le Cᵗᵉ H.). — Les ruines de Port-Royal-des-Champs, en 1809, année séculaire de la destruction de ce monastère. Nˡˡᵉ édit. — PARIS, *Levacher, 1809, iu-8° rel. v. r. fil.*

768. — SAINTE-BEUVE (C.-A.). — Port-Royal, 3ᵉ édtit. — PARIS, *Hachette, 1867, gᵈ in-18, 7 vol.*

769. — DUVERNET (L'abbé J.). — Histoire de la Sorbonne, etc. — PARIS, *Buisson, 1790, in-8°, 2 vol.*

770. — VARET (A.). — Factum pour les religieuses de Sainte-Catherine-lès-Provins, contre les Pères Cordeliers. — Sans lieu d'imp., *Doregnal, Dierick Braessem, in-12 rel.*

771. — SILVY. — Du rétablissement des Jésuites en France. On y a joint une réplique à un journaliste soi-disant l'ami de la Religion et du Roi. — PARIS, *A. Egron, 1816, in-8° br.*

772. — POMPERY (E. DE). — Les Jésuites, par M. Huber, professeur de théologie catholique, à l'Université de Munich. — *In-8°.*

773. — CRÉTINEAU-JOLY (J.). — Histoire religieuse, politique et littéraire de la Compagnie de Jésus composée sur les documents inédits et authentiques. — PARIS, *Mellier frères, 1846, 6 vol. in-8° rel.*

774. — ALEMBERT (D'). — Sur la destruction des Jésuites en France, précédé d'une introduction et suivi d'un épilogue, par J.-M. Caylus. — PARIS, *1867, in-12 br.*

775. — CHATEAUBRIAND (Vᵗᵉ DE). — Vie de Rancé 2ᵉ édit. — PARIS, *Delloye, éditeur, in-8° rel.*

m. — *Histoire des Ordres de Chevalerie institués pour la défense de l'Eglise.*

776. — VERTOT (L'abbé DE). — Histoire des chevaliers de Saint-Jean de Jérusalem, appelés depuis chevaliers de Rhodes, et aujourd'hui chevaliers de Malte, 3ᵉ édit. — PARIS, *Quillau, 1737, 7 vol. in-8°.*

777. — D°, d°, d°, d°. — Dernière édit. — Amsterdam, *1772, in-12, 5 vol. rel.*

778. — TEMPLIERS (Histoire de l'abolition de l'Ordre des). — Paris, *Belin, 1779, in-12 rel.*

779.— HISTOIRE DES TEMPLIERS. — Paris, *Pigoreau, an XIII (1805), in-18.*

780. — VERTOT (L'abbé de). — Abrégé de l'histoire des chevaliers de Malte. — Tours, *A. Mame, in-8°.*

781. — RAYNOUARD (F.-F.-M.). — Monuments historiques relatifs à la condamnation des Templiers, in-8°. (Le titre manque).

782. — MICHELET. — Procès des Templiers (documents inédits de l'histoire de France). Publiée par Michelet. — Paris, *Imprimerie royale, 1841, in-4° cart.*

n. — *Hagiographes.*

783. — DICTIONNAIRE alphabétique et chronologique des Saints et Saintes de l'Eglise universelle, contenant, en outre, l'indication de l'époque et des lieux de leur martyre ou de leur mort, etc., suivi de la liste chronologique et historique des papes, depuis saint Pierre jusqu'au pape Pie VII. — Paris, *A. Eymery, 1818, in-8°.*

784.— BOLLANDUS (Joan).— Acta sanctorum quotquot orbe colontur, etc. — Paris, *Palmé, 1863-1888, 54 vol. in-f° br.*

785. — BAILLET (Adrien). — La vie des Saints, composée sur ce qui nous est resté de plus authentique dans leur histoire, 2ᵉ édit. — Paris, *L. Roulland, 1704, in-f°, 4 vol. rel.*

786. — VIE DES SAINTS (Légende céleste, nouvelle histoire de), avec la vie de N. S. Jésus-Christ, celle de la sainte Vierge et le précis historique des fêtes de l'année. — Paris, *Herman et Cⁱᵉ, 1847, 3 vol. in-4° br.*

787. — GIRY (F.). — Les vies des Saints dont on fait l'office dans le cours de l'année, avec des discours sur les mystères de N. S. et de la sainte Vierge. Le martyrologe romain traduit en français à la tête de chaque jour et un martyrologe des saints de France, dont le Romain ne fait point mention, Nˡˡᵉ édit. — Paris, *N. Pepie, 1703, in-f°, 2 vol. rel.*

788. — LA CROIX (J.-F. de). — Dictionnaire historique des saints personnages. — Paris, *Vincent, 1772, in-8°, 2 vol. rel.* (2 exempl.)

789. — SAINT JÉROME. — Divi Hieronymi sacrarum litterarum interpretis ut celeberrimi, ita et peritissimi in vitas Patrum, opus pium, etc. Adjectus est insuper Alphabeticus Index, etc. — Lugduni, *1537, petit in-f° relié* (restauré).

790. — LE GRAND Albert). — Les vies des Saints de la Bretagne-Armorique, avec des notes et des observations historiques et critiques, par D.-L. Miorcec de Kerdanet, de Lesneven, revues par M. Graveran. — Brest, *Anner, 1837, in-4° rel.* (2 exempl.)

791. — D°. — Vies des Saints de Bretagne-Armorique. — Rennes, *1659-1680.* La 2e et 3e édit. ont été restaurées.

792. — LOBINEAU (Dom). — Les Vies des Saints de Bretagne et des personnes d'une éminente piété, qui ont vécu dans la même province. Avec une addition à l'histoire de Bretagne. — Rennes, *1724, in-f° rel.* (pl.)

793. — D°. — Les mêmes. — Rennes, *1725, in-f° rel.* (pl.)

794. — D°. — Les mêmes. Nouvelle édit. considérablement augmentée, par l'abbé Tresvaux. — Paris, *Méquignon Junior, 1836, in-8°, 6 vol. rel.*

795. — BUEZ AR SÆNT, gant reflexionou spirituel, etc. Lequet e Brezonec gant an Autrou Messire Clauda Guillou Marigo, Person eus a Barres Beuzec-Conq. — E Sant-Briec, *Prud'homme, 1816, in-8°. cart.*

796. — D°. — Le même. — Quimper, *Blot, 1828, in-8° rel.*

797. — LE BRUN des MARETTES (Le P. J.-B.). — La vie de saint Paulin, sénateur et consul romain, depuis humble serviteur de Jésus-Christ, et enfin évêque de Nôle, etc. — Paris, *J. Couterot, 1686, in-8° relié.*

798. — GERVAISE (Nic.). — Vie de saint Martin, avec l'Histoire de la fondation de son Eglise. — *1699, in-4° rel.* (Le titre manque.)

799. — SAINT ANDRÉ (Ant. de). — La vie de M. Le Nobletz, prêtre et missionnaire. — Paris, *F. Muguet, 1666, in-8° rel.* (Fig.)

800. — COLLET (P.). — La vie de saint Vincent de Paul, instituteur de la Congrégation de la mission et des filles de la Charité. — Nancy, *A. Lescure, 1748, in-4° rel.*

801. — D°. — La vie de M. Henri-Marie Boudon, grand archidiacre d'Evreux. Nouvelle édit. — Paris, *J.-T. Hérissant, 1762, in-12 rel.*

802. — GUÉRANGER (Le R. P. Dom Prosper). — Histoire de sainte Cécile, vierge romaine et martyre. — Paris, *Lecoffre et Cie, 1849, grand in-18 rel.*

803. — LALLEMAND (Le P.). — Histoire de ce qui s'est passé au tombeau de sainte Geneviève, depuis sa mort jusqu'à présent, et de toutes les processions de sa châsse. Sa vie, trad. sur l'original latin, écrite 18 ans après sa mort, avec le même original revu sur plusieurs anciens manuscrits. — Paris. *Urbain Coustelier, 1697, iu-8° rel.*

804. — CHASTELAIN (L'abbé). — Martyrologe universel, contenant le texte du martyrologe romain. Trad. en français, et deux additions à chaque jour des saints qui ne s'y trouvent point, etc. — Paris, *F. Léonard, 1709, in-4° rel.*

805. — PERROQUET (Antoine). — La vie et le martyre du docteur illuminé, le bienheureux Raymond Lulle, avec une apologie de sa sainteté et de ses œuvres contre le mensonge, l'envie et la médisance. — Vendosme, *Sébast. Hyp., 1667, in-8° rel.*

806. — VIES DES SAINTS. — Toulouse, *Manavil fils, 1803, 2 vol. in-8°.*

807. — D°. — Pour tous les jours de l'année, avec une prière et des pratiques à la fin de chaque vie et des instructions sur les fêtes mobiles. Nouvelle édit., augmentée des vies de plusieurs saints, etc., etc. — Lyon, *Périsse frères, 1830, in-12, 2 vol. rel. en v.*

808. — RENAN (Ernest). — Saint Paul, avec une carte des voyages de saint Paul, par M. Kiepert, de l'Académie de Berlin. — Paris, *Michel Lévy frères, 1869, in-8° br.*

809. — EMMANUEL (Le R. P.). — Abrégé de la vie et du martyre des RR. PP. Agathange, de Vendôme, et Cassien, de Nantes, extrait de plusieurs manuscrits contemporains, etc., un discours préliminaire sur la dignité du martyre. — Rennes, *J. Vatar, 1756, in-12 rel.*

o. — *Histoire des anciens rites des chrétiens.*

Histoire des lieux saints, des cimetières, des images, des miracles, de l'institution et de la célébration de la Fête-Dieu.

810. — DOYEN (Barthélemy). — Vie de Monsieur de Paris, diacre du diocèse de Paris. Avec les requêtes des curés à Mgr l'archevêque et d'autres pièces curieuses. — Utrecht, *C.-G. Lefebvre, 1732, in-12 rel.*

811. — HISTOIRE DES MIRACLES et du culte de M. de Paris, avec les persécutions suscitées à sa mémoire et aux malades qui ont eu recours à lui, pour servir de suite à la vie de saint Diacre. — *1732, in-12 rel.*

812. — RECUEIL des miracles opérés au tombeau de M. de Paris, diacre. Contenant les informations faites par l'ordre de feu M. le cardinal de Noailles, au sujet des miracles opérés sur Pierre Lero, Jeanne Orget, Elisabeth La Loe et Marie-Magdelaine Mossaron. Avec la requête présentée à M. de Vintimille, archevêque de Paris, par MM. les curés de cette ville, du 13 Août 1731. — Sans lieu d'impr., *1732, in-12 rel.*

813. — D°. — Des miracles opérés au tombeau de M. de Paris, diacre, avec les requêtes de MM. les curés et un discours sur les miracles. — UTRECHT, *1733, in-12, 3 vol. rel.*

814. — CARRÉ DE MONTGERON. — La vérité des miracles opérés par l'intercession de M. de Paris et autres appelants, démontrée contre M. l'archevêque de Sens. Nouvelle édit. — COLOGNE, *1745, in-4°, 3 vol. reliés.*

815. — PERRET (LOUIS). — Catacombes de Rome ; architecture, peintures murales, lampes, vases, pierres précieuses gravées, instruments, objets divers, fragments de vases et verres dorés, inscriptions, figures et symboles gravés sur pierre. — PARIS, *Gide et J. Baudry, 1851, grand in-f° rel.* (pl. coloriées), *5 vol.*

B. — Histoire générale et particulière des hérésies, des schismes, des Sociétés secrètes, etc.

816. — PLUQUET (L'abbé F.-A.-A.). — Mémoires pour servir à l'histoire des égarements de l'esprit humain, par rapport à la religion chrétienne, ou Dictionnaire des hérésies, des erreurs et des schismes, précédés d'un discours dans lequel on recherche quelle est la religion primitive des hommes, etc. — PARIS, *Nyon, 1762, in-8°, 2 vol. rel.*

817. — D°. — Les mêmes. — PARIS, *Nyon, 1773, in-8°, 2 vol. rel.*

818. — MAIMBOURG (Le P.). — Histoire du Calvinisme, 2e édit. — PARIS, *Séb. Mabre-Cramoisy, 1682, in-12 rel.*

819. — D°. — Histoire du schisme des Grecs. — PARIS, *Séb. Mabre-Cramoisy, 1686, in-4° rel.*

820. — D°. — Traité historique de l'établissement et des prérogatives de l'Eglise de Rome et de ses évesques, 2e édit. — PARIS, *Séb. Mabre-Cramoisy, 1685, en 1 vol. rel.*

821. — BAYLE (P.). — Critique générale de l'histoire du Calvinisme de M. Maimbourg, 2e édit. — VILLEFRANCHE, *P. Le Blanc, 1683, petit in-12 relié.*

822. — DOUCIN (Le P. Louis). — Histoire du Nestorianisme. — Paris, J. Guichard, 1698, in-4° rel.

823. — BOILEAU (L'abbé J.). — Historia flagellantium de recto et perverso flagrorum usu apud christianos, etc. — Parisiis, apud J. Anisson, 1700, in-12 rel.

824. — D°. — Histoire des flagellants où l'on fait voir le bon et le mauvais usage des flagellations parmi les chrétiens. Trad. du latin. — Amsterdam, F. Vander Plaats, 1750.

825. — LAFITEAU (Messire P. F.). — Histoire de la Constitution *Unigenitus*. — Avignon, Fortunat Labaye, 1743, 2 vol. in-12 rel.

826. — D°, d°. — Avignon, P. Delaire, 1766, in-12, 2 vol. rel.

827. — VILLEFORE-BOURGOING (de). — Anecdotes ou mémoires secrets sur la Constitution *Unigenitus*. — Trévoux, aux dépens de la Société, 1744, 3 vol. in-12 rel.

828. — BRUEYS (M. de). — Histoire du fanatisme de notre temps, et le dessein que l'on avait de soulever, en France, les mécontents des Calvinistes. — Paris, F. Muguet, 1692, in-12 rel.

829. — ABRÉGÉ des histoires des plus fameux hérésiarques qui ont paru en Europe depuis l'année 1040 et un précis historique des causes du schisme de l'Eglise anglicane. Avec un abrégé des dogmes principaux de cette Eglise, par M. D. M. — Rouen, Veuve Louis Behourt, 1700, in-12 rel.

830. — APPEL (L') des quatre évêques et de la Sorbonne, au futur Concile de la Constitution *Unigenitus*. Avec tout ce qui s'est passé dans l'Assemblée tenue en Sorbonne le 5 mars 1717. (Sans lieu d'imp.), 1717, relié avec : Arrest de la Cour du parlement de Bretagne, rendu sur la remontrance de Monsieur le Procureur général du Roy, qui condamne comme fausses, scandaleuses, etc., 1717, plusieurs propositions extraites des cahiers du père Andry, jésuite, dictées par lui en 1716, au collège de Rennes, et réponse de Mgr l'évêque d'Angers à M. Dublineais, docteur en théologie de la Faculté de Paris, sur l'appel au futur Concile. — Angers, Olivier Avril, 1719. Le tout en un vol. in-8° rel.

831. — RÉFUTATION du Mémoire publié en faveur de l'appel des quatre évêques, adressée à Monseigneur l'évêque de Mirepoix. — Bruxelles, Simont' Stertevens, 1718, in-8° relié avec : Instruction de Mgr J. Joseph Languet, évêque de Soissons, où il montre quel est le parti le plus sûr dans la contestation présente au sujet de la Constitution *Unigenitus*, adressée à Madame ***. (Sans lieu d'imp.), 1719. Le tout en 1 vol. in-8° rel.

832. — CADET de GASSICOURT. — Le tombeau de Jacques Molai ou Histoire secrète et abrégée des initiés anciens et modernes, des Templiers, Francs-Maçons et Illuminés, etc., et recherches sur leur influence dans la Révolution française, suivie de la clef des loges, 2ᵉ édit. — Paris, *Desenne, an V, in-18.*

833. — ESSAI SUR LA FRANC-MAÇONNERIE, ou but essentiel et fondamental de la F.·. M.·.; de la possibilité et de la nécessité de la réunion des différents systèmes ou branches de la M.·., du régime convenable à ces systèmes réunis et des lois Mac.·. — Latomopolis, *Sixte Andron. L'an de la V.·. L.·. 15784, in-8°, 2 vol. rel.*

834. — COURET de VILLENEUVE (M.). — L'école des Francs-Maçons. — Jérusalem, *1748, in-12 rel.*

835. — SAINT-VICTOR (Le Guillemin de). — La vraie Maçonnerie d'adoption, précédée de quelques réflexions sur les loges irrégulières et sur la société civile, avec des notes critiques et philosophiques, etc. — Philadelphie, *Philarèthe, 1783, rue de l'Equerre à l'Aplomb, 1787, 1 vol. in-12 de 144 pages.*

836. — Dᵒ. — La vraie Maçonnerie d'adoption, précédée de quelques réflexions sur les loges irrégulières et sur la société civile, avec des notes critiques et philosophiques, ou Manuel des Franches-Maçonnes. Suivie de cantiques maçonniques dédiés aux dames. Par un chevalier de tous les Ordres maçonniques. — A Philadelphie, *chez Philarèthe, rue de l'Equerre à l'Aplomb, 1787, in-8°.*

837. — Dᵒ. — Recueil précieux de la Maçonnerie adonhiramite, 1ʳᵉ partie, ornée de figures contenant les catéchismes des premiers grades, et l'ouverture et la clôture des différentes loges, l'instruction de la Table, les santés générales et particulières ainsi que les devoirs des premiers officiers en charge, enrichi d'une infinité de demandes et de réponses, etc. Dédié aux Maçons instruits. Par un chevalier de tous les ordres maçonniques. — Philadelphie, *chez Philarèthe, rue de l'Equerre, à l'aplomb, 1787, in-12 de 128 pages.*

838. — Dᵒ. — Recueil précieux de la maçonnerie adonhiramite contenant les trois points de la Maç.·. Ecoss.·. Le chevalier de l'Orient et le vrai Rose-Croix, qui n'ont jamais été imprimés. Précédés des Trois-Elus et suivis du Norchite, ou le chevalier prussien. Trad. de l'allemand, etc., par un chevalier de tous les Ordres maçonniques. — Philadelphie, *chez Philarèthe, rue de l'Equerre, à l'Aplomb, 1787, in-18.*

839. — Dᵒ. — Origine de la Maçonnerie adonhiramite, ou Nouvelles observations critiques et raisonnées sur la philosophie, les hiéroglyphes, les mystères, la superstition et les vices des Mages. Précédée d'un chapitre sur l'Egypte ancienne et moderne, avec des remarques et des notes sur les historiens et la chronologie du Monde.

Dédié à Mᵍʳ le duc de Gèvres, par l'auteur du Recueil précieux, de la Maçonnerie adonhiramite. — Héliopolis (Paris), 1787, in-18.

840. — D°. — Origine de la Maçonnerie adonhyramite ou nouvelles observations critiques et raisonnées sur la philosophie, les hiéroglyphes, les mystères, la superstition et les vices des Mages. — A Héliopolis, 1810, in-12 br.

841. — BOCK (J. N. E. de). — Histoire du tribunal secret, d'après les lois et les constitutions de l'Empire germanique, pouvant faire suite aux Chevaliers des Sept montagnes et à Hermann d'Unna. — Paris, Maradan, an IX (1801), in-8°.

842. — SAINT-EDME. — Constitution et organisation des Carbonari, ou documents exacts sur tout ce qui concerne l'existence, l'origine et le but de cette Société secrète. — Paris, Corby, Delaunay, etc., 1821, in-8° br.

843. — ANNUAIRE PROTESTANT. — Statistique générale des diverses branches du protestantisme français, avec des notes historiques inédites, par M. Th. de Prat, pasteur, 1862-64. — Paris, Grassart, in-8° br.

---

2. — HISTOIRE DES RELIGIONS PAYENNES
(POLYTHÉISME ET PANTHÉISME)
CONSIDÉRÉES SOUS LE RAPPORT MYTHOLOGIQUE.

A. — Mythologues anciens.

844 — EXPOSITION nouvelle de la Théogonie mythologique des anciens avec l'analyse de l'Iliade et de l'Odyssée. — Paris, Cailleau fils, 1791, in-8°.

845. — APOLLODORE. — Bibliothèque d'Apollodore l'Athénien. Traduction nouvelle, avec le texte grec revu et corrigé, des notes et une table analytique, par E. Clavier. — Paris, Delangle et Lesueur, an XIII (1805), in-8°, 2 vol. rel.

B. — Dictionnaires, Traités généraux et spéciaux sur la Mythologie du Paganisme ancien, etc.

846. — CHOMPRÉ (P. C. DE). — Dictionnaire abrégé de la Fable, pour l'intelligence des poètes, des tableaux et des statues dont les sujets sont tirés de l'histoire poétique, 12e édit. — *Veuve Desaint, 1778, iu-12 rel.*

847. — D°. — Le même. — PARIS, 16e édit. (sans date), *in-12 rel.*

848. — D°. — Le même. — PARIS, *Desaint et Saillant, 1753, in-8°.*

849. — D°. — Le même. — LYON, *J. M. Bruysset, 1789, in-8° rel.*

850. — GAUTRUCHE (Le P.). — Nouvelle histoire poétique, pour l'explication des fables et l'intelligence des poètes, avec le sens moral de chaque histoire, dernière édit., augmentée par M. l'abbé B**** (de Bellegarde). — PARIS, *Th. Legras, 1738, in-12 rel.*

851. — CAYLUS (Cte DE). — Histoire d'Hercule le Thébain, tirée de différents auteurs, à laquelle on a joint la description des tableaux qu'elle peut fournir. — PARIS, *Tillard, 1758, in-8° br.* (mutilé).

852. — NOEL (F.). — De la Mythologie universelle ou Dictionnaire de la Fable. — PARIS, *Normant, an XIII (1805), in-8°.*

853. — JOUVENCY (Le P.). — Abrégé de la fable ou de l'histoire poétique. Trad. en français et rangé suivant la nouvelle méthode de M. du Marsais. — LYON, *Perisse. 1807, in-12 br.*

854. — DEMOUSTIER (C.-A.). — Œuvres. — PARIS, *Renouard, 1809*, *3 vol. in-12.*

855. — D°. — Lettres à Emilie sur la mythologie. — PARIS, *Th. Dabo, 1818, 6 part. en 3 vol. in-18.*

856. — BERTOUX (L'abbé). — Histoire poétique tirée des poètes français avec un Dictionnaire poétique, nouvelle édit. — PARIS, *Vincent, 1771, in-12 rel.* (2 exempl.).

857. — BANIER (L'abbé). — La mythologie et les fables expliquées par l'histoire. — PARIS, *Briasson, 1738, in-12, 8 vol. rel.*

858. — SAXIUS (CH.). — Tabulæ genealogiæ, sive stemmata Deorum, Regum, etc. Trajecti ad Rhenum, apud A. van Paddenburg et L. M. van Vloten, *1783, in-f°.*

859. — BERGIER (N. S.). — L'origine des dieux du paganisme et le sens des fables, découvert par une explication suivie des poésies d'Hésiode. PARIS, *Humblot, 1767, in-12, 4 parties en 2 vol. rel.*

7

860. — CARTARI (Vincent). — Les images des dieux des anciens, contenant les idoles, coutumes, cérémonies et autres choses appartenant à la religion payenne. Trad. de l'italien, augmentées par Antoine du Verdier. Avec deux tables. — Tournon, *C. M. Michel, 1602, in-8° rel.*

861. — TEMPLE (Le) des Muses, orné de LX tableaux où sont représentés les événements les plus remarquables de l'anquité fabuleuse, dessinés et gravés par B. Picard Le Romain et autres habiles maîtres, et accompagnés d'explications et de remarques qui découvrent le vrai sens des fables et le fondement qu'elles ont dans l'histoire. — Amsterdam, *Zach. Chatelain, 1742, in-f° v. m. fil. dent. d. s. tr.*

862. — MARTIN (Dom). — Explication de divers monuments singuliers qui ont rapport à la religion des plus anciens peuples, avec l'examen de la dernière édit. des ouvrages de Saint-Jérôme et un traité sur l'astrologie judiciaire (fig.). — Paris, *Lambert, 1739, in-4° rel.* (2 exempl.). Le 2ᵉ sans les figures.

863. — SAINTE-CROIX (Le Bᵒⁿ de). — Mémoires pour servir à l'histoire de la religion secrète des anciens peuples ; ou recherches historiques et critiques sur les mystères du paganisme. — Paris, *Nyon l'aîné, 1784, in-8° rel.*

864. — Dᵒ. — Les mêmes, sous le titre de recherches historiques et critiques, etc. 2ᵉ édit. revue et corrigée par le Bᵒⁿ Silvestre de Sacy. — Paris, *Crapelet, 1817, in-8°, 2 vol.*

865. — EMERIC-DAVID (T.-B.). — Jupiter. Recherches sur ce Dieu, sur son culte et sur les monuments qui le représentent, précédées d'un essai sur l'esprit de la religion grecque. — Paris, *imprimerie royale, 1823, 2 vol. rel.*

866. — DULAURE (J. A.). — Des divinités génératrices, ou du culte de Phallus, chez les anciens et les modernes. Des cultes du Dieu de Lampsaque, de Pan, de Vénus, etc. — Paris, *Dentu, 1805, in-8°.*

867. — LETELLIER (Chˡᵉˢ Constant). — Mythologie des commençants, par demandes et par réponses. — Paris, *Constant Letellier, etc., in-12 rel., 1820.*

868. — GAIL (J.-F.). — Recherches sur la nature du culte de Bacchus, en Grèce, et sur l'origine de la diversité de ses rites. — Paris, *Gail neveu, 1821, in-8° rel.*

869. — ROLLE (P. N.). — Recherches sur le culte de Bacchus, symbole de la force reproductive de la nature. Considéré sous ses rapports généraux dans les mystères d'Eleusis, et sous des rapports particuliers dans les Dionysiaques et les Triétériques. — Paris, *J. S. Merlin, 1824, in-8°, 3 vol.*

870. — LARCHER (Ph.). — Mémoire sur Vénus. — Paris, *Valade, 1775, in-12 rel.*

871. — LA CHAU (L'abbé de). — Dissertation sur les attributs de Vénus. — Paris, *Prault, 1776, in-4° cart.* (fig.).

872. — LES GRACES, précédées d'une dissertation, par l'abbé Massieu, et suivies d'un discours par le P. André. Recueil publié par Meunier de Querlon. — Paris, *L. Prault, 1769* (fig.), *in-8° v. porp. fil.*

873. — BLONDEL (David). — Des Sibylles célébrées, tant par l'antiquité payenne que par les S. S. P. P. Discours traitant des noms et du nombre des Sybilles, de leurs conditions, etc. — Charenton, *Veuve L. Périer et N. Périer, 1649, in-4° parch.*

874. — BALTUS (Le P. J. F.). — Réponse à l'histoire des oracles de M. de Fontenelle, dans laquelle on réfute le système de M. Van-Dale, sur les auteurs des oracles du Paganisme, etc. — Strasbourg, *J. Renauld Doulssecker, 1707, in-8°, 2 vol. v. f.*

875. — CLAVIER (E.). — Mémoire sur les oracles des anciens. — Paris, *Duponcet, 1818, in-8° rel.*

876. — CHEMIN-DUPONTÈS. — Mythologie, 9° édit. — Paris, *chez l'auteur et à la librairie classique d'A. Delalain, 1834.*

877. — JUBAINVILLE (H. d'Arbois de). — Le cycle mythologique irlandais et la mythologie celtique. — Paris, *Thorin, 1884, in-8°.* (Second vol. du cours de littérature celtique).

C. — Mythologie des Egyptiens, des Assyriens, des Mèdes et des anciens Persans, des Carthaginois, etc.

878. — BROSSE (Le Ch[ier] de). — Du culte des dieux fétiches, ou parallèle de l'ancienne religion de l'Egypte avec la religion actuelle de Nigritie. — *1760, in-12.* (2 exempl.).

879. — PERNETTY (A. J.). Les fables égyptiennes et grecques, dévoilées et réduites au même principe, avec une explication des hiéroglyphes et de la guerre de Troie. — Paris, *Delalain, 1786, in-8° 2 vol. rel.*

D. — Mythologie des Grecs et des Romains.

880. — CHOUL (Guillaume du). — Discovrs de la religion des anciens
Romains, de la Castramétation et discipline militaire d'iceux, des bains
et antiques exercitations grecques et romaines. Illustré de médailles et
fig. retirées des marbres antiques qui se trouvent à Rome, et par Nostre
Gaule. — Lyon, *par Guillaume Roville, à l'Escu de Venize, 1581,
in-4° rel.*

E. — Mythologie celtique, mythologie scandinave.

881. — MARTIN (Dom J.). — La Religion des Gaulois tirées des plus pures
sources de l'antiquité. — Paris, *Saugrain fils, 1727, in-4° 2 vol. rel.*

882. — CAMBRY. — Monuments celtiques ou Recherches sur le culte des
pierres, précédées d'une notice sur les Celtes et sur les Druides, et suivies d'Etymologies celtiques. — Paris, *Crapelet, an XIII (1805),
in-8°* (pl.).

883. — SAINTINE. — (X. B.). — Mythologie du Rhin. Illustrée par G. Doré.
Paris, *L^{is} Hachette et Cie, 1862, g^d in-8° rel.*

F. — Mythologie indienne et chinoise.

884. — CÉRÉMONIES (Les) chinoises, conformes à l'Idolâtrie grecque
et romaine, par un religieux, docteur et professeur en théologie. —
Cologne, *Corneille Egmont, 1721, in-12 rel.*

IV. — HISTOIRE ANCIENNE

1. — ORIGINE DES NATIONS.

885. — POINSINET DE SIVRY. — Origine des premières sociétés, des peuples, des sciences, des arts et des idiômes anciens et modernes. — AMSTERDAM et PARIS, *Le Jay*, 1770, *in-8° rel.* (2 exempl.).

886. — BAILLY. — Lettres sur l'origine des sciences et sur celle des peuples de l'Asie, adressées à M. de Voltaire par M. Bailly, et précédées de quelques lettres de M. de Voltaire à l'auteur. — LONDRES, *Elmesly*, 1777, et PARIS, *Debure frères, in-8° rel.* (2 ex.).

887. — Dº. — Lettres sur l'Atlantide de Platon et sur l'ancienne histoire de l'Asie, pour servir de suite aux lettres sur l'origine des sciences, adressées à M. de Voltaire. — LONDRES, *Elmesly* et PARIS, *Debure frères*, 1779, *in-8° rel.*

888. — DELISLE DE SALES. — Histoire philosophique du Monde primitif, 4ᵉ édit. — PARIS, *Gay et Gide, l'an III de la Rép. (1795), in-8°,* 7 vol. rel.

889. — BOUCHÉ J. B. DE CLUNY. — Druides et Celtes, ou histoire de l'origine des Sociétés et des Sciences. — PARIS, *Lecou*, 1848, *in-8° rel.*

890. — RENAN (ERNEST). — De la part des peuples sémitiques dans l'histoire de la civilisation.

Discours d'ouverture du cours de langues hébraïques, chaldaïque et syriaque, au collège de France, 4ᵉ édit., *in-8°.* — PARIS, *Michel Lévy*, 1862.

2. — HISTOIRE GÉNÉRALE ET PARTICULIÈRE DE PLUSIEURS PEUPLES ANCIENS.

891. — JUSTIN. — Histoire universelle de Trogue-Pompée, réduite en abrégé. Traduction nouvelle. — PARIS, *Ferrière de la Martinière.* LYON, *H. Moulin, 1697, in-12 rel.*

892. — Dº. — Histoire universelle extraite de Trogue-Pompée. Traduite sur les textes latins les plus corrects, etc., par l'abbé Paul. — PARIS, *J. Barbou, 1788, in-12,* 2 vol. rel.

893. — CHEVREAU (H.). — Histoire du Monde, 3ᵉ édit. — PARIS, *H. Foucault, 1717, in-12, 8 vol. rel.*

894. — ROLLIN. — Histoire ancienne des Egyptiens, des Carthaginois, des Assyriens, etc. Nˡˡᵉ édit.— PARIS, *Les frères Estienne, 1758, in-12, 13 vol. rel.*

895. — Dᵒ. — Abrégé de l'histoire ancienne, par l'abbé Tailhié, Nˡˡᵉ édit. (fig.) — PARIS, *Barrois et autres, 1782, in-12, 5 vol. rel.*

896. — ANVILLE (D'). — Atlas pour servir à l'intelligence de l'histoire ancienne de Rollin. — *In-4ᵒ, 1 vol. cart.*

897. — LENORMANT (Fᶜⁱˢ). — Manuel d'histoire ancienne de l'Orient jusqu'aux guerres médiques. Israélites : Egyptiens, Assyriens, Babyloniens, Mèdes, etc. — PARIS, *A. Lévy fils, 1868, in-18, 2 vol. rel.*

898. — GUYON (L'abbé C.-M.). — Histoire des Empires et des Républiques depuis le déluge jusqu'à Jésus-Christ, où l'on voit, dans celle d'Egypte et d'Asie, la liaison de l'histoire sainte avec la profane et dans celle de la Grèce, le rapport de la fable avec l'histoire. — PARIS, *H. L. Guérin et autres, 1736, in-12, 12 vol. rel.*

899. — URBAN (M. DE FORTIA D'). — Mémoires pour servir à l'histoire ancienne du globe. — PARIS, *10 vol. in-12 rel.*

899 bis. — Dᵒ. — Histoire de la Chine avant le déluge d'Ogigès. — PARIS, *Xrouet, 1807, in-18 rel.*

900. — SÉGUR (Cᵗᵉ DE). — Histoire ancienne, 3 vol. in-8ᵒ.. Les 10ᵉ, 11ᵉ et 12ᵉ des œuvres complètes.

Tome 1ᵉʳ : Histoire d'Egypte, d'Asie et de Perse.

Tome 2ᵉ : Histoire de la Grèce.

Tome 3ᵉ : Histoire de la Sicile, de Carthage et des Juifs. — PARIS, *A. Eymery 1825.*

901. — DRIOUX (L'abbé). — Histoire ancienne. — PARIS, *E. Belin, in-8ᵒ cart.* (sans date).

902. — OPPERT (JULES). — Le peuple et la langue des Mèdes. — PARIS, *Maisonneuve, 1879, in-8ᵒ br.*

903. — LEMIÈRE. — Etude sur les Celtes et les Gaulois, ou Recherche des peuples anciens appartenant à la race celtique ou à celle des Scythes. — PARIS, *Maisonneuve,* SAINT-BRIEUC, *F. Guyon, 1881, in-8ᵒ br.*

3. — MÉLANGES HISTORIQUES. — CIVILISATION.
GOUVERNEMENT, ETC.

904. — GUÉRIN du ROCHER (L'abbé). — Histoire véritable des temps fabuleux, accompagnée de l'histoire véritable des temps fabuleux, confirmée par les critiques qu'on en a faites, par l'abbé Chapelle, et de l'Hérodote historien du peuple hébreu, sans le savoir, par l'abbé J.-J. Bonnaud. — Paris, *Gauthier frères et Cie* ; Besançon, *même maison de commerce, 1824, in-8°, 5 vol.*

905. — PAUW (C. de). — Recherches philosophiques sur les Américains. Paris, *J.-F. Bastien, an III (1795), in-8°, 7 vol.* (2 exempl.), 1 exempl. rel., l'autre br.

906. — MARÉCHAL (S.). — Voyages de Pythagore en Egypte, dans la Chaldée, dans l'Inde, en Crète, à Sparte, en Sicile, à Rome, à Carthage, à Marseille et dans les Gaules ; suivis de ses lois politiques et morales. — Paris, *Deterville, an 7, in-8°, 6 vol. rel.*

907. — GOGUET et FUGÈRE. — De l'origine des loix, des arts et des sciences et de leurs progrès chez les anciens peuples. — Paris, *Knapen, 1778, in-12, 6 vol. rel.*

908. — GUÉROULT. — Constitution des Spartiates, des Athéniens et des Romains. — Paris, *Née de la Rochelle, 1792, relié avec :* Histoire philosophique et politique des loix de Lycurgue et de Lacédémone, etc. — Nancy et Paris, *Valade, 1768. Le tout en 1 vol. in-8° rel.*

909. — VAN HEUSDE (Phil.-Guill.). — Diatribe in Civitates antiquas. — (Sans lieu d'imp.), *1817, in-4° cart.*

910. — LEFRANC (M.-E.). — Histoire ancienne. — Lyon et Paris, *Périsse, 1841, in-8° cart.*

4. — HISTOIRES DES JUIFS.

911. — JOSÈPHE FLAVE. — Flavii Josephi antiquitatum judaicarum libri xx, ad vetera exemplaria diligenter recogniti.

De Bello judaïco libri vii, ex collatione Græcorum codicum, etc.

Contra Appionem, libri ii, pro corruptis, etc.

De imperio rationis, sive de Machabæis liber unus à Des Erasmo Roterodamo recognitus. Cum indice copiosissimo. — Lutetiæ, *in Ædibus Joannis Parvi, 1535, in-f° rel.*

912. — D°. — Idem, etc. — Lugduni, *apud Seb. Gryphium, 1555, in-16* relié.

913. — D°. — Histoire de la guerre et destruction des Juifs, comprise en 7 livres, par Flave, Joseph, fils de Matthias, et nouvellement traduite du grec en français, par Antoine de La Faye. — (Sans lieu d'imp.), *Jean Le Preux, 1698, in-8°, 3 vol. rel.*

914. — D°. — Histoire des Juifs, écrite par Flavius Joseph, sous le titre de : Antiquitez judaïques, traduite par M. Arnauld d'Andilly ; N^lle édit. — Paris, *Bordelet, 1744, in-12. 6 vol. rel.*

915. — D°. — Histoire des Juifs, de Flavius Josèphe, par demandes et réponses. — Lyon, *Bruyset frères, 1720, in-12, 3 vol. rel.*

916. — D°. — Nouvelle traduction de l'historien Josèphe, faite sur le grec, avec des notes critiques et historiques, etc., par le R. P. Gillet. — Paris, *H. D. Chaubert, 1756, in-4° (fig.) 4 vol. rel.*

917. — PRIDEAUX (J.). — Histoire des Juifs et des peuples voisins depuis la décadence des royaumes d'Israël et de Juda jusqu'à la mort de Jésus-Christ. Trad. de l'anglais, par Brutel de la Rivière et Moyse du Soul. — Amsterdam, *H. du Sauzet, 1722, in-12, 5 vol. rel. (pl.).*

918. — D°. — La même ; N^lle édit. — Paris, *G. Cavelier, 1742, in-12, 6 vol. rel. (pl.).*

919. — BASNAGE (J.). — Histoire des Juifs, depuis Jésus-Christ jusqu'à présent, pour servir de continuation à l'histoire de Joseph. N^lle édit. — La Haye, *H. Scheurleer, 1716, in-12, 15 vol. rel. (pl.).*

920. — BOISSY (de). — Dissertations critiques, pour servir d'éclaircissements à l'histoire des Juifs, avant et depuis Jésus-Christ, et de supplément à l'histoire de Barnage ; N^lle édit. — Paris, *Lagrange, 1787, in-12, 2 vol. rel.*

921. — CHARBURY (F.-N.). — Abrégé chronologique de l'histoire des Juifs, jusqu'à la ruine de Jérusalem, par Tite sous Vespasien. Avec des discours entre chaque époque. — Paris. *D. Chaubert, 1759, in-8° rel.*

922. — HALÉVY (Léon). — Résumé de l'histoire des Juifs anciens. — Paris, *Lecointe et Durey, 1825, in-12 br.*

923. — THOMASSIN (Claude de). — Paraphrase sur Judith. — Paris, *A. Berthier, 1642, in-12 rel.*

924. — FLEURY (L'abbé). — Mœurs des Israélites et des Chrétiens. — Paris, *J. Mariette, 1720, in-12 rel.*

925. — D°. — Les mêmes. — *In-12 rel.* (La 1re page manque).

926. — SAINT-PHILIPPE (Dom V. Baccalar, Mis de). — La monarchie des Hébreux. Trad. de l'Espagnol, par Labarre de Beaumarchais, *in-12, 4 vol. rel.* — La Haye, *Alberts et Van der Kloot, 1727.*

927. — D°. — La même. — La Haye, *Henri Scheurleer, 1728, in-12, 4 vol. rel.*

928. — GRÉGOIRE (Le Cte H.). — Essai sur la régénération physique, morale et politique des Juifs. — Metz et Paris, *1789, in-8° relié avec :*

Discours des députés des Juifs des provinces des évêchés d'Alsace et de Lorraine, prononcé à la barre de l'Assemblée nationale par le sieur Beer-Isaac-Beer, l'un des députés de la Lorraine. — Paris, *Belin, 1789.*

Mémoire particulier pour la communauté des Juifs établis à Metz, par Isaac Ber Bing, rapport fait au nom du Comité des Domaines, le 20 juillet 1790, sur le droit de protection levé sur les Juifs, et décret et dissertation sur cette question : Est-il des moyens de rendre les Juifs plus heureux et plus utiles en France, par Thierry, avocat. — Paris, *Knapen, 1788. Le tout en 1 vol. in-8° rel.*

929. — HALLEZ (Théophile). — Des Juifs en France, de leur état moral et politique, depuis les premiers temps de la monarchie jusqu'à nos jours. — Paris, *Dentu, 1845, iu-8° br.*

930. — RABBINOWICZ (Le Dr Israel M.). — Législation civile du Thalmud. Les femmes, les payens selon le Thalmud.

Tome i. — Nouveau commentaire et traduction critique des traités *Berakhoth,* jusqu'à *Khethonhoth, Ghitin, Kidouschin,* de tous les passages des 26 traités des trois premières divisions *(Sedarim)* qui concernent la législation des femmes, les païens, etc.

Tome ii. — Nouveau commentaire et traduction critique du traité *Baba Bathra.*

Tome iii. — Nouveau commentaire et traduction critique du traité *Baba Metzia.*

Tome iv. — Nouveau commentaire et traduction critique du traité *Baba Kama.* — Paris, *E. Thorin, 1878-79-80. En tout 4 tom. in-8° br.*

931. — SAULCY (F. de). — Histoire des Machabées ou Princes de la dynastie asmonéenne. — Paris, *E. Leroux, 1884, in-8°.*

5. — HISTOIRE DES PHÉNICIENS, DES BABYLONIENS, DES ÉGYPTIENS, DES PERSES ET DE QUELQUES AUTRES PEUPLES ANCIENS.

932. — ORIGNY (P. A. D.). — L'Egypte ancienne, ou Mémoires historiques et critiques sur les objets les plus importants de l'histoire du grand empire des Egyptiens. — Paris, *Vincent, 1762, in-12, 2 vol. rel.*

933. — ROLLIN. — Histoire ancienne des Egyptiens, des Carthaginois, des Assyriens, des Babyloniens, des Mèdes et des Perses, des Macédoniens, etc. — Paris, *Estienne, 1764, 13 vol. in-18 rel.*

934. — ORIGNY (P. A. D.). — Chronologie des rois du grand empire des Egyptiens, depuis l'époque de la fondation par Menès jusqu'à celle de sa ruine par la conquête de Cambyse, fils de Cyrus. — Paris, *Vincent, 1765, in-12, 2 vol. rel.*

935. — SÉGUR (Cte de). — Histoire ancienne, comprenant l'histoire des Egyptiens, des Mèdes, des Perses, des Juifs, de la Grèce, de la Sicile, de Carthage et de tous les autres peuple de l'antiquité. — Paris, *Didier, 1847, in-8° br.*

936. — PAW (Cte de). — Recherches philosophiques sur les Egyptiens et les Chinois. — Berlin, *1773, in-12, 2 vol.*

937. — AMEILHON (H. P.). — Histoire du commerce et de la navigation des Egyptiens sous le règne des Ptolémées. — Paris, *Saillant, 1766, in-12 rel.*

938. — SAINT-MARTIN (M. J.). — Nouvelles recherches sur l'époque de la mort d'Alexandre et sur la chronologie des Ptolémées, ou examen critique de l'ouvrage de M. Champollion. — Figeac, intitulé : Annales des Lagides. — Paris, *Imprimerie royale, 1820, gd in-8°.*

D°. — Fragments d'une histoire des Arsacides. — Paris, *Imprimerie nationale, 1850, in-8°, 2 vol.*

939. — MARMONTEL (J. J.). — Cléopâtre, d'après l'histoire.

940. — GUYON (L'abbé C. M.). — Histoire des Amazones anciennes et modernes, enrichie de médailles. — Paris, *J. Villette, 1740, in-12 rel.*

941. — HENNEBERT (M. E.). — Histoire d'Annibal. — Paris, *Imprimerie impériale, 1870, gd in-8°.*

942. — DICTYS. — Cretensis de Bello Trojano, et Dares Phrygius de excidio Trojæ. — Cadomn, *apud Antonium Cavelier, 1705, in-18 parch.*

943. — D°. — Histoire de la guerre de Troie, trad. du latin par N. L. Achaintre, avec notes et éclaircissements ; suivie de l'histoire de la ruine de Troie, attribuée à Darès de Phrygie, trad. par Ant. Caillot. — Paris, *Brunot-Labbe, 1813, in-12, 2 vol. cart. pap. vélin.*

944. — MER (Aug.), Capitaine de vaisseau. — Mémoire sur le Périple d'Hannon. — Paris, *E. Perrin, 1885, in-8° br.*

6. — HISTOIRE GÉNÉRALE ET PARTICULIÈRE DE LA GRÈCE.
A. — Auteurs anciens.

945. — PAUSANIAS ou voyage historique, pittoresque et philosophique de la Grèce, trad. du grec en français par l'abbé Gédoyn. — Paris, *1797, Debarle, 4 vol. in-8° rel.*

946. — D°. — Description de la Grèce, trad. nouvelle, avec le texte grec, collationné sur les manuscrits de la bibliothèque du Roi, par M. Clavier. — Paris, *J. M. Eberhart, 1814, in-8°,* avec le supplément. — Paris, *A. Bobée, 1823, in-8°, 7 vol.*

947. — HÉRODOTE. — Les histoires d'Hérodote mises en français par P. du Ryer ; 2e édit. — Paris, *Aug. Courbé, 1658, petit in-f°. T. D. pl. fleurdelisée.*

948. — D°, d°. — Par du Ryer, avec des tables géographiques. — Paris, *M. Clousier, 1713, in-12, 3 vol. rel.*

949. — D°. — Histoire d'Hérodote, trad. du grec, avec des remarques historiques et critiques, un essai sur la chronologie d'Hérodote et une table géographique, par Larcher. — Paris, *Musier et Nyon, 1786, in-8°, 7 vol. grand pp. de Hollande de v. marb. f. d. s. t.*

950. — D°. — La même, de la même traduct. Nlle édit. — Paris, *Guil. Debure, an XI, 1802, in-8°, 9 vol. rel.*

951. — D°. — La même, suivie de la vie d'Homère ; Nlle traduct. par A. F. Miot. — Paris, *Fin Didot, père et fils, 1822, in-8°, 3 vol. rel.*

952. — THUCYDIDE. — Histoire de la guerre du Péloponèse, etc. (L'histoire grecque de Xénophon fait suite et est contenue dans le 3e vol.). — Amsterdam, *1713, 3 vol. in-12.*

953. — BOUHIER (J.). — Recherches et dissertations sur Hérodote, avec des Mémoires sur la vie de l'auteur. — Dijon, *P. Desaint, 1746, in-4° rel.*

954. — VOLNEY. — Chronologie d'Hérodote, conforme à son texte. Supplément à l'Hérodote de Larcher. — PARIS, *Courcier, 1808, 2 tomes en 1 vol.* V. marb. f. d. s. tr.

955. — THUCYDIDE. — Histoire de la guerre du Péloponèse. — PARIS, *M. E. David, 1714, in-12, 3 vol. rel.*

956. — Dº. — Histoire de Thucydide, fils d'Olorus. Trad. du grec, par P.-C. Levesque. — PARIS, *J.-B. Gail, 1795, in-8º, 4 vol. rel.*

957. — XÉNOPHON (Œuvres de). Traduites en français sur les textes imprimés et sur quatre manuscrits de la Bibliothèque nationale, par Gail, an III. — PARIS, *in-4º, 2 vol.* V. marbré, f. d. s. tr.

Le 1ᵉʳ vol. contient la vie de Xénophon, suivi d'un Extrait historique et raisonné de ses ouvrages, pour servir d'introduction à la traduction complète des Œuvres de Xénophon, par J.-B. Gail.

958. — Dº. — L'histoire grecque de Xénophon, ou : La suite de Thucydide. (Forme le 3ᵉ vol.; Thucydide, les deux premiers.) De la traduction de Nicolas Perrot, sieur d'Ablancourt. — AMSTERDAM, *1713, in-12 rel.*

959. — Dº. — Les mêmes, de la même traduct. — PARIS, *Didot, an III, in-8º cart.*

960. — Dº. — Xenophontis Institutio Cyri. Ex editione T. Hutchinson. — GLASGUÆ, *1767, petit in-8º, 4 vol. rel.*

961. — Dº. — La Cyropédie, ou l'histoire de Cyrus. Traduite du grec de Xénophon, par M. Charpentier. — PARIS, *Didot et autres, 1749, in-12, 2 vol. rel.*

962. — Dº. — La Cyropédie, ou histoire de Cyrus, traduite du grec, par Dacier. — PARIS, *Moutard, 1777, in-12, 2 vol. rel.*

963. — Dº. — La retraite des Dix mille de Xénophon, ou l'expédition de Cyrus contre Artaxerxès; traduite par M. Perrot d'Ablancourt, avec le portrait de la condition des rois, dialogue de Xénophon, intitulé : Hiéron, trad. par M. Coste. — AMSTERDAM, *aux dépens de la Compagnie, 1758, in-12, 2 vol. rel.*

964. — Dº. — L'expédition de Cyrus dans l'Asie supérieure et la retraite des Dix mille. Ouvrage trad. du grec, avec des Notes historiques, géographiques et critiques, par M. Larcher. — PARIS, *Fʳᵉˢ Débure, 1778, in-12, 2 vol. rel.*

965. — Dº. — Républiques de Sparte et d'Athènes, trad. par J.-B. Gail. PARIS, *Gail, in-18 rel.*

966. — DODWELL (H.). — Annales Thucydidis et Xenophontis, Præmittitur apparatus cum vitæ Thucydidis synopsi chronologica. — Oxonii, *E. Theatro Sheldoniano, 1702, in-4° rel.*

967. — DIODORE. — Diodori Siculi bibliothecæ historicæ ; libri XVII. — Lugduni, *apud Hacred, Séb. Gryphii, 1559, petit in-12 rel.*

968. — D°. — Histoire universelle de Diodore de Sicile. Trad. par l'abbé Terrasson. Nouvelle édit. — Paris, *Debure, 1737, in-12, 7 vol. rel.*

969. — D°. — Histoire des successeurs d'Alexandre-le-Grand, tirée de Diodore de Sicile, et mise autrefois en français par le sieur de Seyssel, maitre des requêtes ordinaires de Louis XIII. Trad. nouvelle. — Luxembourg, *A. Chevalier, 1705, in-12 rel.*

970. — ARRIEN. — Arriani Nicomedensis, novi Xenophontis appellati. De rebus gestis Alexandri Magni regis Macedonum libri octo, etc.

Bartholomæo Facio viro doctissimo interprete. — Lugduni, *apud Seb. Gryphium, 1552, petit in-12 vélin.*

971. — D°. — Les guerres d'Alexandre. Trad. par Perrot d'Ablancourt.— Paris, *veuve Camusat et Pierre Le Petit, in-8° rel.*

972. — D°. — Histoire des expéditions d'Alexandre, rédigée sur les Mémoires de Ptolémée et d'Aristobule, ses lieutenants, par Flave Arrien. Trad. nouvelle, par Chaussard. — Paris, *Genets, an XI, 1802, in-8°, 3 vol. rel.*

973. — D°. — Atlas, *in-4° rel.*

974. — QUINTE-CURCE. — Quinti-Curtii Rufi historiarum libri accuratissimè editi. — Lugduni, *Batavorum ex-officina Elzeviriana, 1656, petit in-12.* V. br. fil.

975. — D°.— Q. Curtii Rufi, de rebus gestis Alexandri Magni cum supplementis Freinshemii. Interpretatione et notis illustravit, Michael Le Tellier etc., in usum Serenissimi Delphini. — Parisiis, *apud Fred. Leonard, 1678, in-4° rel.*

976. — D°. — Histoire d'Alexandre-le-Grand, par Quinte-Curce. Trad. par Vaugelas, augmentée des suppléments de Freinshemius, avec des notes historiques, géographiques et grammaticales. — Paris, *J. Barbou, 1764, in-12, 2 vol. rel.*

977. — D°. — La même, de la même traduction. Avec les suppléments de Freinshemius, nouvellement traduits par M. l'abbé Dinoriart. — Paris, *J. Barbou, 1772, in-12, 2 vol. rel.*

978. — D°. — La même, de la même traduction en latin et en français. Nouvelle édition, avec les suppléments de Freinshemius, sur Quinte-Curce, traduits par feu M. du Ryer. — LYON, *Périsse, 1774, in-12, 2 vol.*

979. — D°. — Histoire d'Alexandre-le-Grand. Trad. par M. Beauzée. — PARIS, *Barbou, 1789, in-12, 2 vol. rel.*

980. — D°. — Histoire d'Alexandre-le-Grand. — LYON, *Rusand, 1810, 2 vol. in-8°.*

981. — D°. — Autre. — PARISIIS, *Hachette, 1842, in-8°.*

982. — ITINERARIUM ALEXANDRI ad Constantium Augustum Constantini M. Filium. Edente nunc primum cum notis Angelo Maio. — FRANCOFURTI, *ad Moenum, Hermanniana, 1818, in-8° rel.*

983. — SAINTE-CROIX. — Examen critique des anciens historiens d'Alexandre-le-Grand, 2 édit. — PARIS, *Delance et Le Sueur, an XIII (1804), in-4°, v. r. fil.*

B. — Auteurs modernes.

984. — UBBONIS EMMII FRISII. — Vetus Græcia illustrata studio et opera, etc. Opus distinctum in tomos tres ; Quorum.

1° Descriptionem habet regionum à Græcis habitatum.

2° Complectitur res gestas Græcorum.

3° Repræsentat statum ac Formam præcipuarum ejus Gentis Rerum publicarum, etc. — LUGDUNI, *Batavorum, ex officinâ Bonaventuræ et Abrahami Elzevir, 1626, in-8° pp. vélin parch.*

985. — PETIT-RADEL (L. C. F.). — Examen analytique et tableau comparatif des synchronismes de l'histoire des temps héroïques de la Grèce. — PARIS, *Imprimerie royale, 1827, in-4°.*

986. — LETTRES ATHÉNIENNES, ou correspondance d'un agent du roi de Perse à Athènes, pendant la guerre du Péloponèse. Trad. de l'anglais (de D et C. York), par Villeterque. — PARIS, *1803, in-8°, 3 vol. rel.*

987. — BARTHÉLEMY. — Voyage du jeune Anacharsis en Grèce, dans le milieu du IVᵉ siècle, avant l'ère vulgaire. — PARIS, *Debure, 1791, in-12, 9 vol. cart.*

988. — D°, d°, d°. — PARIS, *Mame frères, 1810, 7 vol. in-12.*

989. — D°, d°, d°. — BAUME, *V. Simon, 1833, 4 vol. in-12 rel.*

990. — D°, d°, d°. Nouvelle édit. — PARIS, *Pigoreau, 1821, in-8°, 7 vol.*

991. — D°. — Atlas, *in-4° rel.*

992. — RABAUT DE SAINT-ETIENNE. — Lettres à M. Bailly sur l'histoire primitive de la Grèce. — PARIS, *Debure, 1787, in-8° rel.*

993. — CLAVIER (E.). — Histoire des premiers temps de la Grèce, depuis Inachus jusqu'à la chute de Pisistratides ; pour servir d'introduction à tous les ouvrages qui ont paru à ce sujet. Avec des tableaux généalogiques des principales familles de la Grèce. — PARIS, *L. Collin, 1809, in-8°, 2 vol. rel.*

994. — MARCASSUS (P. DE). — Histoire grecque où se voit fidèlement déduit, par la suite des temps et l'ordre des matières, tout ce qui est arrivé de plus mémorable parmi les Grecs. — PARIS, *B. Rocolet, 1647, in-f° rel.*

995. — HISTOIRE GÉNÉRALE DE LA GRÈCE, contenant l'origine des Grecs, l'établissement de leurs Républiques, etc., selon l'ordre des temps ; avec l'éloge des hommes illustres qui ont excellé dans les sciences et dans les arts. — PARIS, *G. Clouzier, 1669, in-12, 2 vol. rel.*

996. — COUSIN-DESPRÉAUX. — Histoire générale et particulière de la Grèce. — ROUEN et PARIS, *1780, in-12, 15 vol. rel.*

997. — FOULON (N.) — Histoire élémentaire, philosophique et politique de l'ancienne Grèce, depuis l'établissement des colonies jusqu'à la réduction de la Grèce en province romaine, 2e édit. — PARIS, *Périsse et Compère, 1806, in-8°, 2 vol.*

998. — Dº. — La même, 2e édit. — PARIS, *Mathiot, 1810, in-8°, 2 vol.*

999. — DURDENT (R. J.) — Beautés de l'histoire grecque, ou Tableau des événements qui ont immortalisé les Grecs. — PARIS, *Eymery, 1812, in-12 rel.*

1000. — Dº. — Dº, dº. — PARIS, *A. Eymery, 1822, in-12 rel.*

1001. — STANYAN (TEMPLE). — Histoire de Grèce, trad. de l'anglais par Diderot. — PARIS, *Briasson, 1743, in-12, 3 vol. rel.* (2 exempl.)

1002. — GILLIES (JOHN). — The history of ancient Grecce, its colonies, and conquests ; From the Earliest Accounts till the division of the macedonian Empire in the East. Including the history of litterature, philosophy, and the fine arts. — BASIS, *J. J. Tourneisen, and J. L. Legrand, 1790, in-8°, 5 vol. rel.*

1003. — Dº. — Histoire de l'ancienne Grèce, de ses colonies et de ses conquêtes, depuis les premiers temps jusqu'à la division de l'Empire macédonien dans l'Orient, etc., trad. de l'anglais par M. Carra (cartes). PARIS, *Buisson, 1787, in-8°, 6 vol. rel.*

1004. — SIRET. — Abrégé de l'histoire grecque. Trad. du latin par un professeur. — Paris, *Delalain, 1807, in-12 cart.*

1005. — MEINERS (Ch.). — Histoire de l'origine, des progrès et de la décadence des sciences dans la Grèce. Trad. de l'allemand, par J.-C. Laveaux. — Paris, *J.-C. Laveaux, an VII, in-8°, 5 vol. rel.*

1006. — MABLY (L'abbé de). — Observations sur l'histoire de la Grèce, ou des causes de la prospérité ou des malheurs des Grecs. Nᵘᵉ édit. — Genève et Paris, *1789, in-12 rel.*

1007. — SAINTE-CROIX (de). — Des anciens gouvernements fédératifs et de la législation de Crète. — Paris, *H. J. Jansen, an VII (1799), in-8° relié.*

1008. — CHAUSSARD (P. J. B.). — Fêtes et courtisanes de la Grèce, supplément aux voyages d'Anacharsis et d'Anténor, 4ᵉ édit. — Paris, *1821, in-8°, 4 vol. (pl.).*

1009. — GUILLETIÈRE (G.). — Athènes ancienne et nouvelle et l'état présent de l'Empire des Turcs, contenant la vie du Sultan Mahomet IV, etc Plan de la ville, 3ᵉ édit. — Paris, *Estienne Michalet, 1676, in-12 rel.*

1010. — JOURDAN (J. B.). — Histoire de Pyrrhus, roi d'Epire. — Amsterdam et Paris, *1749, in-12, 2 vol. rel.* (2 exempl.).

1011. — SERAN de LA TOUR. — Histoire de Philippe, roi de Macédoine, père d'Alexandre. — Paris, *Briasson, 1740, in-12 rel.*

1012. — OLIVIER (C.-M.). — D°, d°, d°. — Paris, *de Bure, 1740, in-12, 2 vol. rel.*

1013. — KASSIN (Il Barone di). — L' Eroïsmo ponderato nella vita di Alessandro il Grande. — In Parma, *1716, in-4°, 2 vol. rel.*

1014. — LINGUET (S.-N.-H.). — Histoire du siècle d'Alexandre, avec quelques réflexions sur ceux qui l'ont précédé. — Amsterdam, *1762, in-12 rel.*

1015. — D°. — La même ; 2ᵉ édit. — Amsterdam et Paris, *Cellot, 1769, in-12 rel.*

1016. — VAUVILLIERS. — Examen historique et politique du gouvernement de Sparte, ou : Lettres à un ami sur la législation de Lycurgue, etc. — Paris, *Desaint, 1769, in-8° br.*

1017. — SERAN de LA TOUR. — Histoire d'Epaminondas, général des Thébains, avec des remarques critiques et historiques, et les observations de M. le chevalier de Folard sur les principales batailles d'Epaminondas. — Leide, *Boudouin Vander, 1741, in-12 rel.*

1018. — BOISSY (Fils, de). — Histoire de Simonide et du siècle où il a vécu, avec des éclaircissements chronologiques. — Paris, *Duchesne, 1755, in 12 rel.*

1019. — GOLDSMITH (Dr). — Histoire de la Grèce, depuis son origine jusqu'à la mort d'Alexandre. Trad. de l'anglais sur la 1re édit., avec deux cartes, dont l'une de la Grèce, de ses environs et de l'Asie mineure, pour l'intelligence de la retraite des Dix mille, et l'autre de l'expédition d'Alexandre. — Paris, *Crapelet, 1802, 2 vol. in-8°.*

1020. — D°. — History of Grece abridged, for the use of school. — Bordeaux, *Peter Beaune, 1816, in-8°.*

1021. — ELEMENS DE L'HISTOIRE GRECQUE d'après Rollin, Cousin Despréaux et quelques autres auteurs, ornés de 24 planches gravées en taille douce. — Paris, *Le Prieur, 1808, in-12, 2 vol. rel.* en veau rac.

1022. — HEUZEY (L.) — Le Mont-Olympe et l'Acarnanie. — Paris, *F. Didot frères, fils et Cie, 1860, gd in-8°.*

1023. — DUMONT (Albert). — Essai sur l'Ephébie attique. Origine de l'Ephébie. Tableau des institutions éphébiques. Devoirs politiques, religieux et militaires des Ephèbes, etc. — Paris, *F. Didot frères, 1876, 2 vol. gd in-8° br.*

1024. — HOUSSAYE (Henri). — Histoire d'Alcibiade et de la République athénienne, depuis la mort de Périclès jusqu'à l'avènement des trente tyrans, 5e édit. — Paris, *Didier et Cie, 1882, 2 vol. in-8° br.*

7. — HISTOIRE GÉNÉRALE ET PARTICULIÈRE DU PEUPLE ROMAIN ET DE SES EMPEREURS

A. — Auteurs anciens

1025. — SUÉTONE (C.) — Caii Suetonii Tranquilli duodecim Cœsares, cum Philippi Beroaldi Bononiensis, Marcique item Antonii Commentarii, et Bapt. Ægnatii aliorumque doctorum virorum annotationibus. — Lugduni, *apud Joan Frellonium, 1548, in-f° rel.* semis de fleurs de lys sur les P. fil. d. armoiries sur les P. d. s. t. (Note manuscrite en latin, sur la feuille de garde, du Préfet des Etudes du Collège de Quimper).

1026. — FLORUS (Lucius Annæus). — Histoire romaine, contenant ce qui s'est passé de plus mémorable depuis le commencement de l'empire d'Auguste jusqu'à celui de Constantin-le-Grand.

Avec l'Epitome de L. Florus, depuis la fondation de la ville de Rome jusqu'à la fin de l'empire d'Auguste ; dernière édit. revue, corrigée et augmentée avant la mort de l'auteur. — Paris, *Nicolas de Laulne, sur le Pont-Neuf, devant la Samaritaine, 1646, in-f° rel.* f. d. Armoiries sur les plats ; celles de C. Labourdonnaye, évêque, doubles initiales en lettres dorées, sont reproduites entre les nervures du dos.

1027. — TACITE (C. Corn.). — C. Cornelii Taciti ab excessu D. Avgvsti, annalium liber xvi, historiarum liber v, avec un index. — *Petit in-12 rel.* (S. l. n. d.).

1028. — DENYS d'HALICARNASSE. — Les antiquités romaines, trad. en français, avec des notes historiques, géographiques, chronologiques et critiques, par M*** (F. Bellanger). — Paris, *P. N. Lottin, 1723, in-4°, 2 vol. rel.*

1029. — COMMENTAIRES DE CÉSAR (Les). — Paris, *Thomas Jolly, 1672, in-8° rel.* (mutilé).

1030. — TITE-LIVE. — Titi Livi Patavini historiarum libri. — Amstelodami, *apud G. Blaeu, 1633, petit in-12 rel.*

1031. — D°. — Les décades de Tite-Live, avec les suppléments de J. Freinshemius, nouvellement augmentées d'un abrégé chronologique, mises en français, par P. Du Ryer. — Lyon, *1695, in-12, 2 vol. rel.* (12 exempl.).

1032. — D°. — Histoires choisies, tirées de Tite-Live. Trad. nouvelle, par M. P***. — Paris, *A. Delalain, 1809, in-12, 2 vol.* (2 exempl.)

1033. — MACHIAVEL. — Discours sur la 1re décade de Tite-Live. Texte italien. — Paris, *Hachette, 1875, in-8°.*

1034. — FLORUS (Lucius Annæus). — Epitome rerum romanarum. Ex recensione J. Georgii Grævii. Cum ejusdem Annotationibus longe auctioribus. Accessere notæ integræ Cl. Salmasii, Jo. Freinshemii, et variorum nec non numismata et antiqua monumenta, in hac nova editione, suo cuique loco inserta, etc. In fine additus est L. Ampelius ex Bibliotheca Cl. Salmasii. — Amstelædami, *apud G. Gallet, 1702.* P. de vélin frap.

1035. — D°. — Histoire romaine. Trad. par Coefeteau. — Paris, *1618, in-8° rel.* (Le titre manque.)

1036. — D°. — Epitome de l'histoire romaine, fait en quatre livres. Trad. par Monsieur, frère unique du Roy. — Paris, *S. Benard, 1670, in-12* relié.

1037. — D°. — Histoire romaine, contenant tout ce qui s'est passé de plus mémorable depuis le commencement de l'empire d'Auguste jusqu'à celui de Constantin-le-Grand ; avec l'Epitome de L. Florus, depuis la fondation de la ville de Rome jusqu'à la fin de l'Empire d'Auguste,

Au Roy,

par le R. P. en Dieu F.-N. Coeffeteau ; dernière édit. — Paris, *A. Estienne, 1646, in-f° rel.*

1038. — D°. — Histoire romaine, continuée depuis la fondation de la ville de Rome jusques à l'empire de Tibère, mise en notre langue par F.-N. Coefeteau ; dernière édit. — Limoges, *M. Barbou, 1670, in-18 rel.*

1039. — PATERCULUS (C. Velleius). — C. Velleii Paterculi quæ supersunt Nicolaus Heinsius Dan. F. recensuit et castigationum libellum addidit. — Amstelodami, *ex officinâ Elzevirianâ, 1678, petit in-12,* maroq. vert., f. d. s. tr.

1040. — D°. — Historiæ romanæ quæ supersunt. — Londini, *Jacobi Tonson et Joh. Watts, 1718, in-12 rel.*

1041. — D°. — C. Velleius Paterculus. Ex emendatione et recensione Justi Lipsii, etc. — Corisopiti, *J. Perier, 1720, in-18,* parch.

1042. — D°. — Histoire de Velleius Paterculus, de l'ancienne histoire romaine et grecque. Traduction nouvelle avec le latin à côté. (Sans nom d'imp. ni date), *in-12 rel.*

1043. — D°. — Abrégé de l'histoire grecque et romaine. Trad. du latin de Velleius Paterculus, avec le texte corrigé ; des Notes critiques et historiques, etc, par M. l'abbé Paul. — Paris, *Barbou, 1785, in-12 rel.*

1044. — EUTROPE. — Eutropii Breviarium Historiæ romanæ. Accedunt Selectæ lectiones dilucidando auctori appositæ. — Parisiis, *J. Barbou, 1754, in-12 rel.* V. marb. fil. d. s. tr.

1045. — D°. — Abrégé de l'histoire romaine. Nouvelle édit. avec la traduction à côté, par Wailly. — Paris, *H. Barbou, 1804, in-12 br.*

1046. — POLYBE. — Les histoires de Polybe, avec les fragments ou extraits du même auteur, contenant la plupart des ambassades, de la trad. de P. Du Ryer. — Paris, *Du Ryer, L. Billaine, 1670, in-12, 3 vol. rel.*

1047. — APPIEN. — Appiani Alexandrini romanorum historiarum, Pars prior, continens earum.

Punicam,	Syriacam,
Parthicam,	Mithridaticam,
Ibericam,	Annibalicam,

Alexander Tóllius utrumque textum multis in locis emendavit, correxit et Henrici Stephani, ac doctorum quorumdan vivorum selectas annotationes adjecit. — AMSTELODAMI, *1670, J. Jansonii, in-8°, 2 vol. rel.*

1048. — D°. — Appian Alexandrin, historien grec. Des guerres civiles des Romains. — LYON, *J. de Tournes, 1657, in-18, 2 vol. rel.*

1049. — D°. — Appian Alexandrin ; des guerres des Romains. Trad. du grec en français, par Me Odet Philippe, sieur des Mares. — PARIS, *Ant. de Sommaville, 1659, in-f° rel.*

1050. — D°. — Histoire des guerres civiles de la République romaine, traduite du texte grec d'Appien d'Alexandrie, par J.-J. Combes-Dounous. — PARIS, *Mame, 1808, in-8°, 3 vol. rel.* (2 exempl.).

1051. — SALLUSTE. — C. Crispi Sallustii de conjuratione Catilinæ, Ejusdem de Bello jugurthino.

Orationes quœdam ex libris historiarum C. Crispi Sallustii.

Ejusdem oratio contra M. T. Ciceronem, etc. — VENETIIS, *in Ædibus Aldi et Andreæ Soceri, Mense Janvario, 1521, in-12,* p. de vélin.

1052. — D°. — Opera omnia quæ exstant cum commentariis integris, etc, etc. Accedunt huic editioni Jani Melleri Palmerii Spicilegiæ, in eumdem auctorem. — AMSTELODAMI, *Th. Boom, 1690, in-8° p. de vélin.*

1053. — D°. — Crispi Sallustii opera quæ exstant omnia. — AMSTELODAMI, *apud Danielem Elzevirium, 1726, in-18 rel.*

1054. — D°. — Caii Sallustii Crispi quæ exstant. — LONDINI, *J. Brindley, 1744, in-18. V. gr. f. d. s. tr.*

1055. — D°. — Belli Catilinarii et Jugurthini historiæ. — GLASQUÆ, *Roberti Uric, 1749, in-8° rel.*

1056. — D°. — Caii Sallustii Crispi quæ exstant opera. — PARISIIS, *J. Barbou, 1761, in-12, v. marb. f. d. s. tr.*

1057. — D°. — Catilinaria et Jugurthina Bella. Editio stereotypa. — PARISIIS, *P. Didot, natu majoris et F. Didot, an IX (1801), in-18 rel.*

1058. — D°. — Histoire de la guerre des Romains contre Jugurtha, roy des Numides, et l'histoire de la conjuration de Catilina. Latin-français, traduction nouvelle. — LYON, *L. et Hl de Claustre, 1733, in-12 rel.*

1059. — D°. — Histoire de la République romaine, dans le cours du viie siècle, en partie traduite du latin sur l'original ; en partie rétablie et composée sur les fragments qui sont restés de ses livres perdus, remis en ordre dans leur place véritable ou le plus vraisemblable, par C. de Brosses. — DIJON, *L. N. Frantin, 1777, grand in-4°, 3 vol. v. rac. fil., et le 4e vol. in-4° 1/2 rel. 4 vol.*

1060. — D°. — Les histoires de Salluste, trad. en français, avec le latin, revu et corrigé, des Notes critiques et une Table géographique. 3e édit., revue et corrigée, par Beauzée. — Paris, *Barbou, 1781, in-12 rel.*

1061. — D°, d°, d°, d°. 4e édit. d°. — Paris, *Barbou, 1788, in-12 rel.*

1062. — D°, d°, d°, d°. 8e édit., revue soigneusement, avec Table géographique. — Lyon, *A. Leroy, 1808, in-12 rel.*

1063. — D°. — Conjuration de Catilina contre la République romaine. Nouvellement traduite sur les meilleures éditions de l'auteur, avec un discours préliminaire et des notes littéraires et politiques, par J.-B.-L.-J. Billecocq. — Paris, *Crapelet, an III (1795), in-18,* pp. vélin.

1064. — D°. — Guerre de Jugurtha. Traduction nouvelle, par C.-L. Mollevaut. — Paris, *1809, in-18,* pp. fort.

1065. — D°. — Œuvres. Traduction nouvelle, par Dureau de Lamalle. — Paris, *Michaud, 1811, 2 vol. in-8°.*

1066. — GORDON (T.). — Discours historiques, critiques et politiques sur Tacite et sur Salluste. Trad. de l'anglais, par Daudé. Nouvelle édit. — Paris, *F. Buisson, an II, in-8°, 3 vol. rel.*

1067. — CÉSAR. — Caii Julii Cæsaris quæ exstant. — Londini, *J. Brindley, 1744, in-18, rel.*

1068. — D°. — Caii Julii Cæsaris et A. Hirtii de rebus à Cæsare Gestis commentari. Ex recensione Samuelis Clarke, fideliter expressa. — Glasquæ, *R. Chapman et Alex. Duncan, 1778, in-8° rel.*

1069. — D°. — C. Julii Cæsaris Commentariorum de bello Gallico liber. — *In-18 rel.* (La 1re page manque.)

1070. — D°. — Les Commentaires de César, traduction de N. Perrot, sieur d'Ablancourt; édit. nouvelle. — Paris, *S. Bénard, 1672, in-12 rel.* (2 exempl.)

1071. — D°. — Les mêmes; nouvelle édit., revue et retouchée avec soin, par de Wailly. — Paris, *J. Barbou, 1760, in-12, 2 vol. rel.*

1072. — D°. — Les mêmes, d°. — Paris, *J. Barbou, 1775, 2 vol. rel.*

1073. — D°. — Les mêmes, d°. — Paris, *H. Barbou, 1806, 2 vol. rel.*

1074. — D°. — Les mêmes. Trad. par J.-B. Varney. — Paris, *Deterville 1810, in-8°, 2 vol.*

1075. — D°. — Les mêmes, trad. par Toulongeon, avec cartes et notes militaires sur le texte. — Paris, *Verdier, 1813, in-18, 2 vol.*

1076. — D°. — Guerre des Gaules, trad. des mémoires dits Commentaires de César, avec un grand nombre de notes géographiques, historiques, littéraires morales et politiques, par T. Bertier. — Paris, *Parmentier, 1825, in-8°.*

1077. — D°. — Les commentaires de César, trad. nouvelle, le texte en regard, par M. le Deist de Botidoux. — Paris, *Nicolle, 5 vol. in-8°.*

1078. — MASSIAT (Jacques). — Jules César en Gaule. — Paris, *Firmin Didot et C^le, 1865-1876, in-8°, 2 vol.*

1079. — TACITE. — C. Cornelius Tacitus ex recensione J. Lipsii, J. Pontani et aliorum. — Amstelodami, *apud Joannem Jansonium, 1650, in-18 relié.*

1080. — D°. — C. Cornelii Taciti opera quæ exstant ex recensione et cum animadversionibus Theodori Rickii. — Lugduni, *Batavorum, apud Jacobum Hackium, 1687, in-12, p. de vélin.*

1081. — D°. — Caius Cornelius Tacitus, cum selectis variorum interpretum notis, ex postremâ editione J. J. Oberlini, curante P. F. de Calonne. — Parisiis, *C. Gosselin et L. Mame-Delaunay, 1824, in-12, 5 vol.*

1082. — D°.. — Les annales de Tacite, trad. de Perrot d'Ablancourt, N^lle édit. — Paris, *A. Courbé, 1650, in-8°, 3 vol. rel.*

1083. — D°. — Trad. de Dureau de Lamalle, etc. — Paris, *Lefèvre, Garnier frères, 1846, 3 vol. in-8°.*

1084. — D°. — Les Œuvres de Tacite, traduites de Nicolas Perrot d'Ablancourt, dernière édition. — Paris, *Th. Jolly et S. Benard, 1670, in-12, 3 vol. rel.*

1085. — D°. — Tacite, avec des notes politiques et historiques, par Amelot de la Houssaye. — Paris. *Veuve Edme Martin, 1690, in-12, 2 vol. rel.*

1086 — D°. — Le même, par le même, 4e édit. — Amsterdam, *M. C. Le Cène, 1731, in-12, 6 vol.*

1087. — Traduction complète de Tacite, avec des notes historiques et critiques, et des suppléments, par La Bletterie et J. H. Dotteville, 4e édit. — Paris, *Moutardier, an VII, 1799, in-12, 7 vol. rel.*

1088. — D°. — Nouvelle traduction, par Dureau de Lamalle. — Paris, *Barrois le jeune, 1799, in-8°, 3 vol. rel.*

1089. — D°. — Même traduction, 2e édit. — Paris, *Giguet et Michaud, et chez Nicolle, 1808, 5 vol. rel.*

1090. — Dº. — Nouvelle traduction de Tacite, avec le texte en regard, ouvrage posthume de M. de Barrett, précédé d'une notice sur la vie et les ouvrages de ce traducteur. — Paris, *Delalain*, *1811*, *in-12*, *3 vol. rel.*

1091. — Dº. — Discours politiques, par Tacite (Tibère), Amelot de la Houssaye. — Paris, *Léonard*, *1684*, *in-8º*, mar. rouge, f. d. s. tr. (Le titre manque).

1092. — Dº. — Vie d'Agricola et mœurs des Germains, par de la Bletterie ; 1er vol. de la traduction complète de Tacite. — Paris, *Moutard*, *1779*, *in-12 rel.*

1093. — Dº. — Vie de Julius Agricola. Trad. nouvelle avec le texte en regard, par Rendu. — Paris, *Xhrouet, Barbou et autres*, *1805*, *in-12*.

1094. — Dº, dº. — Paris, *Nicole*, *1808*, *in-18*.

1095. — Dº. — Œuvres complètes, avec la traduction en français, publiées sous la direction de M. Nisard. — Paris, *Dubochet*, *1844*, *in-8º relié.*

1096. — Dº. — C. Taciti. Operæ quæ exstant omnia ad probatissimarum editionum fidem, dd. Lallemand et Gab. Brotier. — Parisiis, *Delalain*, *1805*, *in-8º rel.*

1097. — Dº, dº. Trad. de Dureau de Lamalle. — Paris, *Lefèvre*, *1846*, *3 vol. in-8º.*

1098. — SUÉTONE.— C. Suetonii Tranquilli XII Cæsares, Sexti Aurellii victoris, excerpta, etc. Index rerum memorabilium.... ab J.-B. Egnatio, etc. Annotationes ejusdem Egnatii et Erasmi in omnes Tranquilli Cæsares. Annotationes et Erasmi in Suetonium, etc. — Venetiis, *in Ædibus Aldi*, *1521*, *in-8º*, v. f. f.

1099. — Dº. — De la vie des douze Césars, mis en notre langue, plus fidèlement qu'ès-editions précédentes, et illustré de plusieurs belles recherches d'histoire et d'antiquités, par J. Baudoin. — Paris, *J. de Heuqueville*, *1621*, *in-4º*, relié avec : Recherches d'histoire et d'antiquité, divisées en xvii discours, tirez des plus belles matières contenues dans les vies des XII Césars, de Suétone Tranquille, par J. Baudoin. — Paris, *J. de Heuqueville*, *1621*, et les œuvres de Salluste, prince des historiens romains, de nouveau trad. en français et illustrées d'annotations, par J. Baudoin. — Paris, *E. Rieher*, *1629*. Le tout en un vol. in-4º, v. f. fil.

1100. — D°. — Histoire des douze Césars, trad. par Henri Ophellot de la Pause, avec des mélanges.philosophiques et des notes. — Paris, *Saillant et Nyon, 1771, in-8°, 4 vol. rel.*

1101. — D°. — La même, trad. du latin, sans aucun retranchement, et avec des tables indicatives, des notes et des observations, par M. Maurice Levesque. — Paris, *Arthus-Bertrand, 1808, in-8°, 2 vol.*

1102. — D°. — Les douze Césars, traduits du latin, avec des notes et des réflexions, par J. F. La Harpe, N^lle édit. ornée de portraits, par Adam. — Paris, *Verdière, 1821, in-8°, 2 vol. rel.*

1103. — D°. — Histoire des douze Césars, traduite du latin, avec des notes et des réflexions, par J. F. de La Harpe, 5 édit., suivie d'un tableau historique et chronologique de la vie des empereurs romains qui leur ont succédé, etc. et des causes qui, après avoir élevé, etc., etc. et d'un précis de l'histoire romaine sous la monarchie et la république, jusqu'à Jules César, par M. J. Auger. — Paris, *Thiériot et Belin, 1823, in-8°, 3 vol. relié.*

1104. — D°. — Œuvres, trad. française de La Harpe, refondue avec le plus grand soin. — Paris, *Garnier frères, 1862, in-8° br.*

1105. — DION CASSIUS NICÆUS. — Ælius Spartianus. — Julius Capitolinus. — Ælius lampridius. — Vulcatius Gallicanus.

Johannis Baptistæ Egnatii Veneti in eosdem annotationes. — Parisiis, *ex officinâ Roberti Stephani, 1544, in-8° rel.*

1106. — D°. — Cassii Dionis Cocceiani historiæ romanæ quæ supersunt, cum annotationibus Maxime Henrici Valesii et Joannis Alberti Fabricii ac paucis aliorum. Græca ex codicibus mss. et fragmentis supplevit, emendavit latinam versionem Xylandro. Leunclavianam limavit, varias lectiones notas doctorum et suas, cum apparatu et indicibus adiecit Her. Sam. Reimarus. — Hamburgi, *S. C. Heroldi, 1750, in-f°, 2 vol.* maroq. vert. filets dorés s. tr.

1107. — XIPHILIN. — Histoire romaine, écrite par Xiphilin, par Zonare, et par Zozime, traduite sur les originaux grecs, par M. Cousin, suivant la copie imprimée. — Paris, *Veuve Damien Foucault, 1686, in-12, 2 vol. rel.*

1108. — HÉRODIEN. — Herodiani Hist. Lib. VIII. Editi curâ Jo. H. Bæcleri. — Argentorati, *ex officinâ Jo. Phil. Mulbii, 1644, in-12,* p. de vélin.

1109. — D°. — Histoire d'Hérodien, traduite du grec, avec des remarques sur la tradùction, par l'abbé Mougault. Nouvelle édit. — Paris, *Barrois, 1784, in-12 rel.*

1110. — AMMIEN-MARCELLIN. — Ammiani Marcellini rerum gestarium libri XVIII, à decimo quarto ad trigesimum primum, nam XIII priores desiderantur ; quantò vero castigatior hic scriptor nunc prodeat, ex Hieronymi Frobenii epistolâ, etc.

Librum trigesimum primum qui in exemplari Frobeniano non habetur, adiccimus ex codice Mariangeli Accursii. — Parisiis, *Rob. Stephanus, 1544, in-8°,* p. p. réglé de p. de vélin.

1111. — AMMIEN-MARCELLIN, ou les dix-huit livres de son histoire qui nous sont restés. — Berlin, *G.-J. Decker, 1775, in-12, 3 vol. rel.*

1112. — D°, d°. Même traduction. — Lyon, *J.-M. Bruyset, 1778, in-12, 3 vol. rel.*

1113. — SIX (Les) auteurs de l'histoire d'Auguste. Alius Spartianus, Julius Capitolinus, Alius Lampridius, Vulcatius Gallicanus, Trebellius Pollio, Flavius Vopiscus, lesquels ont écrit les vies des Empereurs romains, depuis Adrien César jusques à Carinus, en l'espace de 167 ans, c'est-à-dire depuis l'année de Notre-Seigneur 117 jusques à l'année 284, par de Marolles. — Paris, *J. Couterot, 1667, in-8° rel.*

1114. — ÉCRIVAINS (Les) de l'histoire d'Auguste, traduits en français par G. de Moulines ; nouvelle édit. — Paris, *imprim^rie bibliographique, 1806, 3 vol. rel.*

B. — Auteurs modernes

1115. — SIGONII (Caroli). — Fasti consvlarés ac triumphi acti à Romvlo Rege vsqve ad Tiber. Cæsarem ; ejusdem in fastos et trivmphos, id est in vniversam romanam historiam commentarius. Ejusdem de nominibus Romanorum liber. — Venetiis, *1556* (M. D. LVI), *apud Paulum Manutium, Aldi, in-f° rel.*

1116. — DU VERDIER. — Histoire romaine, contenant généralement tout ce qui s'est passé depuis la fondation de Rome sous les Rois, les Consuls, les Tribuns militaires et Décemvirs, et sous les Empereurs tant, d'Orient que d'Occident, jusques à l'Empereur d'aujourd'huy. — Paris, *1697, in-12, 8 vol. rel.*

1117. — VERTOT (L'abbé). — Histoire des révolutions arrivées dans le gouvernement de la République romaine ; 8e édit. — PARIS, *Libraires associés, 1786, in-12, 3 vol. rel.*

1118. — D°, d°, d°. — PARIS, *Ménard, 1819, in-8°, 4 vol.*

1119. — D°, d°, des révolutions de la République romaine. — PARIS, *Boulland, 1850, 2 vol. in-8°.*

1120. — CATROU et ROUILLÉ. — Histoire romaine, depuis la fondation de Rome, avec des notes historiques, géographiques et critiques. Grav., cart. et médailles. — PARIS, *Rollin, 1725, in-4°, 21 vol.*, mar. vert, f. d. s. tr., aux armes de Madame Victoire de France.

1121. — D°, d°, d°, d°, d°, d°, et cartes géographiques en taille douce et plusieurs médailles authentiques. — PARIS, *Rollin, 1725, 20 vol. in-4° relié.*

1122. — ECHARD (L.). — Histoire romaine, depuis la fondation de Rome jusqu'à la translation de l'Empire par Constantin. Trad. de l'anglais, par l'abbé Desfontaines et continuée jusqu'en 1453, par l'abbé Goyon. — PARIS, *G. Martin, 1760, in-12, 16 vol. rel.*

1123. — ROLLIN et CREVIER. — Histoire romaine, depuis la fondation de Rome jusqu'à la bataille d'Actium, c'est-à-dire jusqu'à la fin de la République. — PARIS, *Veuve Estienne, 1738, in-12, 16 vol. rel.*

1124. — D°. — Atlas de 12 cartes, par d'Anville. — *In-4° cart.*

1125. — MACQUER (P.). — Annales romaines, ou abrégé chronologique de l'histoire romaine, depuis la fondation de Rome jusqu'aux empereurs. — PARIS, *J. Hérissant, 1756, in-8° rel.*

1126. — D°. — Les mêmes. — PARIS, *J. Hérissant, 1756, in-8° rel.*

1127. — DUBIGNON (l'Abbé). — Histoire critique du Gouvernement romain où, d'après les faits historiques, on développe sa nature et ses révolutions, depuis son origine jusqu'aux Empereurs et aux Papes. — PARIS, *Guillyn, 1765, in-12 rel.*

1128. — HOOKE (N.) — Discours et réflexions critiques sur l'histoire et le Gouvernement de l'ancienne Rome, pour servir de supplément à l'histoire romaine de MM. Rollin et Crevier, trad. de l'anglais par le fils de Hooke. — PARIS, *Nyon, 1784, in-12, 3 vol. rel.*

1129. — TAILHIÉ (l'Abbé). — Abrégé de l'histoire romaine, à l'usage des jeunes gens. Nouvelle édition. — PARIS, *Barrois l'aîné et autres, 1784, 5 vol. rel.*

1130. — GOLDSMITH. — Abrégé de l'histoire romaine, depuis la fondation de Rome jusqu'à la chute de l'empire romaie en Occident, trad. de l'anglais par V. D. Musset-Pathay, sur la 12° édit. — Paris, *Langlois,* an XI (1803), in-12 rel.

1131. — FERGUSON (A.). — Histoire des progrès et de la chute de la république romaine. Trad. de l'anglais par Demeunier et Gibelin. Cart. — Paris, *Nyon, 1791, in-12, 7 vol. rel.*

1132. — LEVESQUE (P. C.). — Histoire critique de la République romaine, ouvrage dans lequel on s'est proposé de détruire des préjugés invétérés sur l'histoire des premiers siècles de la République, etc., etc. — Paris, *Dentu, 1807, in-8°, 3 vol.*

1133. — THIERRY (Amédée). — Tableau de l'empire romain, depuis la fondation de Rome jusqu'à la fin du gouvernement impérial en Occident. Paris, *Didier, 1862, in-8° rel.*

1134. — MILLOT (L'abbé). — Tableaux de l'histoire romaine, 48 fig. — Paris, *Guy et Gide, an 4 (1796), in-f° v. rac. f. d. s. tr.*

1135. — AMPÈRE (J. J.). — L'empire romain à Rome. — Paris, *M. Lévy,* 1867, in-8°, 2 vol.

1136. — MARY-LAFON. — Rome ancienne et moderne, depuis sa fondation jusqu'à nos jours (pl.). — Paris, *Furne, 1854, g^d in-8° rel.*

1137. — BLÉSER (Chanoine de). — Rome et ses monuments, ou Guide du voyageur catholique dans la capitale du monde chrétien, avec 66 plans gravés hors texte. — Louvain, *C. J. Fonteyn, père, 1870, in-8° rel.*

1138. — MONTESQUIEU. — Considérations sur les causes de la grandeur des Romains et de leur décadence. — Amsterdam, *Deshordes, 1744, in-8°* relié.

1138 bis. — D°. Les mêmes, édition stéréotype. — Paris, *Didot, 1815,* in-18.

1139. — BEAUFORT (de). — La république romaine, ou plan général de l'ancien gouvernement de Rome, etc. — La Haye, *N. Van Daalen, 1766,* in-4°, 2 vol. rel.

1140. — D°, d°, d°, d°. — Paris, *Saillant et Desaint, 1767, 6 vol. in-8°* rel (2 exempl.).

1141. — BURY (de). — Histoire de la vie de Jules César. — Paris, *Didot,* 1758, 2 vol. in-12 rel.

1142. — MEINERS (C.). — Histoire de la décadence des mœurs chez les Romains, et de ses effets dans les derniers temps de la République. Trad. de l'allemand par R. Binet. — PARIS, *H. J. Jansen et Cⁱᵉ, an 3, in-12 rel.*

1143. — CITRI DE LA GUETTE. — Histoire des deux triumvirats, depuis la mort de Catilina jusqu'à celle de César ; depuis celle de César jusqu'à celle de Brutus, depuis celle de Brutus jusqu'à celle d'Antoine. Nᵘᵉ édit. augmentée de l'histoire d'Auguste de Larrey. — AMSTERDAM, *David Mortier, 1720, in-12 rel. 2 vol.*

1144. — NOUGARÈDE (Bᵒⁿ DE FAYET). — Histoire de la révolution qui renversa la République romaine et qui amena l'établissement de l'Empire. — PARIS, *F. Didot, 1820, in-8°, 2 vol.* (2 exempl.).

1145. — BEAUCHAMP (ALP. DE).— Vie de Jules César, suivie du tableau de ses campagnes, avec des observations critiques. Port. — PARIS, *C. Villet, 1823, in-8° rel.*

1146. — SAULCY (DE).—Les campagnes de Jules César dans les Gaules. Etude d'archéologie militaire. — PARIS, *Didier, 1862, in-8°.*

1147. — NAPOLÉON III. — Histoire de Jules César. — PARIS, *H. Plon, 1865, gᵈ in-8°.*

1148. — DURUY (VICTOR). —Histoire des Romains, depuis les temps les plus reculés jusqu'à la fin du règne des Antonins. — PARIS, *Hachette, 1877, in-8°, 7 vol.*

1149. — DEZOBRY (CH.). — Rome au siècle d'Auguste, ou voyage d'un Gaulois à Rome, etc., précédé d'une description de Rome, etc. Nᵘᵉ édit. (pl.). — PARIS, *Dezobry, etc., 1846, in-8°, 4 vol.*

1150. — Dᵒ, dᵒ. — PARIS, *Hachette, 1855, 4 vol. in-8°.*

1151. — LE NAIN DE TILLEMONT (L. S.). — Histoire des empereurs et des autres princes qui ont régné durant les six premiers siècles de l'Eglise, des persécutions qu'ils ont faites aux chrétiens, de leurs guerres contre les Juifs, des écrivains profanes et des personnes les plus illustres de leur temps, etc. — PARIS, *C. Robustel, 1690-1738, in-4°, 6 vol. v. f.*

1152. — CREVIER (J. B. L.). — Histoire des empereurs romains, depuis Auguste jusqu'à Constantin. — PARIS, *Desaint et Saillant, 1763, in-12, 12 vol. rel.*

1153. — RICHER (AD.). — Nouvel abrégé chronologique de l'histoire des empereurs. — PARIS, *David, 1753, petit in-8° rel.*

1154. — Dᵒ, dᵒ, dᵒ, dᵒ. — PARIS, *David, 1754, 2 vol. in-8° rel.*

1155. — LARREY (de). — Histoire d'Auguste, contenant les plus particuliers événements de sa vie, avec l'idée générale de son siècle et le plan de sa politique et de son gouvernement, divisée en deux parties. — Rotterdam, *R. Leers, 1690, in-12 rel.*

1156. — GAUTHIER de SIBERT. — Vies des empereurs Tite Antonin et Marc-Aurèle. — Paris, *Musier, 1769, in-12 rel.*

1157. — RIPAULT (E.-M.). — Histoire philosophique de Marc-Aurèle, avec les pensées de ce prince, présentées dans un ordre nouveau, etc. Port. 2ᵉ édit. — Paris, *Barba, 1830, in-8°, 4 vol.*

1158. — BROGLIE (Albert de). — L'Eglise et l'Empire romain au 4ᵉ siècle, 3ᵉ édit. — Paris, *Didier, 1860, in-8°, 4 vol.*

1159. — SERVIEZ (de). — Les impératrices romaines, ou : Histoire de la vie et des intrigues secrètes des femmes des douze Césars, de celles des empereurs romains et des princesses de leur sang. Dans lesquelles l'on voit les traits les plus intéressants de l'histoire romaine. — Paris, *Damonneville, 1758, in-12, 3 vol. rel.*

1160. — Dᵒ. — Les femmes des douze Césars, contenant la vie secrète des impératrices et femmes des premiers empereurs romains. — Paris, *Delaunay, 1718, petit in-8° rel.*

1161. — BARETT (de). — Histoire des deux règnes de Nerva et de Trajan. — Paris, *Barbou, 1740, in-8° rel.*

1162. — MARLY (L'abbé). — Observations sur les Romains. — Genève, *Compᵗᵉ des libraires, 1751, 2 vol. petit in-8°.*

1163. — ABRÉGÉ de l'histoire romaine, à l'usage des élèves de l'Ecole militaire. — Paris, *Nyon l'aîné, 1777, in-12 rel.*

1164. — HISTORIÆ ROMANÆ. — Res memorabiles, ex scriptoribus illustribus collectæ, Livio scilicet, Floro, Sallustio et Paterculo.

Ab urbe conditâ, ad obitum usque Cæsaris Augusti. — Parisiis, *Colas, 1780, in-8° rel.*

1165. — ESSAI sur les règnes de Claude et de Néron, et sur les mœurs et les écrits de Sénèque, pour servir d'introduction à la lecture de ce philosophe. — Londres, *1782, 2 vol. in-8° br.*

1166. — CHAUSSARD. — Héliogabale, ou esquisse morale de la dissolution romaine sous les empereurs. — Paris, *Dentu, an X (1802), in-8°.*

1167. — LEVESQUE (Pierre-Ch.). — Histoire critique de la république romaine. — Paris, *Dentu, 3 vol. in-8° rel.*

1168. — SÉGUR (Cᵗᵉ ᴅᴇ). — Histoire romaine, *4 vol. in-8°.* Les 13, 14, 15 et 15 bis des œuvres complètes. — Pᴀʀɪs, *Alexis Eymery, 1825.*

1169. — D°, d°, depuis la fondation de Rome jusqu'à la fin du règne de Constantin. — Pᴀʀɪs, *Didier, 1845, in-8°, 2 vol. br.*

1170. — ROSOIR (ᴅᴜ). — Précis de l'histoire romaine, depuis la fondation de Rome jusqu'à l'Empire, et précis de l'histoire des empereurs romains et de l'Eglise, par M. Dumont. — Pᴀʀɪs, *Colas, 1844, in-8' cart.*

1171. — MARY-LAFON. — Rome ancienne et moderne. — Pᴀʀɪs, *Furne et Cⁱᵉ, 1854, in-4° br.*

1172. — PONROY (Aʀᴛʜᴜʀ). — Le monde romain. Les bacchanales. — Pᴀʀɪs, *Michel Lévy frères, 1854, petit in-8°.* (Ouvrage incomplet).

1173. — LAURENTIE. — Histoire de l'empire romain, avec une introduction sur l'histoire romaine. — Pᴀʀɪs, *Lagny frères, 1862, 4 vol. in-8 relié.*

1174. — DUPUY (Aɴᴛ.). — De Græcis Romanorum amicis ant. præceptoribus a secundo punico bello ad Augustum. — Pᴀʀɪsɪɪs, *E. Thorin, 1880, in-8° br·*

1175. — STOFFEL (Le colonel). — Histoire de Jules César. Guerre civile. — Tome II. — De la bataille de Pharsale à la mort de César. — Pᴀʀɪs, *Imprimerie nationale, 2 vol. gᵈ in-4° 1 vol. de pl. 1887.*

1176. — LEMERCIER (Aᴅʀɪᴇɴ). — Les derniers jours de Pompéï. — Toᴜʀs, *Mame et Cⁱᵉ, in-8° rel.*

1177. — DRIOUX (L'abbé.) — Histoire romaine. — Pᴀʀɪs, *E. Belin,* s. d., *iu-8° cart.*

1178. — TRAITÉ des dissensions entre les nobles et le peuple dans les Républiques d'Athènes et de Rome, etc.

Relié avec : L'anti-sublime, c'est-à-dire l'art de ramper en poésie, par Martin Scribler. Le tout en un vol. *in-8° br.*

IV*. — APPENDICE A L'HISTOIRE ANCIENNE

1. — HISTOIRE BYZANTINE OU DU BAS-EMPIRE.

1179. — COMBEFISIUS (R. P. Franciscus). — Historiæ byzantinæ scriptores post Theophanem, partim nunc primùm editi, partim recensiti, et novâ versione adornati. — Parisiis , *in typographiâ [Regiâ. Excudebat Sebastianus Mabre-Cramoisy, 1685, in-f° rel.*

1180. — ZONARÆ (Joannis). — Annales Nicetæ acominati choniatæ historia. Nicephori Gregoræ historia byzantina et. L. Chalcondylæ historiæ Turcarum, *1566, in-f° rel.*

1181. — NICEPHORE (G.) — Nicephori Gregoræ bizantina historia. Libri xi ab Hier. Wolfio jampridem latini facti, et in lucem editi, etc. Libri xiii, nunc primum e Codd. Mfs, eruti, et typis mandati. — Ex his libros ferè xi. Latinè vertit Joh. Boivin. Idem codices contulit, notas addidit et alias appendices. — Parisiis, *E. Typographiâ Regiâ, 1702, in-f°,* p. de vélin.

1182. — CHALCONDILE. — L'histoire de la décadence de l'Empire grec et établissement de celui des Turcs, de la traduction de B. de Vigenère Bourbonnais. Illustrée par lui de curieuses recherches trouvées depuis son décès, avec la continuation de la même histoire depuis la ruine du Péloponèse jusques à présent et des considérations sur icelle. A laquelle ont été adioustez les Eloges des Seigneurs ostomans. Plusieurs descriptions et figures représentans au naturel les accoustrements des Officiers de l'Empereur Turc, etc., etc., par Arthus Thomas, sieur d'Embry, Parisien. — Paris, *Veuve Abel L'Angelier, 1620, in-f° rel.*

1183. — D°, d°, d°, d°, d°. — *M. Guillemot, 1650, in-f°, 2 tomes en un vol. rel.*

1184. — DUFRÈNE S^r DU CANGE. — Historia byzantina, duplici commentario illustrata. — Lutetiæ, *Parisiorum, L. Billaine, 1680, in-f° rel.*

1185. — COUSIN (L.). — Histoire de Constantinople, depuis le règne de l'ancien Justin jusqu'à la fin de l'empire, traduite sur les originaux grecs. — Paris, *D. Foucault, 1672, in-4°, 8 vol. rel.*

1186. — D°. — La même. — Paris, *D. Foucault, 1685, in-12, 8 tomes en 10 vol. rel.*

1187. — BURIGNY (DE). — Histoire des révolutions de l'empire de Constantinople, depuis la fondation de cette ville jusqu'à l'année 1453, que les Turcs s'en rendirent maîtres. — PARIS, *Debure, 1750, in-12, 3 vol. reliés.*

1188. — LE BEAU (C.). — Histoire du Bas-Empire, en commençant à Constantin-le-Grand, continuée depuis le 22e vol. par Ameilhon. — PARIS, *Desaint et Saillant, 1757*, et table alphabétique, par Ravier *1817, in-12, 29 vol. rel.*

1189. — GIBBON. — Histoire de la décadence et de la chute de l'empire romain. Trad. de l'anglais par M. Leclerc de Septchênes. — PARIS, *Debure, 1777, in-8°, 3 vol. rel.*

1190. — D°. — Histoire de la décadence et de la chute de l'empire romain, trad. de l'anglais par M. Leclerc de Septchênes. — PARIS, *Moutard, 1788, in-8°, 18 vol. rel.* Les derniers vol. ont été trad. par Demeunier, Boulard, Cantwel et Marigné.

1191. — D°. — Suite de l'histoire de la décadence et de la chute de l'empire romain. Traduite de l'anglais. — LONDRES, *1777, in-8°.*

1192. — D°. — Histoire de la décadence et de la chute de l'empire romain, abrégée et réduite à ce qu'elle contient d'essentiel et d'utile, par Adam, et traduite de l'anglais sur la 2e édit. par C. Briand. — PARIS, *Amable Costes et Cie, 1807, in-8°, 3 vol. rel.*

1193. — CHATEAUBRIAND (Vte DE). — Etudes ou discours historiques sur la chute de l'empire romain, la naissance et les progrès du christianisme, etc. — PARIS, *1833, Lefèvre et chez Bazouge Pigoreau, 1833, in-8°, 4 vol. rel.*

1194. — D°, d°, d°, d°, d°, d°. — PARIS, *Lefèvre, 1831, in-8° br.* (incomplet le 3e et 4e vol. seulement).

1195. — ROYOU (J. C.). — Histoire du Bas-Empire, depuis Constantin jusqu'à la prise de Constantinople en 1453. — PARIS, *Le Normant, an XII (1803), in-8°, 4 vol.*

1196. — ANECDOTES DE CONSTANTINOPLE ou du Bas-Empire, depuis le règne de Constantin jusqu'à la prise de Constantinople par Mahomet II, et jusqu'à nos jours. Contenant l'origine, les mœurs et les usages, etc., etc. — BERLIN, *1800, in-12, 5 vol.*

1197. — D°. — Précis de l'histoire du Bas-Empire ou anecdotes de Constantinople. (Les mêmes que les précédentes), précédé de la chronologie des empereurs d'Orient, extraite de l'acte de vérifier les dates, et suivi d'une table générale, Nlle édit. — PARIS, *Delance, 1806, in-12, 5 vol. rel.*

1198. — THIERRY (Amédée). — Récits de l'histoire romaine au 5e siècle. Paris, *Didier et Cie*, *1860, in-8°*.

1199. — Do. — Nouveaux récits de l'histoire romaine au ive et ve siècle. — Paris, *Didier, 1865, in-8°*.

1200. — EDESSE (Mathieu d'). — Détails historiques de la première expédition des chrétiens dans la Palestine, sous l'Empereur Zimiscès ; tirés d'un manuscrit arménien inédit de la Bibliothèque impériale, composé dans le douzième siècle. Traduits en français par F. Martin ; accompagnés de notes, par Chahan de Cirbied, etc. — Paris, *1811, in-8° rel.*

1201. — LA BLETTERIE (L'abbé de). — Vie de l'Empereur Julien. Nlle édit. — Paris, *veuve Savoye, 1775, in-12 rel.*

1202. — Do. — Histoire de l'Empereur Jovien, et traductions de quelques ouvrages de l'Empereur Julien ; nouvelle édit.— Paris, *Brocas et autres, 1776, in-12 rel.* (2 exempl.)

1203. — FLÉCHIER (E.). — Histoire de Théodore-le-Grand ; 3e édit. — Paris, *G. Dupuis, 1699, in-12 rel.*

1204. — Do, do, pour Mgr le Dauphin. — Paris, *F. Didot et autres, 1749, in-12 rel.* (2 exempl.)

1205. — VILLE-HARDOUIN (Geoffroy de). — Histoire de l'empire de Constantinople, sous les Empereurs français. Divisée en deux parties ; la 1re contient l'histoire de la conquête de la ville de Constantinople par les Français et les Vénitiens, etc. Illustrée d'observations historiques, et d'un glossaire pour les termes de l'auteur, à présent hors d'usage. Avec la suite, jusqu'en 1740, tirée de l'histoire de France, M.-S. de Philippes Mouskes, chanoine. La seconde contient une histoire générale de ce que les Français et les Latins ont fait de plus mémorable dans l'empire de Constantinople. — Paris, *imprimerie royale, 1657, in-f° rel.*

1206. — LAFITEAU (Le P. J. F.) — Histoire de Jean de Brienne, Roy de Jérusalem et Empereur de Constantinople. — Paris, *C. Moette et P. Simon, 7727, in-12 rel.*

1207. — NOUGARET (P. J. B.) — Beautés de l'histoire du Bas-Empire, orné de 16 planches, 3e édit. — Paris, *Le Prieur, 1818, in-12, rel.*

1208. — VILLEMAIN. — Lascaris, ou les Grecs du 15e siècle, suivi d'un essai historique sur l'état des Grecs, depuis la conquête musulmane jusqu'à nos jours. — Paris, *Ladvocat, 1825, in-8° cart.*

1209. — D°. — D°, d°, d°, d°, 3e édit. — Paris, *Didier, 1837, in-8° rel.*

1210. — SÉGUR (Cte de). — Histoire du Bas-Empire). — Paris, *Eymery, 1826, 4 vol. in-8°.* (Les 16e, 17e, 18e et 19e des œuvres complètes).

2. — HISTOIRE DES MIGRATIONS DES SCYTHES, DES GOTHS, DES VISIGOTHS, DES HUNS, DES VANDALES, ETC.
LEURS INVASIONS EN EUROPE, PENDANT LES PREMIERS SIÈCLES DE L'ÈRE CHRÉTIENNE.

1211. — THIERRY (Amédée). — Histoire d'Attila et de ses successeurs, jusqu'à l'établissement des Hongrois en Europe, suivie des Légendes et traditions. — Paris, *Didier et Cie, 1856, in-8°, 2 vol.*

V. — HISTOIRE MODERNE

GÉNÉRALITÉS

1212. — MÉHÉGAN (Le Ch^er G.-A. de). — Tableau de l'histoire moderne, depuis la chute de l'Empire d'Occident jusqu'à la paix de Westphalie ; nouvelle édit. — Paris, *Saillant et Nyon, 1778, in-12, 3 vol. reliés.*

1213. — VOLTAIRE (M^r de). — Abrégé de l'histoire universelle, depuis Charlemagne jusques à Charlequint. — Londres, *Jean Nourse, 1754, 3 vol. rel.*

1214. — SURIUS (Laurent). — Histoire de toutes choses mémorables, tant ecclésiastiques que séculières, advenues depuis soixante-dix-huit ans, en toutes les parties du monde. Trad. du latin, et continuée jusques aujourd'huy par Jacques Estourneau. — Paris, *G. Chaudière, 1578, in-8° rel.*

1215. — SOUVERAINS (Les) DU MONDE. — Ouvrage qui fait connoistre la généalogie de leurs Maisons, l'étendue et le Gouvernement de leurs Etats, leur Religion, leurs Revenus, leurs Forces, etc., etc. Avec un catalogue des auteurs qui en ont le mieux écrit. Nouvelle édit. — Paris, *G. Cavelier, 1734, in-12, 5 vol. rel.*

1216. — ROHAN (Henri, duc de). — Intérêts et maximes des Princes et des Etats souverains, par ***. — Cologne, *J. du Païs, 1586, in-12 rel.*

1217. — D°, d°. — Cologne, *J. du Païs, 1663, in-12 rel.*

1218. — SANÉ (A.-M.). — Tableau historique, topographique et moral des peuples des quatre parties du monde, comprenant les Lois fondamentales, les Coutumes et les Usages de ces peuples. — Paris, *F. Buisson, an IX, in-8°, 2 vol. rel.*

1219. — LACROIX (Paul), [bibliophile Jacob]. — XVIIIe siècle. Institutions, usages et costumes. France, 1700-1782. Ouvrage illustré de 21 chromolithographies et de 350 gravures sur bois ; 2e édit. — Paris, *F. Didot frères, 1875, in-4° rel.*

A. — Histoire générale de l'Europe, depuis la chute de l'Empire d'Occident, pendant le Moyen-Age et après.

1220. — BONNEVILLE (NIC. DE). — Histoire de l'Europe moderne, depuis l'irruption des peuples du Nord dans l'Empire romain jusqu'à nos jours. — PARIS, *1792, in-8°, 3 vol. cart.*

1221. — OZANAM (A.-F.).— Œuvres choisies. — PARIS, *Lecoffre, 1859, in-8° br.*

1222. — HIMLY (AUG.). — Histoire de la formation territoriale des Etats de l'Europe centrale. — PARIS, *Hachette et Cⁱᵉ, 1876, 2 vol. in-8° rel.*

1223. — PRÉCIS d'histoire moderne. — (La page du titre manque), *in-8° rel.*

1224. — DRIOUX (L'abbé). — Histoire moderne. — PARIS, *Belin, in-8° cart.*

1225. — VOCABULAIRE pour l'intelligence de l'histoire moderne, etc. PARIS, *chez Le Normant, 1803, in-8° rel.*

B. — Histoire du Moyen-Age jusqu'au milieu du 15ᵉ siècle y compris les Croisades.

1226. — DES MICHELS (O. CHRYSANTE). — Précis de l'histoire du moyen-âge, 2ᵉ édit. — PARIS, *E. Colas, 1828, in-8°.*

1227. — Dᵒ. — Précis de l'histoire et de la géographie du moyen-âge, depuis la décadence de l'empire romain, jusqu'à la prise de Constantinople par les Turcs ottomans, 3ᵉ édit. — PARIS, *Louis Colas, 1842, in-8°.*

1228 — Dᵒ. — Précis de l'histoire et de la géographie du moyen-âge, depuis la décadence de l'empire romain jusqu'à la prise de Constantinople par les Turcs ottomans, par M. Des Michels, 7ᵉ édition. — PARIS, *Colas, 1840, 1 vol. in-8°.*

1229. — DRIOUX (L'abbé). — Histoire du moyen-âge. — PARIS, *E. Belin* (sans date), *in-8° cart.*

1230. — HELFFERICH (M. M. A.) et G. DE CLERMONT. — Les communes françaises en Espagne et en Portugal pendant le moyen-âge. — BERLIN, *J. Springer* et PARIS, *A. Durand, 1860, in-8° rel.*

1231. — ROESLER (Chr. Fr.). — Chronica Medii Ævi, argumento gene-
raliora, auctoritate celebriora, usu communiora, post Eusebium atque
Hieronymum res sec. iv, v et vi exponentia nova hac editione collegit,
digessit, commodo adparatu instruxit. — Tubingæ, *1798, apud J. F.
Heerbrandt, in-8° cart.*

1232. — LECOY de la MARCHE (A.). — La chaire française au moyen-
âge, spécialement au xiii° siècle. — Paris, *Didier, 1868, in-8°.*

1233. — LACROIX (Paul) [bibliophile Jacob]. — Les arts au moyen-âge
et à l'époque de la Renaissance, ouvrage illustré de 17 planches chromolithographiques, exécutées par F. Kellerhoven, et de 400 gravures sur
bois. — Paris, *E. Didot frères, fils et Cie, 1869, in-4° rel.*

1234. — D°. — Mœurs, usages et coutumes au moyen-âge et à l'époque
de la Renaissance. Ouvrage illustré de 15 pl. chromolithographiques,
exécutées par F. Kellerhoven et de 440 gravures sur bois. — Paris, *F.
Didot frères, fils et C^re, 1878, in-4° rel.*

1235. — LACROIX (Paul) et SERÉ (Ferdinand). — Le Moyen-Age et la
Renaissance. Histoire et description des mœurs et usages, du commerce
et de l'industrie, des sciences, des arts, des littératures et des beaux-arts
en Europe. Direction littéraire de M. Paul Lacroix; direction artistique
de M. Ferdinand Seré. Dessins, fac-simile par M. Rivaud, *5 vol. g^d in-4°.*
— Paris, *Administration : 5, rue du Pont de Lodi, 1848.*

1236. — EDESSE (Mathieu). — Détails historiques de la première expédition des chrétiens dans la Palestine, sous l'empereur Zimiscès, tirés
d'un manuscrit arménien, etc., trad. par F. Martin, etc. Notés par Chahan
de Cirbied, etc. — Paris, *1811, in-8°* (brochure).

1237. — GUILLAUME de TYR. — Historia belli sacri verissima lectu et
jucunda et utilissima libris viginti tribus ordine comprehensa, etc.
Authore olim Vuilhelmo Tyrio Metro, etc. Nunc verò multò castigatior
quàm antea in lucem edita.

Unà cum continuatione totius de bello sacro historiæ, quæ libris sex
ad nostra tempora usq. extenditur, etc. Cum præfatione Henrici Panta-
leonis, etc. — Basileæ, *apud Nicolaum Brilingerum, 1564, in-f° rel.*

1238. — RECUEIL des historiens des Croisades publié par les soins
de l'Académie des inscriptions et belles-lettres. — Historiens occiden-
taux. — Paris, *imprimerie royale, 1844, in-f°, 2 vol. rel.*

1239. — MAILLY (J. B.) — L'esprit des Croisades, ou histoire politique et militaire des guerres entreprises par les Chrétiens contre les Mahométans pour le recouvrement de la Terre-Sainte, pendant les xie, xiie et xiiie siècles. — Dijon et Paris, *Moutard, 1780, in-12, 4 vol. rel.*

1240. — MICHAUD. — Histoire des Croisades. Nouvelle édition, augmentée d'un appendice par Huillard Bréholles. — .Paris, *Furne, Jouvet et Cie, 1857, in-8° 4 vol.* (2 exem. l'un relié, l'autre br.)

1241. — D°. — D°, d°, 6e édit. faite d'après les derniers travaux et les dernières intentions de l'auteur, et précédée d'une vie de Michaud, par M. Poujoulat. — Paris, *Furne et Cie et Dezobry, E. Magdeleine et Cie, 1841, 6 vol. in-8°.*

1242. — CHOISEUL-DAILLECOURT (Maxime de). — De l'influence des Croisades sur l'état des peuples de l'Europe. — Paris, *Tilliard, 1809, in-8°.*

1243. — FOURMONT (de). — L'Ouest aux Croisades. — Paris, *Aubry, 1867, gd in-8°, 3 vol. rel.*

1244. — D°. — Paris, *A. Aubry, 1864, 3 vol. rel.*

1245. — DU CANGE (Dufrène Ch. sieur). — Les familles d'Outre-mer, publiées par M. E. G. Rey. — Paris, *imprimerie impériale, 1869, in-4° cart.*

1246. — HALLAM (H.) — L'Europe au moyen-âge, trad. de l'anglais par Dudouit et A. Borghers. — Paris, *Furne, 1828, in-8°, 4 vol. rel.*

1247. — MICHELET. — Précis de l'histoire moderne. — Paris, *L. Hachette, 1840, 1 vol. in-8°.*

1248. — D°. — Précis de l'histoire moderne, ouvrage adopté par le Conseil royal de l'Université. — Paris, *Hachette, 1842, 1 vol. in-8° br.*

1249. — THIERRY (Amédée). — Histoire d'Attila et de ses successeurs, jusqu'à l'établissement des Hongrois en Europe. — Paris, *Didier et Cie, 1872, 2 vol. in-8° rel.*

1250. — ZELLER (Jules). — Entretiens sur l'histoire du moyen-âge :

1re Partie. — Chute de l'Empire romain. — Invasions barbares. — L'Eglise chrétienne. Clovis et les Merovingiens.

2me Partie. — Civilisations chrétienne et mahométane. — Justinien. — Mahomet. — Saint Grégoire-le-Grand. — Charlemagne et les Carlovingiens. — Paris, *Perrin, 1884, 2 vol. in-8°.*

C. — Histoire générale de l'Europe, depuis la fin du 15e Siècle jusqu'à nos jours

1251. — JOVIUS (Paolus). — Histoire de Paolo Jovio Comois, Evesque de Nocera, sur les choses faites et advenues de son temps en toutes les parties du Monde, trad. du latin en français, et revue pour la 3e édition, par Denis Sauvage. — Paris, *J. Dupuys, 1581, in-f°, 2 tom. en 1 vol. rel.*

1252. — THOU (le Président J. A. de). — Histoire des choses arrivées de son temps, mise en français, par le P. du Ryer. — Paris, *Courbé, 1659, in-f° rel.* (Le 1er vol. seulement).

1253. — D°. — Histoire universelle, depuis 1543 jusqu'en 1607, trad. sur l'édit. latine de Londres, par l'abbé Prévost, l'abbé Desfontaines, l'abbé Le Mascrier, Adam, Lebeau, etc. — Londres, *1734, in-4°, 16 vol. rel.*

1254. — D°. — Abrégé de l'histoire universelle de J.-A. de Thou, avec des remarques sur le texte de cet auteur et sur la traduction qu'on en a publiée en 1734, par M. Remond de Sainte-Albine. — La Haye, *1759, in-12, 10 vol. rel.*

1255. — SIRI (Victor). — Il Mercurio ouero historia dé correnti tempi di D. Vittorio Siri. — In Casale, *Christoforo della Casa, 1646, in-4°.*

1256. — RECUEIL de quelques discours politiques escrits sur diverses occurences des affaires et guerres étrangères, depuis 15 ans en ça. — Saint-Gervais, *Samuel Waudreman, 1633, in-4°,* relié avec : Recueil de diverses relations des guerres d'Italie, ès années 1629, 1630 et 1631. — Bourg-en-Bresse, *Jn Bristot, 1632.*

1257. — RENAUDOT Théophraste). — Recueil des gazettes nouvelles et relations de toute l'année 1633, 1634..., jusqu'à l'année 1645 comprise. — Paris, *Bau d'Adresse, 1634, in-4°, 11 vol. cart.* (Manquent les années 1641 et 1644.)

1258. — MARANA (J.-P.). — L'Espion dans les cours des princes chrétiens, ou Lettres et Mémoires d'un envoyé secret de la Porte dans les Cours de l'Europe. Où l'on voit les découvertes qu'il a faites dans toutes les Cours où il s'est trouvé, avec une dissertation curieuse de leurs forces, politique et religion (de 1637 à 1682) ; 13e édit. — Cologne, *Erasme Kinkius, 1710, in-12, 6 vol. rel.*

1259. — SAINTE-MARTHE (de). — Les Etats de l'Europe. — Paris, *J. Guignard, 1670, in-12, 2 vol.* (Le 2e et le 3e seulement, contenant l'Empire, l'Angleterre, le Danemarck, etc.)

1260. — JOURNAL D'UTRECHT, contenant les nouvelles extraordinaires de divers endroits de l'Europe. — *1712, 1713, in-4° rel.*

1261. — BOUGEANT (Le P. G.-H.). — Histoire des Guerres et des Négociations qui précédèrent le traité de Westphalie, sous le règne de Louis XIII et le Ministère du Cardinal de Richelieu et du Cardinal Mazarin, composée sur les mémoires du comte d'Avaux, etc. — PARIS, *Didot, 1751, in-12, 6 vol. rel.*

1262. — D°. — Histoire du traité de Westphalie, ou des Négociations qui se firent à Munster et à Osnabruy, pour établir la paix entre toutes les puissances de l'Europe. — PARIS, *P.-J. Mairette, 1744, 3 vol. in-4° rel.*

1263. — ANNUAL (The) register, or a view of the history, politics, and literature, for the year, 1758. — LONDON, *J. Dodsley, 1791, in-8°, 30 vol. rel.* (The eighth edition.)

1264. — GOUDARD (ANGE). — L'Espion chinois, ou l'envoyé secret de la cour de Pékin, pour examiner l'état présent de l'Europe. Trad. du chinois ; nouvelle édit. — COLOGNE, *1769, in-12, 3 vol. rel.*

1265. — ESPION (L') de Thomas-Kouli-Kam, dans les cours de l'Europe, contenant diverses anecdotes politiques, etc. Traduit du persan par l'abbé de Rochebrune. — COLOGNE, *Erasme, 1796.* (Titre rouge et noir. Frontispice gravé.)

1266. — JOURNAL historique et politique des principaux événements des différentes Cours de l'Europe, de 1772 à 1790. — GENÈVE, *1772 et suiv., in-12, 58 vol. rel.*

1267. — SÉGUR (Le Cᵗᵉ L. P. DE). — Tableau historique et politique de l'Europe, depuis 1786 jusqu'en 1796 (an IV), contenant l'histoire des principaux événements du règne de F. Guillaume II, roi de Prusse, et un précis des Révolutions de Brabant, de Hollande, de Pologne et de France, 2ᵉ édit. — PARIS, *F. Buisson, an IX (1801), in-8°, 3 vol. rel.*

1268. — D°. — Décade historique ou tableau politique de l'Europe. — PARIS, *Alexis Eymery, libraire-éditeur,* M DCCC XXIV, *3 vol. in-8°.* Les 4ᵉ, 5ᵉ, 6ᵉ des œuvres complètes.

1269. — SÉGUR L'AÎNÉ (L. P.) — Politique de tous les cabinets de l'Europe, pendant les règnes de Louis XV et de Louis XVI, contenant des pièces authentiques sur la correspondance secrète du comte de Broglie. — PARIS, *Buisson, an IX (1801), 3 vol. in-8° rel.*

1270. — MAGAZINE (The general. — And impartial review, including an history of the present times, and an account of new publications, etc. — London, *Bellamy et C*ⁱ*ᵉ, 1787-88-89, in-8°, 3 vol. rel.*

1271, — EIDOUX (M. A.) — Histoire générale de l'état présent de l'Europe, contenant la situation, l'origine, les accroissements, les revenus, le commerce et la constitution de chaque gouvernement. — Londres et Paris, *Costard, 1774, 2 vol. in-8° br.*

1272. — CALONNE (de). — Tableaux de l'Europe en Novembre 1795. Pensées sur ce qu'on a fait et qu'on n'aurait pas dû faire. Sur ce qu'on aurait dû faire et qu'on n'a pas fait, etc. — Londres, *de Boffe.*

1273. — DRIOUX (l'Abbé). — Histoire contemporaine. — Paris, *E. Belin, in-8°, cart.*

1274. — GEORGEL (l'Abbé J. F.) — Mémoires pour servir à l'histoire des événements de la fin du 18ᵉ siècle, depuis 1760 jusqu'en 1806-1810, par un contemporain impartial, publiées par Georgel, avocat. — Paris, *A. Eymery ou Delaunay, in-8°, 2 vol. br.*

1275. — MAISONFORT (le marquis de). — Tableau politique de l'Europe depuis la bataille de Leipsic (18 Octobre 1813), jusqu'au 31 Mars 1814. — Londres et Paris, *in-8° br.*

1276. — PRADT (de). — L'Europe après le congrès d'Aix-la-Chapelle, faisant suite au congrès de Vienne. — Paris, *F. Béchet* et Bruxelles, *Lecharlier, 1819, in-8° br.*

1277. — BIGNON. — Les cabinets et les peuples depuis, 1815 jusqu'à la fin de 1822. — Paris et Rouen, *Béchet, aîné, décembre 1822, in-8°.*

1278. — LE SUR (C. L.) — Annuaire historique universel pour 1821. — Paris, *Fantin et autres, 1822, in-8° br.*

1279. — CARNÉ (L. de). — Des intérêts nouveaux en Europe, depuis la Révolution de 1830. — Paris, *Bonnaire, 1838, 2 vol. rel.*

1280. — Dᵒ. — Vues sur l'histoire contemporaine. — Paris, *Paulin, 1835, 2 vol. in-8° br.*

1281. — ANNUAIRE DES DEUX-MONDES. — Histoire générale des divers Etats, année 1850. — Paris, *1ᵉʳ Septembre 1851, gᵈ in-8° rel.* (Publié par la *Revue des Deux-Mondes*).

1282. — ZELLER (Jules). — L'année historique 1860-1861. — Paris,
L. Hachette, 1860-1861, g^d in-18, 2 vol.

1283. — MAVIDAL (J. J.) — Annuaire des faits. Résumé universel des
événements de 1862. — F. Duprat, 1862, in-18.

1284. — SCHEFFER (C. A.) — Considérations sur l'état actuel de
l'Europe. — Paris, chez L'Huillier et chez Delaunay, 1 vol. in-8° br.

D. — Mélanges historiques, civilisation, politique,
commerce, etc.

1285. — COURTITZ (Gatien Sandraz de). — Nouveaux intérêts des
princes de l'Europe. — Cologne, 1688, P. Marteau, 1 vol. p^t in-8° rel.

1286. — LE NOIR. — Epicaris, suite des histoires secrètes des plus fameuses conspirations. — A Paris, chez l'autheur et chez P. Ribou, 1698,
1 vol. in-8° rel.

1287. — SPON (J. F. de). — Mémoires pour servir à l'histoire de l'Europe,
depuis 1740 jnsqu'à la paix générale, signée à Aix-la-Chapelle, le 18
octobre 1748. — Amsterdam, par la Cie, 1749, 4 vol. in-12 rel.

1288. — ALBON (d'). — Discours politiques, historiques et critiques sur
quelques gouvernements de l'Europe. — Neufchatel, 1779, 1 vol. in-8°
rel.

1289. — STUART (Gilbert). — Tableau des progrès de la Société en
Europe. Trad. de l'anglais par M. Boulard, ouvrage contenant des
recherches sur l'origine des Gouvernements, les variations des mœurs et
du système féodal. — Paris, Maradan, 1789, in-8°, 2 tom. en 1 vol. rel.

1290. — FONVIELLE (Le chevalier de). — Situation de la France et de
l'Angleterre à la fin du 18e siècle, ou conseil au gouvernement de France,
et réfutation de l'Essai sur les finances de la Grande-Bretagne. — Paris,
1800, in-8°, 2 vol. rel.

1291. — PRADT (de). — Parallèle de la puissance anglaise et russe,
relativement à l'Europe, suivi d'un aperçu sur la Grèce. — Paris, Béchet
aîné, in-8° cart.

1292. — PUCKLER-MUSKAU (Le prince). — Lettres posthumes sur
l'Angleterre, l'Irlande, la France, la Hollande et l'Allemagne. Trad. de
l'allemand, par J. Cohen. — Paris, H. Fournier, 1832, in-8°, 3 vol.
cart.

1293. — FILON. — Histoire comparée de France et d'Angleterre. — Paris, *Hachette, 1832, in-8° rel.*

1294. — DONNADIEU (Le G^{al}). — De la vieille Europe. Des Rois et des Peuples de notre époque. — Paris, *Allardin, 1837, in-8° rel.*

1295. — GUIZOT. — Cours d'histoire moderne. Histoire de la civilisation en Europe, depuis la chute de l'empire romain jusqu'à la révolution française. — Paris, *Didier, 1840, 1 vol. in-8°.*

1296. — D°. — Histoire de la civilisation de l'Europe, depuis la chute de l'empire romain. — Paris, *Charpentier, 1851, 1 vol. in-8° br.*

1297. — HEURTIER. — Rapport sur l'émigration européenne. — Paris, *Imprimerie impériale, 1854, in-8°.*

1298. — JULIEN (B.). — Thèses d'histoire et nouvelles historiques. — Paris, *Hachette, 1865, in-8°.*

1. — HISTOIRE DE FRANCE.

A. — Géographie ancienne et moderne. Topographie Statistique.

1299. — VALESIUS (Adrianus). — Notitia Galliarum ordine litterarum digesta, in quâ situs, gentes, oppida, portus, castella, vici, montes, etc. Illustrantur, etc., etc. — Parisiis, *F. Léonard, 1675, in-8° rel.*

1300. — DOISY. — Le royaume de France et les états de Lorraine, disposés en forme de Dictionnaire, contenant le nom de toutes les provinces, villes, bourgs du royaume et des rivières qui y passent, etc. — Paris, *Tilliard, 1753, 1 vol. in-4° rel.*

1301. — L'ADMIRALT. — Le petit dictionnaire du temps pour l'intelligence des nouvelles de la guerre, contenant la description des contrées qui sont ordinairement le théâtre des guerres de la France, celle des villes et places fortes qui s'y trouvent, le détail de leur situation et fortifications, etc. — Paris, *C. J. B. Bancloc, 1757, 1 vol. in-8° rel.*

1302. — POSTES DE FRANCE (Liste générale des) pour l'année 1781. — Paris, *Hôtel des Postes. 1 vol. p^t in-8° rel.*

1303. — ANVILLE (d'). — Notice sur l'ancienne Gaule, tirée des monuments romains. — Paris, *Desaint et Saillant, 1760, in-4° rel.*

1304. — D°. — Eclaircissements géographiques sur l'ancienne Gaule, précédés d'un traité des mesures itinéraires des Romains et de la lieue gauloise. — Paris, *Veuve Estienne, 1741, in-12, v. f. f. d. s. tr.*

1305. — WALCKENAER (Le Bᵒⁿ C.-A.). — Géographie ancienne, historique et comparée des Gaules Cisalpine et Transalpine, suivie d'une analyse géographique des itinéraires anciens, et accompagnée d'un atlas de 9 cartes. — Paris, *Dufart, 1839, in-8°, 3 vol. rel* (Atlas, in-4° relié.)

1306. — DESJARDINS (Ernest). — Géographie historique et administrative de la Gaule romaine. — Paris, *Hachette, 1876, 3 vol. gᵈ in-8°.*

1307. — EXPILLY (L'abbé J.-J.). — Dictionnaire géographique, historique et politique des Gaules, de la France. — Paris, *Desaint et Saillant, 1762, in-f°, 6 vol. rel.*

1308. — LONGUERUE (L'abbé de). — Description historique et géographique de la France ancienne et moderne, enrichie de plusieurs cartes géographiques (par d'Anville). — Paris, *Pralard, 1722,* 2 parties en un vol. *in-f° rel.*

1309. — PIGANIOL de la FORCE (J.-A.). — Nouvelle description de la France, dans laquelle on voit le Gouvernement général de ce royaume, celui de chaque province en particulier, et la description des villes, maisons royales, châteaux et monuments les plus remarquables. (Fig.). Précédée d'une introduction à la description de la France et au droit public de ce royaume. — Paris, *C.-N. Poirion, 1752, in-12, 15 vol. cart.*

1310. — DUMOULIN. — La Géographie, ou description générale du Royaume de France, divisé en ses généralités, etc. — Paris, *Desaint Junior, 1767, in-8°, 4 vol. cart.* (Il en manque un.)

1311. — GUYOT (E.-G.). — Dictionnaire géographique et universel des Postes et du Commerce, contenant le nom des villes, etc. — Paris, *Gueffier, 1782, in-8°, 2 vol. rel.*

1312. — LA VALLÉE (J.). — Voyage dans les départements de la France, enrichi de tableaux géographiques et d'estampes. — Paris, *1792-1793, in-8°* (23 départements seulement.)

1313. — DICTIONNAIRE géographique et méthodiqee de la République française, en cxx départements, y compris les colonies Occidentales et Orientales, etc., etc. Par une Société de géographes ; 4e édit. — Paris, *Prud'homme, an VII, in-8°, 2 vol. rel.* (Cartes.)

1314. — GÉOGRAPHIE (Nouvelle) de la France, contenant sa division en Provinces romaines et Provinces françaises, et en Départements, pour l'étude de l'histoire ancienne et moderne ; précédée d'un abrégé de géographie universelle. — Paris, *veuve Devaux, an XI, 1803, in-12 rel.*

1315. — PATRIA. — La France ancienne et moderne, morale et matérielle, ou collection encyclopédique, etc. — Paris, *J.-J. Dubochet, Lechevalier et Cie, 1847, in-8°, 2 vol. rel.*

1316. — DESCRIPTION routière et géographique de l'Empire Français, divisé en 4 régions, par R.-V., inspecteur des postes-relais. — Paris, *Potey, 1813, in-8°, 3 vol. rel.*

1317. — DICTIONNAIRE géographique et méthodique, ou la République française en 88 départements, par une Société de géographes. — Paris, *an II, in 8° rel.*

1318. — BRIAND de VERZE. — Nouveau Dictionnaire complet, géographique, statistique, topographique, administratif, judiciaire, ecclésiastique, monumental, historique, scientifique, industriel, commercial et agricole de la France et de ses colonies. 3e édit., refondue en entier par Warin Thierry. — Paris, *Belin-Prieur, 1839, in-8° rel.*

1319. — DUCLOS. — Dictionnaire général des villes, bourgs, villages et hameaux de la France et des principales villes des pays étrangers, et des colonies, contenant la nomenclature complète des 37153 communes et de leurs écarts, etc. — Paris, *Martial Ardent frères, 1840, in-4°.*

1320. — LE COUSTURIER et CHAUDONET. — Dictionnaire géographique des postes aux lettres de tous les départements de la République française. Contenant le nom de toutes les villes, communes et principaux endroits, l'indication des principaux endroits où ils sont situés, et leur distance en kilom. au plus prochain bureau de poste, etc., etc. — Paris, *chez les auteurs, 3 vol. in-8° rel.*

1321. — GIRAULT de SAINT-FARGEAU (A.). — Dictionnaire géographique, historique, industriel et commercialj de toutes les communes de la France, et de plus de 20,000 hameaux en dépendant. Illustré de 100 gravures, de costumes coloriés, plans et armes des villes, etc. — Paris, *F. Didot, 1844, in-4°, 3 vol. rel.*

1322. — LALANNE (Ludovic). — Dictionnaire historique de la France, contenant l'histoire civile, politique et littéraire, la biographie, la chronologie, etc. — Paris, *Hachette et G^ie, 1872, g^d in-8°.*

1323. — CASSINI de THURY (C.-F.). — Description géométrique de la France. — Paris, *J.-C. Desaint, 1783, in-4° rel.*

1324. — DENAIX (M.-A.). — Atlas physique, etc., de la France. Nouvelle édit. Dessiné et gravé par R. Wahl. — Paris, *1855, g^d in-f°.*

1325. — MAURY (L. Alfred). — Les forêts de la Gaule et de l'ancienne France. Aperçu sur leur histoire, leur topographie, etc. Suivi d'un Tableau alphabétique des forêts et des bois principaux de l'Empire français. — Paris, *Ladrange, 1867, in-8°.*

1326. — ANNUAIRE des Postes de l'Empire français, ou Manuel du service de la Poste aux lettres, etc. — Paris, *janvier 1858, in-8°.*

1327. — SCHNITZLER (J.-H.). — Statistique générale, méthodique et complète de la France comparée aux autres grandes puissances de l'Europe. — Paris, *H. Lebrun, 1846, iu-8°, 4 vol. rel.*

1328. — GUERRY (A.-M.). — Statistique morale de l'Angleterre, comparée avec la statistique morale de la France. — Atlas, *1864, g^d in-f° relié.*

1329. — HENNET (C^re royal du Cadastre). — Rapport présenté au Ministre des finances en 1817, *in-4°.*

1330. — RECENSEMENT de la population du Royaume, opéré en 1841, *in-4°.*

1331. — DÉPAUX (Victor), ancien agrée, rédacteur du Dictionnaire de la Magistrature. — Dictionnaire général des communes de France, contenant la nomenclature de toutes les communes, etc. — Paris, *Cosse et H. Delamotte, 1846, in-8° br.*

1332. — RICHARD. — Guide classique du voyageur en France et en Belgique. — Paris, *Maison, 1847, 1 vol. in-8° cart.*

1333. — ANNUAIRE statistique de la ville de Paris, année 1877 à 1887. — Paris, *G. Masson, 10 vol. in-8° br.*

1334. — RÉSULTATS STATISTIQUES. — Dénombrement de 1881 pour la ville de Paris et renseignements relatifs aux recensements antérieurs. — Paris, *imprimerie municipale, 1884, in-4°.*

1335. — ANNIVERSAIRE (le 25e) de la Société de statistique de Paris, 1860-1885. Compte-rendu des séances. Discours d'inauguration. Communications et mémoires, etc. — Paris, *Berger-Levrault et Cie, 1886, gd in-8°.*

B. — Histoire celtique ou gauloise

1336. — PEZRON (Le R. P. Dom P.) — Antiquité de la Nation et de la langue des celtes, autrement appelez gaulois. — Paris, *Gabriel Martin, 1704, in-12 rel.*

1337. — PELLOUTIER (Simon). — Histoire des Celtes, et particulièrement des Gaulois et des Germains, depuis les temps fabuleux, jusqu'à la prise de Rome par les Gaulois. Nouvelle édition, revue, corrigée et augmentée, par M. de Chiniac. — Paris, *Quillau, 1770, 8 vol. in-12 rel.*

1338. — BARAILON (J. F.) — Recherches sur plusieurs monuments celtiques et romains. — Paris, *Dentu, 1806, in-8°.*

1339. — LA TOUR D'AUVERGNE-CORRET. — Origines gauloises, celles des plus anciens peuples de l'Europe, puisées dans leur vraie source, ou Recherches sur la langue, l'origine et les antiquités des Celto-Bretons de l'Armorique, pour servir à l'histoire ancienne et moderne de ce peuple, et à celle des français. On a ajouté à la partie historique et didactique de cet ouvrage, un tableau méthodique, etc. — Paris, *Quillau, an Ve de la République française, in-8° rel.*

1340. — THIERRY (Amébée). — Histoire des Gaulois, depuis les temps les plus reculés jusqu'à l'entière soumission de la Gaule à la domination romaine. — Paris. *Didier et Cie, 1857, in-8°, 2 vol.*

1341. — HALLÉGUEN (Le Dr). — Les Celtes, les Armoricains, les Bretons, nouvelles recherches sur l'Armorique bretonne. — Paris, *Durand, 1859, in-8°.*

1342. — BOURDON de SIGRAIS (C. G.). — Considérations sur l'esprit militaire des Gaulois, pour servir d'éclaircissements préliminaires aux mêmes recherches sur les Français, et d'introduction à l'histoire de France. — Paris, *Veuve Desaint, 1774, in-12 v. porph. fil. d. s. tr.*

1343. — ROGER (Bon de Belloguet). — Ethnologie gauloise, etc. — Paris, *B. Duprat, 1861, in-8°.*

1344. — Do. — Ethnogénie gauloise. — 3e partie. — Génie gaulois. — Paris, *Maisonneuve, 1868, in-8°.*

C. — Origine des Français. Etablissement de la monarchie dans les Gaules.

1345. — MOET DE LA FORTE MAISON (M.). — Les Francs, leur origine et leur histoire dans la Pannonie, la Mésie, la Thrace, etc., etc. La Germanie et la Gaule, depuis les temps les plus reculés, etc. — PARIS, *A. Franck, 1868, 2 vol. in-8°.*

1346. — DUBOS (L'abbé J. B.). — Histoire critique de l'établissement de la monarchie dans les Gaules. — PARIS, *Nyon, 1742, in-4° 2 vol. rel.*

1347. — HÉNAULT (Le Président C. J.). — Histoire critique de l'établissement des Français dans les Gaules. — PARIS, *F. Buisson, an IX (1801), in-8°, 2 vol. rel.* (2 exempl.).

1348. — ROBINET (EDMOND). — L'Europe. Histoire des nations européennes. France. — PARIS, *Langlois et Leclerq, 1845, 1 vol. in-8° br.*

D. — Mœurs et usages, antiquités et monuments.

1349. — ACADÉMIE CELTIQUE (Mémoire de l'), ou recherches sur les antiquités celtiques, gauloises et françaises. — PARIS, *Dentu, 1807-1810, in-8°, 5 vol. v. m. fil.*

1350. — AUBERT DE LA CHESNAYE DES BOIS. — Dictionnaire historique des mœurs, usages et coutumes des Français, contenant aussi les établissements, fondations, époques, anecdotes, progrès dans les sciences et dans les arts, etc., etc., depuis l'origine de la monarchie jusqu'à nos jours. — PARIS, *Vincent, 1767, in-8°, 3 vol. rel.*

1351. — BOUCHÉ (DE CLUNY, J.-B.). — Druides et Celtes, ou histoire de l'origine des sociétés et des sciences. — PARIS, *Victor Lecou, 1848, in-8° rel.*

1352. — COULANGES (FUSTEL DE). — Histoire des Institutions politiques de l'ancienne France. Première partie : l'Empire romain. Les Germains. La Royauté mérovingienne. — PARIS, *Hachette et Cⁱᵉ, 1875, in-8° br.*

1353. — LUMINA (E.-J. POULLIN DE). — Usages et mœurs des Français, ouvrage où l'on traite de l'origine de la nation, de l'établissement de la monarchie, etc. — LYON, *L.-J. Berthoud* ; PARIS, *Saillant et Nyon, 1769, in-12 rel.*

1354. — AUSSY (P.-J. Bapt. Le Grand d'). — Histoire de la vie privée des Français, depuis l'origine de la nation jusqu'à nos jours ; nouvelle édit., avec des notes, corrections et additions, par J.-B.-B. de Roquefort. — Paris, *Simonet, 1815, in-8°, 3 vol.*

1355. — CHALLAMEL (Augustin). — Mémoires du peuple français, depuis son origine jusqu'à nos jours. Ouvrage couronné par l'Académie française. — Paris, *Hachette, 1873, in-8°, 8 vol.*

1356. — DESMAZE (Charles). — Les pénalités anciennes. Supplices, prisons et grâces en France, d'après les textes inédits.— Paris, *H. Plon, 1866, in-8°* (pl.).

1357. — MONTEIL (A.-A.). — Histoire des Français des divers Etats, ou Histoire de France aux cinq derniers siècles ; 3e édit. — Paris, *veuve Lecou, 1848, g^d in-8°, 5 vol. rel.* (Fig.)

1358. — LA BÉDOLLIÈRE (E. de). — Mœurs et vie privée des Français, depuis l'origine de la Monarchie française. — Paris, *A. Rigaud, 1855, 3 vol. in-8°.*

1359. — MARCHANGY (L.-A.-F. de). — Tristan le Voyageur, ou la France au xive siècle ; 2e édit. — Paris, *N. Canel, 1825-1826, in-8°, 6 vol.*

1360. — GUIZOT. — Histoire de la civilisatiou en France, depuis la chute de l'Empire romain ; 4e édit. — Paris, *Didier, 1843, 5 vol. rel.*

1361. — THIERRY (Augustin). — Recueil des monuments inédits du Tiers-Etat. 1re série. Chartes, coutumes, actes municipaux, etc., etc. Région du Nord. — Paris, *F. Didot, 1850, in-4° cart.* (Documents inédits de l'histoire de France).

1362. — KŒNIGSWARTER (E.-J.). — Histoire de l'organisation de la famille en France. — Paris, *A. Durand, 1851, in-8°.*

1363. — LEYMARIE (M.-A.). — Histoire des paysans en France. — Paris, *Guillaumin et Cie, 1856, in-8°, 2 vol.*

1364. — DONIOL (Henry). — Histoire des classes rurales en France et de leurs progrès dans l'égalité civile, etc. 2e édit. (2e tirage). — Paris, *Guillaumin et Cie, 1867, in-8° rel.*

1365. — MARCHANGY (L. A. F. de). — La Gaule poétique, 3e édit. — Paris, *C. F. Patris, 1849, in-8°, 8 vol.*

1366. — EFFEN (Juste Van). — Le nouveau spectateur français, ou Discours dans lesquels on voit un portrait naïf des mœurs de ce siècle. — Amsterdam, *Herman Vytwerf, 1742, in-12 rel.*

1367. — NOLIVOS DE Sᵗ-CYR. — Tableau du siècle. — GENÈVE, *1759, in-12 rel.* avec : (Mᵐᵉ Riccoboni). Lettres de Milady Juliette Catesby, à Milady Henriette Campley, son amie. — AMSTERDAM, *1759, 2 tomes en un vol.*

1368. — TILLY (Le Cᵗᵉ P. A. DE). — Ses mémoires, pour servir à l'histoire des mœurs de la fin du 18ᵉ siècle. — PARIS, *1828, in-8°, 2 vol. cart.*

1369. — MERLE (J. T.) — L'Espion anglais, ou Correspondance entre deux Milords sur les mœurs publiques et privées des français. — PARIS, *L. Collin, 1809, in-8°, 2 vol. rel.*

1370. — GALLAIS (Y. P.) — Mœurs et caractères du dix-neuvième siècle. — PARIS, *Belin Le Prieur, 1817, in-8°, 2 vol. cart.*

1371. — HENNIN (M.) — Les monuments de l'histoire de France, catalogue des productions de la sculpture, de la peinture, etc. — PARIS, *J. F. Delion, 1856, in-8°, 10 vol.*

1372. — LE NOIR (ALEX.) — Description historique et chronologique des monuments de sculpture réunis au Musée des monuments français ; augmentée d'une dissertation sur la barbe et les coutumes de chaque siècle et un Traité de la peinture sur verre, par le même, 7ᵉ édition. — PARIS, *an XI (1803), in-8°.*

1373. — LABORDE (Le Cᵗᵉ ALEX. DE). — Monuments de la France. — PARIS, *P. Didot, 1816, et F. Didot, 1836, gᵈ in-f°, 2 vol. rel.*

1374. — Dᵒ. — Dᵒ, dᵒ, dᵒ, dᵒ. — (Donné à la Bibliothèque par M. Violeau).

1375. — JUBINAL (A.) — Explication de la danse des morts de la Chaise-Dieu, fresque du XVᵉ siècle (pl.) — PARIS, *1841, in-4°.*

1376. — CHÉRUEL (A.) — Dictionnaire historique des institutions, des mœurs et des coutumes de la France, 6ᵉ édition. — PARIS, *Hachette, 1884, 2 vol. in-8°.*

E. — Histoire générale de France sous les trois races

1377. — CHRONIQUES (les grandes) de France, nouvellement imprimées à Paris, avec plusieurs incidences survenues durant les règnes des Très-Chrétiens rois de France, tant ès-Royaumes d'Itallie, d'Allemaigne, d'Agleterre, d'Espaigne, Hongrie, Jhérusalem, Ecoce, Turquie, Flandres et autres lieux circonvoisins. Avec la chronique frère Robert Gaguin, contenue à la chronique Martinienne. Ils se vendent à Paris, en la Grant rue Saint-Jacques, à l'Enseigne Saint-Claude (à la fin du 3ᵉ volume). Imprimées à Paris, l'an mil cinq cent et quatorze, le 1ᵉʳ jour d'Octobre, etc., *petit in-f°, 3 vol.* cour. en vélin, d. s. tr. Lettres gothiques, fig. sur bois.

1378. — PAUL-EMILE. — Pauli Æmilii Veronensis, historici clarissimi, de rebus gestis Francorum, ad christianissimum Galliorum Regem Franciscum Valesium, cius nominis primum, libri decem.

Additum est de Regibus item Francorum chronicon, ad hæc usque tempora studiosissimè deductum, cum rerum maximè insignium indice copiosissimo. — Parisiis, *Ex officinâ Michaëlis Vascosani, 1539, in-f°* *rel.* p. p. s. et réglé. (Fig. sur bois), relié avec : C. Julii Cæsaris rerum ab se gestarum commentarii.

De bello Gallico libri. viii

De bello Ciuili Pompeiano libri. iii

De bello Alexandrino liber. i

De bello Africo liber. i

De bello Hispaniensi liber. 1

Omnia collatis vetustis exemplaribus tam scriptis quàm impressis accurate emendata. Pictura totius Galliæ, Pontis in Rheno, Avarici, Alexiæ, etc., etc. Veterum Galliæ locorum, populorum, urbium, etc. brevis descriptio. Eutropii epitome belli Gallici ex Suetonii Tranquilli monumentis quæ desiderantur.—Parisiis, *Ex officinâ Michaëlis Vascosani, 1543, in-f°*, pp. l. et réglé. Le tout en un vol.

1379. — GAGUIN (Robert). — Les chroniques de France ; excellents et vertueux gestes des Très-Chrétiens Rois et Princes qui ont régné audit pays depuis l'excidion de Troye-la-Grande, jusqu'au règne du très-chrétien, vertueux et magnanime Roi François Ier de ce nom, à présent régnant, auquel Dieu doint très bonne vie ; avec plusieurs incidents, choses notables et singulières advenues durant les temps et règnes des dits Rois et Princes. Composées en latin par frère Robert Gaguin et depuis, en l'an 1514, translatées de latin en notre vulgaire français ; ensemble aussi plusieurs additions des choses advenues au temps et règne de Louis douzième jusques à l'heure de son trépas, lequel Dieu veuille le mettre et colloquer en son royaume de Paradis.

Imprimé à Paris par Michel Lenoir, marchant libraire, iuré de l'Univers, sité de Paris, demourant en la Grant Rue Sainct-Jacques, à l'enseigne de la Rose blanche couronnée, mil cinq cens et seize, le huitième jour de may, in-4°, velin. (Incunable).

1380. — DUPLEIX (Scipion). — Histoire générale de France, jusqu'à Louis XIII compris, avec l'état de l'Eglise et de l'Empire ; les mémoires des Gaules depuis le déluge jusques à l'établissement de la Monarchie française, etc., 5e édit. — Paris, *Cl. Sonnius et Denis Béchet, 1639, in-f°*, 6 vol. rel.

1381. — D°. — Abrégé de l'histoire de France, avec l'estat de l'Eglise et de l'Empire, etc. — Paris, *D. Béchet, 1662, 4 vol. in-12 rel.*

1382. — MEZERAY (F.-E. de). — Histoire de France, depuis Faramond jusqu'à maintenant. Œuvre enrichie de plusieurs belles et rares antiquités, et d'un abrégé de la vie de chaque Reine, etc. ; avec les portraits au naturel des Rois, des Reines et des Dauphins, tirés de leurs chartes, effigies, etc. Le tout, embelli d'un recueil nécessaire des médailles qui ont été fabriquées sous chaque règne, etc. — Paris, *Mathieu Guillemot, 1643-51, in-f°, 3 vol. rel.* (Fig.)

1383. — D°. — Histoire de France, depuis Pharamond jusqu'au règne de Louis-le-Juste, enrichie de plusieurs belles et rares antiquités, et de la vie des Reines, etc. — Paris, *D. Thierry et autres, 1685, 3 vol. in-f° reliés.*

1384. — D°. — La même. Imprimée aux frais du gouvernement. — Paris, *Août 1830, in-8°, 18 vol. cart.*

1385. — D°. — Abrégé chronologique, ou Extrait de l'histoire de France. — Paris, *L. Billaine, 1668, in-4°, 3 vol. rel.* (Fig.)

1386. — D°. — Le même ; nouvelle édit. augmentée. — Amsterdam, *David-Mortier, 1755, in-12, 14 vol. rel.*

1387. — DANIEL (Le Père G.). — Histoire de France depuis l'établissement de la monarchie française dans les Gaules, dédiée au Roy. — Paris, *J.-B. Delespine, 1713, 3 vol. in-f° rel.*

1388. — D°. — Abrégé de l'histoire de France, depuis l'établissement de la monarchie française dans les Gaules. — Paris, *Denis Mariette, 1731, in-12, 8 vol. rel.*

1389. — D°. — Histoire de France, depuis l'établissement de la monarchie française dans les Gaules ; nouvelle édit. augmentée de notes, de dissertations critiques et historiques de l'histoire du règne de Louis XIII et d'un journal de celui de Louis XIV, et ornée de plans, cartes géographiques, médailles et monnaies de chaque règne. — Paris, *chez les Libraires associés, 1755-57, in-4°, 17 vol. rel.* (2 exempl.)

1390. — HÉNAULT (Le Pt C.-J.-F.). — Abrégé (Nouvel) chronologique de l'histoire de France, contenant les événements de notre histoire, depuis Clovis jusqu'à Louis XIV, les Guerres, les Batailles, etc. — Paris, *Prault, 1749, 2 vol. petit in-8° rel.*

1391. — D°. — Abrégé (Nouvel) chronologique de l'histoire de France, contenant les événements de notre histoire, depuis Clovis jusqu'à Louis XIV ; 6e édit. — Paris, *Prault, 1761, petit in-8°, 2 vol. rel.*

1392. — D°. — Abrégé (Nouvel) chronologique de l'histoire de France, contenant les événements de notre histoire, depuis Clovis jusqu'à Louis XIV, les guerres, les batailles, les sièges, etc. Nos lois, nos mœurs, nos usages, etc. — PARIS, *Prault et autres, 1756, 2 vol. petit in-8° rel.*

1393. — D°. — Le même ; nouvelle édit. — PARIS, *Prault, 1768, petit in-8°, 3 vol. rel.*

1394 — VELLY, VILLARET et GARNIER. — Histoire de France, depuis l'établissement de la monarchie jusqu'au règne de Louis XIV. — PARIS, *Desaint et Saillant, 1761-86, in-12, 30 vol. rel.*

1395. — D°. — Histoire de France, depuis l'établissement de la monarchie jusqu'au règne de Louis XIV. — PARIS, *Saillant et Nyon, 1769, 30 vol. in-18 rel.*

1396. — RONDONNEAU. — Table des matières des trente volumes de l'histoire de France de Velly, Villaret et Garnier. — PARIS, *veuve Desaint, an VIII, in-12, 3 vol. rel.*

1397. — ZANNONI (RIZZI). — Atlas historique de la France ancienne et moderne, contenant tous les lieux illustrés par les événements les plus mémorables de notre histoire, etc., depuis Pharamond jusqu'à Louis XV, dressé pour servir à la lecture de l'histoire de Velly et Villaret, mis au jour et exécuté par le sieur Desnos. — PARIS, *1765, in-4°,* v. f. fil. (armoirié).

1398. — D°. — Le même atlas. Revu, corrigé et considérablement augmenté par M. B. B. — PARIS, *1782, in-4° rel.*

1399. — FANTIN DESODOARDS (ANT.) — Histoire de France, commencée par Velly, Villaret et Garnier, 2e partie, depuis la naissance de Henri IV jusqu'à la mort de Louis XVI. — PARIS, *Mame frères, 1808, in-12, 26 vol. rel.* (les derniers exceptés).

1400. — LAUREAU. — Histoire de France, avant Clovis, pour servir d'introduction à celle de Vely, etc., contenant l'origine et les mœurs des Gaulois avant les Romains, etc. — PARIS, *Lamy, 1786, in-12 rel.* (2 exempl.) fig.

1401. — GAILLARD (M.) — Observations sur l'histoire de France de Messieurs Velly, Villaret et Garnier. — PARIS, *Xhrouet et autres, 1806, in-12, 4 vol.*

1402. — ANQUETIL. — Histoire de France depuis les Gaulois jusqu'à la fin de la monarchie, par M. Anquetil. — PARIS, *Garnery, 1805, 14 vol. in-4°.*

1403. — D°. — Histoire de France, depuis les Gaulois jusqu'à la mort de Louis XVI. — PARIS, *Amable Coste*, *1817*, *9 vol. in-8° rel.*

1404. — D°. — Histoire de France, depuis les Gaulois jusqu'à la mort de Louis XVI. Nouvelle édition. — PARIS, *Lecointe et Durey*, *1820*, *in-18*, *15 vol. cart.*

1405. — D°. — La même. Nouvelle édition, continuée jusqu'en 1838, par M. Louis de Malflatrie. — PARIS, *Philippe*, *1839*, *in-8°*, *6 vol. rel.*

1406. — MICHELET (J.) — Histoire de France. — PARIS, *L. Hachette*, *1833*, *in-8°.*

1407. — MARTIN (HENRI). — Histoire de France, depuis les temps les plus reculés jusqu'à 1789, 4e édition. — PARIS, *Furne*, *1855*, *in-8°*, *16 vol. (port.)*

1408. — D°. — Histoire de France, depuis d°, d°, d°, d°, *1861*, *17 vol. in-8°.*

1409. — D°. — Histoire de France, depuis 1789 jusqu'à nos jours. — Paris, *Jouvet et Furne*, *1885*, *8 vol. in-8°.*

1410. — LAVALLÉE (TH.) — Histoire des Français, depuis le temps des Gaules jusqu'en 1830. — PARIS, *Hetzel et Paulin*, *1841*, *vol. in-8° br.*

1411. — D°. — Histoire des Français, depuis le temps des Gaulois jusqu'en 1830, 80 gravures sur acier formant la galerie complète des portraits des rois de France et des personnages les plus célèbres, d'après les tableaux authentiques du Musée de Versailles, 5e édit. — PARIS, *J. Hetzel*, *1845*, *g^d in-8°*, *2 vol. rel.*

1412. — DAREST (C.) — Histoire de France, depuis les origines jusqu'à nos jours. — PARIS, *Plon*, *1865*, *in-8°*, *6 vol.*

1413. — HISTOIRE POPULAIRE de France. — PARIS, *Ch. Lahure*, *L. Hachette*, *1862*, *in-4°*, *8 vol. rel.*

1414. — GUIZOT. — L'histoire de France, racontée à mes petits enfants. — PARIS, *L. Hachette*, *1872*, *5 vol. g^d in-8°.*

1415. — CAVAILHON. — Exposition de l'histoire de France, depuis le commencement de la monarchie jusqu'à la paix d'Aix-la-Chapelle sous Louis XV, en 1748, par M. C***. — PARIS, *Saillant et Nyon*, *1775*, *in-12 relié.*

1416. — DREUX DU RADIER. — Tablettes historiques et anecdotes des Rois de France, depuis Pharamond jusqu'à Louis XV, 2e édit. — LONDRES et PARIS, *Veuve Duchesne*, *1766*, *in-12*, *3 vol. rel.*

1417. — MILLOT (L'abbé C. F. X.). — Elémens de l'histoire de France, depuis Clovis jusqu'à Louis XV, 6ᵉ édit. — Paris, *Durand, 1792, in-12, 3 vol. rel.*

1418 — Dᵒ. — Les mêmes, 6ᵉ édit. — Paris, *P. E. G. Durand, 1787, in-12, 3 vol. rel.*

1419. — LE RAGOIS (L'abbé). — Instruction sur l'histoire de France et l'histoire romaine. — Paris, *A. Pralard, 1762, in-12 rel.*

1420. — Dᵒ. — Instruction sur l'histoire de France et l'histoire romaine, avec un abrégé des métamorphoses d'Ovide ; de l'histoire poétique, de la géographie, et une chronique de nos Rois, en vers, Nˡˡᵉ édit. augmentée, jusqu'à la mort de Louis XVI. — Amsterdam et Paris, *H. Barbou, 1797, in-12 rel.*

1421. — Dᵒ. — La même, suivie d'un Abrégé de géographie, avec la division de la France par préfectures, etc., etc. Nˡˡᵉ édit. ornée de portraits des 78 rois de France, et augmentée d'un précis sur l'histoire de la Révolution jusqu'à l'armistice conclu après la célèbre bataille de Marengo. — Paris, *H. Tardieu, an IX, in-12 rel.*

1422. — ABRÉGÉ de l'histoire de France, à l'usage des élèves de l'Ecole militaire, Nˡˡᵉ édit. continuée jusqu'en 1811. — Paris, *Patris, 1811, in-12, 2 vol. rel.*

1423. — Dᵒ. — Abrégé de l'histoire de France. (Cours d'études à l'usage des élèves de l'ancienne école royale militaire. — *2 vol. in-8ᵒ rel.* (en mauvais état).

1424. — MABLY (L'abbé). — Observations sur l'histoire de France. — Genève, *1765, in-12, 2 vol. rel.*

1425. — Dᵒ. — Les mêmes, Nˡˡᵉ édit. continuée jusqu'au règne de Louis XIV et précédée de l'éloge historique de l'auteur, par l'abbé Brizard. — Kell, *1788, in-12, 4 vol. rel.*

1426. — Dᵒ. — Les mêmes ; nouvelle édit., revue par M. Guizot. — Paris, *J.-L.-J. Brière, 1823, in-8ᵒ, 3 vol. rel.*

1427. — THIERRY (Augustin). — Lettres sur l'histoire de France, pour servir d'Introduction à l'étude de cette histoire ; 2ᵉ édit. — Paris, *Sautelet et Cⁱᵉ, 1829, in-8ᵒ rel.*

1428. — Dᵒ. — Lettres sur l'histoire de France, pour servir d'introduction à l'étude de cette histoire. — Paris, *Furne et Cie, 1851, 1 vol. in-8ᵒ br.*

1429. — D°. — Œuvres complètes. — Paris, *Furne, 1851, 1 vol.* (le 6e) *in-8° br.*

1430. — D°. — Dix ans d'études historiques; 4e édit. — Paris, *Just Tenor, 1842, 1 vol. in-8° rel.*

1431. — VIARD. — Epoques les plus intéressantes de l'histoire de France, servant d'explication au Tableau chronologique de cette histoire, extrait des meilleurs historiens. — Paris, *Durand, 1778, in-12 rel.*

1432. — DUPUIS. — Histoire des Révolutions de France, depuis le commencement de la monarchie jusqu'en 1788, avec des réflexions sur leurs causes et leurs motifs, pour faire suite à celles de Vertot et d'Orléans. — Paris, *Baudoin, 1801, 2 vol. in-12 rel.*

1433. — BODIN (Félix). — Résumé de l'histoire de France jusqu'à nos jours. — Paris, *Lecointe et Durey, Alexis Johanneau, Baudouin frères, 1821, 1 vol. petit in-12 br.*

1434. — D°. — Résumé de l'histoire de France jusqu'à nos jour. Seconde édition. — Paris, *Lecointe et Durey, Alexis Johanneau, Baudouin frères, 1822, 1 vol. in-16 rel.*

1435. — SÉGUR (C^{to} de). — Histoire de France. *9 vol. in-8°.* Les 20, 21, 22, 23, 24, 25, 31, 32, 33 des Œuvres complètes. — Paris, *Alexis Eymery, librairie-éditeur,* m. dccc. xxiv.

1436. — BLANCHARD (P.). — Beautés de l'histoire de France, ou Epoques intéressantes, etc. 5e édit. — Paris, *Blanchard, 1813, in-12, relié.*

1437. — DURDENT (A.-J.). — Epoques et faits mémorables de l'histoire de France, depuis l'origine de la monarchie jusqu'à l'arrivée de Louis XVIII dans sa capitale. — Paris, *A. Eymery, 1814, in-12 rel.*

1438. — CAYOT-DELANDRE. — Tableau abrégé de l'histoire de France, depuis le commencement de la monarchie jusqu'à l'avènement de Louis-Philippe Ier, roi des Français. — Rennes, *Molliex;* Paris, *Debure et autres, 1831, vol. in-8° br.*

1439. — DUPRÉ (L'abbé), chanoine de Bordeaux. — Essai sur les comtes de Paris, au profit de l'œuvre des mères de famille. — Paris, *Vaton, 1841, 1 vol. in-8° br.*

1440. — DUMAS (Alexandre). — Gaule et France, avec une introduction aux scènes historiques. — Paris, *Ch. Gosselin, 1842. 1 vol. in-8° br.*

1441. — SACY (C.-L.-M. de). — L'honneur français, ou histoire des vertus et des exploits de notre nation depuis l'établissement de la monarchie jusqu'à nos jours. — Paris, *Nyon, 1783, in-12, 12 vol. rel.*

1442. — SERRES (de). — Histoire de France. — Paris, *1658, 1 vol. in-12 rel.*

1443. — MARCEL (Guillaume). — Histoire de l'origine et des progrès de la Monarchie française, suivant l'ordre des temps ; où tous les faits historiques sont prouvés par des titres authentiques et par les auteurs contemporains. — Paris, *Thierry, 1686, 4 vol. petit in-8° rel.*

1444. — GIRARD (Bernard de). — De l'Estat et Succez des affaires de France, augmenté de plusieurs belles recherches contenât sommairem't l'histoire des rois de France et les choses plus remarquables par eux instituées pour l'establissement, etc. — Paris, *L'Huiller, 1695, 1 vol. in-12 rel.*

1445. — ALLETZ (P.-A.). — L'art de fixer, dans la mémoire, les faits les plus remarquables de l'histoire de France, avec un Abrégé de tout ce que nos meilleurs historiens rapportent de plus intéressant, etc., etc. — Paris, *G. Desprez, 1745, petit in-8° rel.* (2 exempl.)

1446. — BERTOUX (Guillaume). — Anecdotes françaises, depuis l'établissement de la Monarchie jbsqu'au règne de Louis XV. — Paris, *Vincent, 1772, 2 vol. in-12 rel.*

1447. — BURETTE (Théodose). — Histoire de France, depuis l'établissement des Francs dans la Gaule jusqu'en 1830, enrichie de 500 dessins par Jules David, gravés par V. Chevin. — Paris, *Ducrocq, 2 vol. in-4°.*

1448. — BRÉARD (Ch) — Un Corsaire normand. Mémoires de Jean Doublet, de Honfleur. Extrait de la *Revue historique.* 1 pl. de 58 pages *in-8° br.*

1449. — BORDIER (Henri) et CHARTON (Edouard). — Histoire de France, depuis les temps les plus anciens jusqu'à nos jours, d'après les documents originaux et les monuments de l'art de chaque époque. — Paris, *Bureaux du Magasin pittoresque, 1859, un vol. in-4° br.*

1450. — LAURENTIE (H.). — Histoire de France, 3e édit. — Paris, *Ed. Lagny, 1867, 8 vol. in-8° rel.*

1451. — MICHEL (Francisque). — Mémoires de Jean sire de Joinville, ou histoire et chronique du très-chrétien roi Saint-Louis, publiés par

Franc. Michel, précédés d'une étude sur Joinville, par A. F. Didot, et d'une notice sur les manuscrits du sire de Joinville, par M. Paulin Paris, 4e édit. — Paris, *F. Didot, frères, 1871, 2 vol. in-12 br.*

1452. — MUSÉE DES ARCHIVES NATIONALES. — Documents originaux de l'histoire de France exposés dans l'hôtel Soubise, ouvrage enrichi de 1,200 fac-simile, etc. — Paris, *H. Plon, 1872, in-4°.*

1453. — HISTOIRE de l'esprit révolutionnaire des nobles en France sous les soixante-huit rois de la monarchie, par Baudoin, frères. — Paris, *1818, 2 vol. in-8°.*

F. — Collection de chroniques et de mémoires historiques.

1454. — RECUEIL des historiens des Gaules et de la France.

Tome XXe, contenant la 1re livraison des monuments des règnes de Saint-Louis, de Philippe-le-Hardi, de Philippe-le-Bel, de Louis X, de Pilippe V et de Charles IX, depuis 1226 jusqu'en 1328, publié par MM. Daunou et Naudet. — Paris, *Imprimerie royale, 1840, in-f° rel.*

D°. — D°. — Tome XXI', contenant la 2e livraison d°, d°, d°, d°, d°, d°, d°, d°, d°, publié par MM. Guigniaut et de Wailly. — Paris, *Imprimerie impériale, 1855, d°.*

D°. — D°. — Tome XXIIIe, contenant la 4e livraison d°, d°, d°, d°, d°, d°, publié par MM. de Wailly, Delisle et Jourdain. — Paris, *Imprimerie nationale, 1876, d°.*

1455. — EGINARD. — Histoire de l'empire d'Occident, de la traduction de M. Cousin. — Paris, *Veuve A. Cellier, 1684, in-12, 2 vol. rel.*

1456. — MICHAUD et POUJOULAT. — Nouvelle collection des Mémoires relatifs à l'Histoire de France, depuis le 13e siècle jusqu'à la fin du 18e siècle, précédés de notices biographiques et littéraires sur chaque auteur des Mémoires, et accompagnés d'éclaircissements historiques. — Paris, *Didier, 1854, gd in-8°, 34 vol. rel.*

1er Vol. — Geoffroy de Villehardouin. — De la conquête de Constantinople (1198-1207).

Henri de Valenciennes. — Fondation de l'Empire latin de Constantinople.

Jean, Sire de Joinville. — Ses Mémoires : Histoire de Saint-Louis (1240-1270).

PIERRE SARRASINS et autres chroniqueurs. — Sur le règne de Saint-Louis et les deux premières croisades.

BERTRAND DU GUESCLIN (13....-1380). — Anciens Mémoires du 14e siècle.

CHRISTINE DE PISAN. — Le livre des faits et bonnes mœurs du sage roi Charles V (1336-1372), 1re partie.

2e Vol. — CHRISTINE DE PISAN. — Do, do. 2e partie.

EXTRAITS DES CHRONIQUEURS. — Sur les règnes de Philippe-le-Hardi, etc., jusqu'à Jean II.

JEAN LE MAINGRE, dit BOUCICAUT. — Le livre des faits du maréchal de Boucicaut (1368-1461).

JEAN JUVÉNAL DES URSINS. — Histoire de Charles VI, roi de France (1380-1482).

PIERRE DE FENIN. — Mémoires sur le règne de Charles VI (1407-1427).

ANONYME. — Journal d'un bourgeois de Paris (1400-1422).

3e Vol. — ANONYME. — Mémoires sur Jeanne-d'Arc (1422-1429).

EXTRAITS DES CHRONIQUEURS. — Pour servir à l'Histoire de Jeanne-d'Arc.

GUILLAUME GRUEL. — Histoire d'Artus III, comte de Richemont (1413-1457).

ANONYME. — Journal d'un bourgeois de Paris sous le règne de Charles VII (1424-1440).

OLIVIER DE LA MARCHE. — Mémoires (1435-1489).

JACQUES DU CLERC. — Mémoires (1448-1467).

4e Vol. — PHILIPPE DE COMMINES. — Mémoires sur les règnes de Louis XI et de Charles VIII (1464-1498).

JEAN DE TROYES. — Chroniques scandaleuses : Histoire de Louis XI (1460-1483).

GUILLAUME DE VILLENEUVE. — Mémoires sur le règne de Charles VIII (1494-1497).

JEAN BOUCHET. — Panégyrique de Louis de la Trémouille (1460-1525).

LE LOYAL SERVITEUR. — Histoire du bon chevalier Bayard (1476-1524).

5e Vol. — ROBERT DE LA MARCK, seigneur de FLEURANGE. — Histoire des choses mémorables advenues des règnes de Louis XII et de François Ier (1499-1521).

LOUISE DE SAVOIE, mère de FRANÇOIS Ier. — Journal depuis 1476 jusqu'à 1522.

Martin et Guillaume du Bellay. — Mémoires depuis l'an 1513 jusqu'à la mort de François Ier (1547).

6e Vol. — François de Lorraine, duc d'Aumale et de Guise. — Mémoires concernant les affaires de France (1547-1561).

Louis de Bourbon, prince de Condé. — Mémoires contenant ce qui s'est passé de plus mémorable en France (1559-1564).

Antoine du Puget. — Mémoires relatifs aux troubles de Provence (1561-1596).

7e Vol. — Blaise de Montluc. — Commentaires où sont décrits les combats, rencontres, etc. (1521-1574).

François de Rabutin. — Commentaires des dernières guerres en la Gaule Belgique (1551-1558).

8e Vol. — Gaspard et Guillaume de Saulx Tavannes. — Mémoires (1515-1595).

Bertrand de Salignac. — Le siège de Metz par l'Empereur Charles-Quint en 1552.

Gaspard de Coligny. — Discours où sont contenues les choses qui se sont passées durant le siège de Saint-Quentin en 1557.

De la Chastre. — Mémoires du Voyage du duc de Guise en Italie, etc. (1556-1557).

Guillaume de Rochechouart. — Mémoires (1497-1558).

Achille Gamon, Jean-Philippi. — Mémoires (1558-1590).

9e Vol. — Maréchal de Vieilleville. — Mémoires (1527-1571).

Michel de Castelnau. — Mémoires (1559-1570).

Jean de Mergey. — Mémoires (1554-1589).

François de la Noue. — Mémoires (1562-1570).

10e Vol. — Boyvin du Villards. — Mémoires sur les guerres du Piémont, etc. (1550-1569).

Marguerite de Valois. — Mémoires (1569-1582).

Philippe de Cheverny. — Mémoires (1563-1599).

Philippe Hurault, évêque de Chartres. — Mémoires (1599-1601).

11e Vol. — Henri, duc de Bouillon. — Mémoires adressés à son fils, le prince de Sédan (1555-1586).

Charles, duc d'Angoulême. — Mémoires pour servir à l'histoire de Henri III et de Henri IV.

Nicolas de Villeroy. — Mémoires d'Etat (1581-1594).

Jacq.-Ang. de Thou. — Mémoires (1553-1601).

Jean Choisnin. — Mémoires sur l'élection du roi de Pologne (1571-1573).

Jacques Gillot, Louise Bourgeois, Dubois. — Relations de ce qui se passa au Parlement touchant la Régence de Marie de Médicis, etc.

Mathieu Merle et Saint-Auban. — Mémoires sur les guerres de religion (1572-1587).

Michel de Marillac et Claude Groulart. — Mémoires et voyages en cour (1588-1600).

12ᵉ Vol. — Pierre Victor Palma Cayet. — Chronologie novenaire, contenant l'histoire de la guerre et les choses les plus mémorables advenues sous le règne de Henri IV (1589-1598).

13ᵉ Vol. — Pierre Victor Palma Cayet. — Chronologie septenaire, contenant l'histoire de la paix et les choses les plus mémorables advenues depuis la paix de Vervins (1598), jusqu'à la fin de 1604.

14ᵉ Vol. — Pierre de l'Estoile. — Registre-journal d'un curieux, etc., pendant le règne de Henri III (1574-1589), publié d'après le manuscrit autographe presqu'entièrement inédit, par MM. Champollion.

15ᵉ Vol. — Pierre de l'Estoile. — Mémoires et journal depuis la mort de Henri III (1589), jusqu'en 1611.

16ᵉ Vol. — Maximilien de Béthune, duc de Sully. — Mémoires des sages et royales æconomies d'Estat, etc., de Henri-le-Grand (1570-1605).

17ᵉ Vol. — Maximilien de Béthune, duc de Sully. — Mémoires des sages et royales æconomies d'Estat, etc. de Henri-le-Grand (1605-1628).

Marbault, secrétaire de Duplessis-Mornay. — Remarques inédites sur les Mémoires de Sully.

18ᵉ Vol. — Président Jeannin. — Négociations (1598-1609).

19ᵉ Vol. — Fontenay-Mareuil. — Mémoires (1609-1647).

Phélipeaux de Pontchartrain. — Mémoires concernant les affaires de France sous la régence de Marie de Médicis (1610-1620).

Michel de Marillac. — Relation exacte de tout ce qui s'est passé à la mort du maréchal d'Ancre.

Duc de Rohan. — Mémoires sur les choses advenues en France, depuis la mort de Henri IV jusqu'à la paix faite avec les réformés (1629). Mémoires sur la guerre de la Valteline.

20ᵉ Vol. — MARÉCHAL DE BASSOMPIERRE. — Mémoires (1597-1640).

MARÉCHAL D'ESTRÉES. — Mémoires contenant les choses les plus remarquables arrivées sous la régence de Marie de Médicis et le règne de Louis XIII.

THOMAS DU FOSSÉ. — Mémoires du sieur de Pontis (1597-1652).

21ᵉ Vol. — CARDINAL DE RICHELIEU. — Mémoires sur le règne de Louis XIII, 1ʳᵉ partie (1600-1629).

22ᵉ Vol. — Dᵒ, dᵒ. — 2ᵉ partie (1629-1635).

23ᵉ Vol. — Dᵒ. — Mémoires et Testament (1633-1638).

ARNAULD D'ANDILLY. — Mémoires (1610-1656).

L'abbé ANTOINE ARNAULD. — Mémoires contenant quelques anecdotes de la cour (1634-1675).

GASTON, duc D'ORLÉANS. — Mémoires contenant ce qui s'est passé en France de plus considérable (1608-1636).

Duchesse DE NEMOURS. — Mémoires contenant ce qui s'est passé pendant la guerre de Paris jusqu'à la prison du cardinal de Retz, en 1652, etc.

24ᵉ Vol. — Madame DE MOTTEVILLE. — Mémoires (1615-1666).

Le Père BERTHOD. — Mémoires (1652-1653).

25ᵉ Vol. — Cardinal DE RETZ. — Vie et Mémoires (1648-1679).

26ᵉ Vol. — GUY JOLY. — Mémoires (1648-1665).

CLAUDE JOLY. — Mémoires concernant le cardinal de Retz (1650-1655).

PIERRE LENET. — Mémoires concernant l'histoire du prince de Condé, depuis 1627 jusqu'au traité des Pyrénées, en 1659.

27ᵉ Vol. — Comte DE BRIENNE. — Mémoires contenant les événements remarquables du règne de Louis XIII et de Louis XIV, jusqu'à la mort du cardinal Mazarin (1615-1661).

Comte DE MONTRÉSOR. — Mémoires (1632-1637).

M. DE FONTRAILLES. — Relation faite des choses particulières de la Cour.

Comte DE LA CHATRE. — Mémoires contenant la fin du règne de Louis XIII, etc. (1642-1643).

Maréchal DE TURENNE. — Mémoires contenant l'histoire de sa vie, depuis 1643 jusqu'à 1659.

Duc D'YORK. — Mémoires sur les événements arrivés en France de 1652 à 1659.

28ᵉ Vol. — Mademoiselle DE MONTPENSIER. — Mémoires (1627-1686).

VALENTIN CONRART. — Mémoires (1652-1664).

29ᵉ Vol. — Mˢ DE MONGLAT. — Mémoires contenant l'histoire de la guerre entre la France et la maison d'Autriche, depuis 1635 jusqu'en 1660.

DUC DE LA ROCHEFOUCAULD. — Mémoires (1630-1652).

JEAN HÉRAULT DE COURVILLE. — Mémoires, etc. (1642-1698).

30ᵉ Vol. — OMER TALON. — Mémoires continués par Denis Talon (1630-1653).

Abbé DE CHOISY. — Mémoires pour servir à l'histoire de Louis XIV.

31ᵉ Vol. — HENRI, duc DE GUISE. — Mémoires (1647-1648).

Maréchal DE GRAMONT. — Mémoires donnés par son fils (1604-1677).

Comte DE GUICHE. — Relation du passage du Rhin.

MARÉCHAL DU PLESSIS. — Mémoires (1622-1671).

M. DE *** (Mˢ DE BRÉGY). — Mémoires pour servir à l'histoire du 17ᵉ siècle (1613-1690).

32ᵉ Vol. — MÉMOIRES DE M. DE LA PORTE, 1ᵉʳ valet de chambre de Louis XIV, contenant plusieurs particularités des règnes de Louis XIII et de Louis XIV.

MÉMOIRES DU CHEVALIER TEMPLE.

HISTOIRE DE MADAME HENRIETTE D'ANGLETERRE, par Mᵐᵉ de Lafayette.

MÉMOIRES DE LA COUR DE FRANCE, pendant les années 1688 et 1689.

MÉMOIRES DU Mˢ DE LA FARE.

MÉMOIRES DU Mᵃˡ DE BERWICK.

SOUVENIRS DE Mᵐᵉ DE CAYLUS.

MÉMOIRES DU Mˢ DE TORCY, 1ʳᵉ, 2ᵉ et 3ᵉ partie.

33ᵉ Vol. — Mᵃˡ DE VILLARS. — Mémoires (1672-1734).

COMTE DE FORBIN. — Mémoires (1677-1710).

DUGUAY-TROUIN. — Mémoires (1689-1710).

34ᵉ Vol. — Duc DE NOAILLES. — Mémoires politiques et militaires pour servir à l'histoire de Louis XIV et de Louis XV, etc.

DUCLOS. — Mémoires secrets sur les règnes de Louis XIV et de Louis XV (1710-1725).

Mᵐᵉ DE STAAL-DELAUNAY. — Mémoires écrits par elle-même.

1457. — MONSTRELET (Enguerrand de). — Choix de chroniques et et Mémoires sur l'histoire de France, avec notices biographiques, par J.-A.-C. Buchon. — Paris, *A. Desrez, 1836, g⁴ in-8° rel.*

1458. — CHOIX DE CHRONIQUES ET MÉMOIRES sur l'histoire de France, avec notices biographiques, par J.-A.-C. Buchon.

PHILIPPE DE COMMINES. — Mémoires sur les règnes de Louis XI et Charles VIII.

GUILLAUME DE VILLENEUVE. — Mémoires sur l'expédition de Naples.

OLIVIER DE LA MARCHE. — Mémoire sur la Maison de Bourgogne.

GEORGES CHASTELAIN. — Chronique de J. de La Lain.

J. BOUCHET. — Chronique de la Trémouille. — Paris, *Aug. Desrez, 1839, g⁴ in-8° rel.*

G. — Collections et dissertations particulières.
Recueils de Diplômes et de Chartes.

1459. — HÉRISSANT. — Nouvelles recherches sur la France, ou Recueil de Mémoires historiques sur quelques provinces, villes et bourgs du Royaume. — Paris, *Hérissant fils, 1766, in-12, 2 vol. rel.*

1460 — BREQUIGNY (de) et PARDESSUS. — Tables chronologiques des diplômes, chartes, titres et actes imprimés, concernant l'histoire de France. — Paris, *imprimerie nationale, 5ᵉ et 6ᵉ vol., in-fᵒ.*

1461. — BREQUIGNY (de) el LA PORTE DU THEIL. — (Diplomata, chartæ, Epistolæ, Leges aliaque instrumenta ad res Gallo-Franciscas spectantia prius collecta.) Jubente ac moderante Academia inscriptionum et humaniorum litterarum edidit J.-M. Pardessus. — Lutetiæ Parisiorum, *ex typographeo Regio, 1843, in-fᵒ, 3 vol.*

1462. — DIPLOMATA ET CHARTÆ. — Merovingiæ ætatis in archivo Franciæ asservata. — Paris, *Kœppelin, 1848, in-8° br.*, avec 5 Atlas grand in-fᵒ, fac-simite des diplômes et chartes.

1463. — TEULET (Alexandre) et JOSEPH de LABORDE. — Layettes et Trésor des Chartes. — Paris, *H. Plon, 1863 et 1881, in-4°.* Le 1ᵉʳ et le 3ᵉ tome.

1464. — CHAMPOLLION-FIGEAC.— (Lettres des Rois, Reines et autres personnages des cours de France et d'Angleterre, depuis Louis VII jusqu'à Henri IV, tirées des archives de Londres, par Bréquigny et publiées par). — Paris, *imprimerie royale, 1839, in-4° cart., 2 vol.*

1465. — MARTENNE et DURAND (Dom). — Voyage littéraire de deux religieux bénédictins de la Cie de Saint-Maur, où l'on trouvera :

1° Quantité de pièces, d'inscriptions et d'épitaphes, servant à éclaircir l'histoire, etc.

2° Plusienrs usages des Eglises cathédrales et des monastères, touchant la discipline et l'histoire des Eglises des Gaules.

3° Les fondations des monastères et une infinité de recherches curieuses et intéressantes qu'ils ont faites dans près de cent évêchés et huit cents abbayes, etc. — PARIS, *F. Delaulne et autres, 1717 et 1724, in-4°, 2 vol.*, l'un relié en vélin.

1466. — MAURY (ALFRED). — Rapport adressé à M. le Ministre de l'instruction publique, des cultes et des beaux-arts sur les archives nationales, pour les années 1876 et 1877. — PARIS, *imprimerie nationale, 1878, g^d in-8°.*

1467. — LA MARCHE (LEROY DE). — Inventaires et documents publiés par la Direction générale des archives nationales. Titres de la maison ducale de Bourbon. — PARIS, *Plon et Cie, 1882, 1 vol. in-4° br.*

1468. — BERNARD (AUGUSTE). — (Des chartes de l'abbaye de Cluny, recueil formé par), et publié par Alexandre Bruel. Tome 3°, 987-1027. — PARIS, *imprimerie nationale, 1884, in-4° rel.* (A joindre aux autres tomes.)

1469. — VALOIS (NOEL). — [Archives nationales. Inventaires et documents publiés par la Direction générale des archives nationales. Inventaire des arrêts du Conseil d'Etat (règne de Henri IV), par]. — PARIS, *imprimerie nationale, 1886, in-2 br.* (Tome 1er.)

H. — Mélanges historiques.

1470. — MÉZERAY (F.-E. DE). — Mémoires historiques et critiques sur divers points de l'histoire de France et plusieurs autres sujets curieux. — AMSTERDAM, *J.-F. Bernard, 1753, in-12, 2 tomes en 1 vol. rel.*

1471. — LONGUERUE (E. DUFOUR DE). — Recueil de pièces intéressantes pour servir à l'histoire de France, et autres morceaux de littérature trouvés dans les papiers de M. l'abbé de Longuerue. — GENÈVE, *1769, in-12 rel.*

1472. — MONTEIL (AMANS-ALEXIS). — Traité des matériaux manuscrits de divers genres d'histoires ; nouvelle édit., augmentée de la manière de considérer ce Traité et de s'en servir. — PARIS, *E. Duverger, 1838, in-8°, 2 vol.*

1473. — CHAMPOLLION-FIGEAC. — (Mélanges historiques inédits tirés des collections manuscrites de la Bibliothèque royale et des archives ou des Bibliothèques des départements, publiés par M.). — Paris, *F. Didot,* in-4°, 4 vol. cart., 1841-43-47-48.

1474. — STERN (Denis) [Mme d'Agoult]. — Mes souvenirs, 1806-1833. — Paris, *Calman Lévy, 1877, in-8° br.*

1475. — BUSSIÈRE (Jean du Tillet, Sieur de la), protonotaire et secrétaire du Roy, greffier de son Parlement. — Recveil des Roys de France, leur couronne et Maison, ensemble le rang des Grands de France, plus une chronique abrégée, etc.— Paris, *Barthélemy Massé, au Mont Saint-Hilaire, à l'Ecu de Bretaigne, 1607.* Fleuron ; marque typographique : Dextra vincit, Læva perimit ; a Sinistra caveto ; *in-4° rel.*

J. — Ouvrages qui se rapportent à certaines époques de l'histoire de France.

1476. — GRÉGOIRE de TOURS (Saint). — L'histoire des François de Saint Grégoire, Evesque de Tours ; qui vivait il y a près d'onze cents ans. Avec le Supplément de Fredegaire, écrit par les ordres de Childebrand, frère de Charles Martel. De la traduction de M. de Marolles, abbé de Villeloin. Avec des remarques. — Paris, *Frédéric Léonard, 1668,* in-8°, 2 vol. rel.

1477.— D°. — (Histoire ecclésiastique des François de), suivie d'un sommaire de ses autres ouvrages, et précédée de sa vie écrite au xe siècle, par Odon, abbé de Cluny. Traduction nouvelle, par Henri Bordier. — Paris, *F. Didot frères, 1862, 2 vol. in-12 br.*

1478. — GALIEN (ou Molien), de Château-Thierry (Mme). — Apologie des Dames, appuyée sur l'histoire. — Paris, *Didot, 1748, 1 vol. in-12 relié.*

1479. — GAILLARD. — 1° Histoire de la rivalité de la France et de l'Angleterre. — Paris, *Saillant et Nyon, 1771, 3 vol. in-12 rel.*

2° Histoire de la querelle de Philippe de Valois et d'Edouard III, continuée sous leurs successeurs. — Paris, *Moutard, 1774, 4 vol. in-12 reliés.*

3° Supplément à l'histoire de la rivalité de la France et de l'Angleterre. — Paris, *Moutard, 1777, 4 vol. in-12 rel.*

Nota. — *Ces 11 volumes sont compris sous le même numéro.*

1480. — THIERRY (Augustin). — Récits des temps mérovingiens, précédés de considérations sur l'histoire de France. — Paris, *J. Tessier*, *1842, in-8°, 2 vol. rel.*

1481. — LAVEAUX (J.-Ch.). — Histoire des premiers peuples libres qui ont habité la France. — Paris, *Moutardier, an VI (1798), in-8° 3 vol. rel.*

1482. — RÉGNIER, Sr de la PLANCHE. — Histoire de l'Estat de France, tant de la République que de la Religion, sous le règne de François II. — Paris, *Techener, 1836, in-4° rel.*, publiés par M. Mennechet. (Don de M. Mauriès, bibliothécaire.)

1483. — VARILLAS (A.). — La minorité de Saint-Louis, avec l'histoire de Louis XI et de Henri II; 2e édit. — La Haye, *A. Moëtzens, 1687, in-12*, mar. r. fil. d. s. tr.

1484. — COLLECTION DE DOCUMENTS INÉDITS SUR L'HISTOIRE DE FRANCE. — Relation des ambassadeurs vénitiens sur les affaires de France au xvie siècle, recueillies et traduites par M. *N. Tommaseo.* — Paris, *imprimerie royale, 1838, in-4°, 2 vol.*

1485. — D°, d°, d°, d°. — Négociations diplomatiques entre la France et l'Autriche durant les trente premières années du xvie siècle, publiées par M. Le Glay. — Paris, *imprimerie royale, 1845, in-4°, 2 vol. cart.*

1486. — D°, d°, d°, d°, publiés par les soins du Ministre de l'instruction publique. Mélanges historiques. Choix de documens. — Paris, *imprimerie nationale, 1873-77-80-82-86, in-4°, 5 vol. cart.*

1487. — FROISSARD (Jean). — Ses chroniques, avec notes, éclaircissements, tables et glossaire, par J.-A.-C. Buchon. — Paris, *A. Desrez, 1840, 3 vol. petit in-4° ret.*

1488. — SOULAVIE l'aîné (J.-L). — Histoire de la décadence de la Monarchie française, et des progrès de l'autorité royale à Copenhague, Madrid, Vienne, Stockolm, Berlin, Pétersbourg, Londres, depuis l'époque où Louis XIV fut surnommé *le Grand*, jusqu'à la mort de Louis XVI, suivie de trois grands tableaux formant Atlas, etc. — Paris, *L. Duprat, Letellier et Cre, 1803, 3 vol. rel. ; Atlas in-4° cart.*

1489. — CHATELLIER (A. du). — Invasions de l'étranger dans les 14e et 15e siècles. — Paris, *Guillemin et Cie, 1872, in-8° br. de 66 pages.*

K. — Histoire particulière de France sous chaque race

a. — *Les deux premières races (418-986)*

1490. — GAILLARD (G. H.) — Histoire de Charlemagne, précédée de considérations sur la première race et suivie de considérations sur la seconde. — Paris, *Moutard, 1782, in-12, 4 vol. rel.* (2 exemp).

1491. — LAUREAU, écuyer, historiographe de Mgr Cte d'Artois. — Histoire de France avant Clovis, précédant et faisant partie de l'histoire de France commencée par MM. Velly et Villaret, et continuée par M. Garnier, etc. — Paris, *Nyon, 1789, 2 vol., pt in-8° rel.*

1492. — MAIMBOURG (L). — Histoire de la décadence de l'Empire, après Charlemagne et des différents des Empereurs avec les Papes, au sujet des Investitures et de l'indépendance. — Paris, *Séb. Mabre-Cramoisy, 1686, in-4° rel.*

1493. — JUSTE. — Histoire de Charlemagne. — Bruxelles, *Jamar, 1 vol. in-8° br.* (sans date).

b. — *Troisième race. De Hugues Capet (987 à 1328)*

1494. — JOINVILLE (Jean, Sire de). — Histoire de St-Louis, ixe du nom, Roi de France, écrite par Jean, Sire de Joinville, sénéchal de Champagne ; enrichie de nouvelles observations et dissertations histori-ques, avec les Etablissements de St-Louis, le Conseil de Pierre de Fontaines, et plusieurs autres pièces concernant ce règne, tirées des manuscrits par Charles Du Fresne, sieur du Cange. — Paris, *Sébastien Mabre-Cramoisy, 1668, in-f° rel.*

1495. — D°. — Histoire de St-Louis. Les annales de son règne par Guillaume de Nangis. Sa vie et ses miracles par le confesseur de la Reine Marguerite. Le tout publié d'après les manuscrits de la bibliothèque du Roi, et accompagné d'un glossaire. — Paris, *imprimerie royale, 1761, in-f° rel.* (2 exemp.)

1496. — D°. — Histoire de St-Louis, Roi de France, édition dédiée à la Jeunesse française, par M. P. Gervais. — Paris, *1822, in-12.*

1497. — FILLEAU DE LA CHAISE (Jean). — Histoire de St-Louis, divisée en 15 livres. — Paris, *J. Coignard, 1668, in-4°, 2 vol. rel.*

1498. — VOLTAIRE. — Histoire des Croisades. — *1753, in-24 rel.*

1499. — BURY (Rich. de). — Histoire de St-Louis, roi de France, avec un abrégé de l'histoire des Croisades. — Paris, *Veuve Desaint, 1775, in-12, 2 vol. rel.*

1500. — LUSSAN (Mlle de). — Anecdotes de la Cour de Philippe-Auguste. — Paris, *Knapen et autres, 1782, 3 vol. in-12 rel.*

1501. — MONMERQUÉ. — Dissertation historique sur Jean 1er, Roi de France et de Navarre, suivie d'une charte par laquelle Nicolas de Rienzi reconnait Giannino, fils supposé de Guccius, comme roi de France, et d'autres documents relatifs à ce fait singulier. — Paris, *Tabary, 1844, in-8° br.*

1502. - CAPEFIGUE. — Hugues Capet et la 3e race. — Paris, *Delahays, 1857, 2 vol. in-8° br.*

1503. — BACKER (L. de). — Guillaume de Kubrouck, ambassadeur de St-Louis, en Orient, récit de son voyage, traduit de l'original latin et annoté par Louis de Backer. — Paris, *E. Leroux, 1877, 1 vol. in-8° br.*

c. — *Première branche des Valois.*

1504. — BARANTE (de). — Histoire des ducs de Bourgogne de la Maison de Valois, 1364-1477. Nouvelle édit. — Paris, *Delloye, 1839, in-8°, 12 vol. rel.* (et les planches).

1505. — D°. — Autre exemplaire. Même édition.

1506. — COLLECTION DE DOCUMENTS INÉDITS SUR L'HISTOIRE DE FRANCE. — Chronique du religieux de Saint-Denis, contenant le règne de Charles VI, de 1380 à 1422, publiées en latin, pour la première fois, et traduite par M. L. Bellaguet. Précédée d'une introduction par M. de Barante. — Paris, *Crapelet, 1839, in-4°, 5 vol. cart.*

1507. — CHOISY (Abbé de). — Histoire de Charles VI, roi de France. — Paris, *J.-B. Coignard, 1695, petit in-4° rel.*

1508. — D°. — Histoire de France sous les règnes de Saint Louis, de Philippe de Valois, du roi Jean, de Charles V et de Charles VI. — Paris, *Didot et autres, 1750, 4 vol. petit in-8° rel.*

1509. — MÉNARD (Claude). — Histoire de Bertrand Du Guesclin. — Paris, *Séb. Cramoisy, 1618, in-4° rel.*

1510. — GUYARD de BERVILLE. — D°. — Paris, *H.-C. de Hansy, 1767, in-12, 2 vol. rel.*

1511. — D°, d°. — Paris, *Nyon, 1807, 2 vol. in-8° rel.*

1512. — D°, d°. — Lyon, *Buynand, 1817, 2 vol. in-8° rel.*

1513. — D°, d°, abrégé par G. Masselin. — Paris, *A. Delalain, 1822, in-12 rel.*

1514. — LE FEBVRE. — Anciens Mémoires du quatorzième siècle depuis peu découverts, où l'on apprendra les avantures les plus surprenantes et les circonstances les plus curieuses de la vie du fameux Bertrand Du Guesclin. — Douai, *veuve Baltazar Bellère, 1692, in-4° relié.*

1515. — FRÉMINVILLE (Le Ch^{ier}). — Histoire de Bertrand Du Guesclin, connétable de France et de Castille, considérée principalement sous le rapport stratégique, poliorcétique et militaire en général ; spécialement destinée à l'usage de l'armée française et des élèves des Ecoles militaires du Royaume. — Brest, *A. Proux et Cie, 1841, in-8° rel.* (2 exempl.)

1516. — NOTICE sur un ancien portrait de Bertrand Du Guesclin, et recherches sur l'origine de la famille Du Guesclin. Particularités sur sa vie et ses campagnes en Bretagne. — S. d. ni n. d'aut. (2 exempl.)

1517. — JAMISON (D.-F.). — Bertrand Du Guesclin et son époque, traduit de l'anglais par ordre de S. Exc. le Maréchal comte Randon, Ministre de la Guerre, par J. Baissac, avec introd., notes, etc. ; édit. illustrée de 11 grav. sar acier. — Paris, *J. Rothschild, 1866, in-8°.*

1518. — LUCE (Siméon). — Histoire de Bertrand Du Guesclin et de son époque. — Paris, *Hachette et Cie, 1876, in-8° br.*

1519. — HORDAL (J.) — Heroinæ nobilissimæ Joannæ D'arc Lotharingæ vulgò Aurellianensis puellæ historia. Ex variis gravissimæ atque incorruptissimæ fidei scriptoribus excerpta. Ejusdem Mavortiæ Virginis Innocentia à calumniis vindicata. — Ponti-Mussi, *apud Bernardum M., 1612, in-8° rel.*

1520. — LENGLET DU FRESNOY (l'abbé N.) — Histoire de Jeanne d'Arc, dite la Pucelle d'Orléans. — Amsterdam, *1759, in-12,* 2 parties en 1 vol. rel. (2 exempl.)

1521. — CHAUSSARD (J. R. P.) — Jeanne d'Arc. Recueil historique et complet. — Orléans, *Darnault-Maurant, 1806, in-8°,* 2 vol. (port.)

1522. — O'REILLY (E.) — Les deux procès de condamnation, les enquêtes et la sentence de réhabilitation de Jeanne d'Arc, etc. — Paris, *H. Plon, 1868, in-8°,* 2 vol. br.

1523. — BERRIAT-SAINT-PRIX. — Jeanne d'Arc, ou coup d'œil sur les révolutions de France, au temps de Charles VI et de Charles VII, et surtout de la Pucelle d'Orléans. — Paris, *Pillet, 1817, in-8° rel.*

1524. — MONT-ROND. — Jeanne d'Arc ou le Récit d'un preux. — Paris, *Sagnier et Bray, 1844, in-12 br.*

1525. — JUILLY (Baudot de). — Histoire de Charles VII. — Paris, *de Luynes, 1697, in-12, 2 vol. rel.*

1526. — D°. — D°, d°. — *Didot et autres, 1754, 2 vol. p^t in-8° rel.*

1527. — DUCLOS (Ch. P. s^r). — Histoire de Louis XI. — La Haye, *1746, in-12, 2 vol. rel.*

1528. — COMMINES (Philippe de) [Mémoires de Messire], contenant l'histoire des Rois Louis XI et Charles VIII, depuis l'an 1464 jusqu'en 1498. Augmentez de plusieurs traitez, contracts, testaments, actes et observations, par feu M. Denis Godefroy. Dernière édit., divisée en 3 tomes, enrichie de portraits en taille douce et augmentée de l'Histoire de Louis XI, connue sous le nom de *Chroniques scandaleuses*. — Bruxelles, *François Foppens, 1714, in-8°, 3 vol. rel.*

1529. — PROCÈS-VERBAUX des séances du Conseil de Régence du Roi Charles VIII, pendant les mois d'août 1484 à janvier 1485, publiés d'après les manuscrits de la Bibliothèque royale, par A. Bernier. — Paris, *imprimerie royale, 1836, in-4°.*

1530. — JOURNAL DES ÉTATS-GÉNÉRAUX de France, tenus à Tours en 1484, sous le règne de Charles VIII, rédigé en latin par Jehan Masselin, député du bailliage de Rouen, publié et traduit pour la première fois sur les manuscrits inédits de la Bibliothèque du Roi, par A. Bernier. — Paris, *imprimerie royale, 1835, in-4°.*

1531. — TROYES (Jean de). — Histoire de Louis XI, Roi de France et des choses mémorables advenues de son règne, depuis l'an 1460 jusqu'en 1483 ; autrement dicte Chronique scandaleuse, escrite par un greffier de l'hostel de Ville, imprimée sur le vrai original de 1620, *1 vol. in-8° cart.*

1532. — GODEFROY (Théodore). — Histoire de Mr Jean de Boucicaut, mareschal de France, gouverneur de Gênes, et de ses mémorables faicts en France, Italie et autres lieux, des règnes des Rois Charles V et Charles VI jusques en l'an 1408. — Paris, *Pacard, 1620, in-4° rel.*

1533. — JALIGNY (Guillaume de). — Histoire de Charles VIII, Roy de France, où sont décretées les choses les plus mémorables arrivées pendant ce règne, depuis 1483 jusqu'en 1498. — Paris, *imprimerie royale, 1684, 1 vol. in-12 rel.*

1534. — LUSSAN (Mlle DE). — Histoire et règne de Charles VI. — Paris, *Pissot, 1753, 9 vol. p^t in-8° rel.*

1535. — VARILLAS. — Histoire de Charles VIII. — La Haye, *1691, in-12 rel.*

1536. — ROY (I. J. E.) — Histoire de Louis XII. — Milan et Paris, *chez Lostin, 1755, 3 vol. p^t in-8° rel.*

1537. — LEVESQUE. — La France, sous les cinq premiers Valois, ou histoire de France depuis l'avènement de Philippe de Valois jusqu'à la mort de Charles VII. — Paris, *de Bure, 1788, 4 vol. in-12 rel.*

1538. — SAINT-ESPRIT (Delandine de). — Histoire de Bayard. — Paris, *Debecourt, 1842, in-8° br.*

1539. — DUMAS (Alexandre). — Jehanne la Pucelle, 1429-1431. — Paris, *Magen et Comon, 1842, in-8° rel.*

1540. — BARTHÉLEMY (l'Abbé). — Histoire de Charles V, Roi de France. — Paris, *Debécourt, 1843, in-12 rel.*

1541. — TODIÈRE. — Charles VI, les Armagnacs et les Bourguignons. Paris, *Mame et Cie, 1848, 1 vol. in-8° rel.*

1542. — ARNOULT (A.) — Etudes historiques sur le communisme et les insurrections au 16e siècle. — Melun, *Thomas*, Paris, *Garnier frères, 1850, 1 plaq. de 80 pages, in-8° br.*

1543. — MONTEIL (A. A.) — Histoire des français des divers états, ou histoire de France aux cinq derniers siècles. — Paris, *Lecou, Girandet et Jouaust, 1853, 5 vol. in-8° br.*

1544. — QUICHERAT (J.) — Rodrigue de Villandrando, l'un des combattants pour l'indépendance française au 15e siècle. — Paris, *Hachette et Cie, 1879, in-8°.*

1545. — PETIT (Ernest). — (Itinéraires de Philippe-le-Hardi et de Jean-sans-Peur, ducs de Bourgogne, d'après les comptes de dépenses de leur Hôtel, recueillis et mis en ordre par). — Paris, *imprimerie nationale, 1888.*

d. — *Seconde branche des Valois, 1498-1589.*

1546. — SEYSSEL (Claude de). — Histoire de Louis XII, Roy de France, Père du peuple, et des choses mémorables advenues de son règne, depuis l'an 1498 jusques à l'an 1515; mise en lumière par Théodore Godefroy. — Paris, *Abraham Pacard, 1615, in-4° parch.*

1547. — MAULDE (M. de). — Procédures politiques du règne de Louis XII. — Paris, *imprimerie nationale, 1885, in-4° cart.*

1548. — MATHIEU (P.). — Histoire de France, sous les règnes de François Ier à Louis XIII, et des choses plus mémorables advenues aux autres Estats de la Chrétienté, depuis cent ans. — Paris, *veuve Nic. Buon, 1631, in-f°, 2 vol. rel.*

1549. — VARILLAS (A.). — Histoire de François Ier. A laquelle est jointe la comparaison de François Ier et de Charles-Quint. — La Haye, *Arnont Leers, 1684, in-12, 2 vol. rel.*

1550. — D°. — Histoire de Charles IX, enrichie à la fin de chaque tome des principaux endroits qu'on a retranchés dans l'édition de Paris. — Cologne, *P. Marteau, 1686, in-12 rel.*

1551. — D°. — Histoire de François Ier. — La Haye, *J. Van Ellinck-huysen, 1690, 3 vol. in-12 rel.*

1552. — D°. — Histoire de Henri Second. — La Haye, *Adrian Moetjens, 1693, 2 vol. in-12 rel.*

1553. — D°. — Histoire de François Second. — La Haye, *A. Moetjens, 1693, in-8° rel.*

1554. — D°. — Histoire de Henri III. — Paris, *Barbier, 1695, 3 vol. petit in-8° rel.*

1555. — GAILLARD (G.-H.). — Histoire de François Ier, roi de France, dit le Grand Roi et le Père des Lettres. — Paris, *Saillant, 1766 et suiv., in-12, 7 vol. rel.* (2 exempl.)

1556. — D°. — Autre exemplaire. — *4 vol.*

1557. — CHAMPOLLION-FIGEAC. — Collection des documents inédits sur l'histoire de France. — Captivité du Roi François Ier. — Paris, *imprimerie royale, 1847, in-4° cart.*

1558. — DU PRAT (Marquis). — Vie d'Antoine Du Prat, Chevalier, Seigneur de Nantouillet, Chancelier de France, etc. — Paris, *Techner, 1857, in-8°.* (Port.)

1559. — HISTOIRE du procès du chancelier Poyet, pour servir à celle du règne de François Ier, avec un chapitre préliminaire sur l'antiquité et la dignité de l'office de chancelier, et sur les vicissitudes qu'il a éprouvées, par l'*historiographe* sans gages et sans prétentions. — Londres, *1776, in-8° rel.*

1560. — BERVILLE (Guyard de). — Histoire de Pierre de Terrail, dit le chevalier Bayard, sans peur et sans reproches. — Paris, *C. de Hansy, 1768, 1 vol. in-12 rel.*

1561. — Dº. — Histoire de Pierre de Terrail, dit le chevalier Bayard, sans peur et sans reproches. — Lyon, *in-12 rel., Bernuset, 1786.*

1562. — Dº, dº, dº. Nouvelle édit. — Lyon, *Perisse frères, 1807, in-12, relié.*

1563. — CARLOIX (Vincent). — Mémoires de la vie de François de Scepeaux, sire de Vieilleville et comte de Duretal, Maréchal de France, contenant plusieurs anecdotes des règnes de François Iᵉʳ, Henri II, François II et Charles IX, etc. — Paris, *1757, H.-L. Guérin et L.-F. Delatour*, 5 vol. in-12 rel. v.

1564. — Dº. — Autre exemplaire. Même édit.

1565. — MARSOLLIER (J.). — Histoire de Henri de la Tour d'Auvergne, duc de Bouillon, où l'on trouve ce qui s'est passé de plus remarquable sous les règnes de François II, Charles IX, Henri III, Henri IV, la minorité et les 1ʳᵉˢ années de Louis XIII. — Paris, *F. Barois, 1719, in-12, 2 vol.*, mar. r. fil. d. s. tr.

1566. — CONDÉ (Louis Iᵉʳ de Bourbon, prince de). — Mémoires ou Recueil pour servir à l'histoire de France, contenant ce qui s'est passé de plus mémorable dans ce Royaume, sous les règnes de François II et Charles IX ; nouvelle édit. — Londres, *Claude du Bosse, 1740, in-12, 6 vol. rel.*

1567. — Dº. — Mémoires ou Recueil, etc., où l'on trouvera des preuves de l'histoire de M. de Thou, augmentés d'un grand nombre de pièces curieuses qui n'ont jamais été imprimées, et enrichis de notes historiques et critiques, avec plusieurs portraits et deux plans de la bataille de Dreux. — Paris, *Rollin fils, 1743, in-4º, 6 vol. rel.*

1568. — AUMALE (Le duc d'). — Histoire des Princes de Condé, pendant les 16ᵉ et 17ᵉ siècles, avec cartes et portraits. — Paris, *Michel Lévy frères, 1863, in-8º, 2 vol. br.*

1569. — CODORÉ (Olivier). — Bref et sommaire recueil de ce qui a esté faict, et de l'ordre tenu à la joyeuse et triomphante entrée de très puissant, très magnanime et très chrétien Prince Charles IX, de ce nom Roy de France, en sa bonne ville et cité de Paris, capitale de son Royaume, le Mardy, sixième jour de Mars, avec le couronnement de très haute, très illustre et très excellente Princesse, Madame Elizabeth d'Autriche, son espouse, le dimanche vingtcinquiesme, et entrée de la dicte Dame en icelle ville, le jeudi 29 du dict mois de Mai 1571. — Paris, *Denis du Pré, 1572, gᵈ in-8º rel.*, pp. réglé armorié.

1570. — MÉMOIRES de l'Estat de France, sous Charles Neuviesme, contenant les choses les plus notables, faites et publiées tant par les catholiques que par ceux de la Religion, depuis le troisiesme édit de pacification fait au mois d'Aoust 1570, jusques au règne de Henri troisième. Réduits en 3 volumes, etc. — MEIDELBOURG, *H. Wolf, 1576*, *parch.* (un seul vol.), 2 exempl.

1571. — MAIMBOURG (Le P. L.). — Histoire de la Ligue ; 2ᵉ édit. — PARIS, *Séb. Mabre-Cramoisy, 1683, in-12, 2 vol. rel.*

1572. — GOULARD (SIMON). — Mémoires de la Ligue, contenant les événements les plus remarquables depuis 1576, jusqu'à la paix accordée entre le Roi de France et le Roi d'Espagne, en 1598. Nouvelle édition, augmentée de notes critiques et historiques. — AMSTERDAM, *Arkstée et Merkus, 1758, in-4°, 6 vol. rel.*

1573. — CROZE (JOSEPH DE). — Les Guises, les Valois et Philippe II. — PARIS, *Amyot, 1866, in-8°, 2 vol. br.*

1574. — ANQUETIL (P.-L.-P.). — L'Esprit de la Ligue, ou histoire politique des troubles de France pendant les 16ᵉ et 17ᵉ siècle. — PARIS, *Hérissant fils, 1767, 3 vol. petit in-8° rel.*

1575. — Dᵒ, dᵒ, dᵒ, dᵒ ; 3ᵉ édit. — PARIS, *Moutard, 1783, in-12, 3 vol. reliés.*

1576. — HISTOIRE DES TROUBLES DE FRANCE. — Sous ce titre, on a réuni l'histoire des derniers troubles de France, de La Popelinière, reproduite par le frère de Laval, sous le point de vue catholique, formant le 1ᵉʳ vol., sans titre ni date. Le 2ᵉ vol. renferme le 5ᵉ livre des derniers troubles de France, contenant l'histoire des choses les plus mémorables advenues depuis la mort de Henri III, au mois d'août 1589, jusqu'au siège de la Fère, par Samuel du Lys Goulard (Simon), faisant suite aux Mémoires de la Ligue. — *L'an de notre salut. 1597, pt in-8°, 2 vol. rel. v. f. fil.*

1577. — PHILADELPHE (EUSÈBE). — Le Réveille-matin des Français et de leurs voisins, en forme de dialogues. — EDIMBOURG, *Jacques James, 1574, in-8° parch.*

1578. — COURTILZ DE SANDRAS. — Mémoires de M. le Marquis de Montbrun, fig. — AMSTERDAM, *1701, in-12, v. f. fil. d. s. tr.*

1579. — ETOILE (PIERRE DE L'). — Mémoires pour servir à l'histoire de France, contenant ce qui s'est passé de plus remarquable dans ce Royaume, depuis 1515 jusqu'en 1611, avec les portraits des Rois, Reines, Princes, etc. — COLOGNE, *chez les héritiers de Herman Denen, 1719, in-8°, 2 vol. rel.*

1580. — Dº. — Journal des choses mémorables advenues durant le règne de Henri III, Roi de France et de Pologne, édition nouvelle, augmentée de plusieurs pièces curieuses et enrichie de fig. et de notes, etc. — Dº, *chez les héritiers de Pierre Marteau, 1720, pᵗ in-8º, 2 vol. rel.*

1581. — RECUEIL de diverses pièces servant à l'histoire de Henri III, Roi de France et de Pologne. — Dº, dº, *1663, in-12*, mar. rouge, fil. d. s. tr. relié avec : Discours merveilleux de la vie, actions et déportements de la Reyne Catherine de Médicis. — LA HAYE, *1563.*

1582 — DISCOURS MERVEILLEUX de la vie, actions et déportements de Catherine de Médicis, Reyne mère, auquel sont recitez les moyens qu'elle a tenus pour usurper le gouvernement du Royaume de France, et ruiner l'état d'iceluy. — S. l. d'imp., *1775, pᵗ in-8º rel.* (attribué à Henri Estienne).

1583. — L'ESPINE DE GRAINVILLE. — Mémoires sur la vie de M. de Pibrac, avec les pièces justificatives, ses lettres amoureuses et ses quatrains. — AMSTERDAM, *Marc Michel Rey, 1761, in-12 rel.*

1584. — COLLECTION DE DOCUMENTS INÉDITS SUR L'HISTOIRE DE FRANCE. — Lettres de Catherine de Médicis, publiées par M. le Cᵗᵉ Hector de la Ferrière. — PARIS, *imprimerie nationale, 1880 et suivantes, in-4º, 3 vol. cart.*

1585. — VULSON DE LA COLOMBIÈRE. — Les portraits des hommes illustres français qui sont peints dans la Galerie du Palais Cardinal de Richelieu. Avec les principales actions, armes et devises. — PARIS, *François Mauger, 1668, in-12 rel.* (Port.)

1586. — BELLEY, Seigneur DE LANGEY (MARTIN DU). — Ses mémoires, contenant le discours de plusieurs choses advenues au royaume de France, depuis l'an 1513 jusqu'au trépas du roi François 1ᵉʳ auxquels l'autheur a inséré trois livres et quelques fragments des Ogdoades de Messire Guillaume du Belley, seigneur de Langey, son père. — PARIS, *L'Huillier, 1571, in-4º rel.*

1587. — COSSÉ (CHARLES DE), comte DE BRISSAC. — Mémoires du Sʳ François de Boyvin, Chʳ baron du Villars, bailly de Gex, conseiller et maître d'hostel ordinaire des Reynes Elizabeth et Loyse. — PARIS, *1629, J. Guignard, in-8º rel.*

1588. — TRAULTZ. — Discours merveilleux de la vie, des actions et déportements de la Reyne Catherine de Médicis, mère de François II, Charles IX, Henri III, rois de France. — LA HAYE, *1663, in-12 rel.*

1589. — DUPLEIX (Scipion). — Histoire de Henry III, roi de France et de Pologne. — Paris, *Bechet, 1663, in-12 rel.*

1590. — DUBOIS (L'abbé Ch. Fr.). — Histoire de la Ligue faite à Cambray entre Jules II, pape, Maximilien Ier, empereur, Louis XII, roi de France, Ferdinand V, roi d'Aragon et tous les princes d'Italie contre la République de Venise. — Paris, *H. Delaulne, 1709, 2 vol. in-12 rel.*

1591. — DUCLOS. — Histoire de Louis XI. — Paris, *frères Guérin, 1745, 3 vol. p^t in-8° rel.*

1592. — LUSSAN (Mlle de). — Anecdotes de la cour de François Ier. — Londres, *J. Nours, 1748, 3 vol in-12 rel.*

1593. — LAMBERT (L'abbé). — Histoire et règne de Henri II, roi de France. — Paris, *C. J. B. Bauche, 1755, 2 vol. p^t in-8^b rel.*

1594. — SECOUSSE. — Mémoire historique et critique sur les principales circonstances de la vie de Roger de St Lary de Bellegarde, maréchal de France. — Paris, *1764, in-8° rel.*

1595. — VOLTAIRE (Attribué à). — Tableau du siècle de Louis XII. — Amsterdam, *1769, in-12 rel.*

1596. — HISTOIRE du procès du chancelier Poyet, pour servir à celle du règne de François Ier, roi de France, par l'historiographe sans gages et sans prétentions. — Londres, *1776, in-8° rel.*

1597. — GOUESMAN. — Histoire politique des grandes querelles entre l'empereur Charles V et François Ier, roi de France ; avec une introduction contenant l'état de la milice et la description de l'art de la guerre avant et sous le règne de ces deux monarques. — Paris, *1777, 2 vol. in-8° rel.*

1598. — LACRETELLE (Charles). — Histoire de France pendant les guerres de religion, par Charles Lacretelle, membre de l'institut et professeur à l'académie de Paris. — Paris, *Delaunay, 1814, 4 vol. in-8°.*

1599. — SAINT-MAURICE. — Résumé de l'histoire des guerres de religion en France. — Paris, *Lecointe et Durcy, 1825, in-12 br.*

1600. — REY. — La captivité de François Ier. — Paris, *Techener, 1837, 1 vol. in-8° br.*

1601. — LA SAINT-BARTHÉLÉMY. — Extrait du précis de l'histoire de l'Eglise réformée de Paris, publié dans la nouvelle revue de théologie, par Ath. Coquerel, pasteur suffragant de l'église réformée de Paris. — Paris, *J. Cherbuliez*, Genève, *même maison*, Strasbourg, *au bureau de la Revue, 1839, une brochure g^d in-8°, de 78 pages.*

e. — *Branche des Bourbons. Henri IV. 1589-1610*

1602. — ETOILE (Pierre de l'). — Journal du règne de Henri IV, Roi de France et de Navarre, tiré sur un manuscrit du temps. — *1722, p^t in-8°, 2 tom. rel. en 1 vol.* (2 exempl.)

1603. — PÉRÉFIXE (Ardouin de). — Histoire de Henri-le-Grand. — *Jolly et L. Billaine, 1662, in-18 rel.*

1604. — D°. — D°. — Paris, *F. Didot, 1755, in-8° rel.*

1605. — D°. — Histoire de Henri-le-Grand, roi de France et de Navarre, suivie d'un recueil de quelques belles actions et des paroles mémorables de ce prince. — Paris, *Boiste, fils aîné, 1827, in-8° rel.*

1606. — D°. — D°, augmentée par l'auteur. — Paris, *veuve Savoye, 1776, in-12 rel.*

1607. — D°. — La même édition, ornée du portrait de Henri-le-Grand et du Fac-Simile de ses lettres. Dédiée au duc de Bordeaux par M. Paul Gervais Gatochy. — *1821, in-12 rel.*

1608. — BRIZARD (L'abbé G.). — De l'amour de Henri IV pour les lettres. — Paris, *Cazin, 1786, in-18,* v. porp. fil. d. s. tr.

1609. — COLLECTION DE DOCUMENTS INÉDITS SUR L'HISTOIRE DE FRANCE. — Recueil des Lettres Missives de Henri IV, publié par M. Berger de Xivrey. — Paris, *imprimerie royale, 1843 et suiv., in-4° cart., 5 vol.*

1610. — LETTRES INÉDITES DE HENRY IV, recueillies par le P^ce A. Galitzin. — Paris, *Techener, 1860, g^d in-8°.*

1611. — MUSSET de PATHAY (V. D. de). — Vie militaire et privée de Henri IV, d'après ses Lettres inédites au Baron de Batz, celles à Corisandre d'Andouins, à Sully, à Duplessis-Mornay, à Brantôme, ses harangues, son itinéraire, etc. ; précédée d'une notice sur Corisandre, et d'un précis des amours de Henri IV ; avec des notes historiques. — Paris, *J. Louis, an XII (1803), in-8° rel.*

1612. — COLLECTION DE DOCUMENTS INÉDITS SUR L'HISTOIRE DE FRANCE. — Procès-verbaux des Etats-Généraux de 1593, pub. par Aug. Bernard (de Montbrison). — Paris, *imprimerie royale, 1842, in-4° cart.*

1613. — SATYRE MÉNIPPÉE. — De la vertu du Catholicon d'Espagne et de la tenue des estats de Paris, à laquelle est ajousté un discours sur l'interprétation du mot de *Higuiero d'Infierno*, et qui en est l'autheur. Plus le regret sur la mort de l'Asne Ligueur d'une Damoiselle qui mourut durant le siège de Paris, avec des remarques et explications des endroits difficiles. — RATISBONNE, *Mathias Kerner, 1862, petit in-12*, v. f. fil. (fig.)

1614. — Dᵒ, dᵒ. Dernière édit., divisée en 3 tomes, enrichie de figures, augmentée de nouvelles remarques et de plusieurs pièces qui servent à prouver et à éclairer les endroits les plus difficiles. — RATISBONNE, *les héritiers Mathias Kerner, 1709, petit in-8ᵒ, 3 vol. rel.*

1615. — Dᵒ, dᵒ. — RATISBONNE, *1714*.

1616. — Dᵒ, dᵒ. — RATISBONNE, *les héritiers Mathias Kerner, 1726, petit in-8ᵒ, 3 vol. rel.*

1617. — Dᵒ, dᵒ. — PARIS, *Touquet, 1826*, édit. populaire, *in-32*; avec la Révocation de l'Edit de Nantes.

1618. — MONGEZ (A.). — Histoire de la Reine Marguerite de Valois, première femme de Henri IV. — PARIS, *Ruault, 1777, in-8ᵒ rel.*

1619. — DUVIGNEAU (M.). — Eloge historique d'Armand de Gontaud, Bᵒⁿ de Biron, Mᵃˡ de France, sous Henri IV, suivi de notes historiques sur les actes de valeur et de patriotisme de la noblesse de Guienne et particulièrement de celle de Gascogne, sous les règnes de François Iᵉʳ, Henri II, François II, Charles IX, Henri III, Henri IV, depuis 1522 jusqu'en 1592. — GENÈVE, *1786, 2 vol. petit in-8ᵒ*, pp. fort. rel.

1620. — SULLY (MAXIMILIEN DE BÉTHUNE, DUC DE). — Mémoires mis en ordre avec des remarques, par M. L. D. L. D. L. — LONDRES, *1747, 8 vol. in-8ᵒ rel.*

1621. — Dᵒ. — Ses Mémoires, mis en ordre par l'abbé P. M. de l'Ecluse des Loges. — LONDRES, *1768, in-12 rel.* Tomes 4, 5, 7 et 8 et supplément tome 9.

1622. — Dᵒ. — Ses Mémoires, mis en ordre, avec des remarques, par M. L. D. L. D. L., Nˡˡᵉ édit. — LONDRES, *1778, in 12, 8 vol. rel.*

1623. — Dᵒ. — Mémoires ou Œconomies royales d'Etat, Domestiques, Politiques et Militaires de Henri-le-Grand. — AMSTERDAM, *aux dépens de la Cⁱᵉ, 1725, in-12, 12 vol. rel.* (Don de M. Bornic).

1624. — JEANNIN (Le Président). — Négociations diplomatiques et politiques, sous François Iᵉʳ, Henri IV et Louis XIII inclusivement, Nˡˡᵉ édit. — PARIS, *Petit, 1819, in-8ᵒ, 3 vol. rel.*

1625.— CHEVERNY (Chancelier de France), [Mémoires de].— Avec des notes critiques et des observations très étendues sur ces Mémoires. — Paris, *Deterville, an II, 2 vol. in-8° rel.*

1626. — ANQUETIL (L. P.). — L'intrigue du cabinet sous Henri IV et Louis XIII, terminée par la Fronde. — Paris, *Moutard, 1780, in-12, 4 vol. rel.*

1627. — D°. — L'intrigue du Cabinet sous Henri IV et Louis XIII, terminée par la Fronde. — Paris, *Nicolle, 1809, 4 vol. in-8° rel.*

1628. — PERRENS (F. T.). — L'Eglise et l'Etat en France, sous le règne de Henri IV et la régence de Marie de Médicis (ouvrage couronné par l'Académie française). — Paris, *A. Durand et Pedone-Lauriel, 1872, in-8°, 2 vol.*

1629. — URBAN (Mis Fortia d'). — Vie de Louis Balbe-Berton de Crillon, surnommé le Brave, et mémoires des Règnes de Henri II, François II, Charles IX, Henri III et Henri IV, pour servir à l'histoire de son temps. — Paris, *Nyon l'aîné, 1781, in-8° rel.*

1630. — D°. — Vie de Louis de Berton de Crillon des Balbes, surnommé le brave Crillon, suivie de Notes historiques et critiques. — Paris, *Dupont et Roret, 1825, 3 vol. in-8° br.*

1631. — AUBIGNÉ (Théodore Agrippa d') [Mémoires de la vie de], écrits par lui-même, avec les mémoires de Frederic Maurice de la Tour, prince de Sédan. Une relation de la Cour de France en 1700, par M. Priolo, ambassadeur de Venise, et l'histoire de M. de Mucy. — Amsterdam, *Frédéric Bernard, 1731, 1 vol. in-12 rel.*

1632. — D°, d°, publiés pour la première fois d'après le manuscrit de la Bibliothèque du Louvre, suivis de fragments de l'histoire universelle de d'Aubigné et de pièces inédites, par M. Ludovic Lalanne. — Paris, *Charpentier, 1854, 1 vol. in-8° br.*

1633. — CASTILLE (L'abbé de). — Les Négociations de M. le président Jeannin. — Amsterdam, *1695, 4 vol. petit in-8° rel.*

1634.— MARGUERITE DE VALOIS, Reine de France.— Ses Mémoires, auxquels on a ajouté son éloge, celui de M. de Bussy et la fortune de la Cour. — La Haye, *A. Moetjens, 1715, in-12 rel.*

1635. — BURY (de). — Histoire de la vie de Henri IV, roi de France et de Navarre, dédiée à S. A. Sérénissime Mgr le prince de Condé. — Paris, *Saillant, 1766, 4 vol. petit in-8° rel.*

1636. — BACON (J.-B.-P.).— Panégyrique de Henri le Grand, ou éloge historique de Henri IV, roi de France et de Navarre, contenant les actions de sa vie et les principaux événements de son règne ; avec des notes et des observations critiques. — PARIS, *d'Houry et Prault, 1769, 1 vol. in-12 rel.*

1637. — DUGOUR (D.-L.-D.-G.). — Histoire publique et secrète de Henri IV, roi de France et de Navarre. — PARIS, *Carnery, 1790, 1 vol. in-12 rel.*

1638. — BOUTRAYS. — Nouvelle histoire de Henri IV, roi de France et de Navarre, par M. B***, avocat. — PARIS, *Née de la Rochette et autres, 1790, 1 vol. in-12 rel.*

1639. — GENLIS (Comtesse DE). — Histoire de Henri le Grand. — PARIS, *Maradan, 1816, 2 vol. petit in-8° rel.*

1640. — SAINT-AULAIRE (Le marquis DE). — Les derniers Valois, les Guise et Henri IV. — PARIS, *M. Lévy frères, 1854, in-8° br.*

1641. — GUADET (J.). — Henri IV. Sa vie, ses écrits, 2ᵉ édit. Précédée d'une notice biographique sur l'auteur. — PARIS, *Alp. Picard, 1882, in-8° br.*

f. — *Louis XIII. — (1610-1643).*

1642. — LE VASSOR (MICHEL). — Histoire du règne de Louis XIII, roi de France et de Navarre, 4ᵉ édit. — AMSTERDAM, *1713, in-12, 10 tomes en 13 vol. rel.*

1643. — BURY (DE). — Histoire de la vie de Louis XIII, roi de France et de Navarre. — PARIS, *Saillant, 1768, 4 vol. in-12 rel.*

1644. — D°. — Autre exemplaire.

1645. — CELLOT (P.-L.). — Panegyrici flexienses Ludovico XIII Francorum et Navarræ Regi christianissimo. Dicti à L. Cellotio, Parisiensi et societate Jesu. — FLEXIÆ, *Apud G. Laboe et M. Guyot, 1629.* Relié avec : Musæ flexienses Ludovico XIII. Regi christianissimo justo pioque Principi De Rebellione et Perfidia triomphanti canunt. Epinicium. — FLEXIÆ, *Apud G. Laboe et M. Guyot, 1629, pᵗ in-4° rel.*

1646. — CAPEFIGUE (B. H. R.) — Richelieu, Mazarin, La Fronde et le règne de Louis XIV. — PARIS, *Dufey, 1835, in-8°, 4 vol. rel.*

1647. — PONTIS (Sʳ ᴅᴇ). — Mémoires du sieur de Pontis, qui a servi dans les Armées cinquante-six ans, sous les règnes de Henri IV, Louis XIII et Louis IV, contenant plusieurs circonstances remarquables des Guerres, de la Cour et du Gouvernement de ces Princes. — Amsterdam, s. n. d'imp., *1749, in-12, 2 vol. rel.*

1648. — Dᵒ. — Le même. — Paris, *Libraires associés, 1766,* dᵒ, dᵒ.

1649. — BRIENNE (Cᵗᵉ ᴅᴇ). — Recueil de diverses pièces curieuses, pour servir à l'histoire. — Cologne, *1664, in-12 rel.*

1650. — ARCONVILLE (Mᵐᵉ ᴅ'). — Vie de Marie de Médicis, princesse de Toscane, Reine de France et de Navarre. — Paris, *Ruault, 1774, in-8ᵒ, 3 vol. rel.*

1651. — Dᵒ. — *Autre exempl. br.*

1652. — MÉZERAY (F. E. ᴅᴇ). — Histoire de la mère et du fils, c'est-à-dire de Marie de Médicis, femme du Grand Henry et mère de Louis XIII, roi de France et de Navarre, — Amsterdam, *Le Cène, 1730, in-12, 2 vol. rel.*

1653. — Dᵒ. — Dᵒ. — *1731.*

1654. — MORGUES (Mathieu ᴅᴇ). — Recueil de pièces pour la défense de la Reine, mère du Roi très-chrétien Louis XIII, dernière édition, augmentée de plusieurs choses qui ne sont point aux éditions contrefaites, etc. — Anvers, *1633, in-4ᵒ rel.*

1655. — RECUEIL de pièces historiques des années 1617 et 1618, dans lesquelles se trouvent :

1ᵒ Le Traité de la Cour, d'*Eustache de Refuge*, sans désig. de lieu d'imp., *1617.*

2ᵒ Récit véritable de ce qui s'est passé au Louvre depuis le vingt quatriesme avril, jusques au départ de la Royne mère du Roy, etc.— Paris, *A. Saugrain, 1617.*

3ᵒ Lettre du Roy aux Gouverneurs de ses Provinces. — Paris, *F. Morel et P. Mettayer, 1617.*

4ᵒ Discours sur l'heureux retour de Mʳˢ les Princes, adressée à Mᵍʳ le duc de Nevers. — Paris, *Jⁿ Arry, 1617.*

5ᵒ Déclaration du Roy, en faveur des Princes, Ducs, Pairs, Officiers de la Couronne, Seigneurs, Gentilshommes et autres, qui s'estaient éloignez de S. M. — Paris, *F. Morel et P. Mettayer, 1617.*

Et 44 autres pièces relatives au règne de Louis XIII, publiées en 1617 et 1618. Le tout contenu en *1 vol. in-12 cart.*

1656. — Recueil des pièces les plus curieuses qui ont été faites pendant le règne du connétable, M. de Luynes ; 4ᵉ édit., augmentée des pièces les plus rares de ce temps. — Sans désign. de lieu d'imp., *1622, petit in-8°*, maroq. vert doré sur tr.

1657. — VIALART DE SAINT-PAUL (Cʜ.). — Histoire du Ministère d'Armand J. du Plessis, Cardinal duc de Richelieu, sous le règne de Louis-le-Juste, XIIIᵉ du nom, avec les réflexions politiques et diverses lettres contenant les négociatious des affaires de Piémont et de Montferrat. — *1650, in-fᵒ rel.*

1658. — LE CLERC (M.). — La vie du Cardinal duc de Richelieu. Nouvelle édition, augmentée de plusieurs pièces curieuses et historiques qui servent à son éclaircissement. — Aᴍsᴛᴇʀᴅᴀᴍ, *aux dépens de la Cⁱᵉ, 1753, in-12, 5 vol.* rel.

1659. — COLLECTION DE DOCUMENTS INÉDITS SUR L'HISTOIRE DE FRANCE. — Correspondance de Henri d'Escoubleau de Sourdis, archevêque de Bordeaux, chef des conseils du roi en l'armée navale, etc ; augmentée des ordres, instructions et lettres de Louis XIII et du cardinal de Richelieu à M. de Sourdis, concernant les opérations des flottes françaises, de 1636 à 1642, et accompagnée d'un texte historique, de notes et d'une introduction sur l'état de la Marine française sous le ministère du cardinal de Richelieu, par M. *Eugène Sue.* — Pᴀʀɪs, *Crapelet, 1839, in-4°, 3 vol. cart.*

1660. — Dᵒ, dᵒ, dᵒ, dᵒ. — Négociations, lettres et pièces relatives à la conférence de Loudun, publiées par M. Bouchitté. — Pᴀʀɪs, *Imprimerie impériale, 1862.*

1661. — LE LABOUREUR (Jᴇᴀɴ). — Histoire du mareschal de Guébriant, contenant le récit de ce qui s'est passé en Allemagne, dans les guerres des couronnes de France et de Suède, et des états alliés contre la Maison d'Autriche. Avec l'histoire généalogique de la maison du même mareschal et de plusieurs autres maisons principales de Bretagne qui y sont alliées, etc. — Pᴀʀɪs, *Pierre l'Ami, 1657, in-fᵒ rel.*

1662. — TURPIN (F.-R.). — Les vies de Charles et de César de Choiseul Duplessis-Praslin, maréchaux de France. — Aᴍsᴛᴇʀᴅᴀᴍ, *et se vend à* Pᴀʀɪs, *Knapen, 1768, in-12 rel.*

1663. — GALERIE de l'ancienne cour ou Mémoires anecdotes pour servir à l'histoire des règnes de Henri IV et de Louis XIII. — *1791, in-12, 4 vol.*

1664. — TALLEMANT des RÉAUX. — Historiettes, 3ᵉ édit. Notice historique et littéraire. Ind. sur l'auteur par P. Paris et de Montmerqué. — Paris, *Techener, 1862, gᵈ in-18 cart.*

1665. — BOUILLON (Mémoires de la vie de Frédéric Maurice de la Tour d'Auvergne, duc de), avec quelques particularités de la vie et des mœurs de Henri de la Tour d'Auvergne, vicomte de Turenne.— Paris, *Trabouillet, 1692, in-12 rel.*

1666. — RICHARD (L'abbé). — Parallèle du cardinal Ximenès, premier ministre d'Espagne et du cardinal de Richelieu. — Trévoux, *Jean Boudot, pᵗ in-8° rel.* (sans date).

1667. — LOYSEL. — Le trésor de l'histoire générale de Nostre temps. De tout ce qui s'est fait et passé en France, sous le règne de Louis-le-Juste, depuis la mort déplorable du roi Henri-le-Grand, jusques à la paix etc.— Paris, *Courbé, 1626, 3 vol. pᵗ in-8° rel.*

1668. — ROHAN (Duc de). — Mémoires sur les choses advenues en France depuis la mort de Henri-le-Grand jusques à la paix faite avec les réformez au mois de juin 1629. — *1646, in-12 rel.*

1669. — LA CHASTRE (Mémoire de M. de) sur les brigues à la mort de Louis XIII, les guerres de Paris et de Guyenne, et la prison des princes. Articles dont sont convenus S. A. R. et Mʳ le Prince pour l'expulsion du cardinal Mazarin. — Cologne, *1662, in-12 rel.*

1670. — ESTRÉES (Le duc d'). — Mémoires d'Estat contenant les plus remarquables, arrivées sous la régence de la reyne Marie de Médicis, et du règne de Louis XIII. — Paris, *1666, pᵗ in-8° rel.*

1671. — DÉAGEANT (Mémoires de M.) envoyés à M. le cardinal de Richelieu , contenant plusieurs choses particulières et remarquables arrivées depuis les dernières années du roy Henri IV, jusqu'au commencement du ministère du cardinal de Richelieu. — Grenoble, *P. Charvys, 1668, in-12 rel.*

1672. — LA ROCHEFOUCAULD (François de). — Mémoires de la minorité de Louis XIV, sur ce qui s'est passé à la fin de la vie de Louis XIII et pendant le règne d'Anne d'Autriche, mère de Louis XIV. — Villefranche, *J. de Paul, 1688, in-8° rel.*

1673. — RIENCOURT. — Histoire de Louis XIII, dit le *Juste.* — Paris, *Brunet, 1695, in-8° rel.*

1674. — ROCHEFORT (Mémoire de M. le Cᵗᵉ de) contenant ce qui s'est passé de plus particulier sous le ministère du cardinal de Richelieu et du cardinal Mazarin. — La Haye, *1713, in-12 rel.*

1675. — MONTCHAL (Mémoires de M. de), archevêque de Toulouse, contenant des particularitez de la vie et du ministère du cardinal de Richelieu. — ROTTERDAM, *G. Fritsch, 1718, in-8° rel.*

1676. — RICHARD (RENÉ). — Le véritable père Joseph, capucin, nommé au cardinalat, contenant l'histoire anecdote du cardinal de Richelieu. — SAINT-JEAN DE MAURIENNE, *1750, chez Gaspard Britler, 2 vol. in-8° rel.*

1677. — MOTTEVILLE (Mme DE). — Mémoires pour servir à l'histoire d'Anne d'Autriche, épouse de Louis XIII, roi de France. — AMSTERDAM, *1723, F. Changuion, 1723, 5 vol. in-12 rel.*

1678. — D°. — Mémoires sur Anne d'Autriche et sa cour, nouvelle édit. d'après le manuscrit de Conrart, avec une annotation extraite des écrits de Montglay, Omer Talon, etc. Tome 4e seulement. — PARIS, *Charpentier et Cie, 1869, in-8° br.*

g. — *Louis XIV.* — *(1643-1715).*

1679. — REBOULET (SIMON). — Histoire du règne de Louis XIV. — AVIGNON, *1744, in-4°, 3 vol. rel.*

1680. — D°. — Histoire du règne de Louis XIV, surnommé le Grand, roi de France. — AVIGNON, *F. Girard, 1746, 9 vol. p^t in-8° rel.*

1681. — LARREY (Essai de). — Histoire de France, sous le règne de Louis XIV. — ROTTERDAM, *Michel Bohm et Cie, 1718, in-12, 9 vol. rel.*

1682. — LA MOTHE, DIT DE LA HODE. — Histoire de la vie et du règne de Louis XIV, etc. Publiée par M. *Bruzen de la Martinière.* — LA HAYE, *Jean Van Duren, 1711, in-4°, 8 vol. rel.*

1683. — MENESTRIER (Le Père CL.). — Histoire du règne de Louis-le-Grand par les médailles, emblèmes, devises, jetons, inscriptions, armoiries et autres monuments publiés, recueillis et expliqués, édition nouvelle, augmentée d'un *Discours sur la vie du Roi,* etc. — PARIS, *Robert Pepie, 1693, in-f° rel.*

1684. — MÉDAILLES sur les principaux événements du règne de Louis-le-Grand, avec des explications historiques, par F. Charpentier, P. Tallemant, J. Racine, Boileau-Despréaux. — PARIS, *imprimerie royale, 1702, in-f° rel.* Armorié d. s. tr.

1685. — FAURE (FRANÇOIS). — Louis-le-Grand. Panégyrique. — PARIS, *F. Muguet, 1680, in-4° rel.*

1686. — LOUIS XIV. — Ses Mémoires écrits par lui-même, composés pour le Grand Dauphin, son fils, suivis de plusieurs fragments de Mémoires militaires, de l'Instruction donnée à Philippe V, etc., mis en ordre et publiés par *J.-L.-M. de Gain-Montagnac.* — Paris, *Garnery,* *1806, 2 vol. in-8° cart.*

1687. — COLLECTION DE DOCUMENTS INÉDITS SUR L'HISTOIRE DE FRANCE. — Correspondance administrative sous le règne de Louis XIV, entre le Cabinet du Roi, les Secrétaires d'Etat, le Chancelier de France et les Intendants et Gouverneurs des Provinces, les Présidents, Procureurs et Avocats-généraux des Parlements, etc., recueillie et mise en ordre par *G.-B. Depping.* — Paris, *imprimerie nationale,* *1850, 4 vol. in-4° cart.*

1688. — CHASTENET de PUYSÉGUR (Jacq. de). — Ses Mémoires. Règnes de Louis XIII et de Louis XIV, donnés au public par du Chesne, avec des Instructions militaires. — Paris, *J. Morel, 1690, in-12 rel.*

1689. — BUSSY (Rabutin, Cte de). — Ses Mémoires. — Paris, *Jn Anisson, 1696, 2 vol in-4° rel.*

1690. — D°. — Histoire de Louis XIV, roi de France et de Navarre, contenant en abrégé, ce qui s'est passé sous son règne de plus remarquable jusqu'à présent. — Amsterdam, *G. Gallet, 1700, in-12 rel.*

1691. — D°. — Discours à ses enfants sur le bon usage de l'adversité et les divers événements de sa vie ; nouvelle édit. — Paris, *1730, in-12 relié.*

1692. — AUBERY (A.). — L'histoire du Cardinal Mazarin. — Paris, *Denys-Thierry, 1688, in-12, 2 vol. rel.*

1693. — D°, d°, d°, d°, d°, d°.

1694. — D°, d°. — Amsterdam, *M. C. Le Cone, 1751, in-12, 4 vol. rel.*

1695. — MAZARIN (Lettres du Cardinal) pendant son ministère, recueillies et publiées par M. A. Chéruel. — Paris, *imprimerie nationale, 1862-1887, 4 vol. in-4° cart.*

1696. — COURTILZ de SANDRAS. — Mémoires de Mr L. C. D. R. (le Cte de Rochefort), contenant ce qui s'est passé de plus particulier sous le ministère du Cardinal de Richelieu et du Cardinal de Mazarin. Avec plusieurs particularités remarquables du règne de Louis-le-Grand ; 5e édit. — La Haye, *1713, in-12 rel.*

1697. — D°. — Mémoires de Mr de Bordeaux, Intendant des Finances. — Amsterdam, *aux dépens de la Compie, 1758, in-12, 4 vol. rel.*

1698. — VARILLAS (DE). — Mémoires de la minorité de Louis XIV, sur ce qui s'est passé à la fin de la vie de Louis XIII et pendant la Régence d'Anne d'Autriche ; nouvelle édit. — VILLEFRANCHE, *J. de Paul, 1689, petit in-12 rel., 2 tom. en 1 vol.*

1699. — RETZ (Le Cardinal DE). — Ses Mémoires, contenant ce qui s'est passé de remarquable en France, pendant les premières années du règne de Louis XIV. Nouvelle édit., augmentée de plusieurs éclaircissements historiques et de quelques pièces du Cardinal de Retz et autres, servant à l'histoire de ce temps là. — AMSTERDAM, *J.-F. Bernard, 1723, in-12, 4 vol. rel.* (2 exempl.)

1700. — JOLY (GUY) (Mémoires de) contenant ce qui s'est passé de remarquable en France pendant les premières années du règne de Louis XIV ; nouvelle édit., augmentée, ornée d'un portrait du Cardinal de Retz et du fac-simile d'une de ses lettres. — PARIS, *Etienne Ledoux, 1820, in-8°, 6 vol.*

1701. — D°, d°, pour servir de suite et d'éclaircissement aux Mémoires de M. le Cardinal de Retz. — ROTTERDAM, *chez les héritiers de Leers, 1718, 2 tomes en 1 vol. in-12 rel. v.*

1702. — CHANTELAUZE (R.). — Le Cardinal de Retz et l'affaire du chapeau, étude historique suivie des correspondances inédites de Retz, de Mazarin, etc. — PARIS, *Didier et Cⁱᵉ. 1878, in-8°, 2 vol. br.*

1703. — JOLI (CLAUDE) [Mémoires de], suivis d'un Mémoire concernant le cardinal de Retz, extrait d'une histoire manuscrite, composée par Claude Joli, et Mémoires de Mᵐᵉ la duchesse de Nemours. — GENÈVE, *Fabry et Barillot, 1777, 2 vol. in-12 rel.*

1704. — RETZ. — Œuvres du Cardinal de Retz ; nouvelle édit., revue sur les plus anciennes impressions et les autographes, et augmentée de morceaux inédits, des variantes, de notices, de notes, d'un lexique des mots et locutions remarquables, d'un portrait, de fac-simile, etc., par M. Alphonse Feillet. — PARIS, *librairie Hachette et Cⁱᵉ, 1870, 2 vol. in-8° br.*

1705. — MAILLY (J.-B.). — L'Esprit de la Fronde, ou Histoire politique et militaire des troubles de France pendant la minorité de Louis XIV. — PARIS, *Moutard, 1772, in-12, 5 vol. rel.*

1706. — FEILLET (ALP.). — La misère au temps de la Fronde et Saint Vincent de Paul ; 5ᵉ édit. — PARIS, *Didier et Cⁱᵉ, 1862, in-8° br.*

1707. — D°, d°, d°, d°. — PARIS, *Perrin et Cⁱᵉ, 1886, in-8° br.*

1708. — RAMSAY (DE). — Histoire du Vicomte de Turenne, Maréchal des armées du Roi. — PARIS, *veuve Mazières et J.-B. Garnier*, *1735, grand in 4°, 2 vol. rel.* (fig. et pl.)

1709. — D°. — La même. — LA HAYE, *J. Neaulme, 1736, in-18, 4 vol. rel.* (fig. et pl.)

1710. — RAGUENET (L'abbé). — Histoire du Vicomte de Turenne. — PARIS, *Didot, 1744, in-12, 2 tomes en 1 vol. rel.*

1711. — D°, d°, d°, d°. — PARIS, *Nyon, d°, d°.*

1712. — D°. — La même. — PARIS, *1769, in-12, 2 tomes en 1 vol. rel.*

1713. — COSTE (P.). — Histoire de la vie et actions de Louis de Bourbon, Prince de Condé; nouvelle édit. — COLOGNE, *P. Marteau, 1694, in-12, rel.*

1714. — D°. — Histoire de Louis de Bourbon II (2ᵉ) du nom, prince de Condé, premier prince du Sang. — COLOGNE, *chez F*****, 1695, in-12 rel.*

1715. — DÉSORMEAUX (J.-B.). — Histoire de Louis de Bourbon, second du nom, Prince de Condé, surnommé le Grand, orné de plans de sièges et de batailles; 2ᵉ édit. — PARIS, *Desaint, 1768, in-12, 4 vol. rel.*

1716. — COLBERT (Testament politique de JEAN-BAPTISTE), où l'on voit tout ce qui s'est passé sous le règne de Louis-le-Grand, jusqu'en l'année 1694, avec des remarques sur le gouvernement du Roïaume. — LA HAYE, *van Bulderen, 1694, in-12 rel.*

1717. — D°. — Lettres, Instructions et Mémoires de Colbert, publiés d'après les ordres de l'Empereur, par *Pierre Clément*, memb. de l'Institut. — PARIS, *imprimerie impériale, 1861 et suiv*ᵗᵉˢ*, gᵈ in-4°, 5 vol. cart.*

1718. — COLLECTION DE DOCUMENTS INÉDITS SUR L'HISTOIRE DE FRANCE. — Comptes des Bâtiments du Roi, sous le règne de Louis XIV, par M. Jules Guiffrey. — PARIS, *imprimerie nationale, 1881, 2 vol. in-4° cart.* (en cours de publication).

1719. — CHÉRUEL (A.) — Mémoires sur la vie publique et privée de Fouquet, etc. — PARIS, *Charpentier, 1862, in-8°, 2 vol.*

1720. — D°. — Dictionnaire historique des Institutions, mœurs et coutumes de la France. — PARIS, *Hachette et Cⁱᵉ, 1884, 2 vol. in-8° br.*

1721. — FOUQUET (NICOLAS-JOSEPH). — Ses Mémoires, publiés et annotés par F. Baudry. — PARIS, *imprimerie impériale, 1862, in-4°.*

1722. — CHOISEUL (César de). — Mémoires des divers emplois et des principales actions du Maréchal du Plessy. — Paris, *Barbin, 1676, in-12 rel.*

1723. — ROUSSET (Camille). — Histoire de Louvois, etc. — Paris, *Didier, 1862, in-8°.*

1724. — RENÉE (Amédée). — Les nièces de Mazarin. Etudes de mœurs et de caractères au 17ᵉ siècle. — Paris, *Didot frères, 1857, in-8°.*

1725. — Dᵒ. — Autre exemplaire.

1726. — COURTILZ de SANDRAS. — Mémoires de Gaspard, comte de Chavagnac, Maréchal-de-camp ez armées du Roi, Général de l'Artillerie, etc. — Besançon, *F. L. Bigoine, 1699, in-12, 2 part. en 1 vol. rel.*

1727. — MARGON (l'Abbé de). — Mémoires du Maréchal de Tourville, vice-amiral de France et Général des armées navales du Roi. — Amsterdam, *1779, in-12, 3 vol. rel.*

1728. — SAINT-HILAIRE (de). — Mémoires de M. de S. H***, contenant ce qui s'est passé de plus considérable en France depuis le décès du cardinal de Mazarin, jusqu'à la mort de Louis XIV. — Amsterdam, *Arstée et Merkus, 1766, in-12, 4 vol. rel.*

1729. — Dᵒ. — Autre exemplaire.

1730. — CLÉMENT (Pierre). — Mᵐᵉ de Montespan et Louis XIV. Etude historique. — Paris, *Didier, 1868, in-8°.*

1731. — MÉMOIRES de Mʳ de***, pour servir à l'histoire du 17ᵉ siècle, 2ᵉ édit. — Amsterdam et Paris, *Robin, 1765, 3 vol. pet. in-8° rel.*

1732. — MÉMOIRES ET LETTRES DE Mᵐᵉ de MAINTENON. — Formant *16 vol. in-12,* savoir :

1° Mémoires pour servir à l'histoire de Mᵐᵉ de Maintenon, et à celle du siècle passé par M. de La Beaumelle. Nouvelle édition, augmentée des remarques critiques de M. de Voltaire, tirées de son Essai sur l'histoire générale. — Maestricht, *Jⁿ Edme Dufour et Ph. Roux, 1778, 6 vol.*

2° Les Lettres de Mᵐᵉ de Maintenon. Nouvelle édition. — Maestricht, *Jⁿ Edme Dufour et Ph. Roux, 1778, 9 vol.*

3° Les souvenirs de Mᵐᵉ de Caylus, pour servir de Supplément aux Mémoires et Lettres de Mᵐᵉ de Maintenon, avec des notes de M. de Voltaire. Nouvelle édit. — Maestricht, *Jⁿ Edme Dufour et Ph. Roux, 1778.*

1733. — MONTPENSIER (Mémoires de Mlle DE), fille de M. Gaston d'Orléans, frère de Louis XIII, roi de France. — AMSTERDAM, *Bernard, 1729, in-12, 3 vol. rel.*

1734. — CHOISY (l'abbé DE). — Mémoires pour servir à l'histoire de Louis XIV. — UTRECHT, *Wan de Water, 1727, in-12, 2 vol. rel.*

1735. — D°. — D°. — UTRECHT, *Wan de Water, 1747, in-12 rel.*

1736. — COLLECTION DE DOCUMENTS INÉDITS SUR L'HISTOIRE DE FRANCE. — Journal d'Olivier Lefèvre d'Ormesson, et Extraits des Mémoires d'André Lefèvre d'Ormesson, publiés par M. Chéruel. — PARIS, *imprimerie impériale, 1861, in-4°, 2 vol. cart.*

1737. — LÉMONTEY (P. E.). — Essai sur l'établissement monarchique de Louis XIV, et sur les altérations qu'il éprouva pendant la vie de ce prince, etc. Précédé de nouveaux mémoires de Dangeau, contenant environ 1000 articles inédits sur les événements, les personnes, les usages et les mœurs de son temps, avec des notes autographes, curieuses et anecdotiques ajoutées à ces Mémoires par un courtisan de la même époque. — PARIS, *Deterville, 1818, in-8° rel.*

1738. — CAYLUS (Mme DE). — Ses souvenirs. — PARIS, *Barrois l'aîné, an XII (1804), g^d in-18, p. p. f.*

1739. — D°, d°. — N^lle édit.; avec une introduction et des notes par M. Ch. Asselineau. — PARIS, *J. Techener, 1860, in-12 rel.*

1740. — DANGEAU (Mis DE). — Extrait des mémoires du marquis de Dangeau, contenant beaucoup d'anecdotes sur Louis XIV et sa cour, avec des notes historiques par Mme de Sartory, — PARIS, *Rosa, 1817, in-12, 2 vol.*

1741. — SAINT-SIMON (Le DUC DE). — Supplément aux mémoires de M. le duc de Saint-Simon, copié fidèlement sur le manuscrit original ou l'Observateur véridique, sur le règne de Louis XIV, et sur les premières époques du règne suivant, pour servir de suite et de complément aux 3 vol. déjà publiés avec des notes historiques et critiques. — LONDRES, *et se trouve à* PARIS, *Buisson, 1789, in-8° 4 vol.* (Pub. par Soulavie).

1742. — D°. — Mémoires complets et authentiques du duc de Saint-Simon, publiés par Chéruel. Notice de Sainte-Beuve. — PARIS, *Hachette, 1856-58, in-8°, 13 vol. rel.*

1743. — DUCLOS (CH. PINOT S^r). — Mémoires secrets sur les règnes de Louis XIV et de Louis XV. — PARIS. *Buisson, 1791, in-8°, 2 vol.*

1744. — ANQUETIL (L. P.). — Vie du Maréchal Duc de Villars, écrite par lui-même et donnée au public par M. Anquetil. — Paris, *Moutard, 1784, in-12, 4 vol. rel.*

1745. — D°. — Louis XIV, sa cour et le Régent. — Paris, *Moutard, 1789, in-12 rel.*

1746. — DUNOYER (Mᵐᵉ). — Lettres historiques et galantes de deux dames de condition, dont l'une était à Paris et l'autre en province. — Cologne, *P. Marteau, 1723, 5 vol. in-12 rel.*

1747. — DUGUAY-TROUIN (Mémoires de), chef d'escadre de S. M. T. Chr. et Grand-Croix de l'ordre militaire de Saint-Louis. — Amsterdam, *P. Mortier, 1730, 1 vol. in-12 rel.*

1748. — D°. — Ses mémoires augmentés de son éloge par M. Thomas. — Rouen, *1785, in-10.*

1749. — D°. — Ses mémoires. — *1740, in-4° rel.* (Fig. et pl.)

1750. — D°. — Amsterdam, *P. Mortier, 1740, in-8° cart.*

1751. — BILAIN (A.). — Traité des droits de la Reyne très-chrétienne, sur divers états de la Monarchie d'Espagne. — Paris, *Imprimerie royale, 1667, in-12 rel.*

1752. — MARANA (J. P.). — L'espion du Grand-Seigneur et ses relations secrètes envoyées à Constantinople, concernant les événements les plus considérables arrivés pendant la vie de Louis-le-Grand, trad. de l'arabe. — Amsterdam, *1696, in-12 rel.*

1753. — LVMIÈRES pour l'histoire de France, et pour faire voir les calomnies, flatteries et avtres défauts de Scipion Dupleix. — *1636, in-8° cartonné.*

1754. — CHIFFLET (J.-J.). — Recveil de traittez de paix, trèves et neu- tralité entre les Couronnes d'Espagne et de France. — *An 1659, in-12,* maroq.

1755. — GUISE (Duc de). — Ses Mémoires. — Paris, *Martin et autres, 1668, in-12 rel.*

1756. — TERLON (Mémoires du Chevalier de), pour rendre compte au Roy de ses Négociations, depuis l'année 1656 jusqu'en 1661. — Paris, *Billaine, 1682, in-12 rel.*

1757. — BAUNE (Jacobo de la). — Ludovico Magno Liberalium artium parenti ac patrono Munificentissimo panegyricus, dictus in regio Ludovici Magni Collegio Socìetatis Jesu. — Parisiis, *G. Martini, 1684, in-12, rel.*

1758. — BUISSON (du). — La vie du Vicomte de Turenne, Maréchal général des camps et armées du Roi, colonel général de la cavalerie légère de France, et gouverneur du Haut et du Bas-Limousin. — Cologne, Jⁿ de Clou, 1687, in-12 rel.

1759. — LOUVOIS (Testament politique du Mis de), premier Ministre d'Estat, sous le règne de Louis XIV, Roi de France, où l'on voit ce qui s'est passé de plus remarquable en France jusqu'à sa mort. — Bruxelles, 1695, Wanbruningue, in-12 rel.

1760. — D°, d°, d°, d°. — Cologne, in-12 rel.

1761. — LE GENDRE, chanoine de l'Eglise de Paris. — Essai de l'histoire du règne de Louis-le-Grand. — Paris, J. Guignard, 1697, in-4° relié.

1762. — NEMOURS (Mme la duchesse de). — Mémoires contenant ce qui s'est passé de plus particulier en France pendant la guerre de Paris, jusqu'à la prison du Cardinal de Retz, arrivée en 1652. Avec les différents caractères des personnes qui ont eu part à cette guerre. — Cologne, 1709, petit in-8° rel.

1763. — VORDAC (Mémoires du Cte de), général des armées de l'Empereur, où l'on voit tout ce qui s'est passé de plus remarquable dans toute l'Europe, durant les mouvements de la dernière guerre. — Paris, G. Cavelier, 1711, in-8° rel.

1764. — LA FARE (Le Marquis de). — Mémoires et réflexions sur les principaux événements du règne de Louis XIV et sur le caractère de ceux qui y ont eu la principale part. — Rotterdam, 1716.

1765. — TALON (Omer) (Mémoires de feu), avocat général en la cour de Parlement de Paris. — La Haye, Gosse, 1732, 8 vol. petit in-8° rel.

1766. — SAINT-JOLY (Rustaing de). — Mémoires secrets de la Cour de France, contenant les intrigues du Cabinet, pendant la minorité de Louis XIV. — Amsterdam, Girardi, 1733, 2 vol., petit in-8° rel.

1767. — VILLARS, pair de France, Maréchal-général des armées de S. M. T. Chr. (Duc de). — Ses Mémoires. — La Haye, P. Gosse, 1734, in-12 rel.

1768. — D°, d°. — La Haye, d°, 1736.

1769. — GRAMONT (Mémoires du M^{al} duc de), duc et pair de France, Commandeur des ordres du Roy, Gouverneur de Navarre et de Béarn. — Paris, 1738, in-12 rel.

1770. — FORBIN (Mémoires du Cte DE), chef d'escadre. — AMSTERDAM, *F. Girardi, 1748, 2 vol. in-12 rel.*

1771. — VOLTAIRE. — Le siècle de Louis XIV, publié par M. de Francheville, Conseiller aulique de Sa Majesté, et Membre de l'Académie Royale des sciences et belles-lettres de Prusse ; 2e édit. — LEIPSIC, *1752, in-12, 2 vol. rel.*

1772. — LASSAY (Mis DE). — Recueil de différentes choses. — LAUSANNE, *Bausquet, 1756, 2 vol. in-8° rel.*

1773. — FRANCHEVILLE (DE). — Le Siècle de Louis XIV (publié par M.), Conseiller aulique de S. M., et Membre de l'Académie Royale de Prusse. — LEYPSIC, *1756, 2 vol. petit in-8° rel.*

1774. — LA PORTE (Mémoires de M. DE), premier Valet de chambre de Louis XIV, contenant plusieurs particularités des Règnes de Louis XIII et de Louis XIV. — GENÈVE, *1756, in-12 rel.*

1775. — QUERLON (Abbé DE). — Mémoires de M. de ***, publiés par A.-G. Meusnier de Querlon, pour servir à l'histoire du 17e siècle. — — AMSTERDAM, *1760, petit in-8° rel.*

1776. — CHARIN (FABRE DE). — Tableau du Ministère de Colbert. — AMSTERDAM, *Lejay et autres, 1774, 1 vol. in-8° rel.*

1777. — MILLOT (L'abbé). — Mémoires politiques et militaires pour servir à l'histoire de Louis XIV et de Louis XV. — PARIS, *Moutard, 1777, 6 vol. petit in-8° rel.*

1778. — TOURVILLE. — Mémoires du Maréchal de Tourville, Vice-Amiral de France, et général des armées navales du Roi. — AMSTERDAM, *aux dépens de la Compagnie, 1779, 3 vol. in-12 rel.*

1779. — MORSHEIM (Mémoires de Mme la duchesse DE), ou suite des Mémoires du Vicomte de Barjac (première partie). — DUBLIN, *Wilson, 1786, in-32 rel.*

1780. — GALERIE de l'ancienne Cour, ou Mémoires anecdotes pour servir à l'histoire des règnes de Louis XIV et de Louis XV.— S. désign. de l. d'imp., *1786, 3 vol. in-12 rel.*

1781. — GALERIE de l'ancienne Cour, ou Mémoires anecdotes pour servir à l'histoire des règnes de Henri IV et de Louis XIII, de Louis XIV et de Louis XV. — PARIS, *1791, 9 vol. in-12 rel.*

1782. — MARSY (SAUTREAU DE) et FR. NOEL. — Nouveau siècle de Louis XIV, ou poésies-anecdotes du règne et de la Cour de ce prince. — PARIS, *Buisson, 1793, 2 vol. in-8° rel.*

1783. — VOLTAIRE. — Siècle de Louis XIV et de Louis XV. Edition stéréotype. — Paris, *F. Didot, an XI (1803)*, tomes 1er, 2e, 4e et 5e. (Le 3e manque.)

1784. — CONDÉ (Mémoires de la Maison de), imprimés sur les manuscrits autographes et d'après l'autorisation de S. A. S. Mgr le duc de Bourbon, contenant la vie du grand Condé, écrite par feu Mgr le Prince de Condé, la correspondance de ce prince avec tous les Souverains de l'Europe, depuis 1789 jusqu'en 1814. — Paris, *Ponthieu, 1820, in-8o relié.*

1785. — SAINT-AULAIRE. — (Histoire de la Fronde, par M. le Comte de). — Paris, *Baudouin frères, 1827, 3 vol. in-8o rel.*

1786. — BRIENNE (Louis-Henri de Loménie, Comte de). — Mémoires inédits publiés sur les manuscrits autographes, avec un essai sur les mœurs et sur les usages du 17e siècle, par F. Barrière. — Paris, *Ponthieu et Cie, 1828, in-8o rel.*

1787. — MARTIN (Henri). — La vieille Fronde (1648). — Paris, *Chez Bechet, 1832, in-8o rel.*

1788. — NOAILLES (Le duc de). — Histoire de Madame de Maintenon et des principaux événements du règne de Louis XIV, par M. le duc de Noailles, de l'Académie française ; 2e édit. — Paris, *Comptoir des Imprimeurs réunis, Couron et Cie, 1849, 4 vol. in-8o.*

1789. — GRAMMONT (Chevalier de) [Mémoires du), précédés d'une Notice sur la vie et les ouvrages d'Hamilton, par M. Auger, secrétaire perpétuel de l'Académie française. Voyage de Chapelle et de Bachaumont. — Paris, *Didot frères, 1851, in-8o br.*

1790. — GABOURD (Amédée). — Histoire de Louis XIV. — Tours, *Mame et Cie, 1852, in-8o rel.*

1791. — COUSIN (Victor). — Madame de Longueville, nouvelles études sur les femmes illustres et la société du xviie siècle, par M. Victor Cousin. Seconde édition. La jeunesse de Madame de Longueville. — Paris, *Didier, libraire-éditeur, 1853, 1 vol. in-8o br.*

1792. — TROUVÉ (Le baron). — Le Dauphin, duc de Bourgogne, petit-fils de Louis XIV, étude historique, 1682-1712. — Paris, *Amyot, 1857, in-8o br.*

1793. — CHALLAMEL (Augustin). — Histoire anecdotique de la Fronde. — Paris, *Librairie nouvelle, 1860, 1 vol. in-8o br.*

1794. — SOUVENIRS d'une demoiselle d'honneur de Mme la Duchesse de Bourgogne. — Paris, *M. Lévy frères, 1861, in-8° br.*

1795. — MOREAU (C.). — Histoire anecdotique de la jeunesse de Mazarin. Trad. de l'italien, avec des notes historiques et biographiques. — Paris, *Techener, 1863, in-18.*

1795 *bis*. — BOISGUILBERT (Le Pesant de). — Le détail de la France. La cause de la diminution de ses biens et la facilité du remède. En fournissant en un mois tout l'argent dont le Roi a besoin, en enrichissant tout le monde. — S. désig. de l. d'imp., *1696, petit in-8° rel.*

h. — *Louis XV et Louis XVI (1715-1789).*

1796. — FANTIN des ODOARDS (Ant.-Etienne-Nicolas). — Histoire de France, depuis la mort de Louis XIV jusqu'à la paix de Versailles de 1783. — Paris, *Moutard, 1789*; *in-12, 8 vol. rel.*

1797. — D°. — Louis Quinze. — Paris, *F. Buisson, an VI de la République, in-8°, 5 vol.*

1798. — SOULAVIE (L'abbé). — Pièces inédites sur les règnes de Louis XIV, Louis XV et Louis XVI, ouvrage dans lequel on trouve des Mémoires, des Notices historiques et des Lettres de Louis XIV, de Mme de Maintenon, des Maréchaux de Villars, de Berwick et d'Asfeld, etc. — Paris, *L. Collin, 1809, in-8°, 2 vol. rel.*

1799. — PIOSSENS (Le Ch^ier de). — Mémoires de la Régence du Duc d'Orléans, durant la minorité de Louis XV. — La Haye, *Van Duren, 1730, 3 vol. in-12 rel.*

1800. — D°, d°, d°, d°. — *1736,* d°, d°.

1801. — LA MOTHE (dit de la Hode). — La vie de Philippe d'Orléans, petit-fils de France, Régent du Royaume, pendant la minorité de Louis XV. — Londres, *1737, in-12, 2 vol.*

1802. — D°, d°. — D°, *aux dépens de la Compagnie, 1736, in-8°, 2 vol.*

1803. — MASSILLON (J.-B.). — Mémoires de la minorité de Louis XV, publiés en 1790 et 1792, par Soulavie l'aîné. Nouvelle édition. — Paris, *Buisson, an XIII (1805) in-12* (apocryphes).

1804. — LABADIE. — Les avantures de Pomponius, chevalier romain, ou l'histoire de notre temps. (La Régence du duc d'Orléans, par Labadie, publiée par l'abbé Prévost). — Rome, *chez les héritiers de Pallavicini, 1724, in-12 rel.*

1805. — ANGERVILLE (Mouffle d'). — Vie privée de Louis XV. ou principaux événements, particularités et anecdotes de son règne. Orné de portraits. — Londres, *John Peter Lyton, 1781, in-12, 4 vol. rel.*

1806. — Dº, dº. Nouvelle édit., corrigée et augmentée sur les manuscrits de l'auteur, et ornée du portrait de l'auteur. — Londres, *John Peter Lytou, 1781, in-12, 4 vol. rel.*

1807. — Dº, dº, dº. — Londres, dº, dº, dº (2 exempl.).

1808. — DUMORTOUS (Mr). — Histoire des conquêtes de Louis XV, tant en Flandre que sur le Rhin, en Allemagne et en Italie, depuis 1744 jusques à la paix conclue en 1748. Ouvrage enrichie d'estampes, représentant les sièges et batailles, et de plans des principales villes assiégées et conquises. — Paris, *de Lormel, 1759, in-fº*, mar. rouge armorié ; f. d. s. tr.

1809. — BRANCAS (Duchesse de). — Mémoires sur Louis XV et Mme de Châteauroux, édition augmentée d'une préface et de notes par Louis Lacour, 1865. — Sans nom d'imprimeur ni lieu d'impression.

1810. — GOSMOND de VERNON. — Les Glorieuses campagnes de Louis XV le Bienaimé, représentées par des figures allégoriques, avec une explication historique. — Paris, *Vanhée, 1755, in-fº*, v. f. f. d. s. tr.

1811. — FLEURIMONT (G. R.). — Médailles du règne de Louis XV. — S. ind. de lieu d'imp., sans date, *grand in-4º rel.*

1812. — LÉVY (Le Président de). — Journal historique, ou Fastes de Louis XV, surnommé le Bien Aimé. — Paris, *Prault, 1766, in-8º*, 2 vol. rel.

1813. — Dº. — Autre exemplaire.

1814. — LÉVIS (de). — Souvenirs et portraits, 1780-1789. — Paris, *Buisson, 1813, in-12, 2 vol.*

1815. — BOUFFONIDOR. — Les fastes de Louis XV, de ses ministres, maîtresses, généraux et autres notables personnages de son règne, pour servir de suite à la *Vie privée*. — Ville-Franche, *veuve Liberté, 1783, in-8º, 2 vol.*

1816. — GUDIN de la BRENELLERIE (P.-P.). — Aux mânes de Louis XV et des Grands hommes qui ont vécu sous son règne, ou Essai sur les Progrès des arts et de l'Esprit humain sous le règne de Louis XV. — Aux Deux-Ponts, *1776, imprimerie ducale, 2 parties en 1 vol. rel.*

1817. — BARTHÉLEMY (Edouard de). — Mesdames de France, filles de Louis XV. — Paris, *Didier et Cie, 1870, in-8º.*

1818. — BERWICK (Le Mᵃˡ ᴅᴇ). — Ses Mémoires, publiés par l'abbé Margon. — Londres, *1758, in-12, 2 vol. rel.*

1819. — Dᵒ. — Ses Mémoires, écrits par lui-même. Avec une suite abrégée depuis 1716, jusqu'à sa mort en 1784, précédés de son portrait, par Milord Bolingbroke, et d'une ébauche d'éloge historique, par le Président de Montesquieu, terminés par des notes et des lettres servant de pièces justificatives pour la Campagne de 1708. — En Suisse, *chez les libraires associés, 1778, in-8°, 2 vol. rel.*

1820. — Dᵒ. — Dᵒ. — Londres, *aux dépens de la Compagnie, 1737, 2 vol. in-12 rel.*

1821. — ESPAGNAC (le Bᵒⁿ ᴅ'). — Histoire de Maurice, comte de Saxe, duc de Courlande, etc. Nouvelle édition, augmentée. — Paris, *P. D. Pierres, 1775, in-4°, 3 vol.* (le 3ᵉ vol. manque).

1822. — SOULAVIE (L. Giraud). — Mémoires du comte de Maurepas, Ministre de la Marine, etc., 3ᵉ édit. Avec onze caricatures du temps, gravées en taille-douce. — Paris, *Buisson, 1792, in-8°, 4 vol. rel.*

1823. — LA CHALOTAIS (Caradeuc ᴅᴇ). — Mémoires précédés d'une introduction par M. Gilbert de Voisins, et suivis de documents extraits des registres du Parlement. — Paris, *Moutardier, 1826, in-12.*

1824. — SERAN ᴅᴇ LA TOUR (l'Abbé). — Parallèle de la conduite des Carthaginois à l'égard des Romains, dans la seconde guerre punique, avec la conduite de l'Angleterre à l'égard de la France, dans la guerre déclarée par ces deux puissances en 1756. Où l'on voit l'origine, les motifs, les moyens et les suites de cette guerre, jusqu'au mois de décembre 1756. — Sans désig. de lieu d'imp. ni nom d'imp., *1757, in-12 rel.*

1825. — PIDANSAT ᴅᴇ MAIROBERT. — Maupeouana, ou Correspondance secrète et familière du Chancelier Maupeou. Avec son cœur Sorhouet, Membre inamovible de la Cour des Pairs de France. Nouvelle édition, sur le manuscrit original. — *Imprimée à la Chancellerie, 1773, in-12, 2 vol. rel.*

1826. — Dᵒ. — Journal historique de la Révolution opérée dans la Constitution de la Monarchie française, par M. de Maupeou. — Londres, *1774-1776, in-12, 7 vol. rel.*

1827. — AIGUILLON (le duc ᴅ'). — Mémoires de son ministère et de son commandement en Bretagne, pour servir à l'histoire de la fin du règne de Louis XV et à celle du commencement du règne de Louis XVI, 3ᵉ édition. — Paris, *F. Buisson et Lyon, frères Bruyset, 1792, in-12 rel.*

1828. — THÉVENOT de MORANDE (Ch.) — Le Gazetier cuirassé, ou : Anecdotes scandaleuses de la Cour de France. — *Imprimé à cent lieues de la Bastille et à l'Enseigne de la Liberté, 1772, in-12 rel.*

1829. — ROZOIR (Charles du). — Le Dauphin, fils de Louis XV et père de Louis XVI et de Louis XVIII, ou vie privée des Bourbons, depuis le mariage de Louis XV en 1725 jusqu'à l'ouverture des Etats-Généraux en 1789, contenant des particularités peu connues concernant Louis XV et la reine Marie Leckzinska, etc., etc. — Paris, *A. Eymery, 1815, in-12 rel.*

1830. — CHOISEUL STAINVILLE (le Duc E. F. de). — Ses Mémoires, écrits par lui-même, et imprimés sous ses yeux, dans son cabinet, à Chanteloup en 1778. — Chanteloup et à Paris, *Buisson, 1790, in-8°, 2 vol. rel.*

1831. — D°. — Autre exemplaire.

1832. — PIDANSAT de MAIROBERT (M. F.) — L'Espion anglais, ou Correspondance secrète entre Mylord All'ear et Mylord All'eye. Nouvelle édition. — Londres, *John Adamson, 1784, in-12, 4 vol. rel.*

1833. — ANECDOTES échappées à l'Observateur anglais et aux Mémoires secrets, en forme de correspondance, pour servir de suite à ces deux ouvrages. — Londres, *John Adamson, 1788, in-12, 3 vol. br.*

1834. — SAINT-GERMAIN (Le Cte de). — Ses Mémoires, rédigés par l'abbé La Montagne et publiés par l'abbé Dubois. — Amsterdam, *Marc-Michel Rey, 1779, in-8° rel.*

1835. — TURGOT. — Mémoires sur sa vie et ses ouvrages. — Philadelphie, s. n. d'impr., *1782, in-8° rel.*

1836. — MONTBARREY (Le Prince de). — Ses Mémoires autographes, avec un fac-simile de son écriture, contenant le portrait moral de Mgr le Comte d'Artois, aujourd'hui Charles X. — Paris, *A. Eymery, 1826, in-8°, 3 vol. rel.*

1837. — LAUZUN (Le duc de). — Ses Mémoires. — Paris, *Barrois, 1822, in-8° rel.*

1838. — OBERKIRCH (La Bonne d'). — Ses Mémoires sur la Cour de Louis XVI, et la Société française avant 1789. — Paris, *Charpentier, 1869, in-8°, 2 vol. br.*

1839. — BONNEVAL (Cte de). — Mémoires du ci-devant général d'infanterie au service de S. M. impériale et catholique. — La Haye, *J. Van Duren, 1788, 3 vol. in-12 rel.*

1840. — NECKER. — Compte-rendu au Roi, au mois de Janvier 1781. — Paris, *imprimerie du Cabinet du Roi, 1781, in-4° rel.*

1841. — CALONNE (de). — Mémoire justificatif en forme de requête, adressé au Roi. — S. ind. de lieu d'imp. ni nom d'imp., *1787, in-8° rel.* Ce vol. contient encore :

1° Développements et pièces justificatives adressés au Roi, par M. de Calonne, pour faire suite au Mémoire. — D°, d°.

2° Sur le compte-rendu au Roi en 1781. Nouveaux éclaircissements par M. Necker. — Paris, *Hôtel de Thou, 1788.*

1842. — LANJUINAIS (Joseph de). — Supplément à l'*Espion anglais*, ou Lettres intéressantes sur la retraite de M. Necker ; sur le sort de la France et de l'Angleterre, et sur la détention de *M. Linguet* à la Bastille. Adressées à Mylord All' Eye, par l'auteur de l'*Espion anglais*. — Londres, *John Adamson, 1781, in-8° rel.*

1843. — LE GRAS (Ph.). — Le Citoyen français, ou Mémoires historiques, politiques, physiques, etc. — Londres, s. ind. de nom d'imp., *1785, in-8° rel.*

1844. — VIE DE LOUIS XVI. — Sans ind. de l. d'imp. ni d'imprimeur, sans date, *in-8° rel.*

1845. — MOULIÈRES (A. J. R. D. B. de). — Le Roi Martyr, ou Esquisse du portrait de Louis XVI ; on y a joint textuellement comme monumens historiques :

Une déclaration de l'Impératrice de Russie après le meurtre du 21 Janvier 1793.

Le Testament de Louis XVI.

Une lettre de Louis XVIII à M. l'abbé de Firmont.

Les procès-verbaux d'exhumation et de translation à Saint-Denis des précieux restes de Louis XVI et de Marie-Antoinette, etc. ; 2e édit. — Paris, *Eymery, 1816, in-8° rel.*

1846. — HISTOIRE du dernier règne de la Monarchie française, la chute des Bourbons et leur procès, contenant des détails historiques sur la journée du 10 Août 1792, les événements qui ont précédé, accompagné et suivi le jugement de Louis XVI ; les procès de Marie-Antoinette, de Louis-Philippe d'Orléans, d'Elisabeth et de plusieurs particularités sur la maladie et la mort de Louis-Charles, fils de Louis XVI, etc. — Hambourg, *Im. Friscœnie*, et Paris, *Lerouge, sans date, in-8°, 2 vol. reliés.*

1847. — MOLLEVILLE (Bertrand de). — Mémoires secrets pour servir à l'histoire de la dernière année du règne de Louis XVI. — Londres, *Strahan*, et Paris, *chez les Marchands de nouveautés, 1797.*

1848. — MÉMOIRE du Mis de Bouillé (Cte Louis) sur le départ de Louis XVI au mois de Juin 1791. Deux relations également inédites de MM. les comtes de Raigecourt et de Damas; celle de M. le capitaine Deslon et le précis historique de M. le comte de Valori. — Paris, *Baudouin, 1823, in-8° cart.*

1849. — ANCELON (E.-A.). — La vérité sur la fuite et l'arrestation de Louis XVI à Varennes, d'après des documents inédits. — Paris, *E. Dentu, 1866, in-8°* (photogr.).

1850. — CLÉRY. — Journal de ce qui s'est passé à la Tour du Temple pendant la captivité de Louis XVI, rédigé par la Comtesse de Schomberg. — Londres, *Baylis, Cremillestreet,* s. d., *in-8° cart.*

1851. — LA DUCHESSE D'ANGOULÊME. — Relation de la captivité de la famille royale au Temple. — Paris, *1862, in-18.*

1852. — LE POUR ET LE CONTRE. — Recueil complet des opinions prononcées à l'Assemblée conventionnelle dans le procès de Louis XVI. On y a joint toutes les pièces authentiques de la procédure. — Paris, *Buisson, l'an premier de la République, in-8° rel.*

1853. — FAC-SIMILE DU TESTAMENT DE LOUIS XVI. — Seul édit. autorisée par le Ministre de la police générale comme conforme à celle faite sur l'original. Gravé par Pierre Picquet. On y a joint le fac-simile d'un fragment d'écrit de Mme Elisabeth et des signatures de la Reine Marie-Antoinette et du jeune Louis XVII, accompagnés d'une notice historique contenant des détails très intéressants et inconnus jusqu'à ce jour sur le Testament de Louis XVI, et sur l'origine du Testament de la Reine, par L. Andot. — Paris, sans date, *in-4° rel.*

1854. — LOUIS XVI. — Ses œuvres, précédées de l'Histoire de ce Monarque. — Paris, *1864, in-8°, 2 vol.*

1855. — BABIE de BERCENAY (Fr.). — Vie de Marie-Antoinette Josèphe Jeanne de Lorraine, archiduchesse d'Autriche, Reine de France et de Navarre. — Paris, *chez Capelle, an 10 (1802), in-12, 3 vol. rel.*

1856. — LOUIS XVI, MARIE-ANTOINETTE et Mme ÉLISABETH. — Lettres et documents inédits, publiés par F. Feuillet de Conches. — Paris, *L. Henri Plon, 1864-1865, g^d in-8°.*

1857. — AFFAIRE DU COLLIER. — Recueil de pièces. Mémoire pour Louis-René-Edouard de Rohan, etc. — Paris, *Ch. Simon, 1786, 3 vol. cart., in-4°.*

1858. — D°. — Recueil de pièces authentiques secrètes et intéressantes, pour servir d'éclaircissement à l'affaire concernant le Cardinal de Rohan. Nouvelle édit. — Paris, *1786, in-8°, 2 vol. rel.* Trois autres brochures, *in-8° rel.*

1859. — MALESHERBES (C.-G. Lamoignon de). — Sa vie. — Paris, *Barba, an X (1802), in-12.* (Portr.)

1860. — LA RESTAURATION convaincue d'hypocrisie, de mensonge et d'usurpation ; de complicité avec les Souverains de la Sainte-Alliance, ou :

Preuves de l'existence du fils de Louis XVI, réunies et discutées par J. Suvigny, avocat. — Paris, *bureau de l'Inflexible, 1851, in-12 cart.*

1861. — LACHALOTAIS (Caradeuc de). — Mémoires, précédés d'une introduction, par M. Gilbert de Voisins, etc. — Paris, *Moutardier, 1826, in-12 br.*

1862. — BONNAUD (L'abbé J.-B.). — Discours à lire au Conseil en présence du Roi, par un Ministre patriote, sur le projet d'accorder l'état-civil des protestants. — *1787, in-8° cart.*

1863. — BARRIÈRE (M. F.). — Bibliothèque des Mémoires relatifs à l'Histoire de France pendant le 18e siècle, avec avant-propos et notes. Mémoires de Mme Rolland. — Paris, *F. Didot frères, 1855, in-8° br.* Tome 8.

1864. — D°, d°. — Mémoires du duc de Lauzun et du comte de Tilly. — Paris, *F. Didot frères, 1862, in-8° br.* Tome 25.

1865. — D°, d°. — Mémoires de Cléry, de M. le duc de Montpensier, de Riouffe. (Tome 9.)

1866. — D°. — Mémoires sur la vie de Marie-Antoinette, suivis de souvenirs et anecdotes historiques sur les règnes de Louis XIV, Louis XV et Louis XVI, par Mme Campan. (Tome 10). — Paris, *1864-1855, in-8° broché.*

1867. — BIONNE (Henry). — Dupleix, ouvrage illustré de fac-simile, d'un portrait, de plans et d'autographes. — Paris, *Dreyfous, 1881, 2 vol. in-8°.*

1868. — CRÉQUY (Marquise de). — Souvenirs de 1710 à 1803. — Paris, *Garnier frères, 5 vol. in-8° br.* Tomes 3, 4, 5, 6, 7, 8.

1869. — CLÉMENT DE BOISSY. — Recueil composé des ouvrages suivants par divers auteurs :

1° Le Maire du palais (sans date).

2° La ligue découverte, ou la Nation vengée, lettre d'un Quaker à F. M. A. de V., sur les affaires du temps et l'heureux avènement de Louis XVI au trône de France. — PARIS, *Amis de la Vérité, 1774.*

3° Le triomphe de la Ligue, lettre d'un Quaker à F. M. A. de V., sur les affaires du temps.

4° Les derniers soupirs du soi-disant Parlement de Paris.

5° Haute-Messe de l'abbé Perchel. — *En France, 1775.*

1870. — CAMPAN (Mᵐᵉ). — Mémoires sur la vie privée de Marie-Antoinette, reine de France et de Navarre, suivis de souvenirs et anecdotes historiques sur les règnes de Louis XIV, de Louis XV et de Louis XVI. — PARIS, *Baudouin frères, 1822, 3 vol. in-8° rel.*

1871. — CAPEFIGUE. — Louis XVI. Ses relations diplomatiques avec l'Europe, l'Inde, l'Amérique et l'empire Ottoman. — PARIS, *Amyot, 1856, in-8° br.*

1872. — Dᵒ. — Philippe d'Orléans, régent de France (1715-1723). — PARIS, *Delahays, 1857, in-8° br.*

1873. — ENAULT (LOUIS). — Mémoires et correspondance de Madame d'Epinay, précédés d'une étude sur sa vie et ses œuvres. Cet ouvrage renferme un grand nombre de lettres inédites de Grimm, de Diderot et de J.-J. Rousseau, lesquelles servent d'éclaircissement et de correctif aux confections de ce dernier. — PARIS, *Eugène Didier, libraire-éditeur,* MDCCCLV, *in-12 rel.*

1874. — FLAMMERMONT (JULES). — Remontrances du Parlement de Paris au xviiiᵉ siècle. Tome 1ᵉʳ seulement, 1715-1755. — PARIS, *imprimerie nationale, 1888, in-4°.*

1875. — GRIFFET (Le P. H.). — Mémoires pour servir à l'histoire de Louis, Dauphin de France, mort à Fontainebleau le 20 Décembre 1765, avec un traité de la connaissance des hommes, fait par ses ordres en 1758. — PARIS, *Simon et Mérigot, 1778, 2 vol. in-12 rel.*

1876. — GRIMM (Le Baron FRÉD. MELCHIOR DE). — Nouveaux Mémoires secrets et inédits, historiques, politiques, anecdotiques et littéraires du Baron de Grimm, agent à Paris de la cour de Russie et de Pologne, ou chronique curieuse des personnages célèbres qui ont illustré le siècle dernier, suivie de la relation de ses voyages. — PARIS, *Lerouge, 1834, in-8°, 2 vol.*

1877. — GONCOURT (Ed. et Jules de). — Histoire de Marie-Antoinette, édition augmentée de documents inédits et de pièces tirées des archives de l'Empire. — Paris, F^in *Didot frères et fils, 1850, in-8° br.*

1878. — HAUTCHAMP (Marmont de). — Histoire générale et particulière du Visa, fait en France, contenant les édits, déclarations, arrêts et autres actes, qui doivent servir de preuves à cette histoire. — La Haye, *Ph. Scheurleer, 1743, 4 vol. in-12 rel.*

1879. — HISTOIRE de la dernière guerre, commencée l'an 1756, et finie par la paix d'Hanbertsbourg, le 15 février 1763. — Cologne et Paris, *Mérigot, 1770, in-12 rel.*

1880. — JOURNAL des opérations de l'armée de Soubise, pendant la campagne de 1758, par un officier de l'armée. — Amsterdam et Paris, *1759, chez Jombert, petit in-8° rel.*

1881. — JOURNAL de Leyde. Nouvelles extraordinaires de divers endroits, du Mardi 4 Novembre 1788 au Vendredi 29 Octobre 1790. — *2 vol. in-4°.* Texte à 2 colonnes.

1882. — LONGCHAMPS (de). — Histoire des événements militaires et politiques de la dernière guerre, dans les quatre parties du monde. — Amsterdam et Paris, *1787, 3 vol. in-8° rel.*

1883. — LEVRIER, lieutenant-général du bailliage royal de Meulent. — Mémoire sur les formes qui doivent précéder et accompagner la convocation des Etats-Généraux. — *1788, s. n. d'imp.*

1884. — LAMBALLE (Mémoires historiques de M. T. L. de Carignan, princesse de), une des principales victimes immolées dans les horribles journées des 2 et 3 Septembre 1792, publiés par Mme Guénard. — Paris, *Le Rouge, 1801, 2 vol. in-12 rel.*

1885. — LEVASSEUR (E.). — Recherches historiques sur le système de Lavy. — Paris, *Guillaumin et Cie, 1854, in-8° br.*

1886. — MÉMOIRE pour servir à l'histoire du comte de Cagliostro, au sujet de l'affaire du cardinal de Rohan, Evêque et Prince de Strasbourg. — Strasbourg, *1786, 2 vol. in-8° rel.*

1887. — MIGNONNEAU. — Considérations intéressantes sur les affaires présentes. — Londres et se trouve à Paris, *chez Barrois l'aîné, 1788, in-8° br.*

1888. — MOLÉ (Notice de François-René), sur les Mémoires de Henry-Louis Lekain, publiés par son fils ; extraite de la bibliothèque française, 11e année, N° V. — Paris, *Pougens, an X (1801), in-8° cart.*

1889. — MONTJOYE. — Eloge historique et funèbre de Louis XVI, roi de France et de Navarre, précédé des fastes des Bourbons, suivi de la déclaration de S. M. adressée à tous les Français à sa sortie de Paris, le 20 juin 1791. — Paris, *Lebègue et autres, 1804, in-8° rel.*

1890. — NÉEL (Louis-Balthazar). — Histoire de Maurice, comte de Saxe, maréchal général des camps et armées de S. M. T. Chrétienne, Duc élu de Curlande et de Semigalle, chevalier des ordres de Pologne et de Saxe. — Dresde, *Walther, 1760, 2 vol. in-12 rel.*

1891. — NOUGARET. — Anecdotes du règne de Louis XVI, contenant tout ce qui concerne ce monarque, sa famille et la reine, les vertus et les vices des personnages qui ont le plus contribué aux événements, les princes, les ministres, etc., les assemblées des notables : L'assemblée nationale, les anecdotes particulières sur plusieurs de ses membres, avec l'esprit des principaux décrets qui forment la constitution du Royaume et les passages les plus frappans ou les plus curieux de quelques discours prononcés à la Tribune, ou dans diverses parties du Royaume ; les détails intéressants et secrets de la Révolution, ainsi que des mouvements patriotiques ou criminels qui ont eu lieu dans la plupart des villes, des colonies et possessions françaises. — Paris, *1791, 6 vol. petit in-8° rel.*

1892. — POMPADOUR (Madame la Marquise de). — Mémoires où l'on découvre les motifs des guerres et des traités de paix, les ambassades, les négociations dans les différentes cours de l'Europe, etc., écrits par elle-même. — Liège, *1768, 2 vol. in-12 rel.*

1893. — PROYART (L'abbé). — Vie du Dauphin, père de Louis XVI, écrite sur les Mémoires de la Cour, présentée au Roi et à la famille royale. — Paris, *Berton, 1788, 1 vol. petit in-8° rel.*

1894. — PROCÈS-VERBAL de l'Assemblée générale des gens du Tiers-Etat du pays et du comté de Provence, convoquée par autorité et permission de S. M., en la ville de Lambesc. — Aix, *G. David, 1788, 1 vol. in-8° br.*

1895. — STAEL (Mémoires de Mme de), écrits par elle-même. — Londres et Paris, *chez Rozet, 1767, in-12 rel., 3 vol.*

1896. — SAINT-FÉLIX (Jules de). — Aventures de Cagliostro. — Paris, *Hachette et Cie, 1855, in-8° br.*

1897. — SAINT-SIMON. — Le Régent et la Cour de France sous la minorité de Louis XV. — S. d., *in-8° rel.*

1898. — TESTAMENT politique du Maréchal Duc de Belle-Isle. — AMSTERDAM, *librairies associées, 1761, in-8° rel.*

1899. — TERRAI (Mémoires de l'abbé), contenant sa vie, son administration, ses intrigues et sa chute, avec une relation de l'émeute arrivée à Paris en 1775. — *A la Chancellerie, 1776, 1 vol. in-8° rel.*

1900. — D°. — Autre exemplaire. — *A la Chancellerie, 1786, 1 vol.* (le tome 1ᵉʳ et le tome 2ᵉ), *in-8° rel.*

1901. — VOLTAIRE. — Précis du siècle de Louis XV. — GENÈVE, *1770, in-12 rel.* (en 2 tomes).

1902. — VIE de Jeanne de Saint-Rémy de Valois, ci-devant comtesse de Lamotte, contenant un récit détaillé et exact des événements extraordinaires auxquels cette dame infortunée a eu part depuis sa naissance, etc. — PARIS, *Garnery, an 1ᵉʳ de la République, 2 vol. in-8° rel.*

1903. — VANDERAUWERT. — Mémoires historiques et anecdotiques, pièces diverses, enrichies de notes nouvelles. — BRUXELLES, *1854, Elzeverin, in-32 br.*

1904. — VALLÉE (OSCAR DE). — Les Manieurs d'argent. Etudes historiques et morales, 1720-1857. — PARIS, *M. Lévy frères, 1858, 1 vol. in-8° br.*

1905. — LEVIS (DE). — Souvenirs et portraits, 1780-1789. — PARIS, *1813, François Buisson, 2 vol. in-12.*

i. — *Révolution de 1789 jusqu'au Consulat an VIII (1799)*

1906. — PEYSSONNEL (CH. DE). — Situation politique de la France et ses rapports actuels avec toutes les puissances de l'Europe. Ouvrage dont l'objet est de démontrer, par les faits historiques et les principes de la saine politique, tous les maux qu'a causés à la France l'alliance autrichienne, et toutes les fautes que le Ministère français a commises depuis l'époque des traités de Versailles, de 1756, 57, 58, jusqu'à nos jours. Adressé au Roi et à l'Assemblée nationale. — NEUCHATEL, *et se trouve à* PARIS, *chez Buisson, 1789, in-8°, 2 vol. rel.*

1907. — BUCHEZ (P.-J.-B.) et ROUX-LAVERGNE (P. C.) — Histoire parlementaire de la Révolution française, ou Journal des Assemblées nationales, depuis 1789 jusqu'en 1815. — PARIS, *Paulin, 1835-38, in-8°, 40 vol. rel.*

1908. — RECUEIL DE PIÈCES RELATIVES A LA RÉVOLUTION. — *In-8°, 5 vol. 2 cart. 3 br.*

1909. — DESMOULINS (Camille). — Opuscules de l'an 1er de la Liberté. — Paris, *Garnery, an 1er de la liberté, in-8°.* (Fig. 2 exemp.)

1910. — CALONNE. — De l'Etat de la France présent et à venir. — Londres et Paris, *Laurent, Octobre 1790, in-8° rel.*

1911. — LALLY-TALLENDAL (Le Cte de). — Mémoire ou seconde lettre à ses commettants. — Paris, *Desenne, Janvier 1790, in-8° rel.*

1912. — GIN (M.) — Des causes de nos maux, de leurs progrès et des moyens d'y remédier. Note politique des deux harangues d'Eschine et de Démosthènes dites de la Couronne. Avec un recueil d'écrits du même auteur relatifs aux circonstances présentes.

1913. — PROCÈS-VERBAL de l'Assemblée des notables, tenue à Versailles, en l'année 1788. — Paris, *imprimerie royale, 1789, in-4° br.*

1914. — PROCÈS-VERBAUX de l'Assemblée nationale, mis par ordre de matières, ou Collections des motions, rapports, décrets, etc., présentés dans leur ordre naturel, par M. Gabet, homme de loi. Assemblée constituante. — Paris, *Onfroy.* Dijon, *Mailly fils, 1790, in-4°, 5 vol. cart.*

1915. — BURKE (Ed.) — Réflexions sur la Révolution de France et sur les procédés de certaines Sociétés à Londres, relatifs à cet événement, en forme d'une lettre qui avait dû être envoyée d'abord à un pauvre-homme à Paris. Trad. de l'ang. sur la 3e édit. — Paris, *Laurent ;* Londres, *Ed. P. Mall, 1790, in-8° rel.*

1916. — MACKINTOSH (Jacq.) — Apologie de la Révolution française et de ses admirateurs anglais, en réponse aux attaques d'Edmund Burke ; avec quelques remarques sur le dernier ouvrage de M. de Calonne. Ouv. trad. de l'ang. sur la 3e édit. — Paris, *Buisson, 1792, in-8° rel.*

1917. — BEAULIEU (C. F.) — Essais historiques sur les causes et les effets de la Révolution de France ; avec des notes sur quelques événements et quelques institutions. — Paris, *Maradan, an 9 (1801), in-8°, 6 vol. rel.*

1918. — STAEL (Mme la Bonne de). — Considérations sur les principaux événements de la Révolution française. Ouvrage posthume de Mme la Bne de Staël, publié par M. le duc de Broglie et le Bon de Staël. — Paris, *Delaunay, 1818, in-8°, 3 vol. rel.*

1919. — D°. — D°, d°, d°, d°, d°. — *1862, d°, 2 vol. br.*

1920. — RABAUT de SAINT-ÉTIENNE (J.-P.). — Almanach historique de la Révolution française pour l'année 1792. On y a joint l'acte constitutionnel des Français avec le Discours d'acceptation du Roi. — Paris, *Onfroy* ; Strasbourg, *J.-C. Treuttel, in-18 rel.*

1921. — Dº. — Précis historique de la Révolution française. Edition augmentée de réflexions politiques sur les circonstances présentes. — Paris, *Onfroy ;* Strasbourg, *J.-C. Treuttel, 1798, in-18 rel.*

1922. — RÉVOLUTIONS DE PARIS, dédiées à la Nation française et au District des petits Augustins. Publiées par le sieur Prudhomme, à l'époque du 12 juillet 1792. Avec gravures. — Paris, *1790-93, in-8º, 17 vol. rel.*

1923. — NECKER. — Histoire de la Révolution française, depuis l'Assemblée des Notables jusques et y compris la journée du 13 Vendémiaire an IV (18 octobre 1795) ; nouvelle édit., avec de nombreuses additions de l'auteur. — Paris, *1821, in-18, 4 vol.*

1924. — Dº, dº, dº, dº. — Paris, *librairie historique, 1821, in-12, 2 vol.*

1925. — LACRETELLE, jeune. — Précis historique de la Révolution française. Assemblée législative. Directoire exécutif, etc. — Paris, *Didot, an IX (1801), in-18, 3 vol.*

1926. — Dº, dº. 3e édit. — Paris, *Treuttel et Wurtz, Didot, 1815, 7 vol. in-12* (incompl.).

1927. — LECOMTE (P.-C.). — Mémorial ou Journal historique, impartial et anecdotique de la Révolution de France, contenant une série exacte des faits principaux qui ont amené et prolongé cette grande révolution, depuis la fin de l'an VIII jusqu'à la décision du consulat à vie, etc. — Paris, *Dupont, an IX et suivants, in-18, 3 vol.*

1928. — FANTIN-DÉSODOARDS. — Histoire philosophique de la Révolution de France, depuis la première Assemblée des Notables jusqu'à la paix de 1801 ; 4e édit. — Paris, *Belin, an IX (1801), in-8º, 9 vol. rel.*

1929. — TABLEAUX HISTORIQUES de la Révolution française. — Paris, *Aubert, 1791-1804, in-fº, 57 livraisons.*

1930. — PAGÈS (François). — Histoire secrète de la Révolution française, contenant une foule de particularités peu connues, et des extraits de tout ce qui a paru de plus curieux sur la Révolution française, tant en France qu'en Allemagne, en Angleterre, etc., etc. ; 2e édit. — Paris, *Dentu, an IX (1800), in-8º, 7 vol. rel.*

1931. — LUCHET (Le M^ls de). — Les Contemporains, de 1789 à 1790, ou les opinions débattues pendant la première législature ; avec les principaux événements de la Révolution. — Paris, *Lejay, 1790, in-8°, 2 vol. reliés.*

1932. — BONNEVILLE et QUÉNARD. — Portraits des personnages célèbres de la Révolution. — Paris, *1796, in-4°, 4 vol. cart.*

1933. — DURAND-MAILLANE. — Histoire apologétique du Comité ecclésiastique de l'Assemblée nationale. — Paris, *F. Buisson, 1791, in-8° rel.*

1934. — APOLOGIE des projets et de la conduite des chefs de la Révolution de France, avant et pendant la première Assemblée. — Londres, *1793, in-8° rel.*

1935. — CONSTITUTION (La) française, décrétée par l'Assemblée nationale constituante, aux années 1789-90 et 91, acceptée par le Roi le 14 Septembre 1791. — Paris, *Didot jeune, chez Garnery, 1791.* Relié avec :

Almanach du père Gérard pour l'année 1792, 3e de la Liberté, ouvrage qui a remporté le prix proposé par la Société des Amis de la Constitution, séante aux Jacobins à Paris, par J. M. Collot d'Herbois. — Paris, *Buisson, 1792.*

1936. — CONSTITUTION DE LA RÉPUBLIQUE FRANÇAISE, précédée de la Déclaration des droits de l'homme, avec le Rapport du Comité de Constitution et le Procès-Verbal d'acceptation par le peuple français. — Dijon, *Causse, 1793, in-32,* mar. rouge, f. frap. s. le plat, d. s. tr.

1937. — PELTIER (J. G.) — Histoire de la Révolution du 10 août 1792, des causes qui l'ont produite, des événements qui l'ont précédée, et des crimes qui l'ont suivie. — Londres, *1795, in-8°, 2 vol. rel.*

1938. — FASTES DE LA RÉPUBLIQUE FRANÇAISE. — Ouvrage orné de gravures, d'après les dessins de Monnet. — Paris, *Louis, 1793, in-8°, 2 vol.*

1939. — JOURNÉES MÉMORABLES DE LA RÉVOLUTION. — Sous le numéro collectif ci-contre, cette liasse de *9 pl. in-32,* édit. populaire de 1826, contient :

```
    19 Novembre 1787  a.
    28 Avril     1789  b.
    17 Juin      1789  c.
    20 Juin      1789  d.
    23 Juin      1789  e.
 12-13 Juillet   1789  f.
    14 Juillet   1789  g.
    17 Juillet   1789  h.
    22 Juillet   1789  i.
```

1940. — CONSTITUTION DE LA RÉPUBLIQUE FRANÇAISE. — Paris, *Crapelet, an IV, in-32*, mar. rouge, filets d. s. tr.

1941. — ESPRIT DE LA CONSTITUTION DE L'AN III ou Recueil exact et complet de la discussion qui a eu lieu à ce sujet dans la Convention, depuis le 6 messidor jusqu'au 23 fructidor, an 3 de la République française. — Paris, *Dupont (du Pont), s. d. in-12 rel.*

1942. — THIERS (E. A.) — Histoire de la Révolution française. — Paris, *Lecointe et Pougin éditeurs ; Paulin, libraire, 1832, in-8°, 10 vol. rel.* et l'Atlas *in-f° rel.*

1943. — D°. — D°. — Paris, *Lecointe, 1834, d°, d°.*

1944. — D°. — D°. — Paris, *Furne et Cie, 1862, in-8°, 10 vol. br.*

1945. — MIGNET (F. A.) — Histoire de la Révolution française, depuis 1789 jusqu'en 1814. — Paris, *Firmin Didot, 1836, in-8°, 2 vol. rel.*

1946. — D°. — D°, 10e édit. — *D°, d°, 1869, d°, d°, d°.*

1947. — FABRE (Auguste). — Histoire de la Révolution française. Mémorial historique de la Révolution, de ses causes et de ses suites, composée en partie de morceaux écrits au moment des événements. — Paris, *Thoimier-Desplaces, 1833, in-8°, 2 vol. rel.*

1948. — BAIL (M.) — Histoire politique et morale des Révolutions de la France, ou Chronologie raisonnée des événements mémorables depuis 1787 jusqu'à 1820, époque des conférences de Troppau et de Laybach. — Paris, *Alexis Eymery, 1821, in-8°, 2 vol. rel.*

1949. — MONTGAILLARD (Mémoires secrets de J. G. M. l'abbé de), pendant les années de son émigration, contenant de nouvelles informations sur le caractère des princes français, et sur les intrigues des agents de l'Angleterre. — Paris, *an XII, in-8° rel.*

1950. — D°. — Revue chronologique de l'histoire de France, depuis la première convocation des notables jusqu'au départ des troupes étrangères (1787-1818). — Paris, *F. Didot, 1820, in-8° rel.*

1951. — D°. — Histoire de France, depuis la fin du règne de Louis XVI jusqu'à l'année 1825, précédée d'un discours préliminaire et d'une introduction historique sur la monarchie française et les causes qui ont amené la Révolution. — Paris, *Moutardier*, 1827, *in-8°. 9 vol. rel.*

1952. — DUPONT (M. le lieutenant-général, comte). — Observations sur l'Histoire de France de M. l'abbé de Montgaillard. — Paris, *Dentu*, 1827. Relié avec :

Réfutation de l'Histoire de France de l'abbé de Montgaillard, publiée par M. Uraneltz de Leuze, accompagnée de pièces justificatives, qui contiennent une note politique de Mirabeau et plusieurs lettres inédites de Louis XVIII, avec un fac-simile de leur écriture. — Paris, *Delaforest*, *1828, in-8° rel.*

1953. — QUINET (Edgar). — La Révolution. — Paris, *Lacroix*, *Verboekhoven et C*ie, 1865, *in-8°, 2 vol. rel.*

1954. — MONTLOSIER (Le Cte de). — Mémoires sur la Révolution française, etc. — Paris, *Dufoy*, 1830, *in-8°, 2 vol.*

1955. — MICHELET (J.) — Histoire de la Révolution française. — Paris, *Lacroix, Verboeckhoven et C*ie, *1869, in-8°, 6 vol. rel.*

1956. — THIESSÉ (Léon). — Résumé de l'Histoire de la Révolution française. — Paris, *Lecointe et Durey, 1826, in-18.*

1957. — DESPOIS (Eugène). — Le Vandalisme révolutionnaire, fondations littéraires, scientifiques et artistiques de la Convention. — Paris, *Germer Baillière, 1868.*

1958. — RECUEIL.　　**CARTON N° 6**

Documents sur la Révolution française, se rapportant
aux années 1789-90-91-92-93-94-95.

Liasse N° 1

19 lettres du Comte de Mirabeau à ses commettans, du 19 mai 1789 au 24 juillet 1789.

Liasse N° 2

9 Numéros du *Courrier de Provence*, du 24 juillet 1789 au 10 septembre 1789, pour servir de suite aux Lettres du Comte de Mirabeau à ses commettans.

Liasse N° 3

1. — Déclarations de droits, extraits du cahier du Tiers-Etat de Nemours (Bailliage).

2. — Massacre occasionné au Mans, par le retour des Députés en juillet 1789.

3. — Lettres du Roi à l'Assemblée nationale. Versailles le 10 septembre 1789, et trois autres documents de la même époque.

Liasse N° 4

12 Documents divers sur les années 1790 et 1791.

Liasse N° 5

Documents divers, au nombre de 21 sur la Révolution. Années 1792-93-94.

1959. — LA CROIX (Le citoyen DE). — Le Spectateur français avant la Révolution et pendant le Gouvernement révolutionnaire. — PARIS, *P. Buisson, l'an 4ᵉ de la République française, pour le 1ᵉʳ {vol. ; l'an 3ᵉ pour le 2ᵉ vol., 2 vol. in-8° rel.*

1960. — PROUST (ANTONIN). — Archives de l'Ouest, 1789. Recueil de documents concernant l'Histoire de la Révolution. — PARIS, *Lacroix, Verboeckhoven et Cⁱᵉ, s. d., in-4° rel., 5 vol.*

1961. — ROUSSET (CAMILLE). — Les Volontaires, 1791-1794. — PARIS, *Didier et Cⁱᵉ, 1870, in-8° rel.*

1962. — CHALLAMEL (AUGUSTIN). — Histoire-musée de la République française, depuis l'Assemblée des Notables jusqu'à l'Empire. — PARIS, *Challamel, 1842, in-4° rel.*

1963. — SORIN (ELIE). — Histoire de la République française, 1789-1800, illustrée par MM. Bayard, Blanchard, Crépon, Deroy, Ferrat, etc., etc.— PARIS, *F. Polo, 1873, in-4° rel.*

1964. — HENNIN (MICHEL). — Histoire numismatique de la Révolution française, ou Description raisonnée des médailles, monnaies et autres monuments numismatiques relatifs aux affaires de la France, depuis l'ouverture des Etats-Généraux jusqu'à l'établissement du Gouvernement consulaire, avec planches. — PARIS, *J.-S. Merlin, 1826, in-8°, 2 vol.* v. f. fil. frap.

1965. — CHAMPFLEURY. — Histoire des faïences patriotiques sous la Révolution ; 2ᵉ édit. — Paris, *E. Dentu, 1867, in-18 rel.*

1966. — BAILLY (Mémoires de). — Avec une Notice sur sa vie, des notes et des éclaircissements historiques, par MM. Berville et Barrière. — Paris, *Baudouin frères, 1821.*

1967. — REGNAULT-WARIN. — Mémoires pour servir à la Vie du général La Fayette et à l'histoire de l'Assemblée constituante. — Paris, *Hesse et Cⁱᵉ, 1824, in-8°, 2 vol. cart.*

1968. — Dᵒ. — Mémoires pour servir à la Vie d'un homme célèbre. — Paris, *Plancher, 1819, in-8° br., 2 vol.*

1969. — MORTIMER-TERNAUX. — Histoire de la Terreur, 1792-1794, d'après des documents authentiques et inédits. — Paris, *M. Lévy frères, 1862, in-8°, 7 vol. rel.*

1970. — Dᵒ, dᵒ, dᵒ. — Paris, *M. Lévy frères, 1863, in-8°, 5 vol. rel.*

1971. — ERNOUF (Le Bᵒⁿ). — Souvenirs de la Terreur. Mémoires inédits d'un curé de campagne (l'abbé Dumesnil, curé de Guerbaville, Seine-Inférieure). Publié d'après le manuscrit original. — Paris, *E. Maillet, 1866, grand in-18.*

1972. — CAMPARDON (Emile). — Le Tribunal révolutionnaire de Paris, ouvrage composé d'après les documents originaux conservés aux archives de l'Empire, etc. — Paris, *H. Plon, 1866, in-8°, 2 vol. rel.*

1973. — SOREL (Alex.). — Le couvent des Carmes et le séminaire de Saint-Sulpice, pendant la Terreur, etc. — Paris, *Didier et Cⁱᵉ, 1863, in-8°. rel.*

1974. — BERRIAT SAINT-PRIX (Ch.). — La justice révolutionnaire à Paris, Bordeaux, Brest, etc. — Paris, *1861, in-18.*

1975. — RICHER-SERISY. — L'accusateur public (journal). — Paris, *de l'an III à l'an VIII, (1795 à 1799), in-8° rel.*

1976. — LESCURE (de). — La vraie Marie-Antoinette. Etude historique, politique et morale, suivie du recueil, réuni pour la première fois, de toutes les lettres de la Reine connues jusqu'à ce jour, etc. — Paris, *D. de la Maherie, 1863, in-8° br.*

1977. — Dᵒ. — La Princesse de Lamballe. Sa vie, sa mort (1749-1792).— Paris, *H. Plon, 1864, in-8° rel.*

1978. — LAMARTINE (Alp. de). — Histoire des Girondins. — Paris, *Furne, 1847, in-8°, 8 vol. rel.*

1979. — TOURNOIS (M.). — Histoire de Louis-Philippe-Joseph, duc d'Orléans et du parti d'Orléans, dans ses rapports avec la Révolution française. — Paris, *Charpentier, 1842, in-8°, 2 vol. rel.*

1980. — VIE PRIVÉE ET POLITIQUE du Général Dumouriez, pour servir de suite à ses Mémoires. — Hambourg, *Hofman, 1794, in-12 rel.*

1981. — DUMOURIEZ (Le G^al). — Sa vie privée et politique, écrite par lui-même. — Hambourg, *Fauché, 1795, petit in-8°, 3 vol.*

1982. — ROLLAND (Mme). — Ses Mémoires. Seule édition entièrement conforme au manuscrit autographe, publiée avec des notes par C.-A. Dauban. (Portrait et fac-similé.) — Paris, *H. Plon, 1864, in-8° rel.*

1983. — SÉNART. — Révélations puisées dans les cartons des comités de Salut public et de Sûreté générale, ou Mémoires inédits de Sénart, agent du Gouvernement révolutionnaire, publiées par Alexis Dumesnil. — Paris, *chez les principaux libraires, 1824, in-8° rel.*

1984. — MONBORGNE (J. M.) — Tableau général du maximum de la République française, décrété par la Convention nationale le 6 Ventose. — Paris, *an II, in-8°, 3 vol. rel.*

1985. — COURTOIS (E. B.) — Rapport fait au nom de la commission chargée de l'examen des papiers trouvés chez Robespierre et ses complices dans la séance du 16 Nivose an IIIe de la République française. — Paris, *Imprimerie nationale, an IIIe, in-8° rel.*

1986. — D^o. — Autre.

1987. — ROBESPIERRE (F. M. J. J.) — Papiers inédits trouvés chez Robespierre, Saint-Just, Payan, etc., supprimés ou omis par Courtois, précédés du Rapport de ce député à la Convention nationale, avec un grand nombre de fac-similé et les signatures des principaux personnages de la Révolution. — Paris, *Baudouin frères, 1828, in-8°, 4 vol. cart.*

1988. — CRIMES (les) de Robespierre et de ses principaux complices, leur supplice, la mort de Marat, son apothéose, le procès et le supplice de Charlotte Corday. — Paris, *1830, in-18; 3 vol.*

1989. — BONNEMAIN. — Les chemises rouges, ou Mémoires pour servir à l'histoire des anarchistes. — Paris, *Deroy et Maret, an VII, in-12, 2 vol.*

1990. — HISTOIRE SECRÈTE du Directoire. — Paris, *Menard, 1832, in-8°, 4 vol. cart.*

14

1991. — CARNOT (L. N. M.) — Réponse de L. N. M. Carnot, l'un des fondateurs de la République - et membre constitutionnel du Directoire exécutif, ou rapport fait sur la conjuration du 18 fructidor, au Conseil des Cinq-Cents, par J. C. Bailleul, au nom d'une commmission spéciale. PARIS, *8 floréal, an VI, in-12 rel.*

1992. — D°. — Sa vie politique et privée, contenant des particularités intéressantes qui n'ont jamais été imprimées, suivie d'un précis de la conduite de Robert Lindet à la Convention nationale (port.) — PARIS, *1816, in-12.*

1993. — BARRUEL (l'abbé). — Mémoires pour servir à l'histoire du Jacobinisme. — HAMBOURG, *D. Fauche, 1803, in-8°, 5 vol. rel.*

1994. — D°. — Abrégé des Mémoires pour servir à l'histoire du Jacobinisme, par Barruel. — HAMBOURG, *P. Fauche, 1880, in-12, 2 vol. rel.* (par l'abbé Jacquemin).

1995. — LE RICHE. — Histoire des Jacobins de France, ou examen des principes anarchiques et désorganisateurs de la Révolution française, suivie d'une notice historique sur Louis XVI, Marie-Antoinette et Mme Elisabeth. — HAMBOURG, *Hofman, 1795, in-12, 2 vol.*

1996. — Dictionnaire des Jacobins vivants, dans lequel on verra les hauts faits de ces Messieurs, dédié aux frères et amis, par quelqu'un, citoyen français. — HAMBOURG, *1799, in-12.*

1997. — NOUGARET (P. F. B.) — Histoire de la guerre civile en France et des malheurs qu'elle a occasionnés, depuis l'époque de la formation des Etats-Généraux en 1788 jusqu'au 15 Brumaire de l'an VIII (1799) ; avec des détails authentiques sur le pillage et l'incendie des Châteaux, les troubles de la Corse, ceux du Comtat, les massacres de Nancy, d'Avignon, des colonies et principalement les événements arrivés à St Domingue, les journées sanglantes de septembre 1792, les sièges de Carpentras, de Toulon, de Lyon, les causes qui ont amené et produit la guerre de la Vendée et les outrages faits à l'humanité. Ouvrage qui contient les anecdotes sur les principaux personnages qui ont figuré dans la Révolution, ainsi que sur les plus illustres victimes, et des particularités qui n'avaient jamais été publiées par l'auteur du Règne de Louis. — PARIS, *Lerouge, 1803, in-8° rel.*

1998. — LE QUINIO (J. M.) — Guerre de la Vendée, an III, *in-8° rel.* (La page du titre manque).

1999. — BEAUCHAMP (Alp. de). — Histoire de la guerre de la Vendée et des Chouans, depuis son origine jusqu'à la pacification en 1800, 3e édit. augmentée (portrait). — Paris, *Giguet et Michaud, 1809, in-8º, 3 vol. rel.*

2000. — TURREAU (Gal Lis Mie). — Mémoires pour servir à l'histoire de la guerre de la Vendée. — Evreux, *frères Chaumont, an III, in-8º rel.*

2001. — Dº. — Dº. — Paris, *Marchands de nouveautés, 1815, in-8º, rel.*

2002. — CHAUVEAU (P. M.) — Vie de Charles-Melchior-Artus, marquis de Bonchamps, général vendéen. — Paris, *chez Bleuet et chez Lenormant, 1817, in-8º rel.*

2003. — BORDEREAU (Renée), dite l'*Angevin.* — Mémoires touchant sa vie militaire dans la Vendée, rédigés par elle-même et donnés à Mesdames qui les lui avaient demandés. — *L. G. Michaud, 1814, in-8º br.* (fig.)

2004. — DARMAING (M.) — Résumé de l'histoire des guerres de Vendée. — Paris, *Lecointe et Durey, 1826, in-12 br.*

2005. — LA ROCHEJAQUELEIN (Mme la Mise de). — Mémoires, 10e édit. Paris, *Dentu, 1861, in-8º, 2 vol. rel.* Précédés de son éloge funèbre prononcé par Mgr l'évêque de Poitiers.

2006. — Dº. — Dº, dº, dº, dº, dº, *2 vol. br.* — Dº.

2007. — CRÉTINEAU-JOLY (J.) — Histoire de la Vendée militaire, 3e édit. — Paris, *H. Plon frères, 1850-51, gd in-18, 4 vol.*

2008. — NEUILLY (le Cte de). — Dix années d'émigration. Souvenirs et correspondances, publiées par son neveu Maurice de Barberey. — Paris, *C. Douniol, 1865, in-8º rel.*

2009. — DAMPMARTIN (A. H.) — Mémoires sur divers événements de la Révolution et de l'Emigration. — Paris, *Hubert, 1825, in-8º, 2 vol. rel.*

2010. — RAMEL. — Journal de l'adjudant-général Ramel, commandant de la garde du Corps législatif de la République française, l'un des déportés à la Guyane après le 18 fructidor, sur les faits relatifs à cette journée, sur le transport, le séjour et l'évasion de quelques-uns des déportés, avec les détails circonstanciés de la fin terrible du Général Murinais, de Tronçon-Ducoudray, Lafond-Ladébat, etc., etc., 2e édit. — Londres, s. n. d'imp., *1799.* Relié avec :

Anecdotes secrètes sur le 18 fructidor et nouveaux Mémoires des déportés à la Guiane, écrits par eux-mêmes, et faisant suite au *Journal de Ramel*, contenant de nouveaux détails sur leur transport à la Guyane, et leur séjour dans cette colonie ; l'arrivée de la frégate la *Décade*, ayant à bord 193 déportés, la mort de Rovère, Lavilleheurnais, Brothier, Gibert-Desmolières d'Havelange, Letellier, etc., et tout ce qui s'est passé à la Guyane jusqu'au 24 Ventose, an VII.

Auxquels on a joint une nouvelle relation de l'évasion de Pichegru, Barthélemy, Ramel, etc. ; leur arrivée à Londres, la réception qu'on leur a faite dans cette ville, leur entrevue avec Sydney-Smith, et l'histoire de l'évasion de ce général anglais racontée par lui-même, enfin un Mémoire de Barbi-Marbois sur le 18 fructidor. — PARIS, *Guignet et Cie*, s. d., *in-8° rel.*

2011. — AYMÉ (J. J.) — Déportation et naufrage de J. J. Aymé, ex-législateur, suivis du Tableau de Vie et de Mort des déportés, à son départ de la Guyane, avec quelques observations sur cette colonie et sur les nègres. — PARIS, *Maradan, s. d., in-8° cart.*

2012. — PICHEGRU (Histoire du g^{al}), précédée d'une notice sur sa vie politique et militaire, suivie des anecdotes très intéressantes et réponses remarquables de ce Général. — PARIS, *Barba, an X (1802), in-12 cart.* (port.)

2013. — MONTGAILLARD (M. R. DE). — Mémoire concernant la trahison de Pichegru, dans les années 3, 4 et 5, rédigé en l'an 6 par M. R. de Montgaillard, et dont l'original se trouve aux archives du Gouvernement. PARIS, *imprimerie de la République, Germinal an XII, in-8° rel.*

2014. — ROUSSELIN (A.) — Vie de Lazare Hoche, général des armées de la République. — PARIS, *chez Desenne et chez Théop. Barrois, an VI, in-8°, 2 vol. rel.*

2015. — SCHERER (le g^{al}). — Comptes-rendus au Directoire exécutif par le citoyen Scherer, ex-ministre de la guerre, pour l'an VI et les cinq premiers mois de l'an VII, sur l'administration du département pendant l'exercice de l'an VI. — PARIS, *Dentu, an VII, in-8° br.*

2016. — GOHIER (L. J.) — Mémoires de Gohier, Président du Directoire, au 18 Brumaire. — PARIS, *Bossange, 1824, in-8°, 2 vol. rel.* (Port. et fac-simile).

2017. — TOUCHARD-LAFOSSE (G.) — Souvenirs d'un demi-siècle. Vie publique. Vie intime. Mouvement littéraire, 1789-1836 (port.) — PARIS, *Dumont, 1836, in-8°, 6 vol rel.*

2018. — GONCOURT (EDMOND et JULES DE). — Histoire de la Société française pendant la Révolution et pendant le Directoire, 3e édit. — PARIS, *Didier, 1864, g^d in-18, 2 vol.*

2019. — LOMÉNIE (Louis de). — Les Mirabeau. Nouvelles études sur la Société française au xviii⁰ siècle. — Paris, *E. Dentu, 1879, in-8ᵒ*, *2 vol. rel.*

2020. — LINGUET. — Mémoire au Roi, concernant les réclamations actuellement pendantes au Parlement de Paris. — Londres, *Th. Spilsburg, in-8ᵒ br.*

2021. — MONNIER. — Histoire de la Révolution française. Appel au Tribunal de l'opinion publique, du Rapport de M. Chabrond et d'un décret rendu par l'Assemblée nationale le 2 Octobre 1790. Examen du Mémoire du duc d'Orléans et du Plaidoyer du Comte de Mirabeau, et nouveaux éclaircissements sur les crimes du 5 et du 6 Octobre 1789. — Genève, sans n. d'imp., *1790, in-8ᵒ br.*

2022. — TURBAT. — Procès des Bourbons contenant des détails historiques sur la journée du 10 août 1792, les événements qui ont précédé, accompagné et suivi le jugement de Louis XVI etc. — Hambourg, *1793, 2 vol. in-8ᵒ rel.*

2023. — ESCHASSÉRIAUX jeune. — Rapport fait au nom de la Commission chargée de la Révision des lois contre les émigrés. Imprimé par ordre de la Convention nationale.

2024. — LOUVET (J. B.). — Quelques notices pour l'histoire et le récit de mes périls depuis le 31 mai. (La 1ʳᵉ page manque).

2025. — LECOINTRE, député de Seine-et-Oise. — Les crimes de Sept membres des anciens comités de Salut public et de Sûreté générale, ou dénonciation formelle à la Convention nationale contre Billaud-Varennes, Barère, Collot d'Herbois, Vadier, Vouland, Amar et David. Suivie de pièces justificatives, indication d'autres pièces originales, etc. — Paris, *Maret, Maison Égalité, au 3ᵉ, in-8ᵒ br.* (Très mutilé).

2026. — PHÉLIPPEAUX (Réponse de). — A tous les défenseurs officieux de nos frères dans la Vendée, avec l'acte solennel d'accusation fait à la séance du 18 nivôse, suivie de trois lettres écrites à sa femme, de sa prison. — Paris, *Imprimerie des femmes, l'an III, in-8ᵒ br.*

2027. — MONTHYON (Mʳ de). — Rapport fait à S. M. Louis XVIII. — Constance, sans n. d'imp., *1796, in-8ᵒ br.*

2028. — MONTJOIE. (C. L. F. de). — Histoire de la Conjuration de Louis-Philippe-Joseph d'Orléans, premier prince du sang, duc d'Orléans, de Chartres, de Nemours, de Montpensier et d'Etampes, comte de Beaujolais, etc. — Paris, *1796, 3 vol. in-8ᵒ rel.*

2029. — JUILLON (l'abbé). — Histoire du Siège de Lyon, des événement qui l'ont précédé et des désastres qui l'ont suivi, ainsi que de leurs causes secrètes, générales et particulières (depuis 1789 jusqu'en 1796). — Paris, *Leclère*, Lyon, *Rusand, 1797 (an V), 2 vol, in-8° rel.*

2030. — RICARD (G^al). — Fragments sur la situation politique de la France, au 1er floréal, V^e année républicaine. — Paris, *chez le citoyen Raphaël et chez B. Mathée et Desenne, au Palais Egalité s. d., in-8° br.*

2031. — JOURDAN (Camille), député du Rhône. — A ses commettants. Sur la Révolution du 18 fructidor. — Paris, *25 vendémiaire, an VI, in-8° br.*

2032. — SALES (J. de). — Recueil des Mémoires adressés à l'Institut national de France, sur la destitution des citoyens Carnot, Barthélemy, Pastoret, Sicard et Fontanes. — Paris, *Fusch, prairial, an VIII, in-8° br.*

2033. — ROUSSEL (Louis Ch.). — Correspondance de Louis-Philippe-Joseph d'Orléans, avec Louis XVI, la Reine, Montmorin, Liancourt, Bizanet, Lafayette, etc., avec des détails sur son exil à Villers Cotterets et sur là conduite qu'il a tenue au 5 et 6 Octobre, écrite par lui. — Paris, *Marchant, et chez Debray, 1800, in-8° cart.*

2034. — PROYART (l'abbé Liévain Bonaventure). — Louis XVI détrôné avant d'être Roi, ou tableau des causes nécessitantes de la Révolution française et de l'ébranlement de tous les trônes ; faisant partie intégrante d'une Vie de Louis XVI qui suivra. — Londres, *1800, in-8°.*

2035. — PIÈCES OFFICIELLES de l'armée d'Egypte. Seconde partie. Paris, *P. Didot l'aîné, an IX, in-8° br.*

2036. — PRÉCIS CHRONOLOGIQUE des événements remarquables, depuis l'ouverture de la première assemblée des Notables, en France, jusqu'à présent, suivi du calendrier Grégorien, rétabli en concordance des dates avec l'annuaire de la République de l'an II à l'an XX. — Paris, *Janet.*

2037. — BERNARDI (J. E. D.). — De l'influence de la philosophie sur les forfaits de la Révolution. — Paris, *A. A. Lottin, 18..., in-8° br.*

2038. — LOIZEROLLES (Ch^ier de). — Captivité de Saint-Louis deux et son martyre ; contenant les journées des 5 et 6 octobre 1789, du 20 juin et 10 août 1792. — Paris, *Lebègue, 1814, in-8° rel.*

2039. — RAPPORT des séances de l'Assemblée nationale et des communes de Paris. Du jeudi 1er Octobre 1789 au jeudi 31 décembre 1789. — Paris, *février 1818, in-8° rel.*

2039 *bis*. — PERLET. — Suite du journal. Lundi 31 décembre 1792. — *in 8° relié en 13 vol.*

    Perlet (Ch. J., impr. libraire à Paris) est le rédacteur de ce journal qui porte son nom et pour lequel il fut frappé d'un mandat d'arrêt, au 19 fructidor, an V (1797), déporté en mars 1798, à Cayenne, d'où il s'échappa en 1800.

2040. — VALORI (le Cte DE). — Précis historique du voyage entrepris par S. M. Louis XVI, le 21 juin 1791 ; de l'arrestation de la famille royale à Varennnes et de leur retour à Paris. — PARIS, *L. S. Michaud, 1815, in-8° br.*

2041. — FIRMONT (EDGEWORTH DE).⎟— Mémoires recueillis par C. Sneyd Edgeworth et traduits de l'anglais par le traducteur d'Edmund Burke. — PARIS, *Gide fils. 1815, in-8° rel.*

2042. — GALLAIS. — Histoire de France depuis la mort de Louis XVI jusqu'au traité de paix du 20 novembre 1815. — PARIS, *Janet et Corneille, 1821, 3 vol. in-8° rel.*

2043. — BIRON (Duc DE). — Lettres sur les Etats-Généraux de 1789, ou Détail des séances de l'Assemblée de la Noblesse et des Trois-Ordres, du 4 Mai au 15 Novembre. Précédées d'une notice historique sur Biron et publiées par Maistre de Roger de La Lande. — PARIS, *Mme Bachelin-Deflorenne ; 1865, in-8°.*

2044. — CHATELLIER (A. DU). — La mort de Louis XVI, scènes historiques, le 10 Août, le 2 Septembre, le 21 Janvier ; 3e édit. — PARIS, *A. Picard, 1875, in-8° de 330 p. br.*

2045. — SAROT (M. E.). — Etude historique sur la commission militaire et révolutionnaire établie à Granville, en l'an II de la République. — COUTANCES, *Salettes fils, 1876, in-8° rel.*

2046. — D°. — La Terreur dans le département de la Manche, et en particulier, les habitants de la Manche devant le Tribunal révolutionnaire de Paris. — COUTANCES, PARIS, ROUEN, *Salettes, Champion, Métérie, 1877, in-8° rel.*

2047. — BLANC (LOUIS). — Histoire de la Révolution française. — PARIS, *M. Lachatre et Cie, 1876, in-4°, 2 vol. rel.*

2048. — SAINT-HILAIRE (Le Marquis DE QUEUX DE). — Lettres de Coray, au protopsalte de Smyrne sur les événements de la Révolution française 1782-1793. Trad. du grec pour la première fois et publiées par le marquis de Saint-Hilaire. — PARIS, *F. Didot et Cie, 1880, in-8° br.*

2049. — TAINE (H.). — Les origines de la France contemporaine. — Paris, *Hachette et C*ie, *1885 et 1887, in-8°, 4 vol.*

La Révolution, Tome i. — *L'Anarchie.*

— Tome ii. — *La conquête jacobine.*

— Tome iii. — Le Gouvernement révolutionnaire.

Un 4e vol. sans numéro.

2050. — CHATELLIER (A. du). — Un essai de socialisme en 1793-94-95. Réquisition. Maximum. Assignats. Bio-bibliographie de l'auteur, par M. L. de La Sicotière. — Paris, *Retaux-Bray, 1887, in-8° br.*

2051. AULARD (F. A.) — Recueil des actes du Comité de Salut public, avec la correspondance officielle des représentants en mission et le registre de Conseil exécutif provisoire. Tome i, 10 Août, 1792. 21 Janvier 1793. — Paris, *Imp*ie *nat*le, *1889, g*d *in-8° cart.*

j. — *Consulat et Empire, an VIII (1799-1815).*

2052. — HAUTERIVE (Le Cte d'). — De l'état de la France à la fin de l'an VIII. — Paris, *Henrics, br.*

2053. — D°. — Autre, broché.

2054. — NORVINS (Jacques M. de Montbreton de). — Histoire de Napoléon. — Paris, *A. Thoisnier-Desplaces, 1829, in-8°, 4 vol. br.* 2e édit. ornée de port. vignettes, cartes et plans.

2055. — D°, d°. — 2e édit. ornée de portraits et vignettes. Cartes et plans. — Paris, *A. Dupont, 1829, in-8° 4 vol.*

2056. — D°, d°. — Vignettes par Raffet. — Paris, *Furne et C*ie, *1839, in-4°.*

2057. — D°, d°. — 20e édit. illustrée par Raffet. — Paris, *1850, g*d *in-8° rel.*

2058. — HISTOIRE DE L'EMPEREUR NAPOLÉON (2 feuilles manquent), *in-8° rel.*

2059. — VIE (la) DE BUONAPARTE premier consul de la République française et pacificateur de l'Europe; depuis sa naissance jusqu'au 18 brumaire an X, époque de la paix générale, précédée d'un hommage à la paix. — Paris, *Bonneville, an X, in-12.*

2060. — HISTOIRE DE NAPOLÉON-LE-GRAND, par un ancien militaire. — Paris, *Langlois, 1826, in-32.* Edition populaire de la Bibliothèque en miniature.

2061. — TALLEYRAND de PÉRIGORD (Memoirs of). — One of Bonaparte's principal secretaries of state, his Grand Chamberlain, and Grand Officer of the Legion of Honour, etc. — P. LONDON, *J. Murray, 1805, in-8° cart.*

2062. — PELTIER John. Esq. (The trial of). — For a libel against Napoleon Bonaparte, first consul of the french Republic at the Court of King's. — BENCH, *Middlesex, on monday the of February, 1803.* — LONDON, *Lincoln's-Inn-Fields, in-8° br.*

2063. — PELTIER. — Considérations sur la campagne de Russie (extrait de l'*Ambigu*). — PARIS, *Lenormant, 1814, in-8° br.*

2064. — CUISIN. — Les crimes secrets de Napoléon Buonaparte, faits historiques recueillis par une victime de sa tyrannie. — BRUXELLES *et se vend à Paris chez les marchands de nouveautés, 1815, in-8° br.*

2065. — REVEL (J. H. F.) — Buonaparte et Murat, ravisseurs d'une jeune femme et quelques-uns de leurs agents complices de ce rapt, devant le Tribunal de première instance de la Seine. — PARIS, *Michaud, 1815, in-8° br.*

2066. — HISTOIRE SECRÈTE des amours de la famille de Napoléon Bonaparte. — PARIS, *Davi et Locard, Delaunay, 1815, in-12 br.*

2067. — DORIS. — Amours secrètes des quatre frères de Napoléon par le B°n de B***. — PARIS, *Mathiot, 1816, 2 vol. in-8° br.*

2068. — D°. — Précis historique sur Napoléon Bonaparte, jugement porté sur ce fameux personnage, d'après ce qu'il a fait, ce qu'il a dit. Le tout extrait des Mémoires d'un homme qui ne l'a point quitté depuis 15 ans.

2069. — D°. — Mémoires secrets sur Napeléon Buonaparte, écrits par un homme qui ne l'a pas quitté depuis 15 ans, faisant suite au Précis historique publié par le même auteur. — PARIS, *G. Mathiot, 1814, 2 vol. in-8° br.*

2070. — D°. — L'Ecolier de Brienne, ou le chambellan indiscret, Mémoires historiques et inédits publiés par M. le B°n de B***, *3 vol. in-8° br.*

2071. — D°. — Défense du peuple français contre ses accusateurs tant français qu'étrangers appuyée de pièces extraites de la correspondance de l'ex-monarque, suivie de l'anecdote qui fit, de la violette, un signe de ralliement. — PARIS, *G. Mathiot, 1815, in-8° br.*

2072. — MÉMOIRES secrets sur la vie privée, politique et littéraire de Lucien Bonaparte, prince de Canino. Liés aux principaux événements du règne de son frère, et contenant sa participation à la Révolution du 20 Mars. — PARIS, *chez Delaunay et chez Eymery, 1816, 2 vol. in-8° br.*

2073. — DUFEY. — Confession de Napoléon. — Paris, A. Pilliot, 1816, 2 vol. in-8° br.

2074. — COUCHERY. — Le *Moniteur secret*, ou Tableau de la Cour de Napoléon, de son caractère et de celui de ses agens. — Londres, *Schulze et Deam* ; Paris, m^ds de nouveautés, 2 vol. in-8° br.

2075. — ECHO DES SALONS DE PARIS (L'), depuis la Restauration ou Recueil d'anecdotes sur l'ex-Empereur Buonaparte, etc., etc. — Paris, *Delaunay*, 3 vol. in-8° br.

2076. — SÉGUR (le g^al comte de). — Histoire de Napoléon et de la Grande Armée, pendant l'année 1812. — Paris, *Baudouin frères, 1824*, 2 vol. in-8°.

2077. — NAPOLÉON BONAPARTE. — Œuvres choisies. — Paris, *Philippe, 1828, 4 vol. in-32 rel.*

2078. — LAURENT (de l'Ardèche). — Histoire de l'Empereur Napoléon, illustrée par Horace Vernet. — Paris, *J. J. Dubochet et Cie, 1840, in-8°.*

2079. — LANFREY (P.) — Histoire de Napoléon Ier. (Tomes 1 et 2). Incomplet. — Paris, *Charpentier, 1867, in-12, 2 vol. br.*

2080. — NASICA (T.) — Mémoires sur l'enfance et la jeunesse de Napoléon jusqu'à l'âge de 23 ans. — Paris, *Ledoyen, 1852, in-8° rel.*

2081. — COSTON (le B^on de). — Biographie des premières années de Napoléon Bonaparte, c'est-à-dire depuis sa naissance jusqu'à l'époque de son commandement en chef de l'armée d'Italie ; avec un appendice renfermant des documents ou inédits ou peu connus, postérieurs à cette époque. — Paris, *Marc Aurèle frères*, Valence, *même maison, 1840*, in-8°, 2 vol.

2082. — HISTOIRE DE NAPOLÉON BONAPARTE, depuis ses premières campagnes jusqu'à son exil à l'île Sainte-Hélène, par M^***. — Paris, *Panckoucke. 1815, in-8°.*

2083. — VIE CIVILE, POLITIQUE ET MILITAIRE de Napoléon Bonaparte, depuis ses premières campagnes jusqu'à sa mort à l'île Sainte-Hélène. — Paris, *Locard et Davi, 1821, in-18 cart.*

2084. — HENRI (P. F.). — Histoire de Napoléon Buonaparte offrant le tableau complet de ses opérations militaires, politiques et civiles ; de son élévation et de sa chute, par P. F. H. — Paris, *L. G. Michaud, 1823*, in-8°, 4 vol.

2085. — LANFREY (P.). — Histoire de Napoléon Ier, 9e édit. — Paris, *G. Charpentier, 1876-80, in-8°, 5 vol. rel.*

2086. — GALLOIS (Léonard). — Trois actes d'un grand drame. — Paris, *Brissot-Thivars, 1829, in-8° rel.*

2087. — DOURILLE (J.). — Histoire de Napoléon et de la Grande Armée, d'après les manuscrits écrits à Sainte-Hélène, sous la dictée de ce prince, par les généraux Montholon et Gourgaud, le Cte de Las Cases, le docteur O'Méara et les historiens les plus impartiaux du siècle ; avec 14 portraits et fac-simile. — Paris, *Constant-Chantpie, 1829, in-8°, 2 vol.*

2088. — FADEVILLE. — Histoire populaire de Napoléon Ier, 2e édit. — Paris, *D. Giraud, 1853, in-18.*

2089. — HISTOIRE DE NAPOLÉON-LE-GRAND, et vie politique et militaire de Napoléon. — *2 vol. in-32.*

2090. — THIERS (A.). — Histoire du Consulat et de l'Empire, faisant suite à l'histoire de la Révolution française. — Paris, *Paulin, 1845, in-8°, 20 vol. rel.*

2091. — D°. — Autre. — (Manquent les 19e et 20e vol.

2092. — HAUSSONVILLE (le Cte d'). — L'Église romaine et le premier Empire (1800-1814). Notes, correspondances diplomatiques et pièces justificatives entièrement inédites, 2e édit. — Paris, *M. Lévy f^res, 1869, in-8° br.*

2093. — D° — Autre exemplaire.

2094. — DIX-HUIT BRUMAIRE (le), ou Tables des événements qui ont amené cette journée, des moyens secrets par lesquels elle a été préparée, des faits qui l'ont accompagnée et des résultats qu'elle doit avoir ; auquel on a ajouté des anecdotes sur les principaux personnages qui étaient en place et les pièces justificatives, etc. — Paris, *Garnery, an VIII, in-8° rel.*

2095. — GALLAIS (M.). — Histoire du Dix-Huit Brumaire et de Buonaparte. Première partie, 2e édit. — Paris, *Michaud f^res, 1814, in-8° rel.*

2096. — BUONAPARTE A St-CLOUD, ou la fameuse journée. Tableau exact et fidèle de ce qui s'est passé à Saint-Cloud le 18 brumaire, an 8, par L..., ancien membre des Cinq-Cents, témoin oculaire et impartial de tous les événements de cette journée. — Paris, *A. Eymery, 1814, in-8°.*

2097. — MÉMOIRES de l'Impératrice Joséphine, ses contemporains, la cour de Navarre et de la Malmaison. — Paris, *Ladvocat, 1828, in-8°, 3 vol. cart.*

2098. — EMPIRE (L'), ou dix ans sous Napoléon. — Paris, C. Allardin, 1836, in-8°, 4 vol. cart.

2099. — BARGINET, de GRENOBLE (A.) — Chroniques impériales. — Paris, L. Guillemin fils, 1833, in-8° cart.

2100. — ALLIANCE des Jacobins de France avec le Ministère anglais. Les premiers, représentés par le C^{en} Méhée, et le Ministère anglais, par MM. Hamond, Yorke, et les Lords Pelhann et Hawkesbury. Suivie des stratagèmes de Fr... Drake, sa correspondance, ses plans de campagne, etc. — Paris, imprimerie de la République, Germinal an XII, in-8° rel.

2101. — PROCÈS-VERBAL des séances du Corps-législatif, contenant les séances, depuis et compris le 16 juin jusques et y compris le 25 Juillet, formant la session annuelle de l'an 1811. Juin et Juillet 1811. — Paris, Hacquart, 1811, in-8° br.

2102. — D°. — D°, du 14 au 27 Février 1813. — Paris, Hacquart, 1813, in-8°.

2103. — NORVINS (de). — Porte-feuille de 1813, ou Tableau politique et militaire renfermant, avec le récit des événements de cette époque, un choix de la correspondance inédite de l'Empereur Napoléon et de celle de plusieurs personnages distingués, etc. — Paris, P. Mongie, 1825, in-8°.

2104. — FAIN (le B^{on}). — Manuscrit de 1813, contenant le précis des événements de cette année, pour servir à l'histoire de l'Empereur Napoléon. — Paris, Delaunay, 1824, in-8°.

2105. — D°. — Manuscrit de 1814, trouvé dans les voitures impériales prises à Waterloo, contenant l'histoire des six derniers mois du règne de Napoléon. (Fac-simile et carte). — Paris, Bossange frères, 1823, in-8°.

2106. — D°. — Le même, 3e édit. — Paris, Bossange frères, 1825, in-8° cart.

2107. — LAS CASES (le Cte de). — Mémorial de Sainte Hélène, suivi de Napoléon dans l'exil, par MM. O' Méara et Antomarchi, et de l'histoire de la translation des restes de l'Empereur Napoléon aux Invalides. Illustré par Charlet. — Paris, Ernest Bourdin, 1842, g^d in-8° rel. 2 vol.

2108. — D°. — Esprit du Mémorial de Saint-Hélène, extrait de l'original et reproduit sans commentaires, avec l'agrément de l'auteur. — Paris, Anthelme Boucher, 1823, in-12, 3 vol.

2109. — MONTHOLON (le G^{al} Cte DE) et le Gal Cte GOURGAUD. — Mémoires pour servir à l'histoire de France, sous Napoléon, écrits à Sainte-Hélène, par les Généraux qui ont partagé sa captivité, et publiés sur les manuscrits entièrement corrigés de la main de Napoléon. — Paris, *F. Didot, 1823, in-8°, 8 vol. rel.*

2110. — RÉMUSAT (Mme DE). — Ses Mémoires (1802-1808), publiés par son petit-fils Paul de Rémusat, sénateur de la Haute-Garonne. — Paris, *Calmann Lévy, 1881, in 8°, 3 vol.*

2111. — LANGLÉ (Ferdinand). — Funérailles de l'Empereur Napoléon. Relation, etc. — Paris, *Curmer, 1840, in-4° rel.*

2112. — NAPOLÉON Ier. — Sa correspondance publiée par ordre de l'Empereur Napoléon III, *in-4°, 32 vol.* mar. rouge, f. d. s. tr. ; plus le Rapport, même format, adressé à l'Empereur Napoléon III, relatif à cet ouvrage. — Paris, *imprimerie impériale, 1858-59.*

2113. — MILLIN et MILLINGEN. — Histoire métallique de Napoléon ou Recueil des Médailles et des Monnaies qui ont été frappées depuis la première campagne de l'armée d'Italie jusqu'à la fin de son règne. — Paris, *Ad. Delahays, 1854, fig. in-4° rel.*

2114. — HISTOIRE du couronnement, ou relation des cérémonies religieuses, politiques et militaires qui ont eu lieu pendant les jours mémorables consacrés à célébrer le couronnement et le sacre de S. M. I. Napoléon Ier, empereur des Français. — Paris, *L. Dubray, Thermidor, an XIII (1805)* relié avec :

Liste nominative des fonctionnaires publics, militaires et gardes nationales appelés à la cérémonie du sacre et du couronnement de L. L. M. M. I. I., tant par le sénatus-consulte du 28 floréal an XII, que par lettres closes.

2115. — ANNÉE (Une) de la vie de l'empereur Napoléon, ou : Précis historique de tout ce qui s'est passé depuis le 1er avril 1814 jusqu'au 20 mars 1815, relatif à S. M. et aux braves qui l'ont accompagné ; son départ de Fontainebleau, son embarquement à Saint-Raphaël, près Fréjus, son arrivée à Porto-Ferrajo, son séjour à l'île d'Elbe et son retour à Paris, par A. D. B. M***, lieutenant de grenadiers. — Paris, *A. Eymery, 1815, in-8° cart.*

2116. — WILLIAMS (Miss Helena-Maria). — Relation des événements qui se sont passés en France depuis le débarquement de Napoléon Buonaparte, au 1er Mars 1815, jusqu'au traité du 20 novembre, suivie d'observations sur l'état présent de la France et sur l'opinion publique.

Trad. de l'anglais et accompagné de notes critiques et d'anecdotes curieuses par M. Breton de la Martinière. — Paris, *J. G. Dentu, 1816,* in-8° br.

2117. — REGNAULT de WARIN. — Cinq mois de l'histoire de France. Fin de la vie politique de Napoléon. — Paris, *1815, in-8°.*

2118. — BARRUEL-BEAUVERT (Le Cᵗᵉ de). — Lettres sur quelques particularités secrètes de l'histoire, pendant l'interrègne des Bourbons, à M. le Cᵗᵉ Armand de ✻✻✻. — Paris, *A. Egron, 1815, in-8°, 3 vol. br.*

2119. — FABRY (J. B. G.) — Itinéraire de Buonaparte, de l'île d'Elbe à l'île Sainte-Hélène, ou Mémoires pour servir à l'histoire des événements de 1815, avec le recueil des principales pièces officielles de cette époque. — Paris, *Le Normand, Rey et Gravier, 1816, in-8° rel.*

2120. — KOBHOUSE (J.) — Histoire des Cent-Jours, ou : Dernier règne de l'Empereur Napoléon, lettres écrites de Paris, depuis le 8 avril 1815 jusqu'au 20 juillet de la même année, trad. de l'anglais. — Paris, *Domère, 1819, in-8° rel.*

2121. — CHABOULON (Fleury de). — Mémoires pour servir à l'histoire de la vie privée, du retour et du règne de Napoléon en 1815. — London, *Printed for Longman, Hurst, Rees, Orme and Brow, Paternoster, Row in-8°, 2 vol.*

2122. — Dᵒ. — Autre exemplaire.

2123. — HISTOIRE des deux Chambres de Bonaparte, depuis le 3 juin jusqu'au 7 Juillet 1815, contenant le détail exact de leurs séances, avec des observations sur les mesures proposées et les opinions émises pendant la durée de la session, précédée de la liste des pairs et des députés par T. F. D. — Paris, *Gide fils et chez A. Egron, Août 1815, in-8° rel.*

2124. — BULLETIN DE PARIS, ou Relation historique des événements qui sont arrivés en France en 1814 et 1815, et particulièrement pendant le siège de Paris, depuis le 22 juin jusqu'au 8 juillet, époque de la rentrée du Roi dans sa capitale, suivi de pièces secrètes qui ont été distribuées à Paris contre Buonaparte et ses agens, pendant les mois de Mars, Avril, Mai et Juin 1815, *in-8° rel.*

2125. — CANUEL (Mʳ S.). — Mémoires sur la guerre de la Vendée, en 1815, accompagnés de la carte du théâtre de cette guerre, et du portrait du marquis de La Rochejacquelein. — Paris, *J. G. Dentu, 1817, in-8° rel.*

2126. — ANTICHAMP (le Cte Charles d'). — Mémoires pour servir à l'histoire de la campagne de 1815, dans la Vendée. — Paris, *A. Egron, Octobre 1817, in-8° br.*

2127. — BAINVEL (l'Abbé). — Souvenirs d'un écolier en 1815, ou Vingt ans après. — Paris, *É. Plon et Cie 1874, in-12 br.*

2128. — DURAND (Mme veuve du Général). Mémoires sur Napoléon, l'Impératrice Marie-Louise et la cour des Tuileries, avec des notes critiques faites par le prisonnier de Sainte-Hélène (de 1810 à 1814). — Paris, *Ladvocat, 1828, in-8° rel.*

2129. — DU CASSE (A.). — Mémoires et Correspondance politique et militaire du Roi Joseph, publiés, annotés, etc. — Paris, *Perrotin, 1853, in 8°, 10 vol. rel.*

2130. — VAUDONCOURT (Le G^al de). — Histoire politique et militaire du prince Eugène Napoléon, vice-roi d'Italie. — Paris, *P. Mongie, 1828, in-8°, 2 vol.* (2 ex.).

2131. — GALLOIS (Léonard). — Histoire de Joachim Murat. — Paris, *Schubart et Heideloff; Leipzig, Ponthieu, Michelsen et Cie, 1828, in-8° cartonné.*

2132. — RAPP (Le G^al). — Ses Mémoires, rédigés par lui-même et publiés par sa famille. — Paris, *Bossange f^res, 1823, in-8° cart.*

2133 — ROVIGO (Le Duc de). — Ses Mémoires, pour servir à l'histoire de l'Empereur Napoléon. Paris, *Bossange, 1828, in-8°, 8 vol. cart.*

2134. — HISTOIRE du général Moreau, jusqu'à la paix de Lunéville. — Paris, *Barba, an X (1801), in-12 cart.*

2135. — RECUEIL des interrogatoires subis par le Général Moreau, des interrogatoires de quelques-uns de ses co-accusés, des procès-verbaux de confrontation et autres pièces produites au soutien de l'accusation dirigée contre ce général. — Paris, *Imp^ie imp^le, Prairial, an XII, in-8° cartonné.*

2136. — RAGUSE (Aug. Fréd. Viesse de Marmont, Duc de), — Ses Mémoires, de 1792 à 1841, 2° édit. — Paris, *Perrotin, 1857, in-8° cart., 9 vol.* (Port. et fac-simile).

2137. — BASSANVILLE (Mme la Ctesse de). — Les salons d'autrefois. Souvenirs intimes. — Paris, *P. Brunet, 1862, in-18 rel.*

2138. — JONNÈS (M. A. Moreau de). — Aventures de guerre au temps de la République et du Consulat. — Paris, *Pagnerre, 1858, in-8° cart., 2 vol.*

2139. — Liste des représentants du peuple au Corps législatif, avec leur demeure et l'indication de leur département ; le Directoire exécutif, les bureaux des ministres et leurs attributions. — Paris, *Marchant, an VI, in-32 br.*

2140. — PORTALIS (Cⁿ). — Discours au Corps législatif. Convention entre le gouvernement français et le Pape. Articles organiques. Tableau des Archevêchés et Évêchés. Rapport de Lucien Bonaparte, du Cᵉⁿ Siméon. Discours sur le rétablissement de la Religion Romaine à N.-D., le jour de Pâques, par Mᵍʳ l'Arch. de Tours. — Chalons, *Briquet, an X (1802), in-32.*

2141. — MALESHERBES (Lamoignon de). — Mémoires sur la librairie et sur la liberté de la presse. — Paris, *Agass, 1809, in-8° br.*

2142. — PRÉCIS HISTORIQUE des événements qui, par suite des mesures du gouvernement français ont frappé la banque de Hambourg pendant le blocus de cette ville. Traduit de l'allemand par C. M. Pehmoller. — *Hambourg, 1814, in-8° br.*

2143. — VICTOIRES, CONQUÊTES, DÉSASTRES, REVERS ET GUERRES CIVILES DES FRANÇAIS DE 1792 à 1815, par une société de militaires et de gens de lettres. — Paris, *Cl. F. Panckoucke, éditeur, 1817, 27 vol. in-8°.*

2144. — NIBUATNIAS, ancien militaire. — Siège de Dantzick, en 1807, précédé d'une introduction sur les événements qui ont amené les Français devant cette ville, et d'un précis sur l'histoire de Dantzick, orné d'une carte. Rédigé sur le journal du Siège de Mʳ le Mᵃˡ duc de Dantzick et sur les mémoires authentiques de plusieurs officiers généraux. — Paris, *Plancher, 1818, in-8° br.*

2145. — BAIL. — Correspondance de Bernadotte, prince royal de Suède, avec Napoléon, depuis 1810 jusqu'en 1814, précédé d'une notice sur la situation de la Suède, depuis son élévation au trône des Scandinaves. — Paris, *L'Huillier, 1819, in-8° br.*

2146. — FOUCHÉ, duc d'Otrante. — Mémoires de sa vie publique, contenant sa correspondance avec Napoléon, Murat, le Cᵗᵉ d'Artois, le Duc de Wellington, le Prince Blücher, S. M. Louis XVIII, le Cᵗᵉ de Blancas, etc., etc. — Paris, *Plancher, 1819, in-8° br.*

2147. — NAPOLÉON (Saint-Barbier). — Mémoires pour servir à l'histoire de France en 1815. avec le plan de la bataille de Mont-Saint-Jean, — Paris, *s. n. d'imp., 1820, in-8° br.*

2148. — FAURE (M. R.). — Souvenirs du Nord ou la guerre, la Russie et les Russes, ou l'esclavage. — PARIS, *Pélissier, Monge, 1821, in-8° br.*

2149. — MAGALON. — Annales militaires des Français, depuis le commencement de la Révolution jusqu'à la fin du règne de Napoléon, publiées par :

1° Guerres de la Révolution. — PARIS, *Chaumerot j^{ne}, 1826, in-32 br.*

2° Expédition d'Egypte et de Syrie, d°, d°, d°, d°.

3°, Campagne de Russie, d°, d°, d°, d°.

2150. — ALBUM PERDU. — PARIS, *chez les M^{ds} de Nouveautés, 1829, in-8° br.*

2151. — SAINT-HILAIRE (EMILE MARCO DE). — Histoire anecdotique politique et militaire de la Garde Impériale, illustrée par Bellangé, E. Lamy de Moraine, Ch. Vernier. — PARIS, *Penaud et Cie, 1847, petit in-4° rel.*

2152. — PROCLAMATIONS ET HARANGUES de Napoléon Bonaparte, avec le sommaire des événements qui ont donné lieu à chacune d'elles, recueillies dans le *Moniteur* par un homme de lettres. — PARIS, *Librairie française et étrangère, 1850, in-12 br.*

2153. — BARDOUX (A.) — La bourgeoisie française (1789-1848. — PARIS, *Calmann-Lévy, 1886, in-8° br.*

2154. — VILLIAUME (Claude). — Mes détentions comme prisonnier d'Etat, sous le gouvernement de Buonaparte, etc. ou Mémoires de Claude Villiaume. — PARIS, *chez l'auteur, in-8° broché.*

2155. — RELATIONS de l'expédition de Syrie, de la bataille d'Aboukir et de la reprise du fort de ce nom ; imprimées sur les pièces originales et officielles. — PARIS, *Gratiot, sans date, in-8° br.*

2156. — BONAPARTE ET L'EMPIRE, jugés par un témoin, Une brochure in-4° de 20 pages.

2157. — AUGER (VICTOR). — L'empereur. — PARIS, *A. Delahays, 1856,* Mme de Staël, *in-8° br.*

2158. — TARDIEU (AMBROISE). — Relation anglaise de la bataille de Waterloo, ou du Mont Saint-Jean, etc, traduite sur la 2e édition publiée à Londres, en Septembre 1815. — PARIS, *A. Tardieu, 1815, in-8° broch.*

2159. — BEUGNOT (Cte), ancien Ministre. — Ses Mémoires (1783-1815), publiées par le Cte Albert Beugnot, son petit-fils, 2e édit. — PARIS, *Dentu, 1868, in-8°, 2 vol. rel.*

15

k. — *Restauration (1815-1830)*

2160. — VAULABELLE (Achille de). — Chute de l'Empire. Histoire des deux Restaurations jusqu'à la chute de Charles X. — Paris, *Perrotin*, *1847, 7 vol. rel.*

2161. — VIEL-CASTEL (M. Louis de). — Histoire de la Restauration. — Paris, *Michel Lévy frères, 1860-77, in-8°, 19 vol. rel.*

2162. — D°. — Autre exempl. incomplet. Les 8 premiers vol. seulement, *br.*

2163. — REYNALD (H.). — Histoire politique et littéraire de la Restauration, 2 édit. — Paris, *Hetzel, 1863, in-8°.*

2164. — DUVERGIER de HAURANNE. — Histoire du gouvernement parlementaire en France, 1814-1848. — Paris, *M. Lévy frères, 1862.*

2165 — MENNECHET (Ed.) — Seize ans sous les Bourbons (1814-1830). Paris, *Urbain Canel, Ad. Guyot, 1832, in-8°, 2 vol.*

2166. — BEAUCHAMP (Alp. de). — Vie de Louis XVIII, roi de France et de Navarre.

2167. — MAGNANT (L. G.) — Madame la duchesse de Berry. — Paris, *Dentu, 1832, in-8° rel.*

2168. — SOIRÉES DE S. M. LOUIS XVIII recueillies et mises en ordre par M. le duc de ***. — Paris, *Werdet, 1835, in-8°, 2 vol. cart.*

2169. — MALOUET. — Ses Mémoires publiés par son petit-fils le baron Malouet. — Paris, *Didier et Cie, in-8°, 2 vol.*

2170. — GAZETTE OFFICIELLE du 14 Juillet 1814 au 27 Janvier 1816, *in-4°, cart.*

2171. — BAZIN (Rigomer). — Le Lynx, coup d'œil et réflexions libres sur les affaires du temps. — Paris, *Blanchard, Janvier 1815, in-8°.*

2172. — COMTE et DUNOYER (M. M.), avocats. — Observations sur divers actes de l'autorité et sur des matières de législation, de morale et de politique, *in-8° br.*

2173. — D°. — Le Censeur, ou examen des actes et des ouvrages qui tendent à détruire ou à consolider la Constitution de l'État. — Paris, *in-8°, 17 vol. br.*

2174. — ARBAUD-JOUQUES (Le Mᶦˢ ᴅ'). — Troubles et agitations du département du Gard, en 1815, contenant le rapport du Révérend Perrot, au comité des ministres non-conformistes d'Angleterre, sur la prétendue persécution des Protestants en France, et sa réfutation. — Paris, *Demonville, Petit, 1818, in-8° cart.*

2175. — PERET (P. J. Lauze de). — Causes et Précis des troubles, des crimes, des désordres dans le département du Gard et dans d'autres lieux du Midi de la France, en 1815 et en 1816, faisant suite aux Eclaircissements historiques en réponse aux calomnies dont les protestants du Gard sont l'objet. — Paris, *J. B. Poulet, 1819, in-8° cart.*

2176. — PROCÈS-VERBAL des séances de la Chambre des députés des départements qui ont eu lieu du 4 juin au 30 juillet 1814. — Paris, *Hacquart, 1814, in-8° br.*

2177. — D°. — des séances de la Chambre des députés :

1°. — Du 1er au 30 Octobre 1814.

2°. — Du 2 au 30 Novembre 1814.

3°. — Du 1er au 30 Décembre 1814.

Paris, *Hacquart, 1814, in-8°, 3 vol. br.*

2178. — FIÉVÉE (J.) — Histoire de la session de 1815. — Paris, *Lenormant, 1816, in-8°.*

2179. — D°. — Des opinions et des intérêts pendant la Révolution. — Paris, *Lenormant, 1809, in-8° rel.*

2180. — D° — Correspondance politique et administrative commencée au mois de mars 1814, et dédiée à M. le Cᵗᵉ de Blacas. — Paris, *d°, 1815, in-12, 3 vol. rel.*

2181. — D°. — D°, d° (3ᵉ, 7ᵉ et 11ᵉ parties). — Paris, *d° 1815, 1817 et 1818 in-8° br., 3 vol.*

2181 bis. — D°. — Quelques réflexions sur les trois premiers mois de l'année 1820. — Paris, *d° 1820, in-8° br.*

2182. — D°. — Histoire de la session de 1815 à 1817. — Paris, *d° 1816, in-8°, 3 vol. rel.*

2183. — Dᵍ. — D°, d°. — Paris, *d° 1817, in-8°.*

2184. — LOURDOUEIX (H. ᴅᴇ). — Réfutation de l'ouvrage de M. Fiévée, ayant pour titre : *Histoire de la session de 1815.* — Paris, *Plancher et autres, 1816, in-8° br.*

2185. — LEFÈVRE (M. H. T.). — Observations sur l'ouvrage de M. Fiévée, intitulé : *Histoire de la session de 1815.* — Paris, *L'Huillier, et chez Delaunay, 1816, in-8° br.*

2186. — ANNALES HISTORIQUES des sessions du Corps législatif, années 1814 et 1815, et parallèle des opinions des auteurs avec celle de M. Fiévée, auteur de l'*Histoire de la session de 1815*, par *** et Gautier (du Var), ex-memb. du Conseil des Cinq-Cents. — Paris, *Patris, sept. 1816, in-8°, 2 vol. br.*

2187. — DISCUSSIONS AUX DEUX CHAMBRES. — Session de 1816. Sur les lois des élections, de la liberté individuelle, des journaux et du budget. — Paris, *P. Gueffier et autres, 1817, 2 vol. br.*

2188. — GAUTIER (du Var) et ***. — La vérité sur les sessions, années 1815 et 1816, et aperçu sur les élections de 1817. — Paris, *chez l'auteur, 1817, in-8° br.*

2189. — CHOIX DE RAPPORTS, OPINIONS ET DISCOURS prononcés à la tribune nationale, recueillis dans un ordre historique, et imprimés d'après les pièces originales. Session de 1819. — Paris, *A. Eymery, 1820, in-8° br.*

2190. — BAILLEUL (J. Ch). — Situation de la France, considérée sous les rapports politiques, religieux, administratifs, financiers, commerciaux, etc. — Paris, *Ant. Bailleul et à l'Agence générale des placements, etc., décembre 1819, in-8° cart.*

2191. — GUIZOT (F.). — Du Gouvernement de la France, depuis la Restauration, et du ministère actuel, 3e édit. — Paris, *Ladvocat, 1820, in-8° br., 2 vol.*

2192. — Dº. — Autre exemplaire.

2193. — PRADT (de), ancien Arch. de Malines. — De l'affaire de la loi des élections. — Paris, *Béchet aîné, et Rouen, Béchet fils, 1820, in-8° br.*

2194. — POLICE (de la). — Sous MM. les Duc de Cazes, Comte Anglès et Baron Mounier. — Paris, *Lenormand et autres, 1821, in-8°, 2 vol. rel.*

2195. — COUSSERGUES (M. Clausel de). — Projet de la proposition d'accusation contre M. le Duc de Cazes, à soumettre à la Chambre de 1820, 3e édit. — Paris, *J. G. Dentu, 1820, in-8° br.*

2196. — CLAUSEL (Comte), lieutenant général. — Exposé justificatif de sa conduite politique, depuis le rétablissement des Bourbons en France jusqu'au 24 juillet 1815. — Paris, *Fillet, 1816, in-8° br.*

2197. — KÉRATRY (M.). — La France tellle qu'on l'a faite, ou : Suite aux documents pour servir à l'intelligence de l'histoire de France en 1820 et 1821. — Paris, *Maradan, 1821, in-8° br.*

2198. — Dᵒ. — La même, *in-8°.*

2199. — Dᵒ. — Documents nécessaires pour l'intelligence de l'histoire de France en 1820. — Paris, *Maradan, Août 1820, in-8° br.*

2200. — CLÉRY (P. L. Hanet). — Ses Mémoires, 1776-1823 ; avec les portraits des deux frères. — Paris, *A. Eymery, 1825, in-8°, cart. 2 vol.*

2201. — FONVIELLE (M. le Chⁱᵉʳ de). — Mémoires historiques de M. le Chⁱᵉʳ de Fonvielle, de Toulouse. — Paris, *Ponthieu et autres, Décembre 1824, in-8° br. 4 vol.*

2202. — LETTRES (Nouvelles) provinciales, ou lettres écrites par un provincial à un de ses amis sur les affaires du temps, par l'auteur de la Revue politique de l'Europe en 1825. — Paris, *Chez les Marchands de Nouveautés ; Novembre, 1825, in-8° cart.*

2203. — LETTRES du bonhomme Criard, bombiste, à son ami le manufacturier de l'Isère. — Genève, *Pferrer et Puki, 18..., in-8ᵃ br.*

2204. — NOGUÈS (Manuscrit trouvé aux Tuileries le 29 juillet, 1830, et publié par M.) — Paris, *Levavasseur, 1830, in-8° cart.*

2205. — GIRARDIN (S.) — Discours et opinions, Journal et souvenirs. — Paris, *Moutardier, 1828, in-8°, 4 vol. cart.*

2206. — VOYAGE du roi au camp de Saint-Omer et dans les départements du Nord. Septembre 1827 (Extrait du Moniteur). — Paris, *Impⁱᵉ royale, 1827, in-8° br.*

2207. — Dᵒ. — Du Roi dans les départements de l'Est et au camp de manœuvre de Lunéville. Septembre 1828. — Paris, *Impⁱᵉ royale, 1828, in-8° br.*

2208. — SAINT-VINCENT (Bory de). — Justification de sa conduite et de ses opinions. — Paris, *Chez les Marchands de Nouveautés, Novembre 1815, in-8° br.*

2209. — BOISSY d'ANGLAS, LANJUINAIS et le duc de BROGLIE (Les comtes). — Leurs opinions relatives au projet de loi sur la liberté individuelle. — Paris, *Eymery et autres, 1817, in-8° br.*

2210. — BRISSOT-THIVARS. — Rappel des bannis. — Bruxelles, *1818, Lecharlier.*

2211. — BERTON (G^al). — Commentaire sur l'ouvrage en 18 chapitres, précédé d'un avant-propos de M. le lieutenant-général J. G. Tarayre, intitulé « De la farce des gouvernements, etc. » Paris, Delaunay, Pelicier, 1819, 1 vol. in-8° br.

2212. — BONUCCI (Charles). — Pompéi décrite ou précis historique des excavations depuis l'année 1748 jusqu'à nos jours. Traduction de la troisième édition italienne par C. J. Naples, de l'Imprimerie Française, 1828, in-8°. Planches. Relié avec :

Mémoires pour servir à l'histoire de France, en 1815, avec le plan de la bataille de Mont-Saint-Jean. — Paris, Barrois l'aîné, 1820, in-8°.

2213. — BAUDOUIN, — Anecdotes historiques du temps de la Restauration, suivies de recherches sur l'origine de la presse; son développement, son influence sur les esprits, ses rapports avec l'opinion publique, etc. — Paris, Didot frères, 1853, in-8° br.

2214. — MÉHÉE-DELATOUCHE. — Mémoire sur procès, avec des éclaircissements sur divers événements politiques, et des pièces justificatives. — Paris, Veuve Villain, 1814, in-8° br.

2215. — HAUPT (Th. de), ancien officier anglais. — Hambourg et le Maréchal Davoust. — Paris, Mai 1814, in-8° br.

2216. — EXERCICES et MANŒUVRE des bouches à feu, à bord des vaisseaux de S. M. I. et Royale. — Paris, 1811. Dans le même vol. in-8° se trouvent :

1° Pradt (de), ancien archevêque de Malines. — Récit historique sur la restauration de la royauté en France, le 31 mars 1814. — Paris, Rosa, 1816.

2° Essai sur le personnel militaire de la marine française. — Paris, Bachelier, 1818.

3° Dussueil. — Du gouvernail de rechange. Description. — Brest, Lefournier et Déperriers, 1819.

2217. — DUCHESNE, de Grenoble. — Nouvelles réflexions d'un royaliste constitutionnel sur l'ordonnance de réformation du 14 juin 1814. = Paris, Laurent-Beaupré, 1814, in-8° br.

2218. — DAVOUST (Maréchal), prince d'Eckmuhl. — Mémoire au Roi. — Paris, G. Warée et autres, 1814, in-8° br.

2219. — CREVEL (Alexandre). — La Jérémiade d'un moraliste, ou le Cri des consciences sur la résurrection du concordat de Léon X et de François Ier, terminé par des considérations morales et religieuses, etc. — Paris, L'Huillier, 1814, in-8° br.

2220. — D°. — Le Cri de la Nation sur la politique et l'administration civile, économique et financière du Ministre depuis deux ans. — Paris, *L'Huillier, 1818, in-8° br.*

2221. — D°. — Le Cri des peuples, adressé au Roi, aux Ministres, aux Maréchaux, aux Pairs, aux Députés, etc. — Paris, *L'Huillier, 2 vol. in-8° br., l'un de Novembre 1817, l'autre de Décembre 1817.*

2222. — CARNOT. — Mémoire adressé au Roi, en juillet 1814. — Bruxelles, *chez tous les libraires, 1814, in-8° br.* (2 exempl.).

2223. — D°. — Examen des lois des 17-26 mai, 9 juin 1819 et 31 mars 1820, relatives à la répression de la liberté de la presse. — Paris, *Nève, 1821, in-8° br.*

2224. — DURDENT (R. J.). — Campagne de Moscou, en 1812. Ouvrage composé d'après la collection des pièces officielles sur cette campagne mémorable, où plus de 300,000 braves Français furent victimes de l'ambition et de l'aveuglement de leur chef. — Paris, *Eymery, 1814, in-8° br.*

A cet ouvrage est annexé une plaquette de 26 pages intitulée :

2225. — Hourra ! sur le pamphlet publié par M. R. J. Durdent, intitulé : *Campagne de Moscou, en 1812,* par un prisonnier de guerre rentré. — Paris, *Dentu, 1814.*

2226. — SECRETS DE LA COUR DE LOUIS XVIII. — Recueil de pièces authentiques, lettres confidentielles au Cte d'Artois, au Duc de Fitz-James, aux généraux vendéens. Liste des membres de la Convention qui devaient être livrés à différents supplices, etc. — Paris, *Eymery et autres, 1815, in-8° br.*

2227. — SARRAZIN. — Examen analytique et critique d'une relation de la bataille de Waterloo, dédié à S. G. le feld-maréchal duc de Wellington, par le lieutt gal Scott. Suivi d'une lettre à Lord Cochrane, memb. du Parlement d'Angleterre, pour le district de Vestminster. — Paris, *Rosa, 1815, in-8° br.*

2228. — SAINT-VICTOR (J. B. de). — Des révolutionnaires et du ministère actuel, par M***. — Paris, *Nicolle, 1815, in-8° br.*

2229. — D°. — Quelques observations sur la lettre de Fouché au duc de Wellington, suivies du texte de cette lettre. — Paris, *d°, 1817, d°, d°.*

2230. — ROUGEMAITRE (de Dieuze). — L'ogre de Corse. Histoire véritable et merveilleuse. — Paris, *Louis, 1815, in-12, 2 vol. br.*

2231. — PROCÈS de M. Marie Chamans de Lavalette, accusé devant la cour d'assises de Paris de complicité dans l'attentat qui a ramené l'usurpateur en France et condamné le 21 novembre à la peine de mort. — Paris, *Pillot*, 1815, 1 plaq. de 50 pages in-8° br.

2232. — PORTEFEUILLE de *Buonaparte*, pris à Charleroi le 18 juin 1815. — Paris, *Lenormant*, 1815, in-8° br.

2233. — NOS SOUVENIRS, ou les péchés de *Napoléon Buonaparte*. — Paris, *Delaunay*, 1815, in-8° br.

2234. — NOUGARET. — Les six fuites de Bonaparte, y compris la dernière qui sauva la France. — Paris, *Le Rouge*, 1815, in-8° br.

2235. — NETTEMENT. — Le second retour des Bourbons, ou la fin de la Révolution. — Paris, *Gueffier*, 1815, in-8° br.

2236. — NAPOLÉON (Trois mois de), ou Relation des événements politiques et militaires qui ont amené la belle journée du 8 juillet 1815. Examen de la conduite de la Chambre des représentants, etc. — Paris, *Lenormant*, 1815, in-8° br.

2237. — MONIER (A. D. B.). — Une année de la vie de l'*Empereur Napoléon*, ou Précis historique de ce qui s'est passé depuis le 1er avril 1814 jusqu'au 21 mars 1815, relativement aux braves qui ont accompagné S. M., contenant son départ de Fontainebleau, son embarquement à Saint-Raphaël, près Fréjus, son arrivée à Porto-Ferrajo, son séjour à l'île d'Elbe et son retour à Paris. — Paris, *Eymery et autres*, 1815, in-8° br.

2238. — MACÉDOINE RÉVOLUTIONNAIRE pour servir à l'histoire de nos jours, ou la Vérité toute nue sur nos malheurs, sur les grands coupables et sur les trois mille individus entre les mains desquels Buonaparte a déposé les 700,000,000 fr. que les puissances étrangères nous demandent aujourd'hui. — Paris, *Patris, Décembre 1815*, 1 vol. in-8° br.

2239. — LINGAY. — Histoire du Cabinet des Tuileries, depuis le 20 mars 1815, et de la conspiration qui a ramené Bonaparte en France. — Paris, *chez Chanson et chez Delaunay*, 1815, in-8° br.

2240. — LAMARTELIÈRE. — Conspiration de Buonaparte contre Louis XVIII, roi de France et de Navarre, ou relation succincte de ce qui s'est passé depuis la Capitulation de Paris, le 30 mars 1814, jusqu'au 20 juin 1815. — Paris, *Dentu*, 1815, in-8° br.

2241. — JACOBINISME RÉFUTÉ (Le), ou Observations critiques sur le Mémoire de M. Carnot, adressé au Roi, en 1814, par Mr F. M. G***. — Paris, *C. F. Patris*, in-8° br.

2242. — FABROT (Le Ch^{ier} DE). — Réfutation des Rapports au Roi en date des 9 et 15 août 1815, attribués au ci-devant ministre de la police avec le texte en regard. — PARIS, *Petit et autres, in-8° br.*

2243. — FREUILLY (Le marquis A. F. DE). — Considérations sur une année de l'histoire de France. — PARIS, *Chaumerot, 1815, in-8° br.*

2244. — FIRMAS-PERIÈS. — Bigamie de Napoléon Buonaparte. — PARIS, *Egron, 1815, in-8° br.*

2245. — DURDENT. — Cent jours du Règne de Louis XVIII, ou Tableau historique des événements politiques et militaires, depuis le 20 mars jusqu'au 8 juillet 1815, jour de la rentrée du Roi dans sa capitale. — PARIS, *Eymery, 1815, in-8° br.*

2246. — CARNOT. — Mémoire adressé au Roi en juillet 1814. — PARIS, *Arnaud, 1815, in-8° br.*

2247. — MASSÉNA, DUC DE RIVOLI, PRINCE D'ESSLING. — Mémoire sur les événements qui ont eu lieu en Provence pendant les mois de mars et d'avril 1815. Suivi de pièces justificatives et d'une carte géographique. — PARIS, *Delaunay, 1816, in-8° br.*

2248. — GUILLAUME-LE-FRANC-PARLEUR, ou Observations sur les mœurs françaises, au commencement du XIXe siècle. Suivi de l'Hermite de la Chaussée d'Antin. — PARIS, *Pillet, 1816, in-8°, 2 vol. rel.*

2249. — CHATEAUBRIAND (le Vte DE). — De Buonaparte et des Bourbons, et de la nécessité de se rallier à nos Princes légitimes pour le bonheur de la France et celui de l'Europe. — PARIS, *Mame f^{res}, 1814, in-8° br.*

2250. — D°. — Réflexions politiques sur quelques écrits du jour et sur les intérêts de tous les Français. — PARIS, *Le Normant, 1814, in-8° br.*

2251. — D°. — Proposition faite à la Chambre des Pairs dans la séance du 23 novembre dernier, et tendant à ce que le Roi soit humblement supplié de faire examiner ce qui s'est passé aux dernières élections, afin d'en ordonner ensuite selon la justice. — PARIS, *Dentu, 1816, in-8° br.*

2252. — D°. — De la Monarchie selon la Charte. — PARIS, *Lenormant, 1816, in-8° br.*

2253. — D°. — Autre exemplaire.

2254. — D°. — Mémoires, lettres et pièces authentiques touchant la vie et la mort de S. A. R. Mgr le Duc de Berry, Charles Ferdinand d'Artois, fils de France. — PARIS, *Lenormant, 1820, in-8° br.*

2255. — PROCÈS de l'ex-général Mouton-Duvernet, contenant l'instruction de ce fameux procès. Toutes les pièces à décharge et à charge. Les dépositions des témoins. Les pièces justificatives. Le résumé de l'affaire par le rapporteur du Conseil. Le discours de l'accusé, etc. — Lyon, *Chambert, et chez Cabin, s. d., in-8° br.*

2256. — MIGNEAUX (Marchais de). — De la responsabilité des Ministres. Observations sur la proposition de loi à ce sujet, faite à la Chambre des pairs, par M. le Cte de Lalli-Tollendal, et sur quelques opinions de M. Benjamin Constant. — Paris, *L'Huillier, 1817, in-8° br.*

2257. — EXTRAITS DE LETTRES écrites pendant la traversée de Spithead à Sainte-Hélène, et durant quelques mois de séjour dans cette isle. — Paris, *Gide, 1817, in-8° br.*

2258. — CHATELAIN. — Le paysan et le gentilhomme, anecdote récente. — Paris, *L'Huillier, et chez Delaunay, 1817, in-8° br.*

2259. — D°. — Voyage d'un étranger en France, pendant les mois de Novembre et Décembre 1816. — *D°, d°, d°.*

2260. — D°. — Extraits sur le caractère que doivent avoir les hommes appelés à la représentation nationale. — *In-8° br.*

2261. — D°. — Une réunion d'électeurs, ou le Vœu unanime. — Paris, *L'Huillier, 1817, in-8° br.*

2262. — D°. — Le Seizième siècle en 1817. — Paris, *Brissot-Thivars, 1818, in-8° br.*

2263. — CHATEAUVIEUX (de). — Le manuscrit venu de Sainte-Hélène jugé à sa juste valeur. — Paris, *Michaud, 1817, in-8° br.*

2264. — D°. — Lettres de Saint-James. — Genève, *Paschoud,* Paris, *même maison, 1820, in-8° br.*

2265. — CHARRIER-SAINNEVILLE. — Compte rendu des événements qui se sont passés à Lyon, depuis l'ordonnance royale du 5 Septembre 1816 jusqu'à la fin d'Octobre 1817. — Paris, *Tournachon,* Lyon, *Targue, 1818, in-8° br.*

2266. — CAILLE (L.), avocat. — Plaidoyer pour le Sr J. B. Chavaux, fourrier au 2e rég^t d'inf^ie de la Garde Royale, accusé de complicité dans un complot contre les princes du sang, prononcé devant le 6e Conseil de guerre. — *1817, in-8° br.*

2267. — REY (Joseph). — Catéchisme de la Charte constitutionnelle à l'usage de toutes les classes de citoyens, ou : Dialogue entre un curé Vendéen devenu constitutionnel et un grenadier de l'ex-garde devenu cultivateur. — Paris, *L'Huillier, 1818, in-8° br.*

2268. — MICHEL (Le père) [Sanquaire]. — Le petit livre à quinze sols, ou la politique de poche, à l'usage des gens qui ne sont pas riches, par le père Michel, devenu auteur sans le savoir. — Paris, *Poulet, 1818,* 7 *vol. in-18,* savoir : les 1er, 2e, 3e, 5e, 6e, 9e et 10e. (Incomplet).

2269. — MICHEL (Défense du père) prononcé par Mr Tartarin, auteur ; Mr Rey, de Grenoble, avocat de M. Poulet fils, éditeur, précédée de la plainte rendue par Mr l'avocat du Roi. — Paris, *Poulet et autres, in-12 br.*

2270. — MAILHOS (J. B.). — Le dernier cri d'un dépositaire de la Charte, ou coup d'œil rapide sur l'état actuel des libertés nationales. Ouvrage dédié aux Chambres. — Paris, *Mme Ladvocat, 1818, in-8° br.*

2271. — LOYSON. — Guerre à qui la cherche, ou Petites Lettres sur quelques-uns de nos grands écrivains, par un ami de tout le monde, ennemi de tous les partis. — Paris, *Delaunay et autres, 1818, in-8° br.*

2272. — Autre édition.

2273. — Autre édition.

2274. — PRADT (de). — Lettre à un électeur de Paris. — Paris, *Béchet, 1817, in-8° br.*

2275. — MÉMOIRES HISTORIQUES ET POLITIQUES d'un fou de qualité. — Paris, *Le Monnier, 1819, in-8° cart.*

2276. — LAS CAZES (Emmel A. Dé Cte de). — Mémoires contenant l'histoire de sa vie ; une lettre écrite par lui, de Sainte-Hélène, à Lucien Bonaparte, laquelle donne les détails circonstanciés du Voyage de Napoléon à cette île et sa manière d'y vivre et des traitements qu'il y éprouve, ainsi qu'une lettre adressée à Lord Bathurst, par le Cte de *Las Cazes,* à son arrivée à Francfort. — Paris, *L'Huillier, 1819, in-8° br.*

2277. — DUPATY (Emmanuel). — Les délateurs, ou Trois années du 19e siècle. — Paris, *F. Didot, 1819, in-8° br.*

2278. — CONSTANT (Benjamin). — Des motifs qui ont dicté le nouveau projet de loi sur les élections. — Pariu, *Béchet, 1820, in-8° br.*

2279. — CAUCHOIS-LEMAIRE. — Opuscule. — Paris, *Corréard et autres, 1821, in-8° br.*

2280. — MIMANT. — L'Elysée, ou Quelques scènes de l'autre monde. — Paris, *chez tous les libraires, 1821, in-8° br.*

2281. — SOUVENIRS des électeurs de 1820, dédiés aux électeurs de 1821. — Paris, *Septembre 1821, in-12 cart.*

2282. — SALGUES. — Les mille et une calomnies, ou Extrait des correspondances privées insérées dans les journaux anglais et allemands pendant le ministère de M. le Duc Decazes. — Paris, *Dentu, 1822, in-8° cart.*, 2 vol.

2283. — LOUIS XVIII. — Sa vie civile, politique et littéraire. Son règne, sa mort et ses funérailles. — Paris, *Locard et Davi, 1824, in-32 br.*

2284. — PRIÈRES ET CÉRÉMONIES du sacre de S. M. Charles X, publiées par ordre de Mgr l'Archevêque de Rheims. — Paris, *Lefuel, 1825, in-12 br.*

2285. — MÉMOIRE pour M. le Maréchal, duc de Bellune, sur les marchés Ouvrard. — Paris, *Trouvé, 1826, in-8° br.*

2286. — COTTU. — Considérations sur la mise en accusation des ministres. — Paris, *Dupont et Cie, 1827, in-8° br.*

2287. — LA MENNAIS (L'Abbé de). — Des progrès de la Révolution et de la guerre contre l'Église. — Paris, *Bélin, Mandar et Devaux,* Bruxelles, *même maison, 1829, in-8° br.*

2288. — MÈGE (d. m. P.). — Avis aux patriotes ou Instruction sur les droits et les devoirs du citoyen sur la chose publique, la Charte et le gouvernement représentatif dans sa réalité et ses conséquences, précédée d'une adresse aux chefs de l'opposition et d'un plan de souscription nationale. — Paris, *Ebrard, 1843, in-32 br.*

2289. — KERSAINT (de). — Le Rubicon, par l'auteur du *Bon sens.* — *in-8° br.*

2290. — COMPLIMENTS DE CONDOLÉANCES adressés aux conservateurs à propos de la réforme judiciaire. — Paris, *Charavay, in 32.*

2291. — PORTAL (Pierre, Barthélemy d'Albarèdes, Baron). — Mémoires contenant ses plans d'organisation de la puissance navale de la France. — Paris, *Amyot, 1846, in-8° br.*

2292. — MASSONNEAU, Curé de Longué. (Les membres de la Légion d'honneur à leur collègue Mr). — Angers, *1858, in-8° br.*

2293. — THIERS (A.). — Sainte-Hélène. — Paris, *L'Heureux et Cie, 1862, in-8° br.*

2294. ROUELLET. — Récit historique des événements qui se sont passés dans l'administration de l'Opéra la nuit du 13 février 1820. (Assassinat du duc de Berry). — Paris, *Poulet-Malassis, 1862, in-12 br.*

2295. — ROUSSET (Camille). — La conquête d'Alger. — Paris, *Plon, 1879, in-8° br.*

2296. — TALEYRAND. — Correspondance inédite du Prince de Taleyrand et du Roi Louis XVIII, avec préface par M. Pallain. — Paris, *E. Plon et Cie, 1881, in-8°.*

2297. — TRÉFOUEL (J.). — Souvenirs, 1819-1818. — Paris, *1885.*

1. — *Révolution de 1830. — Louis-Philippe Ier.*

2298. — NOUVION (Victor de). — Histoire du règne de Louis-Philippe Ier, roi des Français, 1830-1848. — Paris, *Didier et Cie, 1858, in-8°, 5 vol. rel.*

2299. — PEPIN (Alp). — Deux ans de règne, 1830-1832 ; 2e édit. — Paris, *A. Mesnier, 1833, in-8° rel.*

2300. — MONTALIVET (Le Cte de). — Rien ! Dix-huit années de gouvernement parlementaire. — Paris, *M. Lévy frères, 1854, gd in-18 br.*

2301. — BLANC (Louis). — Révolution française. — Histoire de dix ans, 1830-1840, 4e édit. — Paris, *Pagnerre, 1844, in-8° 5 vol. rel.*

2302. — Do. — Révolution française. — Histoire de dix ans, 1830-1840. 6e édit. — Paris, *Pagnerre, 1846, in-8° 5 vol. rel.*

2303. — REGNAULT (Elias). — Histoire de huit ans, 1840-1848, faisant suite à l'histoire de 10 ans, de Louis Blanc. — Paris, *Pagnerre, 1851, in-8°, 3 vol. rel.* (Fig.)

2304. — CABET. — Révolution de 1830 et situation présente (Mai 1833) expliquées et éclairées par les Révolutions de 1789, 1792, 1799 et 1804 et par la Restauration, 2e édit. — Paris, *Chez Deville-Cavelin et chez Pagnerre, 1833, in-12, 2 vol. br.*

2305. — MAZAS (Alex.) — Mémoires pour servir à l'histoire de la Révolution de 1830. Mission de M. le Duc de Mortemart pendant la semaine de Juillet. Nouveaux détails politiques sur le voyage de Cherbourg, *in-8° cart.*

2306. — TASCHEREAU (J.) — Revue rétrospective, ou archives du dernier gouvernement. — Paris, *Paulin, 1848, gd in-8°.*

2307. — DEBRAUX (Emile). — Les barricades de 1830. Scènes historiques. — Paris, *Bouilland, 1830, in-8° cart.*

2308. — Do, do, do, do, do, do, do br.

2309. — SARRANS, Jeune (B.) — Lafayette et la Révolution de 1830. Histoire des choses et des hommes de Juillet. — Paris, *Thoisnier Desplaces, 1832, in-8°, 2 vol. cart.*

2310. — PEYRONNET (de). — Question de juridiction parlementaire ou Examen juridique de l'accusation et du jugement portés contre les derniers ministres de Charles X. — Paris, *L. Janet, 1831, in-8° br.*

2311. — DU MOLARD (Bᵒⁿ Rouvier). — Des causes du malaise qui se fait sentir dans la Société en France, des agitations qui la troublent et des moyens d'y remédier. — Paris, *Delaunay, 1834, in-8° br.*

2312. — COMPTE DE LA LIQUIDATION de la liste civile et du domaine privé du roi Louis-Philippe, rendu par M. Vavin, liquidateur-général, le 30 décembre 1851. — Paris, *Hʳⁱ et Ch. Noblet, 1852, in-4° rel.*

2313. — RELATION de la fête du Roi, des grandes revues et des deux voyages de S. M. dans l'intérieur du Royaume en mai, juin et juillet 1831. — Paris, *Mᵐᵉ veuve Agasse, 1831, in-8° br.*

2314. — DISCOURS, ALLOCUTIONS ET RÉPONSES de S. M. Louis-Philippe, roi des Français. — Paris, *d°, 1833, d°, d°.*

2315. — VÉRON (Le Dʳ L.) — Mémoires d'un bourgeois de Paris, comprenant la fin de l'Empire, la Restauration, la Monarchie de Juillet, la République jusqu'au rétablissement de l'Empire. — Paris, *Librairie nouvelle, 1856, in-18, 5 vol. rel.*

2316. — BEAUMONT-VASSY (Vᵗᵉ de). — Les salons de Paris et la société parisienne sous Louis-Philippe Iᵉʳ. — Paris, *1866, gᵈ in-18 rel.*

2317. — D°, d°, d°, sous Napoléon III. — Paris, *1868, d°, d°.*

2318. — ANCELOT (Mᵐᵉ — Un salon de Paris. 1824 à 1864 2ᵉ édit. — — Paris, *Dentu, 1866, in-8° br.*

2319. — THIERS (A.). — Ses discours parlementaires publiés par M. Calmon.

> 1ʳᵉ partie, 1830-1836 ;
> 2ᵉ   d°   1837-1841 ;
> 3ᵉ   d°   1842-1870 ;
> 4ᵉ   d°   1871-1877.

Paris, *Calmann Lévy, 1879-1883, gᵈ in-8°,* 15 vol. dont 12 rel. et 3 br.

2320. — D°. — La Monarchie de 1830. — Paris, *Mesnier, 1831, in-8°.*

2321. — THIERS, ODILON-BARROT ET BILAULT (Discours prononcés par MM.), dans la discussion des fonds secrets. Séance de la Chambre des députés des 27, 28 et 29 mai 1846. — *In-8° br.*

2322. — ÉVÉNEMENTS DE PARIS des 26, 27, 28 et 29 juillet 1830, par plusieurs témoins oculaires. — Paris, *Audot, 1830, in-12 br.*

2323. — HISTOIRE de la mémorable semaine de Juillet 1830, *in-12 br.*, avec les principaux traits de courage, de patriotisme et d'humanité qui ont brillé au milieu de ces événements, par Charles Laumier. — Paris, *Blanchard, 1830, in-8° br.*

2324. — PROCÈS des ex-ministres : relation exacte et détaillée, contenant tous les détails et plaidoyers recueillis par les meilleurs sténographes. Ouvrage orné de portraits. Paris, *Roret, 1830, in-12, relié.*

2325. — RÉVOLUTION DE 1830. — Caractère légal et politique du nouvel établissement fondé par la Charte constitutionnelle acceptée et jurée par Louis-Philippe Ier, roi des Français, en présence des deux Chambres, le 9 août 1830. — Paris. *Faujat, 1833, in-8° br.*

2326. — CHATEAUBRIAND (Vte de). — De la nouvelle proposition relative au bannissement de Charles X et de sa famille, ou suite de mon dernier écrit. — Paris, *Le Normant, 1831, in-8° br.* (2 exempl.).

2327. — D°. — Mémoires sur la captivité de Mme la Duchesse de Berry. — Paris, *Le Normand, 1832, in-8° br.*

2328. — D°. — Autre exemplaire.

2329. — DUPIN (Ph.). — Plaidoyer prononcé pour la défense de M. le général de Rigny, devant le conseil de guerre séant à Marseille le 1er Juillet 1837 et recuilli par M. W... sténographe.

2330. — ALLART (Hortense). — La femme et la démocratie de nos temps. — Paris, *Delaunay, 1836, in-8° br.*

2331. — ROMAIN (Jules). — La paix ou la guerre. Choisissez !
Aux signataires du traité de Londres du 15 Juillet 1840. — *in-12 br.*

2332. — DISCUSSION complète de l'Adresse dans les deux Chambres. Extrait des *Annales du Parlement français*. Session de 1841. — Paris, *Fleury, 1840, in-8° br.* (3e vol. seulement).

2333. — LAS CAZES (Emm^{el} B^{on} de). — Journal écrit à bord de la frégate la *Belle-Poule*. — Paris, *H. L. Delloye, 1841, in-8° br.*

2334. — MILLAUD. — Fastes criminels de 1848. Procès d'Eliçabide et du Prince Napoléon-Louis Bonaparte. — Paris, *bureaux de l'*Audience, *1841, in-8° br.* (Le tome 1er seulement).

2335. — DUVERGIER DE HAURANNE. — De la politique extérieure et intérieure de la France. — Paris, *Paulin, 1841.*

2336. — CAUMONT (Edouard). — De la situation politique de la France, de ses partis et de ses alliances naturelles. — Paris, *Paulin, 1841, in-8° br.*

2337. — BEAUPREAU (Cte Redon de). — Précis des faits relatifs au changement de couleurs à Lorient, lors de la Révolution de Juillet 1830, et à la révocation, en Janvier 1831, du Cte Redon de Beaupréau. — Paris, *1842, in-8° br.*

2338. — PENHOEN (Barchou de). — Guillaume d'Orange et Louis-Philippe. — Paris, *Comptoir des Imprimeurs réunis, 1844, in-8°.*

2339. — D°. — Lettre d'un membre de la Majorité à ses commettants. — Paris, *A. Guyot, 1850, in-8° br.*

2340. — DONNADIEU (g^al). — Sa pétition à la Chambre des députés, avec les documents justificatifs de sa demande. — Paris, *Proust et Cie, 1846, in-8° br.*

2341. — BOUDIN (Amédée). — Histoire de Louis-Philippe Ier roi des Français. — Paris, *au bureau de la Publication, 1847, in-4°, 2 vol. br.*

2342. — LECONTE (F., cap^e de vaisseau). — Mémoires pittoresques d'un officier de marine. — Brest, *Lepontois, 1851, in-8°, 2 vol. br.*

m. — *Révolution de 1848. — Deuxième République.*

2343. — LAMARTINE (A. de). — Trois mois au pouvoir. — Paris, *M. Lévy f^res, 1848, p^t in-8° br.*

2344. — D°. — Histoire de la Révolution de 1848. — Paris, *Perrotin, 1849, in-8°, 2 vol. rel.*

2345. — GARNIER-PAGÈS. — Histoire de la Révolution de 1848. — Paris, *Pagnerre, 1861, in-8°, 8 vol.*

2346. — CASSAGNAC (Granier de). — Histoire de la chute du Roi Louis-Philippe, de la République de 1848 et du rétablissement de l'Empire (1847-1855). — Paris, *H^t Plon, 1857, in-8°.*

2347. — MAYER (P.). — Histoire du Deux Décembre, 2e édit. — Paris, *Ledoyen, 1852, in-8° rel.*

2348. — STERN (Daniel). — Histoire de la Révolution de 1848. — Paris, *Gust. Sandré, 1853, in-8°, 3 vol. br.*

2349. — LA TOUR DU PIN CHAMBLY (Le Cte de). — Considérations politiques au point de vue du vrai absolu et des concessions possibles. Précédées de la suite des Lettres diverses sur la Révolution de Février 1848. — Paris, *Allouardet Kæppelin, 1851, in-8° br.*

2350. — SOUVENIRS NUMISMATIQUES DE LA RÉVOLUTION DE 1848. — Recueil complet des médailles, monnaies et jetons qui ont paru en France depuis le 22 février jusqu'au 20 décembre 1848. — Paris, *J. Rousseau. s. d., in-4° rel.*

2351. — GUIZOT. — Mémoires pour servir à l'histoire de mon temps, 3e édit. Paris, *Michel Lévy f^res, 1868, in-8°,* 8 vol. rel.

2352. — RECUEIL des adhésions adressées au Prince Président, à l'occasion de l'acte du 2 Décembre. — Paris, *Napoléon Chaix, 1852, g^d in-4°.* 6 vol.

n. — *Second Empire.*

2353. — NAPOLÉON III ET L'ANGLETERRE. — Paris, *F. Didot fils et Cie, 1858, in-8° br.*

2354. — SÉNAT (Registre matricule du). — Années 1852-58. — Paris, *Lahure, 1858, in-4° br.*

2355. — D°. — Documents officiels. — *1861.*

2356. — DARBLAY (Aimé). — La France, l'Europe, leur état présent, etc. Paris, *Poupart, Davyl et Cie, 1861, in-8°.*

2357. — PRÉVOST-PARADOL. — Quelques pages d'histoire contemporaine, Lettres politiques. — Paris, *M. Lévy, 1868, g^d in-18, 4 vol.*

2358. — LA BÉDOLLIÈRE (Ed.) — Malakoff, histoire de la guerre d'Orient, illustrée par Janet-Lange, ornée d'un plan de Sébastopol, par J. Judenne. — Paris, *G. Barba, in-4°.*

2359. — SAUSSOIS du JONC (Le Ch^ier du). — Preuve de la mission divine de l'empereur Napoléon III. — Bruxelles, *A. Labroue et Cie, 1858, in-8° br.*

2360. — ACHARD (Amédée). — Montebello, Magenta, Marignan. Lettres d'Italie (mai et juin 1859). — Paris, *Hachette et Cie, 1859, in-8°.*

2361. — LA ROCHEJAQUELEIN (Mis de). — Discours prononcé dans la discussion de l'adresse au Sénat (S^ce de Mars 1861). — Paris, *Dentu, 1861, in-8° br.*

2362. — BAROCHE, Ministre sans portefeuille. — Discours prononcé dans la séance du corps législatif du 19 mars 1862, *in-8° br.*

2363. — EXPOSÉ de la situation de l'Empire, présenté au Sénat et au Corps législatif, janvier 1862, novembre 1863. — Paris, *Imprimerie impériale, 1862 et 1863, 2 vol. in-8° br.*

16

2364. — COMPTE-RENDU des séances du Corps législatif. Session de 1863. — Paris, *1863, in-8° br.*

2365. — VICTOR PIERRE. — Les élections de 1863, augmentées de la vérification des pouvoirs. — Paris, *Dentu, 1864, in-8° br.*

2366. — VUITRY. — Discours prononcé dans la séance du corps législatif du 9 mai 1864. — Paris, *Panckoucke et Cie, in-8° br.*

2367 — SAND (George). — La guerre. — Paris, *Librairie nouvelle, 1859, in-8° br.* (15 pag.)

o. — *Révolution de 1870 (3ᵉ République)*

2368. — BENEDETTI (Le Cte). — Ma mission en Prusse. — Paris, *H. Plon, 1871, 3ᵉ édit. in-8° rel.*

2369. — CHANZY (G^{al}). — Campagne de 1870-1871. La deuxième armée de la Loire, 3ᵉ édit. — Paris, *d°, d°, in-8° rel.* Atlas, *in-f° rel.*

2370. — FREYCINET (Ch^{les} de). — La guerre en province pendant le siège de Paris, 1870-1871, précis historique, 3ᵉ édit. — Paris, *M. Lévy frères et Librairie nouvelle, 1871, in-8° rel.*

2371. — DUCROT (Le G^{al}). — La journée de Sédan. — Paris, *E. Dentu, 1871, d°, d°.*

2372. — STOFFEL (Le colonel B^{on}). — Rapports militaires écrits de Berlin, 1866-1870. — Paris, *Garnier frères, 1871, d°, d°.*

2373. — THIERS (Edouard) et S. de LA LAURENCIE, anciens élèves de l'Ecole polytechnique, de la garnison de Belfort. — La défense de Belfort, écrite sous le contrôle de M. le colonel Denfert-Rochereau. — Paris, *Armand Le Chevalier, 1871, d°, d°.*

2374. — SAINT-EDME (Ernest). — La science pendant le siège. — Paris, *Dentu, 1871, g^{d} in-18 rel.*

2375. — LA RONCIÈRE LE NOURY (B^{on} de). — La marine au siège de Paris, d'après les documents officiels, ouvrage accompagné d'un atlas contenant huit grandes cartes et plans des travaux français et allemands. — Paris, *H^{t} Plon, 1872, in-8° rel.*

2376. — KÉRATRY (Cte E. de). — Armée de Bretagne, 1870-1871. MM. Gambetta et de Kératry devant l'opinion publique. — Paris, *A. Lacroix et Cie, 1873, g^{d} in-8° br.*

2377. — D°. — Autre exemplaire.

2378. — Dᵒ. — Le 4 Septembre et le Gouvernement de la Défense nationale, déposition· devant la commission d'enquête de l'Assemblée nationale. Mission diplomatique à Madrid, 1870. — Paris, *A. Lacroix, Verhoeckoven et Cⁱᵉ, 1872, in-8° hr.*

2379. — BOUILLÉ (Le Cᵗᵉ L. de). — Le Drapeau français, étude historique, 2ᵉ édit., considérablement augmentée et accompagnée de 123 dessins. — Paris, *J. Dumaine, 1875, in-8°.*

2380. — SEIGNERET (Paul), séminariste de Saint-Sulpice, fusillé à Belleville le 26 mai 1871. — Note rédigée d'après ses lettres par un Directeur du Séminaire de Saint-Sulpice. — Paris, *Josse, 1875, 3ᵉ édit., in-12.*

2381. — CRÉMIEUX (Gaston). — Œuvres posthumes, précédées d'une lettre de Victor Hugo et d'une de A. Naquet, député. — Paris, *Dentu, 1884, in-18.*

2382. — SIMON (Jules). — Souvenirs du 4 Septembre. Origine et chute du second Empire, 2ᵉ édit. — Paris, *Mich. Lévy fʳᵉˢ, 1874, in-8° hr.*

2383. — VEUILLOT (Louis). — Paris pendant les deux sièges. — Paris, *Palmé, 1872, in-8° hr., 2 vol.*

2384. — VAQUIÉ. — Guerre entre la France et la Prusse, 1870-1871. Préliminaires de la guerre. Bulletins politiques, etc. — Rennes, *Hauvespre, 1871, oblong.*

L. — Histoire royale et princière de France.

2385. — MERCIER (L. S.). — Portraits des Rois de France. — Neufchatel, *1783, in-12,* 4 vol. rel.

2386. — DÉSORMEAUX (Jos. Ripault). — Histoire de la Maison de Bourbon. — Paris, *impⁱᵉ royale 1772-7788, in-4°,* 5 vol. rel. (Pl.).

2387. — Dᵒ. — Autre exemplaire.

2388. — Dᵒ. — Histoire de Louis de Bourbon, second du nom, prince de Condé, premier prince du sang, surnommé le Grand. — Paris, *Saillant, 1766, pᵗ in-8° rel.,* 4 vol.

2389. — DREUX du RADIER. — Mémoires historiques, critiques et anecdotes des Reines et Régentes de France, nouvelle édit. — Amsterdam, *M. Rey, 1776, in-12,* 6 vol. rel.

2390. — Dᵒ. — Les mêmes, réimprimés par M. Sourdon, libraire de S. A. I. la princesse de Bade, etc. — Paris, *Mame fʳᵉˢ, 1808, in-8°,* 6 vol.

2391. — MOPINOT. — Effrayante histoire des crimes horribles qui ne sont communs qu'entre les familles des Rois, depuis le commencement de l'ère vulgaire jusqu'à la fin du dix-huitième siècle. Suivie d'observations historiques sur l'origine des Rois et sur les crimes qui soutiennent leur existence, et de quelques remarques sur la conduite du Clergé et de la France sous le règne de chaque Roi. — PARIS, *imp*[ie] *du Cercle social, 1793, l'an deuxième de la République.*

2392. — LA VICOMTERIE (LOUIS). — Les crimes des Rois de France, depuis Clovis jusqu'à Louis XVI, avec gravures en couleur, nouvelle édit. — PARIS, *Bureaux des Révolutions de Paris, 1791, in-8° rel.*

2393. — D°. — Le même. — PARIS, *an II de la République, d° cart.*

2394. — ROBERT (Mme). — Les crimes des Reines de France, depuis le commencement de la Monarchie jusqu'à la mort de Marie-Antoinette, avec les pièces justificatives de son procès. Publiés par L. Prudhomme, avec cinq gravures. — PARIS, *Bureaux des Révolutions de Paris, an II de la République, une et indivisible.*

2395. — D°. — D°, d°, d°, d°, d°, nouvelle édit. — *D°, d°.*

2396. — ROCHEPLATE (M[r]), ancien officier d'infanterie. — Dénonciation du livre portant pour titre : *Les crimes des Reines de France.* — PARIS, *Crapart, 1792.*

2397. — FONTENAY (L'abbé DE). — L'illustre destinée des Bourbons, ou Anecdotes intéressantes des Princes de l'Auguste Maison des Bourbons, en France, en Espagne et en Italie, depuis l'année 1256 jusqu'à nos jours. Ouvrage dédié à la Nation. — PARIS, *Defer de Maisonneuve, 1790, in-12,* 4 vol. br.

2398. — MONTJOIE. — Les Bourbons, ou Précis historique sur les aïeux du Roi, sur S. M. et sur les princes et princesses du nom de Bourbon qui entourent son trône. Dédié au Roi. — PARIS, *Veuve Lepetit, 1815, in-8°.*

2399. — MŒURS (Les) des Bourbons rendus à la France, ou : Paroles remarquables et traits mémorables de S. M. Louis XVIII, de LL. AA. RR. Monsieur, frère du Roi, Mgr le duc d'Angoulême, Mgr le Duc de Berry et Mme la Duchesse d'Angoulême. Avec des anecdotes curieuses et intéressantes sur cette auguste famille. Dédié aux âmes sensibles. — PARIS, *Montaudon, 1816, in-18 cart.*

2400. — HISTOIRE des Dauphins français et des princesses qui ont porté, en France, la qualité de *Dauphins,* avec un Extrait de la donation que le dernier Dauphin de la Maison de La Tour du Pin fit du Dauphiné, etc. — PARIS, *Hurt, 1713, in-8° rel.*

2401. — GOBERT (Nicolas). — Le sacre et couronnement de Louis XVI, roi de France et de Navarre, dans l'Eglise de Rheims, le 11 juin 1775, précédé de recherches sur le sacre des Rois de France, depuis Clovis jusqu'à Louis XVI. — Paris, *Vente, 1775, in-8° rel.*

2402. — VOLTAIRE. — Panégyrique de Louis XV, 6e édit. Avec les traductions latine, italienne, espagnole et anglaise. — *1749*, s. l. d'imp., *in-8° cart.*

2403. — VIE POLITIQUE de Louis-Philippe-Joseph, dernier Duc d'Orléans. — Paris, *Barba, an X (1802), in-12* (Portrait).

2404. CÉSENA (Amédée de). — La Maison de France, avec un portrait photographique d'après nature de Mr le Cte de Paris et un fac-simile de sa signature. — Paris, *Blériot et Gautier, 1884, p^t in-8° br.*

2405. — IMPÉRATRICE (L'). — Notes et documents. — Paris, *Librairie générale, 1877, p^t in-8°.*

M. — Cérémonial français.

2406. LACOINTA (Félix). — Du Sacre des Rois de France, de son origine et de la Sainte-Ampoule, suivi du détail des cérémonies usitées au Couronnement de nos Rois dans l'Eglise métropolitaine de Rheims. — Paris, *C.-Ballard, 1825, in-8° br.*

N. — Mélanges d'histoire politique et civile de France.

a. — *Etat politique. — Droit public. — Gouvernement, etc.*

2407. — BOULAINVILLIERS (Le Cte de). — Histoire de l'ancien Gouvernement de France, etc. — La Haye, *1727, in-12,* 3 vol.

2408. — GAUTIER DE SIBERT. — Variations de la Monarchie française dans son gouvernement politique, civil et militaire, avec l'examen des causes qui les ont produites; ou Histoire du Gouvernement de France, depuis Clovis jusqu'à la mort de Louis XIV, divisée en neuf époques. — Paris, *Saillant, 1765, in-12,* 4 vol. rel.

2409. — GIN (D. L. C.). — Les vrais Principes du Gouvernement français, démontrés par la raison et par les faits, par un Français. Nouvelle édition. — Genève et Paris, *1780, in-8° rel.*

2410. — D°. — Les mêmes. Nouvelle édition. — Genève et Paris, *Servière, 1782, in-8° rel.*

2411. — THOURET (Jacques-Guill.). — Abrégé des révolutions de l'ancien gouvernement français. — Paris, s. d., *in-18 rel.*

2411ᵃ. — Dᵒ. — Abrégé des révolutions de l'ancien gouvernement François, ouvrage élémentaire extrait de l'abbé Dubos et de l'abbé Mably, par Thouret, membre de l'Assemblée constituante, pour l'instruction de son fils. — Paris, *Didot, 1800, in-8ᵒ br.*

2412. — BARANTE (de). — Des Communes et de l'Aristocratie. — Paris, *Ladvocat, 1821, in-8ᵒ cart.*

2413. — MONTLOSIER (le Cᵗᵉ de). — La monarchie française au 1ᵉʳ Janvier 1821. — Paris, *Gide, 1821.* — et la monarchie française au 1ᵉʳ Juin 1821. — Paris, *Gide, 1821, in-8ᵒ,* 2 vol.

2414. — CARNÉ (le Cᵗᵉ de). — Etudes sur les fondateurs de l'Unité nationale en France. — Paris, *Didier, 1855, in-8ᵒ,* 2 vol.

2415. — Dᵒ. — Etudes sur l'histoire des gouvernements représentatifs en France, de 1789 à 1848. — Paris, *Didier, 1855, in-8ᵒ,* 2 vol.

2416. — BEAUVERGER (le Baron Edme de). — Les Institutions civiles de la France considérées dans leurs principes, leur histoire, etc. — Paris, *Leiber, 1864, in-8ᵒ.*

2417. — DEHAIS (E.). — Du Gouvernement de la France. Précédé d'une lettre de Mʳ Guizot sur la Démocratie. — Paris, *Truchey, 1851, in-18.*

2418. — PETETIN (Anselme). — Discussions de politique démocratique et Mélanges. — Paris, *H. P., 1862, in-8ᵒ cart.*

2419. — COLLIN DE PLANCY (J. A. S.). — Dictionnaire féodal ou recherches et anecdotes sur les dîmes et les droits féodaux, les fiefs, les bénéfices, etc., etc. — Paris, *Foulon et Cⁱᵉ, 1819, in-8ᵒ,* 2 vol.

2420. — DICTIONNAIRE féodal relié avec petit Dictionnaire de la cour et de la ville et petit Dictionnaire ministériel, 3 vol. *in-32.*

2421. — MORNAY (Mⁱˢ de). — Protestation adressée à MM. les Membres du Corps législatif par M. le marquis de Mornay. — Election de la 1ʳᵉ circonscription de l'Oise, novembre 1863, *1 vol. in-4ᵒ br.*

2422. — MÉLANGES HISTORIQUES. Choix de documents. — Paris, *Imprimerie nationale, tome Vᵉ, 1886, gᵈ in-4ᵒ.*

2423. — MAULDE (M. de). — Procédures politiques du règne de Louis XII. — Paris, *Imprimerie nationale, 1885.*

2424. — LAS CASES (Emmᵉˡ de). — De l'éligibilité et de l'âge des électeurs. — Paris, *Béchet, 1828, 1 vol. in-8ᵒ br.*

2425. — MOUVEMENT MORAL de la France, depuis 1830, par M. de Kératry, pair de France. Extrait de la 18e livraison du supplément au Dictionnaire de la conversation. — Paris, 1847, brochure in-8° de 24 pages.

2426. — FLAUGERGUES (P.), ancien député. — De la représentation nationale et principes sur la matière des élections. — Paris, Barrois, 1820, 1 vol. in-8° br.

2427. — COLONIES. — De leur représentation dans le Parlement. — Paris, Amyot, 1847, in-8° br.

2428. — CHATELET (M. P. H., marquis du). — Traité de la politique de France, augmenté d'une seconde partie. — Utrecht, P. Elzevier, 1770, in-12 rel.

2429. — CAUCHOIS-LEMAIRE. — Lettres politiques, religieuses et historiques. — Paris, P. Delaforest, 1832, 2 vol. in-8° cart.

2430. — CHATELLIER (A. du). — Administrations collectives de France, avant et depuis 89. — Paris, Guillaumin, 1870, in-8° br.

2430ª. — MOROGUES (Baron de). — (Comment la Chambre des députés et la Chambre des pairs pourraient être constituées en France, par le). — Orléans, A. Jacob, 1840, in-8° br.

b. — Etats-Généraux. — Ancienne Pairie. — Magistrature.
Administration municipale. — Offices.

2431. — MÉMOIRES sur les Etats-Généraux, leurs droits et la manière de les convoquer, par M. le comte d'Ant., 1788, in-8° cart.

2432. — PICOT (Georges). — Histoire des Etats-Généraux. — Paris, Hachette et Cie, 1888, 5 vol. pt in-8°.

2433. — BOULAINVILLIERS (Le Cte H. de). — Histoire de la Pairie de France et du Parlement, où l'on traite aussi des électeurs de l'Empire et du cardinalat. On y a joint des traités touchant les Pairies d'Angleterre et l'origine des Grands d'Espagne. Nlle édition. — Londres, S. Harding, 1753, in-12, 2 tom. en 1 vol. rel.

2434. — LARDIER (A.) — Histoire biographique de la Chambre des pairs, depuis la Restauration jusqu'à l'époque actuelle, précédée d'un essai sur l'institution et l'influence de la pairie en France, par C. O. Barbaroux. Paris, Brissot-Thivars, 1829, in-8°.

2435. — DOUCETTE (DE LA). — Du Sénat, de l'Empire français, depuis son institution jusqu'à nos jours. — PARIS, *1861, in-8°.*

2436. — PROCUREURS-SYNDICS. — Histoire chronologique de la grande chancellerie de France, contenant l'estat des officiers, leurs noms et réceptions, leurs fonctions, privilèges, prérogatives, droits et règlements.

Ensemble l'établissement et les règlements des chancelleries près les cours et sièges présidiaux du Royaume, avec les noms et réceptions des officiers qui la composent depuis l'année 1676, jusqu'à l'année 1705.

Le tout tiré des chartes, arrests et autres actes authentiques, et recueilli de l'ordre de M. le chancelier par les procureurs-syndics des Conseillers-Secrétaires du Roy, maison Couronne de France et des finances. — PARIS, *Emery, 1710, 2 vol. in-f° rel.*

2437. — PÉCHART (Employé au ministère de l'Intérieur). — Répertoire de l'administration municipale des Communes. — PARIS, *Chez l'auteur, 1820, 2 vol. in-8° cart.*

2438. — ETATS-GÉNÉRAUX, ou récit de ce qui s'est passé aux Etats-Généraux, depuis le 5 mai 1789, jusqu'au 17 juin suivant, époque à laquelle les communes se sont constituées en Assemblée Nationale. — PARIS, *Imprimerie nationale, 1791, in-8° br.*

2439. — NECKER. — Mémoire sur l'établissement des administrations provinciales. — *1785, in-8° br.*

2440. — FOULON (AUGUSTE). — Etude sur les octrois. — NANTES, *Mellinet, 1870, in-8° br.*

2441. — ÉLECTION (De l') des juges, par l'auteur de la Réforme efficace de la magistrature. — PARIS, *Chararay, in-32.*

2442. — AUBRY (GUY-CHARLES). — (Tableau des avocats au Parlement, leurs demeures, et leurs bancs au Palais, avec deux tables. La première, par ordre de colonnes, page 443, la seconde par ordre alphabétique des noms, page 78, à la suite des règlements, mis au greffe de la cour, par M.). — PARIS, *Delaguette, 1788, in-8°.*

2443. — SVITTE dv vray jovrnal des assemblées du parlement, contenant ce qui s'y est fait depuis la Saint-Martin 1649, jusqu'à Pasques 1651. — PARIS, *Alliot, 1651, in-4° cart.* (Ex libris. Bibliot. de M^{rs} les Comtes de Lyon).

2444. — ANALYSE des vœux des conseils généraux des départements. Session de 1843. — PARIS, *lib^{ie} adm^e., 1844, in-8° br.*

2445. — CALENDRIER de la paix pour l'an de grâce 1741. A la gloire du Roi et de la France, traité de paix conclue à Vienne le 18 Novembre 1738, et publié à Paris le 1ᵉʳ Juin 1739. Pace data Cocuntrages. Dieu conserve le Roi.

2446. — CONSEILS GÉNÉRAUX de département (Analyse des vœux des). — Sessions de 1860 (2 vol.), 1857 (1 vol.) — PARIS, *P. Dupont, 3 vol. in-8° br.*

2447. — COURCELLE (H.) — De l'abolition des octrois en France. — ROUEN, *Lapierre et Cⁱᵉ, 1867, in-8° br.*

2448. — ÉTAT (L') de France. Années 1665, 1672, 1674, 1680, 1682, 1727, 1736, 1749.

2449. — Almanach royal et impérial des années 1756, 1766, 1767, 1770, 1771, 1772, 1774, 1775, 1777, 1778, 1785, 1787, 1792, 1807, 1808, 1811, 1813, 1820, 1822, 1823, 1825, 1828, 1832, 1835, 1846. — *In-8°.*

2450. — Almanach de la Cour, de la Ville et des Départements. — PARIS, *Janet, 1822, in-32 rel.*

2451. — ALMANACH astronomique et historique de la ville de Lyon et des provinces du Lyonnais, Forez et Beaujolois, pour l'année bissextile 1788. — LYON, *de la Roche, 1788, in-8°.*

2452. — ALMANACH IMPÉRIAL, an bissextil M. DCCCXII, présenté à S. M. l'Empereur et Roi, par Testu. — PARIS, *Testu, 1808, in-8°.*

2453. — ALMANACH IMPÉRIAL pour l'année M. DCCCXIII, présenté à S. M. l'Empereur et Roi, par Testu. — A PARIS, *chez Testu et Cⁱᵉ, in-8° br.*

2454. — INDICATEUR de la Cour de France, de la capitale et des départements. — PARIS, *Veuve Demoraine et Boucquin, 1829, in-12.*

2455. — CALENDRIER NATIONAL pour 1866. — PARIS, *rue Richelieu, 1866, in-8° br.*

2456. — ANNUAIRE pour l'an VIII de la République française, contenant les jours de l'ère républicaine, avec les fêtes nationales, les jours du culte catholique, etc.

2457. — ALMANACH du père Gérard, pour l'année 1792, la 3ᵉ de la Liberté, ouvrage qui a remporté le prix proposé par la Société des *Amis de la Constitution*, par J.-M. Collot-d'Herbois, *in-32 br.*

2458. — ALMANACH du Corps-Législatif, contenant les Sénatus Consultes relatifs au Corps-Législatif, et la liste des membres du Gouvernement et des principales autorités de l'Empire.

1° Pour l'année 1811 ; 2° pour l'année 1813.

2459. — ALMANACH historique, nommé le *Messager boîteux*, relatant les observations astrologiques de chaque mois, et le changement de l'air de jour en jour, exactement calculés pour l'an de grâce 1818.

2460. — ALMANACH (Petit) législatif, ou la vérité en riant sur nos députés. — Paris, *P. Mongie, 1820, in-8° br*.

2461. — ALMANACH universel ou cadeau des Muses. Etrennes utiles et agréables pour l'an 1837, 1836, 1843.

2442. — ALMANACH de Napoléon pour 1849.

2463. — ALMANACH de France indiquant à tous les Français qui savent lire, leurs droits, leurs devoirs, leurs intérêts.

Pour l'année 1833.

Pour l'année 1843.

2464. — 1° ALMANACH (petit) de la Cour de France, pour l'année 1810. — Paris, *Delaunay, 1810, in-32 cart*., doré sur tr.

2° Autre Almanach de l'Empire, pour l'année 1811, *in-32 br*.

2465. — ALMANACH des dames pour 1814.

2466. — ALMANACH journalier. — Une liasse comprenant les années 1756-1826-1834-1836-1808.

2467. — ALMANACH des paroisses pour l'année 1834. — Les droits, les devoirs et les intérêts de l'homme religieux et de l'homme civil.

2468. — 1° ALMANACH double liégeois, pour les années 1829 et 1831.

2° Autre liégeois pour l'an 1786.

2469. — ALMANACH du garde national, ou Almanach des Almanachs des villes et des campagnes, pour l'an 1831.

2470. — ALMANACH Universel ou le bon Français, pour l'année 1833.

2471. — ALMANACH pour l'an de grâce 1842. Le bon Messager.

2472. — ALMANACH du Marin pour 1842.

2473. — ALMANACH phalanstérien pour 1845.

2474. — 1° ALMANACH de la Cour, de la Ville et des Départements, pour 1858. — Paris, *Dentu, 1 vol. in-32 rel.* doré sur tr.

2° Même ouvrage pour l'an 1825.

3° Même ouvrage pour l'an 1781.

2475. — ALMANACH prophétique pour 1842.

2476. — ALMANACH Militaire. — A toutes les gloires de nos armées de terre et de mer, pour 1850.

2477. — ETRENNES mignonnes, curieuses et utiles, pour les années 1764-1789-1791-1792-1790-1793-1803-1804-1801-1805-1806-1807. — *An XI, 1836, 1 vol.* sans date, la première page étant déchirée. An vii.

2478. — ETRENNES comme il y en a peu, ou mélange agréable des plus jolies choses de tout genre, pour l'année 1793.

2479. — ETRENNES intéressantes des quatre parties du Monde, contenant principalement la théorie de la Terre, et un état très exact de tout ce qui compose le gouvernement français.

An sextile XI, depuis le 23 septembre 1802, jusqu'au 31 décembre 1803.

Pour l'an Xe de la République, 1801 et 1802.

An XII, 1803 et 1804 (2 ex.)

An XIII, 1804 et 1805 (2 ex.)

An XIV-XV, 1805-1806 (2 ex.)

An 1807.

2480. — CALENDRIER de l'almanach sous-verre, avec l'indication des articles de la grande notice des associés, contenant les découvertes, inventions ou expériences nouvellement faites dans les sciences, les arts, les métiers, l'industrie, etc., pour l'an de la République 3-5-6-7-8-9-10-11-12-13 et les années 1805-1806-1807-1808-1809-1811.

2481. — CALENDRIER administratif, judiciaire et de commerce, du département de la Gironde, pour 1829-1819-1816. — Bordeaux, *Brossier, 3 vol. in-12 br.*

2482. — MÉMOIRES sur les États-Généraux, où l'on a réuni tous les détails relatifs à la convocation, aux assemblées de Baillages, de Villes et de Paroisses, au nombre et à la qualité des Députés, enfin à la confection des cahiers et à la forme des délibérations que l'on suit dans les États.

On y a joint des fragments considérables du Procès-verbal des États de 1356 et plusieurs autres pièces originales. — Lausanne et Paris, *1788, in-8°.*

2483. — PIÈCES (Nouvelles) intéressantes servant de supplément à tout ce qui a été publié sur les États-Généraux et sur l'éducation des princes destinés à régner. — S. l., *1789, in-8°,* 6 vol. br.

2484. — ÉTATS-GÉNÉRAUX (Ouverture des), le 5 Mai 1789, à Versailles. — Discours du Roi. — Discours de M. le Garde des Sceaux. — Rapport de M. le Directeur général des Finances fait par ordre du Roy. — Paris, *imp. royale, 1789, in-8°* br.

c. — *Population. — Milice. — Marine. — Finances. — Monnaies. — Médailles. — Commerce et Industrie.*

2485. — COURCELLES (Le Chevalier de). — Dictionnaire historique et biographique des Généraux français, depuis le xie siècle jusqu'en 1820. — Paris, *Arthus Bertrand, 1820-1823, in-8°,* 9 vol.

2486. — VITU (Auguste). — Histoire civile de l'armée ou des conditions du service militaire en France, etc. — Paris, *Didier, 1868, in-8°.*

2487. — VIGNY (Le Cte Alfred de). — Servitude et grandeur militaires. 11e édition. — Paris, *Michel Lévy, 1870, grand in-18.*

2488. — ANNUAIRE de l'état militaire de France pour les années 1766, 1775, *in-18,* 2 vol. rel.

2489. — D°, d°, pour les années 1831 et 1832, *in-12,* 2 vol.

2490. — LAIGNEL (G.-P.-G.). — Archives navales, ou Recueil de pièces intéressantes concernant les deux marines de France et d'Angleterre. — Paris, *J.-L, Scherff, 1818, in-8°.*

2491. — GIN D'OSSERY. — Abrégé chronologique de l'histoire de la marine française, depuis son origine jusqu'à la paix de 1783. — Paris, *an XIII (1804), in-12* br.

2492. — MARGRY (Pierre). — Les navigations françaises et la révolution maritime du xive au xvie siècle. — Paris, *Tross, 1867, petit in-8°.*

2493. — RIVOIRE SAINT-HIPPOLYTE (Le Ch^{er} de). — Histoire de la marine française et de la loyauté des marins sous Buonaparte, contenant en outre la mission de l'auteur à Brest. — Paris, *A. Eymery, 1814, in-8°* rel.

2494. — GUÉRIN (Léon). — Histoire maritime do France. Nouvelle édition, illustrée de 36 gravures sur acier. — Paris, *Dufour, Mullat et Cie, 1852,* 4 vol. *grand in-8°* rel., et un volume (le 5e) concernant la Marine contemporaine.

2495. — CHASSÉRIAU (F.). — Précis historique de la Marine française, son organisation et ses lois. — Paris, *Imprimerie royale, 1845, in-8°, 2 vol. rel.*

2496. — LA PEYROUSE-BONFILS (Le Cᵗᵉ ᴅᴇ). — Histoire de la Marine française. — Paris, *Dentu, 1845, in-8°, 3 vol. rel.*

2497. — BAJOT. — Lettres rétrospectives sur la Marine, 1851-1852. — Paris, *Bacheloi, 1852, in-8°.*

2498. — ROUVIER (Cʜᴀʀʟᴇs). — Histoire des marins français sous la République (1789 à 1803). — Paris, *A. Bertrand, 1868, in-8°.*

2499. — JURIEN ᴅᴇ ʟᴀ GRAVIÈRE (E.). — Guerres maritimes sous la République et l'Empire. 2ᵉ édit. (Pl.). — Paris, *Charpentier, 1853, gᵈ in-18, 2 vol.*

2500. — Dᵒ. — La station du Levant. — Paris, *E. Plon et Cⁱᵉ, 1876, in-18, 2 vol.*

2501. — XAVIER RAYMOND. — Les Marins de la France et de l'Angleterre (1815-1863). — *Grand in-18.*

2502. — PORTS (Les) militaires de la France (Brest, Cherbourg, Lorient, Rochefort et Toulon) (gravures), et établissements de la marine (Indret, les forges de la Chaussade, etc.) — Paris, *Arthus Bertrand, in-8°.*

2503. — PORTS (Les) maritimes de la France. — Paris, *imprimerie nationale, 1874-1885, grand in-8°, 6 vol.*

2504. — ÉTAT de la Marine en 1729, 1773, 1787, 1788 et 1790. — Organisation de la Marine en 1814. — Recueil de plusieurs pièces.

2505. — ÉTAT de la Marine (an xɪɪɪ, 1816, 1817, 1818), 1820, 1821, 1823, 1828, 1830, 1831, 1832, 1833, 1835, 1836, 1837, 1840, 1841, 1842, 1844.

2506. — ANNUAIRE de la Marine (années 1816, 1817, 1818, 1832, 1835, 1840, 1841, 1842, 1844, 1853, 1854, 1855, 1860, 1861, 1862, 1880, 1883, 1886, 1887, 1888).

2507. — RÉPERTOIRE alphabétique des bâtiments de tout rang armés par l'Etat, de 1800 à 1828 compris, et des officiers qui en ont eu le commandement. — Paris, *imprimerie naionale, 1830, petit in-f°.*

2508. — ÉTAT des arrondissements, sous-arrondissements, quartiers, etc., de l'Inscription maritime. — Paris, *septembre 1846, in-8°.*

2509. — MALAIZÉ (J.-B.-M.). — Essai historique et chronologique sur les Troupes de la Marine. — Brest, *1853, in-8°.*

2510. — GRÉHAN (Amédée). — France maritime. — *In-4°, 4 vol. rel.* (Pl.).

2511. — LEVOT et DONEAUD (A.). — Les Gloires maritimes de la France. Notices biographiques, etc. — Paris, *Arthus Bertrand, 1866, grand in-18.*

2512. — LEVOT (P.). — Récits de naufrages, incendies, tempêtes et autres événements de mer. — Paris, *Challamel aîné, 1867, g⁴ in-18.*

2513. — LOIR (M.). — L'escadre de l'amiral Courbet. — Notes et souvenirs par M. Loir, lieutenant de vaisseau, avec un portrait et 10 cartes. — Paris, *Berger-Levrault, 1886, in-8°.*

2514. — SUE (Eugène). — Histoire de la Marine française. — Paris, *Bonnaire, 1837, in-8°, 5 vol. rel.* et un atlas.

2515. — PINIÈRE (C. A. B.) — Principes organiques de la marine militaire et causes de sa décadence dans la dernière guerre, c'est-à-dire depuis huit ans. — Paris, *Desenne, an X de la République, in-8° rel.*

2516. — KERVÉGUEN (Vᵗᵉ de). — Discours sur la Marine, prononcé en 1862, à la Chambre. — Paris, *Le Coffre et Cⁱᵉ, 1862, in-8°* (71 pages).

2517. — BUDGET détaillé du Ministère de la marine pour 1826. — Paris, *Imprimerie royale, 1825, in-4° br.*

2518. — HISTOIRE de l'Ecole navale et des institutions qui l'ont précédée, par un ancien officier. 40 grandes compositions de Paul Jazet, gravées sur bois par Méaulle. — Paris, *Quantin, 1889, g⁴ in-8° br.*

2519. — ÉTATS généraux de la Marine, pour les années 1788, 1790, an XIII, 1811, 1818, 1821, 1823, 1830, 1831, 1833, 1836, 1837.

2520. — LE BLANC (F.). — Traité historique des monnaies de France avec leurs figures, depuis le commencement de la Monarchie jusqu'à présent. Augmenté d'une dissertation historique sur les monnaies de Charlemagne, de Louis-le-Débonnaire, de Lothaire et de leurs successeurs, frappées dans Rome. — Amsterdam, *P. Mortier, 1692, in-4° rel.*

2521. — BERRY. — Études et recherches historiques sur les monnaies de France. — Paris, *Dumoulin,* Bourges, *Vermeil, 1852, in-8°, 3 vol.,* dont un de planches.

2522. — POEY D'AVANT (F.). — Monnaies féodales de France. — Paris, 1858, *in-4°,* planches.

2523. — BIE (Jacques de). — Les familles de France illustrées par les monuments des médailles anciennes et modernes. — Paris, *J. Camusat, 1636, p⁴ in-f° rel.*

2524. — SOUVENIRS NUMISMATIQUES de la Révolution de 1848, 20 livraisons brochées, chacune 3 planches et 6 pages de texte grand in-4°. Paris, *Chez M. Rousseau, 31, rue du 24 Février.*

2525. — MÉMOIRE sur le commerce de la France et de ses colonies. — Paris, *Moutard, 1789, in-4° br.*

2526. — MÉMOIRE de la Chambre de commerce à Marseille, sur la franchise de cette ville, de son port et de son territoire. — Paris, *Agusse, Fructidor, an XII, Septembre 1805, in-8° br.*

2527. — FONMARTIN de L'ESPINASSE. — Appel au gouvernement et aux Chambres sur la marine marchande. — Paris, *Bachelier, 1846, in-8° br.*

2528. — LAFFITE (Opinion de M.), député de la Seine, sur le budget de 1817, prononcée dans la séance de la Chambre des députés du 10 février 1817, et premières et dernières réflexions de M. Casimir Périer, banquier, sur le projet d'emprunt. — Paris, *Eymery et autres, 1817, in-8° br.*

2429. — LAFFITE (Jacques). — Réflexions sur la réduction de la rente et sur l'état du crédit. — Paris, *Bossange père, 1824, in-8° br.*

2530. — LARRIEU (Eugène). — La question du tabac. — Paris, *Chamerot, 1845, in-8° br.*

2531. — BOILEAU (Estienne). — Règlements sur les Arts et Métiers de Paris, rédigés au xiii° siècle, et connus sous le nom de *Livre des métiers,* d'Estienne Boileau, publiés pour la première fois en entier, d'après les Manuscrits de la Bibliothèque du Roi et des archives du Royaume, avec des notes et une instruction, par G. B. Depping. — Paris, *Crapelet, 1837, in-4°.* (Documents inédits de l'Histoire de France).

2532. — AUDIGANNE (A.). — Les populations ouvrières et les industries de la France dans le mouvement du xix° siècle. — Paris, *1854, in-12;* 2 vol.

2533. — LEHIR (M. L.). — Forces et institutions productives de la France. — Paris, *1860, in-8°.*

2534. — TURGAN. — Les grandes Usines de France. Tableau de l'Industrie française au xix° siècle. — Paris, *A. Bourdilliat et C°, 1860-1882, 14 vol. in-8°.*

2535. — ÉTABLISSEMENTS IMPÉRIAUX de la Marine française (Guérigny, Indret, etc.) Extrait de la Revue maritime et coloniale, *in-8° rel.*

2536.— ANNUAIRES du Ministère des Travaux publics et du Commerce, 1850-1851-1854 et suivants.

2537. — ANNUAIRE statistique de la France, 1ʳᵉ année, 1878. Collection complète jusqu'en 1888. — Paris, *imprimerie nationale, in-8°.*

2538. — ENQUÊTE de 1824 sur les causes de la cherté relative de la navigation française. — Paris, *imprimerie royale, 1840, in-8° br.*

d. — *Histoire diplomatique.*

2539. — NÉGOCIATIONS. — Lettres et pièces diverses relatives au règne de François II, tirées du portefeuille de Sébastien de l'Aubespine, évêque de Limoges, par Louis Paris. — Paris, *imprimerie royale,1841, in-4° cart.* (Documents historiques).

2540. — NÉGOCIATIONS de la France dans le Levant, ou correspondances, Mémoires et Actes diplomatiques des Ambassadeurs de France à Constantinople, et des Ambassadeurs envoyés ou résidents à divers titres à Venise, Raguse, Rome, etc, etc. Publiés pour la première fois par L. Charrière. — Paris, *Imp. nationale, 1848, in-4°, 4 vol. cart.* Documents inédits sur l'Histoire de France.

2541. — NÉGOCIATIONS diplomatiques de la France avec la Toscane. Documents recueillis par Guiseppe Canestrini et publiés par Abel Desjardins. — Paris, *Imprimerie impériale, 1859-1872, 4 vol. in-4° cartonnés.*

2542. — NÉGOCIATIONS diplomatiques entre la France et l'Autriche durant les trente premières années du xvɪᵉ siècle, publiées par M. Le Gloy, correspondant de l'Institut, conservateur des archives du département du Nord. — Paris, *Imp. royale, 1845, 2 vol. in-4° cart.*

2543. — NÉGOCIATIONS, lettres et pièces relatives à la conférence de Loudun, publiées par M. Bouchitté. — Paris, *Imprimerie impériale, 1872.*

2544. — DOCUMENTS diplomatiques, 1861. — Paris, *Imprimerie impériale, 1862, in-f° br.*

2544 bis. — D°. — D°, 1862, Affaires de Rome. — Paris, *Imprimerie impériale, 1863, in-f° rel.*

2545. — PRADT (ᴅᴇ). — Histoire de l'Ambassade dans le Duché de Varsovie en 1812. — Paris, *Pillet, 1815, in-8°.*

2546. — MORSKI. — Lettres de M. le Comte Morski à M. l'abbé de Pradt, ex-archevêque de Malines, ci devant ambassadeur en Pologne, sur son ambassade. — Paris, *Pélicier, 1815, in-8° br*.

2547. — WICQUEFORT (de). Mémoires touchant les ambassadeurs et les Ministres publics. — Cologne, *P. Marteau, 1677, in-12 rel*.

2548. — SILHOUETTE (de) et de la GALISSONNIÈRE. — Mémoires des Commissaires du Roi et de ceux de S. M. Britannique, sur les possessions et les droits respectifs des deux Couronnes en Amérique, avec les actes publics et pièces justificatives. — Paris, *Imprimerie Royale, 1757, 4 vol. in-4° rel*.

2549. — LINGUET. — La France plus qu'anglaise, ou comparaison entre la procédure entamée à Paris le 25 Septembre 1788, contre les ministres du Roi de France et le procès intenté à Londres, en 1640, au comte de Stratford, principal Ministre de Charles Ier, Roi d'Angleterre. — Bruxelles, *1788, in-8° br*.

2550. — LEBLANC (L'abbé). — Dans ce volume se trouvent :

1° Le Patriote anglais, ou Réflexions sur les hostilités que la France reproche à l'Angleterre et la réponse de nos ministres au dernier Mémoire de S. M. T. Ch. Ouvrage traduite de l'anglais de John Tell Truth. — Genève, *1756*.

2° Oraison funèbre de Très grand, Très haut et Très puissant et Très excellent Prince Louis XV le Bien-Aimé, roi de France et de Navarre, prononcée dans l'église de l'abbaye Royale de St-Denis, le 27 Juillet 1774, par Messire J. B. Ch[es] Marie de Beauvais, évêque de Senez. — Paris, *Desprez, 1477*.

3° Vie privée et criminelle d'Antoine-François Desrues, contenant les particularités de sa jeunesse, ses mauvaises inclinations, son insigne hypocrisie, etc. — Avignon, *1777*.

Ces trois ouvrages se trouvent dans un seul volume in-8° rel.

2551. — HISTOIRE des traités de paix et autres négociations du XVIIe siècle depuis la paix de Vervins jusqu'à la paix de Nimègue, etc. — Amsterdam, *Bernard, 2 vol. in-f° rel*.

2552. — GALLOIS (Etienne). — L'ambassade de Siam au 17e siècle. Le royaume Thai ou de Siam aujourd'hui. — Paris, *Panckoucke, 1842, in-8° br*.

2553. — ESTRADES (Cte D'). — (Lettres, mémoires et négociations de) tant en qualité d'ambassadeur de S. M. T. C. en Italie, en Angleterre et en Hollande, que comme ambassadeur plénipotentiaire à la paix de Nimègue. — LONDRES, *Nourse, 1743, 9 vol. p^t in-8° rel.*

2554. — COLIN et RAYNAUD. — Lettres inédites de duché de Vancy, contenant la relation historique du voyage de Philippe d'Anjou, appelé au trône d'Espagne, ainsi que des ducs de Bourgogne et de Berry, en 1700. — PARIS, *Lacroix.* MARSEILLE, *Camon, 1830, in-8° br.*

2555. — COLBERT (J. B. COLBERT, comte DE TORCY). — Mémoires pour servir à l'histoire des négociations depuis le traité de Riswick jusqu'à la paix d'Utrecht. — LA HAYE, *1756, 3 vol. in-12 rel.*

2556. — MONTGON (L'abbé de) [Mémoires de M.] publiés par lui-même, contenant les différentes négociations dont il a été chargé dans les cours de France, d'Espagne et de Portugal. — *1750, 6 vol. p^t in-8° rel.*

2557. — GAY (CH^{les}). — Négociations relatives à l'établissement de la Maison de Bourbon sur le trône des Deux-Siciles. — PARIS, *Allouard et Kæppelin, 1853, in-8° br.*

2558. — ANGEVILLE (LE Cte D'). — La vérité sur la question d'Orient et sur M. Thiers. — PARIS, *Delloye, 1844, in-8° br.*

2559. — BROGLIE (LE DUC DE), de l'Académie française. — Frédéric II et Marie-Thérèse, d'après des documents nouveaux, 1740-1742, 2e édit. — PARIS, *Calmann-Lévy, 1883, in-8° br.*

2560. — TRAITÉ de paix de Paris, Protocoles des Séances du Congrès. — PARIS, *Lahure, 1856, in-8° br.*

2561. — ROTHAN (G.), ancien Ministre plénipotentiaire. — Les origines de la guerre de 1870. La politique française en 1866. — PARIS, *Calmann-Lévy, 1879, in-8° br.*

2562. — D°. — Souvenirs diplomatiques. — L'affaire du Luxembourg. — Le prélude de la guerre de 1870. — PARIS, *Calmann-Lévy, 1882, in-8° br.*

2563. — BULLETIN consulaire français. — Recueil des Rapports commerciaux adressés au Ministre des affaires étrangères par les agents diplomatiques et consulaires de France à l'étranger. — PARIS, *imprimerie nationale, années 1886, 1887, 1888 et 1889.*

O. — Histoire particulière des anciennes Provinces et des Villes de France.

a. — *Paris et résidences royales.*

2564. — BRICE (Dom Germain). — Description de la ville de Paris et de tout ce qu'elle contient de plus remarquable, enrichie d'un nouveau plan et de nouvelles figures dessinées et gravées correctement, 7e édition. — Paris, *F. Fournier, 1717, in-12, 3 vol. rel.*

2565. — Do, do. — La même, nouvelle édition. — Paris, *1772, in-12, 4 vol. rel.*

2566. — JACOB (Bibliophile). — Curiosités de l'histoire du vieux Paris. — Paris, *Delahays, 1858.*

2567. — FÉLIBIEN (Dom M.) et LOBINEAU (Dom G. Alex.). — Histoire de la ville de Paris, justifiée par des preuves authentiques, et enrichie de plans, de figures et d'une carte topographique. Divisée en 5 vol. in-f°. — Paris, *G. Desprez, et J. Desessarts, 1725, in-f° 5 rol. rel.* (2 ex.)

2568. — LEBŒUF (L'abbé J.) — Histoire de la ville et de tout le diocèse de Paris, etc. — Paris, *Prault père, 1754, in-12.* (Les 3 premiers volumes seulement).

2569. — POULLAIN de St-FOIX. — Essais historiques sur Paris, 5e édit. — Paris, *Veuve Duchesne, 1776, in-12, 7 vol. rel.* (2 exempl.)

2570. — MERCIER (L. S.) — Tableau de Paris, nouvelle édition. — Amsterdam, *1782, in-8°, 8 vol. rel.*

2571. — TABLEAU de Paris, critiqué par un solitaire du pied des Alpes. — *Nyon et Suisse, Nathey et Cie, 1783, in-4°, 3 vol. rel.*

2572. — BÉRAUD (A.) et DUFEY (P.) — Dictionnaire historique de Paris. — Paris, *1825, in-8°, 2 vol. rel.* (pl.)

2573. — DULAURE (J. A.) — Histoire civile, physique et morale de Paris, 2e édition. Grav. — Paris, *Guillaume, 1823, in-8°, 10 vol.* Atlas (2 exempl.)

2574. — Do. — La même. — 7e édition, augmentée de notes nouvelles et d'un appendice contenant des détails descriptifs et historiques sur tous les monuments récemment élevés dans la capitale, par J. L. Belin, avocat. — Paris, *1839, gd in-8°, 4 vol. rel.* Atlas.

2575. — Do. — Nlle édition. — Paris, *Furne et Cie, 1846.*

2576. — DÉAL (J. N.) — Dissertation sur les Parisii ou Parisiens, etc., ou observations sur quelques passages de Dulaure. — Paris, *1826, in-8°*.

2577. — PARIS sous Philippe-le-Bel, d'après des documents originaux et notamment d'après un manuscrit contenant le rôle de la Taille imposée sur les habitants de Paris, en 1292, publiée pour la première fois, par H. Géraud. — Paris, *Crapelet, 1837, in-4°*. (Documents inédits sur l'histoire de France).

2578. — DU CAMP (Maxime). — Paris, ses organes, sa fonction et sa vie, dans la seconde moitié du xixᵉ siècle. — Paris, *Hachette, 1869-1875, in-8°, 6 vol.*

2579. — MAIRE. — La topographie de Paris ou plan détaillé de la ville de Paris et de ses faubourgs. — Paris, *Maire, 1808, in-8° rel.*

2580. — ROUSSEL (P. J. A.) — Le château des Tuileries, etc. — Paris, *Le Rouge, 1802, in-8°, 2 vol. rel.*

2581. — GISORS (Alph.) — Le Palais du Luxembourg, fondé par Marie de Médicis, régente, etc. Cet ouvrage contient aussi l'histoire des rues qui forment le périmètre du Luxembourg, etc., etc. — Paris, *Plon frères, 1847, in-4° cart.* (Pl.)

2582. — CARTULAIRE de l'église de Notre-Dame de Paris, par Guérard. — Paris, *Crapelet, 1850, in-4°, 4 vol. cart.*

2583. — OUIN-LACROIX (L'abbé Ch.) — Histoire de l'église Sainte-Geneviève, etc. 10 dessins. — Paris, *Sagnier et Bray, 1852, in-8°*.

2584. — GÉRARD (Le Colonel). — Les Invalides. Grandes éphémérides de l'Hôtel impérial des Invalides, etc. — Paris, *Plon, 1862, in-8°*.

2585. — FOURNIER (Edouard). — Histoire du Pont-Neuf, en deux parties. — Paris, *1862, pᵗ in-18, 2 vol. rel.*

2586. — ACHAINTRE (A. L.) — Examen analytique, etc., de l'inscription de la statue d'Henri IV. — Paris, *1862, pᵗ in-18, 2 vol. rel.*

2587. — LAFOLIE (Ch. H.). — Mémoires historiques relatifs à la fonte et à l'élévation de la Statue équestre de Henri IV, sur le terre-plein du Pont-Neuf, à Paris. Dédié au Roi. — Paris, *Le Normand, 1819, in-8° rel.*

2588. — MÉMOIRE sur la nécessité de transférer et reconstruire l'Hôtel-Dieu de Paris, suivi d'un projet de translation de cet hôpital, proposé par le sieur Poyet, architecte et contrôleur des bâtiments de la ville. — Paris, *1785, pᵗ in-4° cart.* (Pl.)

2589. — LINGUET (S. N. H.). — Mémoires sur la Bastille et la détention de l'auteur dans ce château royal. — LONDRES, *1780, in-8° rel.*

2590. — D°. — D° — PARIS, *Bibliothèque nationale, 1881, in-16 br.*

2591. — CARRA (J. L.). — Mémoires historiques et authentiques sur la Bastille, dans une suite de près de 300 emprisonnements, détaillés et constatés par des pièces, notes, lettres, etc, rangés par époque depuis 1475 jusqu'à nos jours. — LONDRES et PARIS, *Buisson, 1789, in-8°, 3 vol.*

2592. — CUBIÈRES (Mʳ DE). — Voyage fait à la Bastille le 6 Juillet 1789 et adressé à Mᵐᵉ de G., à Bagnols, en Languedoc. — PARIS, *Garnery et Volland, 1789, in-8° br.*

2593. — FOURNEL (V.) — Les spectacles populaires et les artistes des rues. — PARIS, *E. Dentu, 1863, gᵈ in-18.*

2594. — POCHINI (Le Cᵗᵉ ANTONIO). — I monumenti delle belle arti nella citta di Parigi. Epistole in versi. — PARIGI, *Firmin Didot, 1809, in-8°, m. v. fil. p. p. vel.*

2595. — RECHERCHES statistiques sur la ville de Paris et le département de la Seine ; recueil de tableaux dressés et réunis d'après les ordres de Mʳ le Cᵗᵉ de Chabrol, préfet du département. — PARIS, *lithographie de l'Ecole royale des Ponts et Chaussées, Balard, 1821, in-8° cartonné.*

2596. — LANDAU (LÉON). — Un coin de Paris ; le cimetière de la rue Nicole. — PARIS, *Didier, 1878, in-8°* (31 pp.)

2597. — JOURNAL du citoyen. LA HAYE, *1754, in-8°.* Guide dans Paris.

2598. — FORGEAIS (ARTHUR). — Collection de plombs historiés trouvés dans la Seine. — PARIS, *chez l'auteur, quai des Orfèvres, 1862, in-8°,* 5 vol.

2599. — D°. — Numismatique des corporations parisiennes, métiers, etc. D'après les plombs historiés trouvés dans la Seine. — PARIS, *1874, in-8°.*

2600. — MARCHAND (F. M.). — Le nouveau conducteur de l'Etranger à Paris, 10ᵉ et 15ᵉ édit., 1822-1830. — *In-18, 2 vol.*

2601. — AUBRY. — Le Guide des Etrangers aux monuments publics de Paris en 1811. — *In-18.*

2602. — PARIS-GUIDE, par les principaux écrivains et artistes de France. — PARIS, *Lacroix, 1867, 2 vol in-12.*

2603. — LOGEROT. — Nouveau plan, ou Guide de l'étranger dans Paris. Année 1842. — 1 plan plié en in-32.

2604. — LE HAGUEZ. — Le nouveau Paris en 1863, limité par l'enceinte fortifiée. — Paris, *Bernardin-Bechet, 1863.*

2605. — PLANS de Paris et de ses environs, à diverses époques.

2606. — DÉLICES (Les) de Paris et de ses environs. — Paris, *Jombert, 1753, in-f° rel.*, 210 pl.

2607. — DÉLICES (Les) de Versailles, et des Maisons royales, par C. A. Jombert. — Paris, *chez l'auteur, 1746, in-f°,* 200 pl.

2608. — LABORDE (Alexandre de). — Versailles ancien et moderne. — Paris, *Gayard, 1842, in-4° br.*

2609. — FORTOUL (M. H.). — Les fastes de Versailles, depuis son origine jusqu'à nos jours. — Paris, *1839, Delloye, pt in-4° rel.*

2610. — FÉLIBIEN des AVAUX (A.) — Description sommaire de Versailles ancienne et nouvelle. Fig. — Paris, *A. Chrétien,1603, in-12 rel.*

2611. — ARGENVILLE (Dezallier Ant. Nic. d'). — Voyage pittoresque des environs de Paris et descriptions des Maisons royales, Châteaux et autres lieux de plaisance situés à quinze lieues aux environs de cette ville, 4e édition. — Paris, *Dehure (aîné), 1779, in-12 rel.*

2612. — D° — Voyage pittoresque de Paris.

2613. — MION (H.). — La Salamandre, ou l'Histoire abrégée et la description complète de la ville, du palais, des jardins et de la Forêt de Fontainebleau, par H. Mion, auteur d'un traité sur les abeilles. — Fontainebleau, *chez Carré-Soubiran, libr.-édit., 1837, in-12 br.*

2614. — PIGANIOL de la FORCE. — Nouvelle description des Châteaux et Parcs de Versailles et de Marly, contenant une explication historique de toutes les peintures, etc., qui s'y voient, avec les plans. 2e édition. — Paris, *F. Delaulne, 1707, in-12 rel.*

2615. — D°. — Le même. — Paris, *F. Delaulne, 1713, in-12, 3e édit.*

2616. — VATOUT. — Les Châteaux de Saint-Cloud, d'Amboise, de Compiègne et d'Eu (1836). — Paris. *Didier, 1852, in-8°,* 3 vol.

2617. — ARAGO. — Sur les fortifications de Paris. — Paris, *Bachelier, 1841, in-8° br.*

2618. — DE FORCADE LA ROQUETTE, Ministre de l'Intérieur. — Discours prononcé au corps législatif en février 1869, relatif à l'emprunt de la ville de Paris. — Paris, *Wittersheim et Cie, 1869, in-8° br.*

2619. — PAU. — Description de la ville et du château, par Justin Lallier, Membre des Sociétés archéologiques de l'Orléanais et de la ville de Sens. — Paris, *Parmentier, libraire-éditeur*, Pau, *Monguillet, 1856, petit in-8° relié.*

2619ª. — VEUILLOT (Louis). — Paris pendant les deux sièges. — Paris, *V. Palmé, 1871, in-8°, 2 vol. rel.*

b. — *Isle de France. — Picardie. — Artois.*

(Seine. — Seine-et-Oise. — Seine-et-Marne. — Aisne. — Somme. — Pas-de-Calais)

2620. — WOILLEZ (Emm.) — Répertoire archéologique du département de l'Oise. — Paris, *Imp. imp., 1862, in-4° br.* (2 exempl.)

2621. — DICTIONNAIRE historique, topographique et militaire de tous les environs de Paris. — Paris, *Panckouke* (s. d.), *in-12 rel.*

2622. — LAGARDE (Denis). — Résumé de l'histoire de l'Isle de France, de l'Orléanais et du Pays Chartrain. — Paris, *1826, in-18.*

2623. — ROULLIARD (Séb.) — Histoire de Melun, contenant plusieurs raretés notables et non découvertes en l'histoire générale de France. Plus la vie de Bourchard, comte de Melun, sous le règne de Hugues Capet. Traduit du latin d'un auteur du temps. Ensemble la vie de Messire Jacques Amyot, évêque d'Auxerre, avec le catalogue des Seigneurs et Dames illustres de la maison de Melun. Le tout recueilli de diverses chroniques et chartes manuscrites. — Paris, *J. Guignard, 1628, in-4° parch.*

2624. — LAMI (P.) — Résumé de l'histoire de Picardie. — Paris, *1825, in-18.*

2625. — BEAUVILLÉ (Vtor de). — Recueil de documents inédits concernant la Picardie, etc. — Paris, *Imprimerie impériale, 1860, in-4°, 2 vol. rel.*

2626. — Dº. — Histoire de la ville de Montdidier. — Paris, *Didot, 1857, gᵈ in-4º, 3 vol. rel.* (pl.)

2627. — JOURDAIN et DUVAL.— Les stalles de la Cathédrale d'Amiens. — Amiens, *Duval et Herment, in-8°* (pl.)

2628. — LOUANDRE (F. C.) — Histoire d'Abbeville et du comté d Ponthieu, jusqu'en 1789.— Abbeville, *T. Jeunet, 1844, in-8°, 2 vol.*

2629. — MATTON (Aug.) — Dictionnaire topographique du département de l'Aisne. — [Paris, *imprimerie nationale, 1871, in-4°.*

2630. — BULTEL (A. L. E.) — Notice de l'état ancien et moderne de la province et comté d'Artois. — Paris, *Guil.-Desprez, 1748, in-8°.*

2631. — DESEILLE (Ernest). — Un chapitre de l'histoire littéraire du Boulonnais, Voisenon, Lesage et Tressan. — Boulogne-sur-Mer, *1882, pl. in-8°* de 48 p.

c. — *Beauce. — Orléanais. — Blaisois, etc.*

(Eure-et-Loire. — Loir-et-Cher. — Loiret).

2632. — MERLET (Lucien). — Dictionnaire topographique du département d'Eure-et-Loir, etc. — Paris, *Imprimerie impériale, 1861, in-4°.*

2633. — CARTULAIRE de l'abbaye de Saint-Père de Chartres, publié par M. Guérard. — Paris, *Crapelet, 1840, in-4°, 2 vol. cart.*

2634. — VITET. — Les Etats d'Orléans, scènes historiques. — Paris, *Michel Lévy, 1849, p^t in-8° rel.*

d. — *Normandie.*

(Seine-Inférieure. — Eure. — Calvados. — Manche. — Orne).

2635. — DUMOULIN (G.) — Histoire générale de Normandie. — Rouen, *J. Osmont, 1631, in-f° rel.* (Le titre manque).

2636. — GOUBE (J. J. C.) — Histoire du Duché de Normandie. Cartes et gravures. — Paris, *Thomine, 1815, in-8°, 3 vol. rel.*

2637. — THIESSÉ (Léon). — Résumé de l'histoire du Duché de Normandie. — Paris, *1825, in-18.*

2638. — BENOIT. — Chronique des Ducs de Normandie, par Benoit, Trouvère Normand du XIIe Siècle, publiée pour la première fois, d'après un manuscrit du Musée Britannique, par Francisque Michel. — Paris, *Imprimerie royale, 1836, in-4°, 3 vol.* (Documents inédits de l'Histoire de France).

2639. — COCHET (L'abbé). — La Normandie souterraine, ou notices sur des cimetières romains et des cimetières francs explorés en Normandie. — Rouen, *Le Brument ;* Paris, *Derache, 1854* (Pl.), *in-8°.*

2640. — D°, d°. — Répertoire archéologique du département de la Seine-Inférieure. — Paris, *imprimerie nationale, 1872, in-4°*.

2641. — ANNUAIRE des cinq départements de l'ancienne Normandie, publié par l'Association normande, 1841, 7ᵉ année. — Caen, *Le Roy, 1841, in-8°*.

2642. — PASSY (Antoine). — Dictionnaire géologique du département de l'Eure, avec un appendice. — Evreux, *A. Hérissey, in-4°*.

2643. — CARTULAIRE de l'abbaye de Notre-Dame de Bon-Port au diocèse d'Evreux, par J. Andrieux. — Evreux, *A. Hérissey, 1862, in-4°*. Atlas grand in-4°.

2644. — BELBEUF (Le Mᶦˢ de). — Histoire des Grands Panetiers de Normandie, etc. — Paris, *Dumeul, 1856, in-8°*. (Pl.).

2645. — DEVILLE (A.). — Comptes de dépenses de la construction du château de Gaillon. — Paris, *Imprimerie impériale, 1850, in-4°*. Atlas de planches, grand in-f°.

2646. — COCHET (L'abbé). — La Seine-Inférieure historique et archéologique. Carte. — Paris, *E. Deracher, 1864, in-4°*.

2647. — QUÉRIÈRE (E. de la). — Saint-Cande-le-Jeune, Eglise paroissiale de Rouen, supprimée en 1791. (Pl.). — Rouen, *1858, in-4°*.

2648. — D°, d°. — Recherches historiques sur les enseignes des maisons particulières, etc. — Paris et Rouen, *1852, in-8°*.

2649. — OUIN-LA CROIX (Ch.). — Histoire des anciennes corporations et métiers et des confréries religieuses de la capitale de la Normandie, armoiries et jetons dessinés par G. Drouin. — Rouen, *1850, in-8° rel*.

2650. — VITET (L.). — Histoire des anciennes villes de France. 1ʳᵉ série : Haute-Normandie, Dieppe. — Paris, *A. Mesnier, 1833* (Pl.), *in-8°*, 2 vol. rel.

2651. — COLLECTION de mémoires et plans relatifs au port de Dieppe. — Rouen, *Oursel, 1790, in-4°*.

2652. — FRISSARD. — Histoire du port du Havre. — Le Havre, *A. Lemale, 1837, in-4° rel*.

2653. — COCHET (L'abbé). — Les Eglises de l'arrondissement d'Yvetot. — Paris, *Didron, 1853, in-8°, 2 vol,* (Pl.)

2654. — PONTAUMONT (DE). — Histoire de l'ancienne Élection de Carentan, d'après les monuments paléographiques, pour faire suite à l'histoire de la ville de Carentan et de ses notables. — PARIS, *Dumoulin, 1866, in-8°*.

2655. — CORROYER (EDOUARD). — Description de l'abbaye du Mont Saint-Michel et de ses abords. Précédée d'une notice historique.—PARIS, *Dumoulin, 1877, in-8°*.

2656. — Dᵒ, dᵒ. — Histoire de la ville de Carentan, etc. — PARIS, *Dumoulin, 1863, in-8°*. (Pl.)

2657. — GAUTIER (C.). — Géographie physique, historique, administrative, etc., du Département de l'Orne. — ALENÇON, *Ch. Thomas, 1867, in-12 cart.*

2658. — DIBON (PAUL). — Essai historique sur Louviers. — *Delahaye, libraire, 1836, in-8° br.*

2659. — LICQUET (THÉOD.). — Rouen, son histoire et ses monuments, par Théod. Licquet, membre de l'Académie royale de Rouen et de la Société des antiquaires de Normandie. Troisième édition, ornée d'un plan de Rouen. — ROUEN, *Edouard Frère, éditeur, 1836, in 18 br.*

2660. — DEPPING. — Histoire des expéditions maritimes des Normands et de leur établissement en France, au xᵉ siècle. — PARIS, *Didier, 1844, in-8° br.*

2661. — ESTAINTOT (ROBERT D'). — Note sur les fiefs de l'arrondissement de Louviers. (Extrait du compte-rendu de la xxxiiiᵉ session du Congrès archéologique.) — CAEN, *A. Hardel, 1857, pl. in-8° de 20 p.*

2662. — DESROCHES (L'abbé). — Annales civiles, militaires et généalogiques du pays d'Avranches, ou de la toute Basse-Normandie. — CAEN, *Hardel, 1856, in-4°*.

2663. — Le même. — Histoire du Mont Saint-Michel et de l'ancien diocèse d'Avranches, depuis les temps les plus reculés jusqu'à nos jours. — CAEN, *Mancel, 1838, 2 vol. in-8°*.

2664. — DERGNY (DIEUDONNÉ). — Les cloches du pays de Bray, avec leurs dates, leurs noms, leurs inscriptions, leurs armoiries, leurs fondeurs, etc., le tout classé topographiquement et chronologiquement. — PARIS, *Derache*, ROUEN, *Lebrument, 1863, 2 vol. in-8°*

2665. — CHARPILLON et l'abbé CARESME. — Dictionnaire historique de toutes les communes du département de l'Eure. Histoire, Géographie, Statistique. — LES ANDELYS, *Delcroix, 1879, gᵈ in-8°*. (En 42 séries).

2666. — CONTADES (Le Cte GÉRARD DE). — Les communes du canton de La Ferté-Macé. Notice sur la commune de la Sauvagère. — PARIS, *Champion, 1879, in-8°.*

2667. — Le même. — Notice sur la commune de Lonlay-le-Tesson. — PARIS, *Champion, 1881, in-8°.*

2668. — COURTILLOLES (E. F. L. DE). — Recueil de documents relatifs à la tenue des Etats-Généraux du grand baillage d'Alençon, en 1789. — CHERBOURG, *Ch. Fenardent, 1866, in-8°.*

2669. — ESTAINTOT (Le Vte D'). — La Cour des aides de Normandie, ses origines et ses vingt-sept charges de Conseiller. — ROUEN, *Cagniard, 1882, in-8°.*

2670. — BONIN JOSEPH. — Travaux d'achèvement de la digue de Cherbourg de 1830 à 1853, précédés d'une introduction historique sur les travaux exécutés depuis l'origine jusqu'en 1830, par A.-E. de Lamblardie. — PARIS, *V. Dalmont, 1857, 2 vol. in-4° br.* Texte et atlas.

2671. — CONSEIL GÉNÉRAL du département de la Seine-Inférieure. Session ordinaire de 1840.

e. — *Maine, — Touraine, — Anjou, — Poitou.*

(SARTHE. — MAYENNE. — INDRE-ET-LOIRE. — MAINE-ET-LOIRE. — VIENNE. — DEUX-SÈVRES. — VENDÉE.

2672. — DAUDIN. — Essai sur les poteries romaines, etc., trouvées au Mans en 1809. — PARIS, *Lance, 1829, in-4°.* (Pl.)

2673. — BOURASSÉ (L'abbé J. J.) — Touraine, histoire et monuments. — TOURS, *Mame et Cie, 1855, in-f°.* Gravures, mar. bl. T. D. armoirie.

2674. — PORT (CÉLESTIN). — Dictionnaire historique, géographique et biographique de Maine-et-Loire. — PARIS, *J. B. Dumoulin,* ANGERS, *P. Lachèze, Belleuvre et Dolbeau, 1874-76, 4 vol. g^d in-8°.* Texte à 2 colonnes.

2675. — BODIN (J. F.) — Recherches historiques sur la ville de Saumur, ses monuments, etc. Gravures. — SAUMUR, *Degouy, 1812, in-8°.*

2676. — LÉZARDIÈRE (Le Vte DE). — De la Vendée en 1832. — PARIS, *de la Forest, in-8° br.*

2677. — LUNEAU ET GALLET (ED.) — Documents sur l'île de Bouin-Vendée. — NANTES, *Vincent Forest et E. Grimaud, 1874, in-8°.*

2678. — SIAUVÉ (E. M.) — Mémoires sur les antiquités du Poitou (aujourd'hui le Département de la Vienne). — Paris, *Garnery, an XII (1804), in-8°*.

2679. — RÉDET (M. L) — Dictionnaire topographique de la Vienne. — Paris, *1881, in-4° rel*.

2680. — BROUILLET (A.) et MEILLET (A.) — Epoques antédiluviennes et celtiques du Poitou (50 pl.) — Paris, *Dumoulin*, s. d., *in-8°*.

f. — *Nivernais*. — *Bourbonnais*. — *Berry*.

(Nièvre. — Allier. — Indre. — Cher).

2681. — MÉE de la ROCHELLE (Jean et Jⁿ F.) et GILLET (Pierre). — Mémoires pour servir à l'histoire du Département de la Nièvre, etc. — Bourges, *J. B. C. Souchois*, Paris, *J. S. Merlin, 1827, in-8°, 3 vol*.

2682. — SOULTRAIT (Le Cᵗᵉ de). — Répertoire archéologique du Département de la Nièvre. — Paris, *imprimerie nationale, 1875, in-4°*.

2683. — THAUMAS de la THAUMASSIÈRE (G.) — Histoire du Berry. — Bourges, *F. Toubeau, 1689, in-f° rel*.

g. — *Champagne*.

(Marne. — Haute-Marne. — Aube. — Ardennes.)

2684. — MONTROL (M. F. de). — Résumé de l'histoire de Champagne, depuis les premiers temps de la Gaule jusqu'à nos jours. — Paris, *Lecointe et Durey, 1826, in-18 br*.

2685. — JUBAINVILLE (d'Arbois de). — Répertoire archéologique du département de l'Aube. — Paris, *Imprimerie nationale, 1861, in-4°*.

2686. — BOUTIOT (Théophile) et SOCARD. — Dictionnaire topographique du département de l'Aube. — Paris, *Imprimerie nationale, 1874, in-4°*.

2687. — VARIN (P.) — Archives administratives de la ville de Rheims. — Paris, *Crapelet, 1839*, et archives législatives. — Paris, *d°, 1840, in-4°, 8 vol*.

2688. — XIVREY (Jules Berger de). — Lettre à Monsieur Hase sur une inscription latine du second siècle trouvée à Bourbonne-les-Bains, le 6 janvier 1833, et sur l'histoire de cette ville. — Paris, *Aimé André, 1833, in-8° br.* (pl.)

2689. — BÉRAUD (J. B.) — Histoire des comtes de Champagne et Brie. — Paris,

h. — *Bourgogne et Franche-Comté*

(Côte d'Or. — Saône-et-Loire. — Jura. — Doubs. — Haute-Saône. — Yonne. — Ain).

2690. — MONTÉGUT (Emile). — Souvenirs de Bourgogne. — Paris, *Hachette et Cie, 1874, in-8°.*

2691. — LEFÉBURE. — Résumé de l'histoire de la Franche-Comté. — Paris, *Lecointe et Durey, 1825, in-18 br.*

2692. — BARANTE (de). — Histoire des Ducs de Bourgogne de la Maison de Valois, 1364-1477. — Paris, *Belloye, 1839, 13 vol. g^d in-8°, reliés,* y compris l'atlas, 13e vol. même format.

2693. — QUANTIN (M. Max). — Dictionnaire topographique du département de l'Yonne, contenant les noms de lieu anciens et modernes, etc. — Paris, *Imprimerie impériale, 1862, in-4° br.*

2694. — D°. — Répertoire archéologique du département de l'Yonne. — Paris, *Imprimerie impériale, 1868, in-4° br.*

2695. — GOLLUT (Lois), advocat au parlement à Dole. — Les Mémoires historiques de la Rép. Séquanaise et des Princes de la Franche-Comté de Bourgogne.

Avec un sommaire de l'histoire des catholiques rois de Castille et Portugal, de la Maison des dits Princes de Bourgogne. — Dole, *1592, in-f° rel.*

2696. — RICHARD (L'abbé), — Histoire de l'abbaye de la Grâce-Dieu, au diocèse de Besançon. — Besançon, *J. Jacquin, 1857, in-8°* (Gr.).

j. — *Lyonnais. — Beaujolais. — Bresse et Forey.*

(Rhone. — Loire.)

2697. — JAL (A.) — Résumé de l'histoire du Lyonnais. — Paris, *Lecointe et Durey, 1826, in-18.*

2698. — MANGON (Hervé). — Rapport à M. le Ministre de l'agriculture, du commerce et des Travaux publics sur l'amélioration sanitaire et agricole de la Dombes. — S. l. d'imp., *7 mars 1859, in-f° autog. rel.*

k. — *Aunis. — Saintonge. — Angoumois. — Périgord*

(Charente-Inférieure, Charente, Dordogne)

2699. — COQUAND (H.) — Description du département de la Charente. — Besançon, *1858.* — Marseille, *1862, in-8°, 2 vol.*

2700. — CRAZANNES (Bᵒⁿ Chaudruc de). — Antiquités de la ville de Saintes et du département de la Charente-Inférieure, etc. — Paris, *Debure et autres, 1820, in-f° rel.*

2701. — ARCÈRE (L. Et.) — Histoire de la ville de La Rochelle, etc. — La Rochelle, *B. J. Desbordes, 1756, in-4°, 2 vol.*

2702. — CALLOT (P. S.) — La Rochelle protestante.

Recherches politiques et religieuses, 1126-1792. Origine de la commune et des privilèges ; Naissance et progrès du protestantisme, etc. — La Rochelle, (S. n. d'imp.), *1863, in-8° br.*

2703. — Dᵒ. — Jean Guiton, dernier maire de l'ancienne commune de La Rochelle, 1628. — Sa famille. — Sa naissance. — Ses actions comme Amiral des Rochelais. — Ce qu'il devint après la reddition de la ville. La Rochelle, *Caillaud.* — Paris, *Dubochet, 1847, in-8° rel.*

2704. — GOURGUES (Vᵗᵉ de). — Dictionnaire topographique du département de la Dordogne. — Paris, *Imprimerie nationale in-4°.*

2705. — BOURRICAUD (A.) — Etudes historiques, Marennes et son arrondissement. — Marennes, *Florentin aîné, 1867, in-8° br.*

l. — *Marche. — Limouzin. — Auvergne. — Vivarais. — Velais.*

(Creuse. — Haute-Vienne. — Corrèze. — Cantal. — Puy-de-Dôme. Haute-Loire.)

2706. — Résumé de l'histoire de l'Auvergne (Puy-de-Dôme, Cantal, Hᵗᵉ-Loire), par un Auvergnat. — Paris, *Lecointe et Durey, 1876, in-18 br.*

2707. — RIVIÈRE (H. F.) — Histoire des institutions de l'Auvergne. Contenant un Essai historique sur le droit public et privé dans cette province. — Paris, *Maresq, 1874, 2 vol. in-8° br.*

2708. — DELOCHE (Maximin). — Collection de documents inédits sur l'histoire de France, publiés par les soins du Ministre de l'Instruction publique et des Cultes, Cartulaire de l'abbaye de Beaulieu (en Limousin). Publié par M. Deloche. — Paris, *Imprimerie impériale, 1859, in-4°* cart.

m. — *France méridionale ou Aquitaine en général.*

n. — *Guyenne et Gascogne, y comppis le Béarn et la Navarre, le Quercy, le Rouergue, etc.*

(Gironde. — Lot. — Aveyron. — Lot-et-Garonne. — Tarn-et-Garonne. — Hautes-Pyrénées. — Basses-Pyrénées.)

2709. — THIERRY (Amédée). — Résumé de l'Histoire de Guyenne. — Paris, *Lecointe et Durey, in-8° br.*

2710. — KERHARDÈNE (Gillot de). — Mémoires historiques sur les deux délivrances de Condom, 1369, 1374. Avec un tableau de cette ville au xiv° siècle, et un coup d'œil sur la domination anglaise en France. — Auch et Condom, *1847, in-8° br.*

2711. — ADER. — Résumé de l'Histoire du Béarn, de la Gascogne supérieure et des Basques. — Paris, *1826, in-18.*

2712. — LAGRÈGE (Bascle de). — Le château de Pau. Souvenirs historiques ; 2° édit. — Paris, *Dentu, 1857, in-8°.*

2713. — ARTUS (E.). — Histoire complète du défi public à la libre-pensée sur les miracles de Lourdes. — Paris, *V. Palmé, in-18, 1877,* relié.

2714. — RAYMOND (Paul). — Dictionnaire topographique du département des Basses-Pyrénées. — Paris, *Imprimerie impériale, 1863, in-4°.*

2715. — MASEUR, citoyen de Bayonne. — Essai historique sur la ville de Bayonne et de son commerce, de celui de la pêche de la morue, de la baleine dans les mers du Groëland, et les moyens qu'on pourrait mettre en usage pour faire refleurir cette pêche. — Paris-Bordeaux-Bayonne, *1792, in-8° rel.*

2715 bis. — PICAMILH (de). — Statistique générale des Basses-Pyrénées. — Pau, *Vignancourt, 1858, in-8°.* Le premier vol. seulement.

o. — *Languedoc.* — *Pays de Foix.* — *Roussillon.*

(Aude. — Tarn. — Hérault. — Lozère. — Ardèche. — Gard. — Ariège.
— Pyrénées-Orientales. — Haute-Garonne. — Haute-Loire.)

2716. — DESOURS de MANDAYOR (J.-P.). — Histoire critique de la
Gaule narbonnaise, qui comprenait la Savoie, le Dauphiné, la Provence,
le Languedoc, le Roussillon et le Comté de Foix, avec des dissertations.
— Paris, *G. Dupuis, 1833, in-12 rel.*

2717. — VIDAL (Léon). — Résumé de l'Histoire du Languedoc. — Paris,
Lecointe et Durey, 1825, in-18 br.

2718. — ARMAN. — Dissensions et persécutions dans le département du
Gard (arrondissement du Vigan). — Paris, *L'Huillier, 1818, in-8° br.*

2719. — BERNIS (Le Cte René de). — Précis de ce qui s'est passé en
1815 dans les départements du Gard et de la Lozère, et réfutation de
plusieurs des pamphlets qui ont défiguré ces événements. — Paris,
Michaud, 1818, in-8° br.

2720. — CAYLA (J.-M.) et PERRIN-PAVIOT. — Histoire de la ville de
Toulouse. — Bon et Privat, *1839, in-8°.*

2721. — BIOGRAPHIE TOULOUSAINE. — Paris, *S. M. Michaud, 1823,
in-8°* ; 2 tomes en un vol.

2722. — CROZES (Hippolyte). — Répertoire archéologique du département du Tarn. — Paris, *Imprimerie impériale, 1865, in-4°.*

2723. — Dº. — Monographie de la cathédrale d'Albi. — Toulouse, *Delhoy,
1873, in-8°.*

2724. — ROSSIGNOL (Elie A.). — Etude sur l'Histoire des Institutions
seigneuriales et communales de l'arrondissement de Gaillac (Tarn). —
Toulouse, *Rives et Faget, 1866, in-8° br.*

2725. — MÉNARD (M.). — Histoire des antiquités de la ville de Nismes
et de ses environs. — Nismes, *Gaude fils, 1814, in-8° br.*

2726 — Dº, dº, dº, dº. Nouvelle édit., ornée de 14 fig. — Nismes. *Gaude
fils, 1819, in-8° br.*

2727. — SÉGUIER (M.) — Dissertation sur l'ancienne inscription de la
Maison-Carrée de Nismes, nouvelle édition. — Nismes, *Gaude père, fils
et Cie, 1776, in-8° br.*

2728. — SIMIL (M. J.), recteur de Sainte-Perpétue. — Mémoire sur la
Maison-Carrée. — Nismes, *Gaude, 1821, in-8° br.* de 40 p.

2729. — THOMAS (Eug.) — Dictionnaire topographique du département de l'Hérault. — Paris, *Imprimerie impériale, 1865, in-4°.*

2730. — LÉONARD (Joseph). — Résumé de l'histoire du Roussillon. — Paris, *Lecointe et Durey, 1825, in-18 br.*

2731. — GERMER-DURAND. — Dictionnaire topographique du département du Gard, comprenant les noms de lieux anciens et modernes. — Paris, *imprimerie impériale, 1868, in-4° br.*

2732. — GENOUILLAC (Gourdon de). — Histoire du Capitoulat et des Capitouls de Toulouse. — Paris, *Dentu, 1880, in-8°.*

p. — *Provence. — Avignonais. — Orange.*

(Bouches-du-Rhône. — Var. — Basses-Alpes. — Vaucluse).

2733. — PAPON (J. P.) — Histoire générale de Provence, dédiée aux Etats. (Plans et cartes). — Paris, *Moutard, 1777, in-4°, 4 vol. rel.*

2734. — ANIBERT. — Mémoires historiques et critiques sur l'ancienne république d'Arles, pour servir à l'histoire générale de Provence. — Yverdon, *1779, 4 vol. in-12 rel.*

2735. — GUYS (P. A.) — Marseille ancienne et moderne. — Paris, *Veuve Duchesne, 1781, in-8° (2 exemp.)*

2736. — RELATION DES CÉRÉMONIES RELIGIEUSES qui ont eu lieu à Marseille, à l'occasion de la consécration du nouveau Sanctuaire de Notre-Dame-de-la-Garde, le 4 juin 1864. — Marseille, *Marius Olive, 1864, in-8°.*

2737. — PONS (A. T. Z.) — Mémoires pour servir à l'histoire de Toulon, en 1793. — Paris, *C. J. Trouvé, 1825, in-8°.*

2738. — MASSE (E. M.) — Le siège de Toulon, ou les six derniers mois de l'année 1793. — Paris, *Delongchamps, 1834, in-8°, 2 vol. rel.*

2739. — CARISTIE (A.) — Notice sur l'état actuel de l'arc d'Orange et des théâtres antiques d'Orange et d'Arles, sur les découvertes faites dans ces deux derniers édifices, etc. — Paris, *F. Didot, 1839, in-4°.*

2740. — D°. — Monuments antiques à Orange, arc-de-triomphe et théâtre. — Paris, *F. Didot, frères, fils et Cie, 1856, gd in-f° rel. pl.*

q. — *Dauphiné.*

(DRÔME. — HAUTES-ALPES. — ISÈRE).

2741. — BOURCHENU (MORET DE). — Histoire de Dauphiné et des Princes qui ont porté le nom de Dauphin, particulièrement de ceux de la 3e race, descendus des Barons de la Tour du Pin, sous le dernier desquels a été fait le transport de leurs Etats à la Couronne de France, avec plusieurs observations sur les mœurs et les coutumes anciennes et sur les familles. — GENÈVE, *Fabri et Barillot, 1722, in-1° rel. 2 vol.*

2742. — CHORIER (NICOLAS). — L'Etat politique de la province de Dauphiné. — GRENOBLE, *R. Philippes, 1671, in-12, oblong. 4 vol, rel.*

2743. — DELACROIX (NICOLAS). — Essai sur la statistique, l'histoire et les antiquités du département de la Drôme. — VALENCE, *Jacques Montal, 1817, in-8° rel.*

2744. — AFFAIRE DE GRENOBLE. — Mémoire pour le vicomte Donnadieu, lieutenant-général des armées du roi, etc. Sur la plainte en calomnie par lui portée contre les sieurs Rey, Casenave et Regnier, auteurs et signataires d'une pétition pour quelques habitants de Grenoble. PARIS, *Dentu, 1820, in-8° br.*

2745. — LAURENT (P. M.) — Résumé de l'histoire du Dauphiné. — PARIS, *Lecointe et Durey, 1825, in-18 br.*

2746. — MARION (JULES). — Cartulaire de l'Eglise cathédrale de Grenoble, dit cartulaire de Saint-Hugues, publié par M. J. Marion. — PARIS, *Imprimerie impériale, 1869, in-4° cart.*

2747. — ROMAN (M. J.) — Dictionnaire topographique du département des Hautes-Alpes, comprenant les noms de lieux anciens et modernes. — PARIS, *Imprimerie nationale, 1884, in-4° br.*

r. — *Savoie française. — Comté de Nice et Principauté de Monaco.*
(SAVOIE. — HAUTE-SAVOIE. — ALPES-MARITIMES)

s. — *Barrois et les Trois-Evêchés, Metz, Toul et Verdun. — Lorraine et Alsace.*

MOSELLE. — MEUSE. — VOSGES. — MEURTHE. — HAUT-RHIN. — BAS-RHIN.)

2748. — BEAUVAU (MIS DE). — Ses Mémoires, pour servir à l'histoire de Charles IV, duc de Lorraine et de Bar. — COLOGNE, *Pierre Marteau, 1688, in-12 obl. rel.*

2749. — RÉSUMÉ de l'histoire de l'Alsace, par M. V***. — Paris, *Lecointe et Durey, 1825, in-18 rel.*

2750. — VANHUFFEL (M.) — Documents inédits concernant l'histoire de France, et particulièrement l'Alsace et son gouvernement, sous le règne de Louis XIV, tirés des manuscrits de la bibliothèque du Roi, des archives du royaume et autres dépôts, avec des éclaircissements, des notices biographiques et une table analytique des matières. — Paris, *Ch. Hingray, 1840, in-8° br.*

2751. — BUDGET de la ville de Strasbourg, pour l'année 1852. — — Strasbourg, *1851, in-8° br.*

2752. — LEPAGE (Henri). — Dictionnaire topographique du département de la Meurthe. — Paris, *Imprimerie impériale, 1862, in-4°.*

2753. — LIÉNARD (Félix). — Dictionnaire topographique du département de la Meuse, — Paris, *Imprimerie nationale, 1872, in-4°.*

2754. — BOUTEILLE. — Dictionnaire topographique de l'ancien département de la Moselle, comprenant les noms de lieux anciens et modernes, rédigé en 1868. — Paris, *Imprimerie nationale, 1874, in-4°.*

2755. — ASSOCIATION GÉNÉRALE D'ALSACE-LORRAINE. — Rapport général présenté aux sociétaires, le 25 mars 1877, et adopté, après lecture, par l'Assemblée générale. — Paris, *Imprimerie nouvelle, 1877, in-8° de 64 pages br.*

t. — *Ancienne principauté de Sedan. — Flandre française.*

(Nord et Pas-de-Calais)

2756. — SCHEFFER (Arnold). — Résumé de l'histoire de Flandre et d'Artois. — Paris, *Lecointe et Durey, 1825, in-18 br.*

2757. — LECLERC de MONTLINOT (L'abbé). — Histoire de la ville de Lille depuis sa fondation jusqu'en 1434. — Paris, *Panckoucke, 1764, in-12 rel.*

2758. — GUÉRARD (M.) — Cartulaire de l'Abbaye de Saint-Bertin. — Paris, *imprimerie royale, 1841, in-4° cart.*

2759. — BUSSCHER (Edouard de). — Description du cortège historique des comtes de Flandre. — Gand, *Busscher frères, 1849, in-8° br.*

u. — *Bretagne.*

2760. — OGÉE (Jean). — Dictionnaire historique et géographique de la province de Bretagne, dédié à la nation bretonne. — Nantes, *Vatar fils aîné, 1778, in-4°, 4 vol, rel.*

2761. — D°. — Dictionnaire historique. Nouvelle édition, par A. Marteville et P. Varin, etc. — Rennes, *Molliex, 1843, g^d in-8°,* 2 tomes en un vol. rel.

2762. — D°. — Atlas itinéraire de Bretagne, contenant les cartes particulières de tous les grands chemins de cette Province avec tous les objets remarquables qui se rencontrent à une demi-lieue, à droite et à gauche. Dédié à N. N. S. S. les Etats de Bretagne. — Paris, *Merlin, 1769, in-4° oblong.* (2 exemp.)

2763. — D°. — Carte géométrique de la Province de Bretagne, etc. en feuilles, et plusieurs autres Cartes du Duché et de la Province.

2764. — MILLE (M.) — Ligne de Paris à Brest. Section de Rennes à Brest. Profil géologique. — Paris, *H. Plon, 1865, petit in-f° cart.* Texte et carte.

2765. — ATLAS FACTICE. — Vues de Brest, de Rennes, de Nantes, etc. — *Petit in-f° oblong.*, s. n. d'imp. n. l. d'imp.

2766. — TASSIN. — Plans et profils des principales villes de la province de Bretagne, etc. — *1631, in-8° obl. rel.*

2767. — GUIBERT (le D^r). — Ethnologie armoricaine. — Saint-Brieuc, *F. Guigon, 1868, in-8°.*

2768. — HALLÉGUEN (le Dr E.) — L'Armorique bretonne, celtique, romaine et chrétienne, ou les Origines armorico-bretonnes, etc. — Paris, *Durand, 1865, in-8°.* Le 1er et le 2e vol.

2769. — VERTOT (l'Abbé de). — Histoire critique de l'établissement des Bretons dans les Gaules et leur dépendance des Rois de France et des Ducs de Normandie. — Paris, *Barois, 1730, in-12,* 2 vol. rel.

2770. — VILLIAMS (J.) — La Basse-Bretagne et le Pays de Galles. — Paris, *Ch. Meyrueis et Cie, 1860, in-8° br.*

2771. — COURSON (Aurélien de). — Première lettre à M. le comte de Blois sur la colonisation de la Bretagne armoricaine. — Quimper, *Lion,* 1841. Et quelques mots en réponse à la dissertation de M. P. Varin, sur la colonisation de la péninsule armoricaine, par le même. — Saint-Brieuc, *Prud'homme, 1844, in-8°,* 2 brochures.

2772. — D°. — Essai sur l'histoire, la langue et les institutions de la Bretagne armoricaine. — Paris, *Le Normant;* Saint-Brieuc, *Prud'homme;* Rennes, *Molliex;* Nantes, *Forest,* 1840, *in-8° rel.* (2 exempl.)

2773. — D°. — Histoire des origines et des institutions des peuples de la Gaule armoricaine et de la Bretagne insulaire, depuis les temps les plus reculés jusqu'au ve siècle. — Saint-Brieuc, *L. Prud'homme,* 1843, *in-8° rel.*

2774. — D°. — Histoire des peuples bretons dans la Gaule et dans les îles Britanniques. Langue, coutumes, mœurs et institutions. — Paris, *Furne et Cⁱᵉ, et chez Ern. Bourdin,* 1846, *gd in-8°,* 2 vol. rel. en toile, fil. dent. d. s. tr.

2775. — D°. — La Bretagne du ve au xiıe siècle. — Paris, *Imprimerie impériale,* 1863, *in-4° rel.*

2776. — MORIN (É.) — L'Armorique au ve siècle. — Rennes, *Verdier,* 1867, *in-8° br.*

2776 *bis.* — LOTH (J.) — L'émigration bretonne en Armorique du ve au viıe siècle. — Paris, *A. Picard,* 1883, *in-8° br.*

2777. — BOUCHARD (Alain). — Les chroniques et Annales du pays d'Angleterre et de Bretagne, contenant les faits et gestes des rois et princes qui ont régné audit pays, et choses dignes de mémoire advenues durant leurs règnes, depuis Brutus jusqu'au trépas du feu duc de Bretagne, François second, dernier décédé, faites et rédigées par noble homme et sage maître Alain Bouchard, en son vivant avocat en la cour du Parlement, et depuis augmentées et continuées jusqu'en l'an 1531.

On les vend à Paris en la grande salle du palais, au 1er pilier, en la boutique de Galliot Dupré, 1531.

Ce titre manque à l'exemplaire de la bibliothèque, ainsi que les deux premiers feuillets de la Table. Mais à la fin, on lit : Fin des chroniques des pays d'Angleterre et Bretagne Armorique, faites et complétées par Al. Bouchard, ès quelles sont ajoutées, puis le trépas du feu duc Jehan de Bretaigne viie du nom, les choses dignes de mémoire advenues ès dits pays jusqu'en l'an 1531.

Nouvellement revues et corrigées et imprimées à Paris, par Antoine Coulteau, imprimeur, le onzième jour de septembre 1531, pour Jéhan Petit, et Galliot Dupré, libraires de l'Université du dit lieu. In-f° de dix et ccxxxiii, f. f. chiffrés avec fig. en bois, rel. v. brun.

Cette édition est fort rare. L'exemplaire de la bibliothèque auquel il manque comme il a été dit plus haut, le titre et les deux premiers feuillets non chiffrés de la Table, contient 233 feuillets chiffrés de l'ouvrage, très bien conservés.

2778. — LE BAUD (Pierre). — Histoire de Bretagne, avec les chroniques des Maisons de Vitré et de Laval. Ensemble quelques autres traictez servant à la mesme histoire. Et un recueil armorial contenant par ordre alphabétique les armes et blasons de plusieurs anciennes Maisons de Bretagne. Comme aussi le nombre des duchez, principautez, marquisats et comtez de cette province. Le tout nouvellement mis en lumière, tiré de la bibliothèque de Mgr le Mis de Molac, et à luy dédié. Par le sieur d'Hozier. — Paris, *Gervais Alliot, 1638, in-fo rel.*

2779. — ARGENTRÉ (Bertrand d'). — Histoire de Bretagne (sans titre), *in-fo rel.*

2780. — Do. — La même édition, de 1668. (Le titre manque), *in-fo rel.*

2781. — Do. — L'Histoire de Bretagne, des rois, ducs, comtes et princes d'icelle. L'établissement du royaume ; mutation de ce titre en duché, continué jusqu'au temps de Madame Anne, dernière duchesse, et depuis Reyne de France, par le mariage de laquelle passa le duché en la Maison de France. Revue et corrigée en cette dernière édition. Dédiée à Mgr le duc de Chaulnes. — Rennes, *Jean Vatar et chez J. Ferre, 1669, in-fo rel.*

2782. — Do. — Abrégé de l'histoire de Bretagne. — Paris, *Veuve Ch. Coignard et chez Claude Cellier, 1695, in-12 rel.*

2783. — LOBINEAU (Gui Alexis). — Histoire de Bretagne, composée sur les titres et les auteurs originaux, enrichie de plusieurs portraits et tombeaux en taille douce ; avec les preuves et pièces justificatives accompagnées d'un grand nombre de sceaux. — Paris, *Veuve François Muguet, 1707, in-fo, 2 vol. rel.*

2783 bis. — MORICE (Dom Pierre-Hyacinthe). — Histoire ecclésiastique et civile de Bretagne, composée sur les auteurs et les titres originaux, ornée de divers monuments, et enrichie d'une dissertation sur l'Etablissement des Bretons dans l'Armorique et de plusieurs notes critiques. — Paris, *Delaguette, 2 vol. in-fo rel. veau, 1750 pour le 1er vol., 1756 pour le 2e.*

Et, portant le même numéro : Mémoires pour servir de preuves à « l'Histoire ecclésiastique et civile de Bretagne, » tirés des Archives de cette Province, de celles de France et d'Angleterre, des recueils de plusieurs sçavants antiquaires, et mis en ordre par Dom Hyacinthe Morice, prêtre religieux bénédictin de la Congrégation de St-Maur. — Paris, *Ch. Osmont, 1742, in-fo, 3 vol rel. veau.* (2 exempl.)

Autre exemplaire. (Les deux premiers volumes seulement).

2784. — LEVOT (P.) — La véritable histoire de Dom Lobineau. — Nogent-le-Rotrou, *pl. de 15 p. in-8°.* (Extrait de la Revue Celtique).

2785. — MONUMENT de la bataille des Trente. — S. n. d'aut. n. l. d'imp., *1819, in-f° cart.*

2786. — DESFONTAINES (l'Abbé Guyot). — Histoire des Ducs de Bretagne et des différentes révolutions arrivées dans cette Province. — Paris, *Nion, 1739, in-12, 6 vol. rel.*

2787. — GASCHINARD (M. E.) — Histoire de Bretagne, par demandes et par réponses. — Nantes, *Veuve Vatar, 1773, in-12 rel.*

2788. — DÉRIC (l'abbé). — Histoire ecclésiastique de Bretagne avec une Introduction à l'Histoire ecclésiastique de Bretagne, où l'on traite de la Religion, du Gouvernement, des Mœurs et des usages des Bretons, depuis leur établissement en Bretagne jusqu'au temps où ils embrassèrent le Christianisme. — Paris, *Valade ;* Saint-Malo, *Hovius ;* Rennes, *Blouet, 1777, in-12, 5 vol. rel.* (3 ex.)

2789. — RICHER (Ed.) — Précis sur l'Histoire de Bretagne. — Nantes, *Mellinet-Malassis, 1821, in-4° rel.*

2790. — DARU (le Cte). — Histoire de Bretagne. — Paris, *F. Didot, 1826, in-8°, 3 vol.* (2 ex).

2791. — ROUJOUX (le Bon). — Histoire des Rois et Ducs de Bretagne. — Paris, *Ladvocat, 1828, in-8°, 4 vol.*

2792. — Dº. — La même. Nouvelle édition. — Paris, *Dufey, 1839, in-4°, 4 vol.*

2793. — BROUSTER (l'Abbé). — Histoire de Bretagne, contenant ce qui s'est passé de plus remarquable dans cette contrée sous ses rois et ses ducs. — Saint-Brieuc, *Prud'homme, 1833, in-8° br.*

2794. — MANET (F. G. P. R.) — Histoire de la Petite Bretagne ou Bretagne Armorique depuis ses premiers habitants connus. — Saint-Malo, *E. Carruel, 1834, in-8°, 2 vol. rel.*

2795. — PITRE-CHEVALIER. — Histoire de Bretagne, ancienne et moderne, illustrée. — Paris, *W. Coquebert, gd in-8° rel.*

2796. — JANIN (Jules). — La Bretagne. Histoire. Paysages. Monuments. Illustrée. — Paris, *E. Bourdin, gd in-8° rel.*

2797. — BORDERIE (Arthur de la). — Correspondance historique des Bénédictins bretons et autres documents inédits relatifs à leurs travaux sur l'Histoire de Bretagne, publiés avec notes et introduction. — Paris, *H. Champion, 1880, in-8° br.*

2798. — BRETAGNE CONTEMPORAINE (La). — Sites pittoresques, monuments, costumes, scènes de mœurs, histoire, légendes, traditions et usages des cinq départements de cette province. Dessins d'après nature par F. Benoist. Lithographies par les premiers artistes de Paris : MM. Jul, Arnoult, Bachelier, etc. Texte par MM. Aurélien de Courson, Pol de Courcy, Gaultier du Mottay, Eug. de La Gournerie, Paul de La Bigne Villeneuve, N. Ropartz, etc.

Avec une introduction historique, par M. Arthur de la Borderie et un épilogue sur la poésie bretonne, par M. de la Villemarqué, membre de l'Institut, publié par Henri Charpentier. — Paris et Nantes, 1865, in-fᵒ, 3 vol. v. frap. aux Armes de Bretagne.

2799. — BERNARD (Avocat). — Résumé de l'Histoire de Bretagne. — Paris, Lecointe et Durey, 1826, in-18 (2 ex).

2800. — MESMEUR (Mˡˡᵉ Le Bastard de). — Histor ar Vreiz ou Histoire populaire de la Bretagne, 2ᵉ édit. — Saint-Brieuc, Prud'homme, 1863, in-18.

2801. — DELAPORTE (J. B.) — Recherches sur la Bretagne. — Rennes, J. M. Vatar, 1819, in-8ᵒ, 2 vol.

2802. — GUILBERT (Aristide). — Histoire des villes de France. La Bretagne seulement. — S. l. d'imp. ni date, s. n. d'imp., gᵈ in-8ᵒ rel.

2803. — JEHAN, de SAINT-CLAVIEN (L. F.) — La Bretagne. Esquisses pittoresques et archéologiques. Origines celtiques et nouvelle interprétation des monuments, etc. — Tours, Cattier, 1863, gᵈ in-8ᵒ rel.

2804. — PENHOUET (Maudet de). — Recherches historiques sur la Bretagne, d'après ses monuments anciens et modernes. — Nantes, V. Mangin ; Paris, F. Didot. L'an 1814, la 19ᵉ année du règne de S. M. Louis XVIII, in-4ᵒ rel. (pl.)

2805. — BOURGOGNE (J. Geslin de) et de BARTHELEMY. — Anciens évéchés de Bretagne. Histoire et monuments. Diocèse de Saint-Brieuc. — Paris, Dumoulin ; Saint-Brieuc, Guyon frères, 1855, in-8ᵒ, 4 vol. dont deux rel., les autres br.

2806. — CARNÉ (Le Cᵗᵉ de). — Les Etats de Bretagne et l'administration de cette province jusqu'en 1789. — Paris, Didier et Cⁱᵉ, 1868, in-8ᵒ, 2 vol. br.

2807. — KÉRORGUEN (A. du Bouetiez de). — Recherches sur les Etats de Bretagne. La tenue de 1736. — Paris, Dumoulin, 1875, in-8ᵒ, 2 vol. brochés.

2808. — DUMOULINET des THUILLERIES (L'abbé Cl.). — Dissertations sur la mouvance de Bretagne, par rapport au droit que les ducs de Normandie y prétendaient et sur quelques autres sujets historiques. — Paris, *Fournier, 1711, in-12 rel.*

2809. — LOBINEAU (Dom). — Réponse au traité sur la Mouvance de la Bretagne.

On fait voir, dans cette réponse, que la Bretagne n'a point été soumise aux Rois de France dès le commencement de la Monarchie, et que la Mouvance de cette Province n'a point été cédée par Charles-le-Simple aux Ducs de Normandie. L'on y réfute aussi tout ce qui a été rapporté par l'auteur du *Traité de la Mouvance de la Bretagne*, pour soutenir Dudon, doyen de Saint-Quentin. — Nantes, *J. Mareschal, 1712, in-8° relié.*

2810. — IRAIL (L'abbé). — Histoire de la réunion de la Bretagne à la France, où l'on trouve des anecdotes sur la Princesse Anne, fille de François II, dernier Duc de Bretagne, femme de Charles VIII et de Louis XII. — Paris, *P.-E.-G. Durand. 1764, in-12,* 2 tomes en un vol. relié.

2811. — DUPUY (Ant.), professeur. — Histoire de la réunion de la Bretagne à la France. — Paris, *Hachette et Cⁱᵉ, 1880, 2 vol. in-8° br.*

2812. — LINCY (Le Roux de). — Vie de la Reine Anne de Bretagne. — Paris, *Curmer, 1860, in-12, 4 vol. rel.*

2813. — FUNÉRAILLES de la Duchesse Anne de Bretagne, etc. Le tout composé par Bretaigne, son héraut d'armes, publié pour la première fois par L. Merlet et Max. de Gombert. — Paris, *A. Aubry, 1858, gᵈ in-18 relié.*

2814. — TRÉBUCHET. — Anne de Bretagne, reine de France, avec des notices sur plusieurs monuments de Nantes et de Bretagne, 2ᵉ édit. — Nantes, *1822, in-8° br.*

2815. — KERDELLEC (Alexandre de Couffon de). — Recherches sur la Chevalerie du Duché de Bretagne, suivies de notices, etc., etc. — Nantes, *V. Forest et E. Grimaud, 1877, 2 vol. gᵈ in-8°.* (Don de l'auteur.)

2816. — MOREAU (Le chanoine). — Histoire de ce qui s'est passé en partie en Bretagne durant les guerres de la Ligue, particulièrement dans le Diocèse de Cornouailles, par M. Moreau, et fidèlement copiée dudit original, par Messire F.-A. de Kerléau. — Manusc. *in-f° cart.*

2817. — D°. — Le même, avec des notes et une préface par M. Le Bastard de Mesmeur. — Brest, *Come et Bonetbeau, 1836, in-8° rel.* (2 exempl.)

2818. — CREVAIN (Philippe Le Noir, Sr de). — Histoire ecclésiastique de Bretagne, depuis la réformation jusqu'à l'édit de Nantes. Publié pour la première fois, d'après les manuscrits de la Bibliothèque de Rennes, etc., par B. Vaurigaud. — Paris, *Grassart, 1851, in-8°.*

2819. — FOURMONT (M. de). — Histoire de la Chambre des Comptes de Bretagne. — Paris, *de Signy et Dubey, 1854, in-8°.* (2 exempl.)

2820. — RÉVOLUTION (La) en Bretagne. Recueil de pièces sur les premiers temps de la Révolution en Bretagne. — *In-8° rel.*

2821. — PITRE CHEVALIER. — Bretagne et Vendée. — Histoire de la Révolution française dans l'Ouest. Illustrée par Lelleux, O. Penguilly et Th. Johannot. — Paris, *W. Coquebert, gd in-8° rel.*

2822. — D°. — Autre exemplaire. — F. S.

2823. — DUCHATELLIER (A.). — Histoire de la Révolution dans les Départements de l'ancienne Bretagne. Ouvrage composé sur des documents inédits. — Paris et Nantes, *1836, in-8°, 6 vol. rel.*

2824. — POCQUET (Barthélemy). — Les origines de la Révolution en Bretagne. Le 1er volume contient le Parlement de Bretagne en 1788 ; le second, les derniers Etats de Bretagne. — Paris, *Librairie académique Didier, E. Perrin, éditeur, 1885, 2 vol. in-12 br.*

2825. — PENANROS (Le Guillou de), juge au Tribunal civil de Brest. — L'administration du Département du Finistère de 1790 à 1794. — Brest, *F. Halégouet, 1878, in-8° br.* (Don de l'auteur.)

2826. — TRESVAUX (L'abbé). — Histoire de la persécution révolutionnaire en Bretagne. — Paris, *A. Leclerc et Cie, 1845, in-8°, 2 vol.*

2827. — INISAN (L'abbé). — Emgann Kergidu, ha traou all choarvezet e Breiz-Izel epad dispac'h 1793. — Brest, *J.-B. hag A. Lefournier, 1877, 1878, 2 vol. in-18.* (Don de l'auteur.)

2828. — TABLEAU des victimes de Quiberon, ou liste nominative de MM. les Emigrés ou Insurgés de la Bretagne et des Provinces voisines, pris le 2 Juillet 1793 (3 Thermidor an III), dans la presqu'île de Quiberon et fusillés en vertu des jugements de Commissions et Conseils militaires. — Brest, *Michel, 1814, in-4°, br.* (2 exempl. rel.)

2829. — JANIN (Fulgence). — Mémoire militaire sur la bataille de Moncontour, livrée le 3 Octobre 1569, avec un plan. — Brest, *A. Proux et Cⁱᵉ, 1841*.

2830. — FRÉMINVILLE (Le Chevalier de). — Antiquités de Bretagne. — Brest, *J.-B. Lefournier, 1832-35-37*. — Finistère, 2 vol. Morbihan, 1 vol. Côtes-du-Nord, 1 vol. — *4 vol. in-8° rel.*

2831. — BULLETIN archéologique de l'Association bretonne. — Rennes et Paris, *1849 et suivantes, in-8°, 3 vol. rel.*

2832. — BIGOT (Alexis). — Essai sur les monnaies du royaume et duché de Bretagne. — Paris, *Rollin, antiquaire, 1857, gᵈ in-18* (40 pl.)

2833. — PERRIN (O.) — Galerie des mœurs, usages et coutumes des Bretons de l'Armorique. Dédiée à l'Académie celtique de France par O. Perrin, peintre, élève de l'Académie de peinture de Paris et L. Mareschal, directeur, membre de l'académie celtique. — Paris, *Le P. Dubray, 1808, pᵗ in-f°*. (3 livraisons, 12 planches et le texte).

2834. — Dᵒ. — Galerie bretonne, ou mœurs, usages et coutumes des Bretons de l'Armorique par feu O. Perrin, du Finistère. Gravée sur acier par Reveil, avec texte explicatif par MM. Perrin fils et Alexandre Bouët, précédé d'une notice sur la vie de l'auteur par M. Alex. Duval. — Paris, *J. Pesron, 1835, in-8°, 3 vol. rel.* (2 exempl.)

2835. — LALAISSE et BENOIT. — Galerie armoricaine. Costumes et vues pittoresques de la Bretagne. — Nantes, *Charpentier, 1847, gᵈ in-4° relié*.

2836. — DUCHATELLIER (A.) — Des lois d'Howell. D. D. A. Mab Cadell Brenin Cysurn (fils de Cadell, chef du pays des Kymris). — Paris, *Roret, 1840, in-8°* (2 ex.) *br.*

2837. — ARGENTRÉ (B. D.) — Traité sur le partage des nobles et l'interprétation de l'assise du Cᵗᵉ Geoffroy, en francais. — Rennes, *Bertrand Jochault, 1570. pᵗ in-4° rel.* (Le titre manque).

2838. — NADAUD (H. L. L.) — Mémoire sur les terres vaines et vagues et les biens communaux et en particulier sur les propriétés de cette nature, situées dans l'ancienne province de Bretagne. — Rennes, *Duchesne, 1828, in-8°*.

2839. — PROCÉDURE DE BRETAGNE, *1769, in-4° rel.* (Affaire du duc d'Aiguillon).

2840. — PROCÉDURES faites en Bretagne et devant la cour des pairs, en 1770, avec des observations (Affaire du duc d'Aiguillon), *1770, in-4° rel. v. f.* (2 ex.)

2841. — CONSULTATION servant de réponse à la consultation donnée pour MM. de La Chalotais et de Caradeuc, pour M. le duc d'Aiguillon, pair de France.

2842. — MÉMOIRES précédés d'une introduction par M. Gilbert de Voisins et suivis de documents extraits des registres du Parlement. — Paris, *Moutardier, 1826, in-12 br.* F. S.

2843. — KERDANET (D. L. O. M. Miorcec de). — Notices chronologiques sur les théologiens, jurisconsultes, philosophes, artistes, littérateurs, poëtes, bardes, troubadours et historiens de la Bretagne, depuis le commencement de l'ère chrétienne jusqu'à nos jours, avec deux tables, etc. — Brest, *G. M. F. Michel, 1818, in-8*' (2 ex., l'un pap vélin.)

2844. — LEVOT (P.) — Biographie bretonne, recueil de notices sur tous les Bretons qui se sont fait un nom, soit par leurs vertus ou leurs crimes, soit dans les arts, dans les sciences, etc. Depuis le commencement de l'ère chrétienne jusqu'à nos jours. — Vannes, *Caudran, g^d in-8°, 2 vol.*

2845. — LE JEAN (G.) — La Bretagne, son histoire et ses historiens. — Nantes, *Guérand, 1856, in-8°.*

2846. — KERDANET (D. L. Miorcec de). — Histoire de B. d'Argentré, législateur de la Bretagne. — Brest, *J. B. Lefournier, 1852, in-8°.*

2847. — CALOHAR (F.) — Notice historique sur La Tour d'Auvergne Corret, premier grenadier de France. — Paris, *1841, in-12.*

2848. — BUHOT de KERSERS (A.) — Histoire de Théophile Malo de La Tour-d'Auvergne (Corret), etc. — Lille, *Le Fort* (sans date), *in-8°* (Port.)

2849. — PORTRAIT NATUREL ou la vie et misère des Commis aux devoirs de Bretagne. Poëme, *1750, in-8°, brochure.*

2850. — BAIL GÉNÉRAL DES DEVOIRS consenti en la ville de Nantes, le 11 novembre 1760, pour les années 1761, 1762. — Rennes, *J. Vatar, 1760, in-4°, brochure,*

2851. — BAIL GÉNÉRAL DES DEVOIRS consenti à Rennes en l'assemblée générale des gens des Trois-Etats de Bretagne, le 16 février 1775, pour 1775 et 1776. — Rennes, *J. Vatar, 1775, in-4°, brochure.*

2852. — SOUVESTRE (Emile). — Les derniers bretons. N^lle édit. — Paris, *M. Lévy, 1858, g^d in-18, 2 vol.*

2853. — D°. — Le foyer breton. — Paris, *M. Lévy, 1864, g^d in-18, 2 vol. rel.*

2854. — DUFIHOL. — Guionvac'h. Etudes sur la Bretagne par Kerardven. — Paris, *Ehrard, 1835, in-8° cart.*

2855. — ZACCONE (P.) — Epoques historiques de la Bretagne (Croquis et portraits bretons). — Paris et Brest.

2856. — CARON (N.-L.). — (L'administration des Etats de Bretagne, de 1493 à 1790. Manuscrits inédits de la Commission intermédiaire, — du bureau diocésain de Nantes, — et du Dictionnaire d'administration de la province de Bretagne, publiés par). — Paris, *Durand ;* Bordeaux, *veuve Chaumas ;* Nantes, *Douillard frères, 1872, in-8° br.*

2857. — AIGUILLON (Duc d'). — [Mémoires du Ministère du] et de son commandement en Bretagne, pour servir à l'histoire de la fin du règne de Louis XV et à celle du commencement du règne de Louis XVI. — Paris, *Buisson, 1792, in-8° br.*

2858. — RÉSUMÉ de l'histoire de Bretagne jusqu'à nos jours, par M. B..., avocat. — Paris, *Lecointe et Durey, libraires, 1826, in-18.*

2859. — ANTIQUITÉS de la Bretagne, par M. le Chevalier de Fréminville. (Finistère). — A Brest, *chez Lefournier et Deperiers, libraires, 1832, in-8° br.*

2860. — BEY (Le grand). — Hommage de la Bretagne à M' de Châteaubriand, par 24 écrivains bretons. — Saint-Malo, *1850, in-8° br.*

2861. — GAULLE (Charles de). — Les Celtes au 19e siècle. Appel aux représentants actuels de la race celtique. — Nantes, *V. Forest ;* Paris, *A. Aubry, 1864, pl. in-8° de 66 p.*

2862. — COURCY (Pol de). — Le combat de trente bretons contre trente anglais, d'après les documents originaux des xive et xve siècles ; suivi de la biographie et des armes des combattants. — Saint-Pol-de-Léon, *chez l'auteur ;* Saint-Brieuc, *Prud'homme, 1867, gᵈ in-8°.*

2863. — PRADÈRE (O.) — La Bretagne poétique. Traditions, mœurs, coutumes, chansons, légendes, ballades, etc., etc. — Paris, *Librairie générale, 1872, in-8° br.*

2864. — BRETAGNE (La) artistique, pittoresque et littéraire. Courrier de l'art et de la curiosité dans les départements de l'Ouest. — Nantes, *1881, 1ʳᵉ année. Tomes 1ᵉʳ et 2ᵉ, 2 vol. in-4° br.*

2865. — ANNALES de Bretagne publiées par la Faculté des lettres de Rennes, 1886-87-88-89. — Rennes, *Plichon et Hervé, 1886-1889.*

2866. — CLEUZIOU (Henri du). — La France artistique et pittoresque. Bretagne. — Paris, *Ed. Monnier, de Brunhoff et Cie*, *1886, 2 vol. g^d in-4° br.*

2867. — KANO (Yves). — Les populations bretonnes. — Paris, *Plon, 1886, in-8° br.*

2868. — OHEIX (Robert). — Bretagne et Bretons. — Saint-Brieuc, *Prud'homme, 1886, in-8° br.*

2869. — KERVILER (René). — La Bretagne à l'Académie française au 17e et au 18e siècle. Etude sur les académiciens bretons ou d'origine bretonne. Ouvrage couronné par l'Académie française. — Paris, *V. Palmé, 2 vol. in-8° br.*

Côtes-du-Nord

2870. — HABASQUE. — Notions historiques, géographiques, statistiques et agronomiques sur le littoral du département des Côtes-du-Nord. — Saint-Brieuc, *Veuve Guyon, 1832 et 34*, Et Guingamp, *Le Jollivet, 1836, in-8°, 3 vol.*

2871. — DISCOURS prononcé par M. Besné, avocat, officier municipal à Saint-Brieux, le mercredi 14 juillet 1790, jour de la fête patriotique et fédérative avant la prestation du serment civique.

2872. — NOUE (Frédéric de la). — Notice sur le combat de Saint Cast. Dinan, *J. Bazouge, 1858, in-8°.*

Ille-et-Vilaine

2873. — ANNUAIRE STATISTIQUE du département d'Ille-et-Vilaine, pour l'an xii de la République, rédigé d'après le plan envoyé par le Ministre de l'Intérieur, et publié par ordre du préfet du département. — Rennes, *J. Robiquet, an XII, in-8°.*

2874. — DUCREST de VILLENEUVE (E.) et MAILLET (D.) — Histoire de Rennes. (2 Pl.). — Rennes, *E. Morault, 1845, in-8°.*

2875. — MARTEVILLE (A.). — Rennes ancienne, par Ogée, annotée par A. Marteville. — Rennes moderne ou histoire complète de ses origines, etc. — Rennes, *Deniel et Verdier* (sans date), *in-12, 3 vol.*

2876. — TOULMOUCHE (A.). — Histoire archéologique de l'époque gallo-romaine de la ville de Rennes, etc. (Pl.) — Rennes, *Deniel;* Paris, *Vict. Didron, 1847, in-4° rel.*

2877. — ÉTRENNES instructives de Rennes et du Département d'Ille-et-Vilaine pour 1812.

2878. — D°. d°, pour 1833.

2879. — MANET (F.-G.-P.-R.). — Biographie des Malouins célèbres, nés depuis le 15e siècle jusqu'à nos jours, précédée d'une notice historique sur la ville de Saint-Malo, depuis son origine. — Saint-Malo, *H. Rottier, 1824, in-8°.* (2 exempl.)

2880. — ANNUAIRE DINANNAIS pour l'année 1838. 2e année. — Dinan, *F.-B. Huart, in-18.*

2881. — CARTULAIRE de l'abbaye de Redon, en Bretagne, publié par M. A. de Courson. — Paris, *Imprimerie impériale, 1868, in-4° rel.*

Loire-Inférieure

2882. — GUÉPIN (A.). — Histoire des progrès de la ville de Nantes. — Nantes, *P. Sebire, 1832, in-18.* (2 Exempl.)

2883. — ARRÊTS, Ordonnances, Règlements et Délibérations expédiés sur les principales affaires de la ville et communauté de Nantes, pendant la 3e année, 1er Juillet 1722, de la Mairie de M. Meillier, etc. — Nantes, *N. Verger, 1723, in-12 rel.*

2884. — MUSÉE DE NANTES. — Catalogue des tableaux et statues, etc. — *Mellinet, 1837, in-18.*

2885. — EXPLICATION des ouvrages de peinture, sculpture et dessin des artistes vivants, exposés au Musée de Nantes, le 5 Juillet 1842. — Nantes, *C. Mellinet, 1842, in-18.*

Morbihan

2886. — ANNUAIRE STATISTIQUE civil, maritime et commercial du département du Morbihan, pour l'an xii (1804). Contenant la description topographique de toutes les communes du département, les observations météorologiques, etc., et le tableau des foires anciennes et nouvelles. — Lorient, *Le Coat Saint-Haouen, an XII (1804). Cart.*

2887. — ROSENZWEIG (M) — Dictionnaire topographique du département du Morbihan. — Paris, *Imprimerie impériale, 1870, in-4°.*

2888. — ETRENNES LORIENTAISES pour l'an 1812. — Lorient, *Le Coat Saint-Haouen, in-18 rel.*

2889. — REDON DE BEAUPRÉAU (Le Cte). — Précis des faits relatifs au changement de couleurs à Lorient, lors de la Révolution de Juillet 1830, etc. — PARIS, *1842, in-8°.*

2890. — MILN (JAMES). — Fouilles faites à Carnac (Morbihan). — Les Bossenno et le Mont Saint-Michel. — PARIS, *Didier et Cie, 1877, g^d in-8° rel.* (Frontispice, carte et planches.) (Donné par M. Berger.)

Finistère

2891. — PEUCHET (J.) et CHANLAIRE (P. G.) — Description topographique et statistique de la France. Département du Finistère, *in-4° br.*

2892. — FOURCY (E. DE). — Carte géologique du Finistère (en feuilles) avec la description physique, géologique et la statistique de ce département. — PARIS, *Fain et Thunot. 1844, in-8°* et diverses autres cartes.

2893. — ANNUAIRE STATISTIQUE du département du Finistère pour l'an XII de la république, rédigé par ordre du ministre de l'intérieur. — QUIMPER, *Derrien, in-8°.* (2 ex.)

2894. — ANNUAIRE DU DÉPARTEMENT DU FINISTÈRE, 1829, 1832, 1846. — QUIMPER, *Blot, in-18.*

D°. — 1850, 1854, 1857, 1859, 1873, 1874, 1876, 1877, 1878.

2895. — ALMANACH STATISTIQUE DU FINISTÈRE contenant un almanach, l'histoire du département du Finistère, etc., etc. Publié par les rédacteurs du journal *Le Finistère*. — BREST, *1832. in-18* (2 ex.)

2896. — DUCHATELLIER (A.) — Recherches statistiques sur le département du Finistère. — NANTES, *Mellinet, 1835, 36 et 37, in-4° cart.*

2897. — CARADEC (LOUIS). — Topographie médico-hygiénique du Finistère. — BREST, *E. Anner, 1861, in-8°* (2 exempl.)

2898. — PROCÈS-VERBAL des séances des administrateurs du département du Finistère, assemblés à Quimper, pour tenir la session annuelle prescrite par le décret du 22 décembre 1789, du 15 novembre 1791 au 15 décembre 1791, avec le rapport fait au conseil du département du Finistère, à l'ouverture de la session du 15 novembre 1791. Par les administrateurs composant le Directoire, sur les principaux objets de leur gestion depuis le 7 août 1790, époque à laquelle ils sont entrés en activité. — QUIMPER, *Derrien, 1792, in-4°* (3 ex.)

2899. — PROCÈS-VERBAL de l'assemblée électorale du Finistère à Lesneven, l'an 1er de la République, le 11 novembre 1792, in-4°. Adresse à la Convention nationale par l'assemblée électorale du Finistère, séante à Lesneven, sur la translation du département à Landerneau, in-4°.

2900. — INSTRUCTION relative à la pétition présentée à la Convention nationale, le 23 décembre 1792, par les députés extraordinaires des assemblées primaires des districts de Brest, Lesneven, Morlaix et Landerneau, tendant à obtenir la translation du chef-lieu de l'administration supérieure. — BREST, *Gauchelet.*

2901. — CONSEIL GÉNÉRAL DU DÉPARTEMENT DU FINISTÈRE, Session ordinaire d'août 1872. Procès-verbaux. — BREST, *1872.*

D°, d°. — Session d'avril 1874. Rapport du Préfet et procès-verbaux.

2902. — DU CHATELLIER (A.) — Brest et le Finistère, sous la Terreur. BREST, *E. Anner, imp.; Normand, lib., 1858, in-8° rel.*

2903. — CONSEIL-GÉNÉRAL DU DÉPARTEMENT DU FINISTÈRE, Session d'août 1880. — QUIMPER, *Caen, 1880, in-8°.*

D°, d°. — Rapports du Préfet et procès-verbaux, 1881-89.

2904. — D°. — Les 26 Administrateurs du Finistère. — BREST. *J.-B. Lefournier, 1865, in-18.*

2905. — LISTE GÉNÉRALE des émigrés du département du Finistère, dressée en conformité de la loi du 25 brumaire an III et de l'arrêté du Directoire exécutif du 6 Germinal, an VIII, in-f°, un cahier rel. In-4°, un cahier rel.

2906. — CAMBRY. — Catalogue des objets échappés au vandalisme dans le Finistère. — QUIMPER, *Derrien, an III, in-4°.*

2907. — RECUEIL de pièces sur le Finistère et histoire des villes du département, *in-8° rel.*

2908. — LE MEN (R. F). — Etudes historiques sur le Finistère. — QUIMPER, *Jacob, 1875, in-18.*

2909. — TRÉVÉDY (J.) — Lettres sur la géographie et l'histoire de la Bretagne et du Finistère, etc. — BREST, *1887, Imp. de l'Océan, in-16, 49 p. br.*

Quimper

2910. — EXTRAIT de l'Etat et inventaire général des papiers qui se sont trouvés dans les archives de l'hôtel de la ville de Quimper, fait par MM. Hilarion Frollo, syndic actuel, Audouyn, etc., etc., Commissaires nommés par délibération de la communauté du 4 avril 1726. Manuscrit.

2911. — LE MEN (R. F.) — Monographie de la cathédrale de Quimper (xiiie-xve siècle) avec un plan. — QUIMPER, *Jacob et Mlle Lemercier*, 1877, *in-8°*.

2912. — CHATELLIER (A. DU), Membre correspondant de l'Institut. — Evêché et ville de Kemper. (Documents inédits). — PARIS, *Retaux-Bray*, 1888, *g^d in-8° br*.

2913. — TRÉVÉDY (J.) — Etudes sur Quimper et la Cornouaille. — Promenade dans Quimper, d'après le plan de 1764 et des documents inédits. — QUIMPER, *Caen, A. Jaouen, successeur*, 1885, *in-8° br*. (Extrait du Bulletin de la Société archéologique du Finistère).

2914. — D°. — Jean Beaujouan, procureur du Roi à Quimper, 1640, et sa notice sur le couvent de Saint-François de Quimper. — QUIMPER, *Caen*, 1885, *in-8° br*.

2915. — D°. — Notice sur les nécrologes du couvent de Saint-François de Quimper. — QUIMPER, *Caen, in-8° br*.

2916. — D°. — Thèse illustrée du Collège des Jésuites à Quimper (1752). QUIMPER, *Caen*, 1886, *in-8°, 16 p. p. br*. (Extrait du Bulletin de la Société archéologique du Finistère).

2917. — D°. — La léproserie de Quimper. — Les Caqueux devant le Sénéchal de Quimper en 1667. — QUIMPER, *Caen*, 1884, *in-8° br*. (Extrait du Bulletin de la Société archéologique du Finistère).

2918. — D°. — Les finances de la ville de Quimper (1668 et 1681). — QUIMPER, *Kérangal*, 1886, *in-8° br. 24 p. p.*

2919. — D°. — Le groupe équestre de Guélen. (Commune de Briec). — QUIMPER, *Caen*, 1886, *in-8° br*. avec deux gravures, 27 p. p. (Extrait du Bulletin de la Société archéologique du Finistère).

2920. — BORDERIE (A. DE LA). — Un patriote Breton. Copie d'un article publié en 1856, dans les Mélanges d'histoire et d'archéologie Bretonnes.

2921. — PLAINE (R. P. DOM FRANÇOIS), Bénédictin de la Congrégation de France, de l'abbaye de Ligugé. — Vie inédite de Saint-Corentin, écrite au IVe siècle, par un anonyme de Quimper, publiée avec prolégomènes, traduction et éclaircissements. — QUIMPER, *Caen*, 1886, *in-8° br*. (Extrait du Bulletin de la Société archéologique de Quimper).

Brest

2922. — MÉMOIRE détaillé de la ville de Brest. Manuscrit in-f° cart.

2923. — PLAN DE BREST réglé par Vauban, 1705. Autre plan de Brest en 1761. Deux autres plans de Brest, l'un de Vauban, reproduit en 1777 ; l'autre de 18..... Autres plans de Brest de 1740-1810-1872-1866. Partie de la rade de Brest, Château. Projet d'une promenade publique.. Projet d'une place Louis XVI. Table des rues en 1728. Projet d'un pont sur la Penfeld, etc., etc. — Un rouleau de 21 cartes.

2924. — VIEUX PLANS, projets d'édifices, bâtiments municipaux. Devis estimatifs, etc., etc , pour la ville de Brest. — Un rouleau de 35 plans, croquis ou devis estimatifs.

2925. — PLAN de la ville de Brest, en 1762, dressé par M. de Lindu.

2926. — DAUVIN (J. L.) — Essais topographiques, statistiques et historiques sur la ville, le château, le port et la rade de Brest. — BREST, *P. Anner, 1816, in-8°* (2 ex.)

2927. — LEVOT (P.) — Histoire de la ville et du port de Brest. — BREST, *l'auteur, 1864, 3 vol. in-8°.*

2928. — D°. — La même. — Brest pendant la Terreur. Directoire et Consulat. — *G^d in-8°, pap. g^d raisin, 2 vol. in-8°.*

2929. — Autre exemplaire.

2930. — MAGADO. — Légende historique sur la ville et l'arsenal de Brest. — BREST et PARIS, *Logerot* (s. d.), *in-8° br.*

2931. — ANNUAIRE de Brest et du Finistère de 1837. (Dans lequel se trouvent une notice sur Brest). — BREST, *Come, 1837, in-8°.*

2932. — TRITSCHLER. — Un mot sur Brest à l'occasion de l'importante question du Pont. — BREST, *E. Anner, 1852, in-8°* (2 ex.) *br.*

2933. — NOUVEAU (Le) Brest. — PARIS, *1863, in-8°, 2 pl* (2 exempl.)

2934. — BREST et les transatlantiques, *1865, in-8°.*

2935. — FLEURY (ED.) — Monographie du château de Brest. — BREST, *E. Anner, 1863, in-8°.*

2936. — D°. — Histoire des corporations des arts et métiers de Brest et des établissements qu'elles ont fondés dans la ville. — BREST, *E. Anner, 1865, in-8°.*

2937. — FLEURY (ED.) — Notice historique sur le couvent et l'église des Carmes de Brest, *in-8°.*

2938. — D°. — Notes historiques sur le Petit-Couvent, communauté des filles du Sacré-Cœur de Jésus de l'Union chrétienne à Brest, *in-8°*.

2939. — D°. — La place La Tour d'Auvergne, *in-8°*.

2940. — D°. — Notices historiques sur Brest. — Monuments, promenades, etc., *in-8° rel.*

2941. — PILVEN. — La Bastide de Quilbignon ou Tour de La Motte-Tanguy, *in-8°* (pl.)

2942. — FRÉMINVILLE (Le Ch[ier] DE). — Notice sur des pièces d'artillerie du XVIᵉ siècle, récemment retrouvées dans le port de Brest, provenant du Château de cette ville. — BREST, *Come, 1835, in-8° br.* (2 ex.)

2943. — PRIVILÈGES accordés par Louis XIV aux maires, échevins et habitants de la ville de Brest. — *R. Malassis* (sans date), *in-12 parch.*

2944. — LETTRES PATENTES du Roi, portant règlement et établissement de l'hôpital général de la ville de Brest, avec les privilèges accordés par sa Majesté. — BREST, *R. Malassis, 1760, in-4°*, brochure.

2945. — BREST. Port et Ville de Bretagne, avec notes au verso, par M. P. Mauriès (manuscrit), *in-f°*.

2946 — STATUTS ET MAITRISES accordés au corps des marchands de draps et soie, merciers, clincailliers et joailliers de Brest et cité de Recouvrance, obtenus du règne de Louis XIV en 1713 et 1715, vérifiés en Parlement de Bretagne, le 10 avril 1715, enregistrés en la Cour royale de   , le 12 juin et publiés le 18 du même mois, 1715. — BREST, *R. Malassis, 1783, in-4°*, brochure.

2947. — CAHIER concernant les délibérations prises par MM. les Juges de la Sénéchaussée royale de Brest et de l'Amirauté, commencé le 4 avril 1775, fini le 7 octobre 1788, manuscrit sur papier timbre. Ce cahier contient aussi quelques pièces relatives à une contestation de préséance entre la Communauté de la ville et les Juges, etc. Et le cahier des charges générales et particulières des Juges royaux de la Sénéchaussée de Brest, etc., 10 pièces détachées, *in-4° parch.*

2948. — RECUEIL de pièces relatives à l'histoire de la ville de Brest depuis 1789, contenant : Lettre imprimée d'invitation à un *Te Deum* et à un feu de joie qui doivent avoir lieu le 26 juillet 1789, signé : Branda, maire ;

Récit de ce qui s'est passé à Brest le 4 août 1789, à l'occasion de la prestation du Serment national. — BREST, *R. Malassis, 1789.*

Extrait du Registre des délibérations du Conseil général des Ville et Sénéchaussée de Brest, séance du 17 septembre 1789 ;

Délibération sur la proposition des médecins et chirurgiens de la ville et de la marine, et des apothicaires, de donner gratuitement leurs soins aux pauvres de la ville ;

Règlement pour les pauvres ;

Adresse du Conseil général des Ville et Sénéchaussée de Brest, à l'Assemblée nationale, 30 décembre 1789 ;

Réclamation des citoyens de Brest contre le marché des hôpitaux de la marine, accordé aux Religieuses, sœurs de la Sagesse, et exécutoire le 1er janvier 1790 ;

Adresse à l'Assemblée nationale sur le même sujet, par le Conseil général de la ville de Brest ;

Adresse de la milice nationale de Brest à l'Assemblée nationale, le 10 janvier 1790, suivie du règlement pour la constitution, l'organisation, etc., de la milice ou garde nationale de Brest ;

Discours de M. Cavellier, Chef des bureaux de la marine, sur le choix des officiers municipaux, prononcé dans la séance du 27 février 1790, du Conseil général de la ville de Brest ;

Installation des Juges du District de Brest, le 4 janvier 1791 ;

Procès-verbal de la séance du Directoire du District de Brest, le 25 Aoust 1791, à l'occasion de l'événement arrivé à Guipavas la nuit du 20 au 21 du même mois ;

Les Administrateurs du District de Brest aux habitants des campagnes du ressort. En Français et en Breton. 27 Septembre 1793.

Rapport fait par Edouard Poncet à la Société populaire et régénérée de Brest, au nom de son Comité d'instruction publique, le 25 prairial, l'an 2 de la République française, contenant les détails de la fête célébrée dans cette commune en l'honneur de l'Etre suprême, le 20 prairial ;

Le *Moniteur de Brest et du Finistère*. No 1er. 1er brumaire, an 3, au no 9. 9 brumaire, même année et le no 19, 22 brumaire ;

Précis pour la commune de Brest, etc... Affaire de la place Saint-Louis et Marché aux poissons. 13 vendémiaire, an IX ;

Rapport adressé au Préfet par M. Tourot, maire de Brest, le 15 frimaire, an 13, sur une discussion avec M. le Curé de Brest, Bernicot, à l'occasion de la fête du couronnement de l'Empereur ;

Réflexions sur les divers projets qu'on a faits sur le Pont-de-Terre, à Brest, pour servir de prospectus à l'établissement projeté d'un marché général et grenier d'abondance. — BREST, *Gauchelet, 1805.*

Procès-verbal de la fête célébrée à Brest, le 9 Juin 1811, en réjouis-sance de la naissance et du baptême du Roi de Rome ;

Relation de la réception faite à Son A. R. le Duc d'Angoulême, amiral de France, par la Marine et la ville de Brest, le 26 Juin 1814. — Brest, J.-B. *Lefournier, 1814.*

Procès-verbal des fêtes ordonnées à Brest à l'occasion du séjour qu'y a fait Son A. R. le Duc d'Angoulême, grand amiral de France, depuis le 26 jusqu'au 29 Juin 1814. — Brest, *Michel, 1814.*

Projet de l'établissement d'une Académie de peinture et de dessin à Brest, par M. Charioux, 1818 ;

Affaire du spectacle de Brest, soirée du 12 Octobre 1826 ;

Lettres, consultations, mémoires, plaidoyers. — 6 cahiers.

Procès-verbal de la remise du drapeau accordé par le Roi aux ouvriers du 2e arrondissement maritime, le 6 Février 1831 ;

Installations de Maires dans la ville de Brest. — *In-4°.*

2949. — RECUEIL de pièces relatives à l'histoire de Brest, depuis 1789, contenant : Procès-verbal de l'assemblée du Tiers-Etat de la ville de Brest, y tenue les 3, 6 et 7 Avril 1789. — Brest, R. *Malassis, 1789.*

Procès-verbal de l'assemblée générale du Tiers-Etat de la Sénéchaus-sée de Brest, et Cahier commun des Doléances, tant des villes que des campagnes de ce ressort, des 7 et 8 Avril 1789. — Brest, R. *Malassis, 1789.*

Résultat des conventions pour l'établissement de la correspondance de Brest, avec MM. les Députés de la Sénéchaussée aux Etats-Généraux et de la ville avec les campagnes, en conformité du vœu verbalement exprimé à l'issue de l'Assemblée générale de ladite Sénéchaussée par les Députés-Electeurs qui la composaient, le 8 Avril 1789 ;

Extrait des minutes du secrétariat du Conseil général de Brest, relatif à des craintes éprouvées par les soldats casernés au Château, sur le bruit que leurs casernes étaient minées et qu'on devait les faire sauter le 28 Juillet 1789 ;

Lettres écrites par MM. les Officiers gentils-hommes Bretons, actuel-lement employés à Brest, relativement aux bruits qui ont été répandus dans différentes parties de la province, concernant le complot dénoncé contre le port de Brest pendant le mois de juin dernier, par l'ambassa-deur d'Angleterre, etc. Août 1789 ;

Don gratuit et patriotique voté par le Conseil général de Brest, séance du 9 septembre 1789 ;

Réflexions du Conseil général de la ville et Sénéchaussée de Brest, concernant l'édict adressé dans le mois de novembre 1789, par la municipalité de Lannion à différentes municipalités de Bretagne, intitulées :

Relation exacte de l'émotion populaire arrivée à Lannion les 17 et 18 octobre 1789. (Ces réflexions furent rédigées par M. Le Hir). Réflexions sur la liberté et l'admission de tous les citoyens aux charges civiles et militaires, séance du 24 décembre 1789, du Conseil général ; supplément aux courtes réflexions sur quelques points de la constitution d'un Etat ;

Avis aux citoyens français sur le choix des officiers municipaux, des membres des assemblées de districts et de départements, 1790 ;

Réponse des grenadiers et soldats du régiment de Beauce, à l'adresse de MM. les citoyens de la Milice nationale du Havre-de-Grâce, insérée dans le bulletin de la Sénéchaussée de Brest, 3 février 1790 ;

Lettre de M. de La Marche, ancien évêque de Léon, à M. Laligne, vicaire de Saint-Louis de Brest, 1791, et réponse de M. Laligne, 1791 ;

Opinion de M. Malassis, député du département du Finistère, sur les accusations portées par les Administrateurs de ce département et par les habitants de la ville de Brest contre le Ministre de la marine ;

Réponse des citoyens réunis en société populaire à Brest, à la dénonciation des représentants du peuple Topsent et Pallasne de Champeaux, adressée à la Convention nationale, avec les pièces à l'appui. — BREST, *Gauchelet, 12 Messidor, an III ;*

A mes concitoyens, par M. Roujoux, 6 septembre 1820, sur les troubles à l'occasion du séjour de M. Bourdeau à Brest ;

Le dispensaire, notes sur son institution. — BREST, *le 14 décembre 1843 ;*

Compte-rendu de la retraite donnée au bagne de Brest, par l'abbé La Roque, le 1er et le 7 avril 1847, par M. l'abbé Musy. — BREST, *Lefournier, 1847 ;*

Statistique des bagnes. — *Imprimerie nationale, 1850 ;*

Sur les bagnes de la Marine, par A. Lacoudrais, *1850, in-8°.*

2950. — RECUEIL de pièces sur Brest, *in-8° rel.*

2951. — RECUEIL DE DOCUMENTS HISTORIQUES ET BIO-GRAPHIQUES.

(Carton N° 10, 1re liasse). — 1789 et 1790

1. — Procès-verbal de l'assemblée générale du Tiers-Etat de la ville de Brest, y tenue les 3, 6 et 7 avril 1789. — BREST, *R. Malassis, 1789.*

2. — Procès-verbal de l'assemblée générale du Tiers-Etat de la Séné-chaussée de Brest et Cahier commun des doléances, tant des villes que des campagnes de ce ressort, des sept et huit avril mil sept cent quatre-vingt neuf. — BREST, *R. Malassis, 1789.*

3. — Résultat des conventions pour l'établissement de la correspondance de Brest avec MM. les députés de la Sénéchaussée aux Etats-Généraux ; et de la ville avec les campagnes, en conformité du vœu verbalement exprimé, à l'issue de l'assemblée générale de ladite Sénéchaussée, par les Députés-Electeurs qui la composaient, le 8 avril 1789. — Fait et arrêté en commun en l'Hôtel-de-Ville, le 17 mai 1789.

4. — Extrait des minutes du Conseil Général et permanent des ville et Sénéchaussée de Brest, à Brest, le 28 juillet 1789.

5. — Récit de ce qui s'est passé à Brest, le 4 août 1789, à l'occasion de la prestation du serment national. — BREST, *Imp. R. Malassis,* M. DCC. LXXXIX.

6. — Don gratuit et patriotique, voté par le Conseil général des ville et Sénéchaussée de Brest, séance du 9 septembre 1789. — BREST, *R. Malassis, 1789.*

7. — Extrait du registre des délibérations du Conseil général des ville et Sénéchaussée de Brest. Séance du 17 septembre 1789.— BREST, *R. Malassis, 1789.*

8. — Réflexions du Conseil général des ville et Sénéchaussée de Brest, concernant l'écrit adressé, dans le mois de novembre 1789, par la muni-cipalité de Lannion, à différentes municipalités de Bretagne, intitulé : Relation exacte de l'émotion populaire arrivée à Lannion les 17 et 18 octobre 1789. — BREST, *R. Malassis, 1789.*

9. — Extrait du registre des délibérations du Conseil général des ville et Sénéchaussée de Brest. Séance du 24 décembre 1789. — A BREST, *R. Malassis, 1790.*

10. — Adresse du Conseil général des ville et Sénéchaussée de Brest, à l'Assemblée nationale, Brest, 30 décembre 1789.— BREST, *R. Malassis, 1790.*

11. — Réponse des grenadiers et soldats du régiment de Beauce, en gar-nison à Brest, à l'adresse de MM. les citoyens de la milice nationale du Havre-de-Grâce. Brest, le 3 février 1790. — BREST, *R. Malassis.*

12. — Discours sur le choix des officiers municipaux, prononcé par M. Cavellier, chef des bureaux de la Marine, secrétaire du Conseil. Extrait du registre des délibérations du Conseil général des ville et Sénéchaussée de Brest, séance du 27 février 1790. — A BREST, *R. Malassis, 1790.*

13. — Adresse du canton du Conquet, district de Brest, département du Finistère, à l'assemblée nationale. — A BREST, *R. Malassis, 1790.*

(Carton Nᵒ 10, 2ᵉ liasse). — 1793-1816

14. — Rapport des commissaires nommés par les huit sections des assemblées primaires du canton de Brest, pour la recherche des causes de la rareté et de la cherté des subsistances, et des moyens d'y remédier. — Brest, au mois d'août 1793, l'an second de la République française. — A Brest, *Gauchelet.*

15. — Comité de salut public — Liberté ou la mort — Liberté, Egalité, Fraternité — Au nom du peuble français, Brest, le   de l'an trois de la République française, une et indivisible — Les représentants du peuple, près les ports et côtes de Brest et de L'Orient.

16. — Quelques observations sur la réponse de Jean-Bon-Saint-André à la dénonciation de la commune de Brest. — Paris, le 29 prairial, 3ᵉ année républicaine. — Les députés extraordinaires de la commune de Brest, à la Convention nationale. — Paris, *Imp. de la veuve d'Ant. Jos. Gorias.*

17. — Extrait des registres du District de Brest. Du 4 fructidor, l'an 3ᵉ de la république française, une et indivisible. — Séance du Directoire, tenue et expédiée par le citoyen J. M. Lorans, vice-président, assisté des citoyens administrateurs. — Objet : Liste des jurés d'accusation et de jugement.

18. — A la mémoire du R∴ F∴ Bruix, ex-ministre, conseiller d'Etat, grand-officier et chef de la 13ᵉ cohorte de la Légion d'honneur, amiral de la flotille impériale de Boulogne, orateur de la R∴ L∴ l'Heureuse Rencontre. — Procès-verbal de la Fête funèbre célébrée dans la R∴ L∴ l'Heureuse Rencontre (la L∴ Saint-Jean), à l'O∴ de Brest..... à l'occasion de la mort de l'amiral Bruix, membre de cette L∴ et son orateur. — Brest, *Imprimerie de l'armée navale impériale, an XIII.*

19. — Notice sur feu Etienne Billard, membre de la Légion d'honneur, chirurgien en chef de la marine au port de Brest, lue à l'ouverture du cours de pathologie opératoire, par P.-L. Delaporte, second chirurgien en chef de la marine. — Brest, *R. Malassis fils, 1808.*

20. — Procès-verbal des fêtes données à Brest, à l'occasion du séjour qu'y a fait son Altesse Royale Mᵍʳ le duc d'Angoulême, grand-amiral de France, depuis le 26 jusqu'au 29 juin 1814. — Brest, *Imprimerie Michel, 1814.*

21. — Marine. — Relation de la réception faite à son Altesse Royale le duc d'Angoulême, amiral de France, par la marine et la ville de Brest. — Brest, *J.-B. Lefournier, 1814.*

22. — Au roi. — Plaintes contre le sieur Rosières, 1814.

23. — Rapport de la Commission chargée du cérémonial du service solennel célébré dans l'église paroissiale de Saint-Louis, ville de Brest, le samedi 20 janvier 1816, en expiation de la mort de Louis XVI et des personnes de son auguste famille, victimes de la Révolution. — A Brest, *Imprimerie royale de la Marine.*

(Carton N° 10, 3e liasse). — 1817 à Septembre 1830.

24. — Relation de la fête célébrée à Brest, le 8 juillet 1817, pour l'anniversaire de la rentrée du Roi et l'inauguration de son portrait, que Sa Majesté a bien voulu donner au corps de la Marine. — A BREST, *de l'imprimerie royale de la Marine.*

25. — Prospectus d'un cercle établi rue de Siam, lequel s'ouvrira le 12 avril 1818. — Brest, le 11 avril 1818. Signé : Marjollet.

26. — Réclamation contre les actes arbitraires et abus d'autorité de M. le comte de Redon, Intendant de la marine au port de Brest, par J.-B. Laurent, négociant audit port, 1818. — BREST, *P. Anner.*

27. — Extrait de la lettre écrite le 20 janvier 1819, à son Exc. M⁾ le baron Portal, ministre secrétaire d'Etat ayant le département de la Marine et des colonies, par l'Intendant de la marine dans le 2e arrondissement maritime. Signé : Redon.

28. — Consultation des avocats du barreau de Brest au sujet de l'acte de la cour royale de Rennes, lequel met en accusation le sieur P. Anner, imprimeur-libraire, à Brest, pour avoir extrait du journal l'*Indépendant*, et distribué le 4 avril dernier, l'écrit ayant pour titre : Souscription nationale en faveur des citoyens qui seront victimes de la mesure d'exception sur la liberté individuelle. — Brest, le 15 juillet 1820. — BREST, *P. Anner.*

29. — A mes concitoyens, signé : Roujoux, ancien officier d'artillerie, ex-major de la garde nationale de Brest, 6 septembre 1820. — BREST, *J.-B. Lefournier.*

30. — Proclamation du maire de Brest, M. J. Kerros, aux habitants, au sujet des scènes de violence de la soirée du jour précédent. Brest, le 31 mars 1823. — BREST, *Imprimerie Michel.*

31. — Notice nécrologique sur M. Duret, chirurgien en chef de la marine, en retraite, par J. Miriel, Dʳ en Mⁿᵉ de la Faculté de Paris. — BREST, *J.-B. Lefournier.*

32. — Notice biographique sur M. Trouille, ancien directeur des travaux maritimes à Brest, par P. Levot (Extrait de la Revue bretonne). — BREST, *A. Proux et Cⁱᵉ.*

33. — Proclamation. — Le sous-préfet de Brest (Léon Thiessé) à ses administrés. — Brest, le 5 septembre 1838. — BREST, *J.-B. Lefournier.*

34. — Garde nationale de Brest. — Ordre du jour du 15 septembre 1830, par jugements du conseil de discipline du 2e bataillon, réuni le 14 septembre. Signé : T. Lacrosse.

(Carton Nᵒ 10, 4ᵉ liase.) — De Décembre 1830 à Juin 1858.

35. — Ordre du jour. — Le Préfet maritime du ıɪᵉ arrondissement aux marins, soldats et ouvriers de l'Arsenal. Brest, le 4 Décembre 1830. Signé : Bᵒⁿ Roussin. — BREST, *Ed. Anner*.

36. — Ordre du jour. — Brest, le 16 Décembre 1830. Le Bᵒⁿ Roussin, contre-amiral, préfet maritime, aux ouvriers du port de Brest.

37. — Ordre du jour. — Le Bᵒⁿ Roussin, contre-amiral, préfet maritime du 2ᵉ arrondissement, aux ouvriers et marins du 2ᵉ arrondissement. Brest, le 6 Février 1831. — BREST, *Ed. Anner*.

38. — Un électeur de la rue Kéravel à un électeur de la rue Voltaire. 1834 ou 1835. Signé : G. Lestideau. — BREST, *Ed. Anner*.

39. — Lettre écrite par M. Le Pivain à l'un de ses amis, à l'occasion de la mort de M. La Coveille, commissaire principal de Marine, en retraite, décédé à Brest, le 2 Avril 1835. Suivi d'une notice nécrologique sur M. La Coveille. Brest, 10 Août 1835.

40. — Déclaration de M. T. Lacrosse, député. Brest, 20 Octobre 1837. — BREST, *J.-B. Lefournier*.

41. — Notice sur les élections et le jury, par M. T. Lacrosse, député du Finistère. Extrait de l'Annuaire du Finistère, année 1839. — BREST, *typ. Come et Bonetheau, 1839*.

42. — Ville de Brest. Plantations des arbres de la Liberté. Discours du Maire, M. P. Le Grandais. — BREST, *Ch. Le Blois*.

43. — Nécrologie. Notice sur M. Sévin, commissaire général au port de Brest, décédé le 26 Juin 1849, por M. Lacoudrais. — PARIS, *L. Martinet*.

44. — Des Municipalités urbaines au point de vue de la police locale. Considérations présentées à l'Audience d'institution et de rentrée du Tribunal civil de Brest ; Novembre 1849, par M. F. Gouin, procureur de la République. — BREST, *Ed. Anner, 1849*.

44ᵃ. — Conseil d'arrondissement de Brest. Session 1849. — BREST, *Ed. Anner, 1849*.

45. — Un mot sur Brest, à l'occasion de l'importante question du Pont, par M. Tritschler. — BREST, *Ed. Anner, 1852*.

46. — La place Latour-d'Auvergne, ancien Pont-de-Terre, par M. Fleury, bibliothécaire de la ville de Brest. (Extrait du *Bulletin de la Société académique*.) — BREST, *J.-B. Lefournier aîné*.

47. — Ville de Brest (Finistère). Lcttre du Maire de Brest aux Maires et Curés du Finistère, à l'occasion de la visite de l'Empereur et de l'Impératrice à Brest. Juin, 1858. — BREST, *J.-B. Lefournier aîné*.

(Carton N° 10, 5e liasse). — De 1858 à 1884.

48. — Notice nécrologique sur M. Ange David, par M. Mauriès, bibliothé-caire-archiviste de la société académique de Brest. (Extrait du bulletin de la société académique de Brest). — BREST, *typ. J.-P. Gadreau.*

49. — Inscription latine. — Lettre à M. Levot, président de la société académique de Brest au sujet d'une inscription qui se trouve sur la fontaine de la rue de l'Eglise à Recouvrance, par M. Mauriès (Extrait du bulletin de la société académique. — BREST, *J.-B. Lefournier aîné.*

50. — Supplément à l'*Armoricain*, 18 juin 1861. L'inauguration du Pont-Napoléon annoncée pour le 23 courant, dimanche.

51. — La Bastide de Quilbignon ou Tour de la Motte-Tanguy. — Relation de M. P. Levot au président de la société académique de Brest. Brest, le 25 mars 1863. — BREST, *Anner.*

52. — Election au corps législatif. — Lettre de M. J. de Gasté aux électeurs de la circonscription de Brest. Bordeaux, 21 avril 1863. — BORDEAUX, *Imp. G. Gounouilhou.*

53. — Notice nécrologique sur M. P.-C.-P. Duval, par M. Mauriès, biblio-thécaire de la société académique de Brest (Extrait du bulletin de la société académique de Brest). — BREST, *J.-P. Gadreau.*

54. — Question de l'instance engagée par la majorité des actionnaires du pont de la Penfeld contre la gérance. — Brest, 1er février 1869. — BREST, *Roger père.*

55. — Même affaire, 16 février 1869, — BREST, *J.-B. Lefournier.*

56. — Réponse au journal l'*Armoricain* du 15 mai 1869 contenant un article sur M. de Kersauson. — Brest, le 17 mai 1869, signé : V. de Kersauson de Pennendreff, capitaine de vaisseau en retraite, etc. Suivi de la lettre d'un électeur à l'*Armoricain* sur l'attitude de M. de Kersauson à l'assemblée législative. — BREST, *J.-B. Lefournier aîné.*

57. — Archéologie. — Découverte d'un tombeau antique dans un tumulus, près de Kerhuon, par M. Nicol, adjoint au maire de Guipavas. Lettre à M. Joubert vice-président de la Société académique de Brest, par M. Mauriès, bibliothécaire-archiviste de la Société, président de la commission nommée dans la séance de la Société académique de Brest du 4 novembre 1872, pour examiner la découverte du tombeau ; ci-joint le rapport de M. Mauriès du 16 novembre 1872. — BREST, *J.-P. Gadreau.*

58. — 1re circonscription de Brest. — Profession de foi de M. E. Cames-casse. Février 1876. — BREST, *Gadreau.*

59. — Dialogue entre trois ouvriers (Février 1876). — BREST, *Gadreau.*

60. — A messieurs les électeurs des trois cantons de Brest. Profession de foi de M. de Gasté. Brest, 8 février 1876.

61. — J. de Gasté, par un ouvrier de Brest, signé : Joseph Bourch, 27 février 1874. — BREST, *J.-P. Gadreau*.

62. — 1ʳᵉ circonscription de Brest. — Déclaration de M. Gérodias. Brest, 28 février 1876. — BREST, *Gadreau*.

63 — 1ʳᵉ circonscription de Brest. — Appel aux électeurs par les Députés du Finistère et trois députés sortants, recommandant M. Gérodias. Février 1876. — BREST, *Gadreau*.

64. — A MM. les conseillers municipaux des communes du Finistère et à leurs délégués MM. les électeurs sénatoriaux du Finistère. Profession de foi de M. J. de Gasté. Paris, 11 décembre 1884. — PARIS, *Imprimerie nouvelle*.

2952. — RECUEIL DE DOCUMENTS ADMINISTRATIFS.

(Carton Nᵒ 11, 1ʳᵉ liasse.) de 1715 à 1824.

1. — De par le Roi, et de MM. les Juges de police de Brest. Tarif général pour le prix du pain, fait et arrêté au mois de Janvier 1715, en exécution d'arrêt de la Cour, du 5 Décembre 1714.

2. — 1° Notification d'une ordonnance du Roi pour empêcher la pêche des moules, huîtres et autres espèces de coquillages le long des quais, jetées et forts construits dans la mer pour la défense des ports. Paris, 5 Octobre 1816. — 2° De par le Roi, Jacques Bigot de la Mothe, chevalier, conseiller du Roi en ses conseils, intendant de la Marine en Bretagne, défense à tous maçons, couvreurs, paveurs, voituriers et autres particuliers de la ville de Brest et des environs, de tirer et faire tirer ou enlever aucuns sables, terres, gazons ou pierres, même pour les ouvrages du Roi, que dans les endroits et suivant les pentes et alignements qui leur auront été marqués par les Ingénieurs, et les permissions qui leur auront été données, etc. Brest, le 1ᵉʳ Mai 1737. Ces deux pièces du nᵒ 2 sont manuscrites.

3. — Projet d'une place publique pour élever la statue de Louis XVI, à Brest, proposé à MM. les Maire et Echevins de ladite ville, par M. de Nouvion, architecte, etc., M. DCC. LXXXV (1785).

4. — Extrait du Registre d'audience du siège royal de police à Brest, du samedi, 28 Avril 1787. Taxe du pain.

5. — Réclamations des citoyens de Brest, contre le Marché des Hôpitaux de la Marine, accordé aux Religieuses, Sœurs de la Sagesse, et dont l'exécution doit avoir lieu au premier Janvier 1790, suivi de l'extrait du Registre des délibérations du Conseil général et permanent des ville et Sénéchaussée de Brest (séance du 28 Novembre 1789), concernant ces réclamations. — BREST, *R. Malassis, 1789*.

6. — Municipalité de Brest. Taxe du pain. Extrait du Registre du Conseil municipal. Séance du 11 Octobre 1793, 21e jour du 1er mois de la 2e année de la République, une et indivisible.

7. — Liberté, égalité. Au nom du Peuple français. Le Représentant du Peuple, près les côtes de Brest et de Lorient, du 27 Nivôse, l'an 2e de la République, une et indivisible. Arrêtés sur les abus qui se sont glissés dans le régime du bagne. — BREST, *Gauchelet.*

8. — Copie du Règlement pour l'Entrepôt de l'Octroi municipal et de Bienfaisance de la ville de Brest, 29 Pluviôse, an II de la République française. Signature du Maire et des Conseillers municipaux. — BREST, *Michel.*

9. — Liberté, égalité, fraternité. Au nom du Peuple français. Les Représentants du peuple près les Ports de Brest et de Lorient. Brest, le 20 Frimaire, l'an 3 de la République française, une et indivisible, arrêté relatif aux prises faites sur les ennemis de la République et aux marchandises frappées de réquisition. — BREST, *Audran.*

10. — Fortifications. Direction de Brest. Sous-direction de Brest. Place de Concarneau et dépendances. An 7 de la République. 6e classe du Supplément d'inventaire du 30 Brumaire, an 8. Bordereau comparatif des prix de l'adjudication passée le 11 Pluviôse dernier, pour les années 7 et 8 et de ceux des marchés des années 5 et 6, et 1790, pour l'exécution des ouvrages de fortifications de la place de Concarneau et dépendances. (Manuscrit.)

11. — Génie. Direction de Brest. Place de Brest, 1824. — Note sur différentes combinaisons du goudron avec le ciment, la pierre calcaire, la poussière de coquillages, la chaux vive, le brai sec, la poussière et houille, etc., dont on peut tirer parti pour couverture de terrasses et de chappes de voûte, et le jointoyement de pavé en pierres de taille exposé aux injures de l'air. (Manuscrit.)

12. — Génie. Direction de Brest. Exercice 1824. Extrait de la décision du Ministre de la guerre, en date du 14 Avril 1824, approuvant le payement de 213 fr. 20 c. au sieur Bourguignolle, entrepreneur des travaux du génie à Brest. (Manuscrit.)

(Carton No 11, 2e liasse.) De 1825 à 1873.

13. — Génie. Direction de Brest. Arrondissement de Brest, le Conquet et Quélern, 1825. Analyse des prix sur lesquels on peut baser l'adjudication des travaux à exécuter aux fortifications et bâtiments militaires desdits arrondissements, pendant les années 1826 à 1831. (Manuscrit.)

14. — Ministère de la Guerre. Corps royal du Génie. Direction de Brest. Paris, le 12 Juillet 1826. Extrait des décisions du Ministre de la guerre, en date des 21, 25 Mai et 27 Juillet 1825, approuvant l'exécution par le Sʳ Bourguignolle, entrepreneur des travaux aux bâtiments militaires de la place de Brest, jusqu'à concurrence de 107,330 francs et le payement de cette somme. (Manuscrit.)

15. — Société en commandite. Compagnie du Gaz. Eclairage de la ville de Brest. Statuts réglés par acte passé devant Mᵉ Thierry et son collègue, notaires à Brest, le 12 Juillet 1842, publié et affiché. Annexes : Etat des constructions et appareils nécessaires à l'établissement de l'usine pour fournir du gaz à 800 becs. Assemblée générale. Marché avec la ville de Brest, approuvé par le Ministre, le 7 Janvier 1842. — Brest, *Ed. Anner.*

16. — Transaction de la Compagnie d'éclairage au Gaz avec la ville de Brest, approuvée par le Ministre, le 16 Mai 1845, et faisant le complément du marché du 22 Novembre 1841. — Brest, *Ed. Anner.*

17. — Compte de l'administration de la Crèche de Brest, depuis son ouverture jusqu'au 1ᵉʳ Janvier 1847. — Brest, *Ed. Anner.*

18. — Compte-rendu de l'administration de la Crèche de Brest, du 1ᵉʳ Janvier au 31 Décembre 1850. Brest, le 4 Janvier 1851. — Brest, *Ed. Anner.*

19. — Le Président de l'Asile des Mendiants, à MM. les Administrateurs et habitants de la ville de Brest. 2 Avril 1854. — Brest, *J.-B. Lefournier aîné.*

20. — Compte-rendu sur la situation de l'Asile agricole des petits Mendiants, à Poul-ar-Bachet. Exercice 1854. Le Président de l'Asile agricole de Poul-ar-Bachet aux Administrations et habitants de la ville de Brest. 28 Mars 1855. — Brest, *J.-B. Lefournier aîné.*

21. — Colonie agricole de Saint-Raphaël, établie à Poul-ar-Bachet (près Brest). Exercice 1855. Rapport et compte-rendu de l'année 1855, adressés à toutes les autorités, corps constitués et aux habitants de la ville de Brest, qui ont concouru à l'œuvre. — Brest, *J.-B. Lefournier aîné, 1856.*

22. — Administration de la Crèche de Brest. Compte-rendu et exposé fait par les Administrateurs de la Crèche de Brest de la situation de cet établissement, du 1ᵉʳ Janvier au 31 Décembre 1856, adressé aux habitants de Brest. — Brest, *Ed. Anner, 1856.*

23. — Colonie agricole de Saint-Raphaël, établie à Poul-ar-Bachet, près Brest (Finistère). Compte-rendu de l'année 1856. — Brest, *J.-B. Lefournier aîné, 1857.*

24. — Colonie agricole de Saint-Raphaël. Compte-rendu de l'année 1857. — BREST, *J.-B. Lefournier aîné, 1858.*

25. — Colonie agricole de Saint-Raphaël. Compte-rendu de l'année 1858. — BREST, *J.-B. Lefournier aîné, 1859.*

26. — Colonie agricole de Saint-Raphaël. Compte-rendu de 1859. — BREST, *J.-B. Lefournier aîné, 1860.*

27. — Asile agricole de Poul-ar-Bachet. La Direction de l'Asile à M. le Maire et à MM. les Membres du Conseil municipal de la ville de Brest, 31 Janvier 1861. (Manuscrit.)

28. — Conseil de l'arrondissement de Brest. Session de 1861. Procès-verbal des Délibérations. — BREST, *E. Anner.*

29. — Colonie agricole de Saint-Raphaël. Compte-rendu de l'année 1860. — BREST, *J.-B. Lefournier, 1861.*

30. — Moulins à construire sous les murs de la ville de Brest. — BREST, *J.-B. Lefournier aîné.*

31. — Conseil d'Etat. Section des finances. Observations pour la ville de Brest, sur le projet de décret portant modification du Règlement d'Octroi de cette ville, par Eug. Porriquet. — AUXERRE, *G. Porriquet.*

32. — Mont-de-Piété de Brest. Compte moral présenté par le Directeur pour l'exercice 1873. — BREST, *J.-P. Gadreau. 1874.*

2953. — RECUEIL DES AFFAIRES MUNICIPALES. — ARRÊTÉS. — CONSEIL MUNICIPAL.

(Carton Nº 11, 3e liasse.) — An X à 1834.

1. — Mairie de Brest. — Extrait du Registre des délibérations de la Mairie de la ville de Brest, séance du 13 Brumaire an dix de la République. — Arrêté du Maire sur les réjouissances publiques, prescrites par les Consuls à l'occasion des préliminaires de Paix conclus entre les gouvernements français et anglais. — BREST, *Imprim. Gauchelet.*

2. — Mairie de Brest. — Avis. — Ouverture des Assemblées des trois cantons de Brest, du 8 octobre au 28 octobre 1810, pour nominations au collège électoral du département, au collège électoral d'arrondissement, aux fonctions de juge de paix et de suppléans de juges de paix. — Arrêté du Maire du 3 Octobre 1810. — BREST, *Imprim. Michel.*

3. — Mars 1811. — Conseil municipal du 14 mars 1811. — Rapport de la commission sur l'ouverture d'une nouvelle porte de ville et l'établissement d'une fontaine suivant les plans et devis présentés par M. le Maire au Conseil de la commune. (Manuscrit).

4. — Tableau de l'extinction d'un emprunt de 150,000 fr. qui serait fait à la ville de Brest par la caisse d'amortissement pour faire face à une dépense extraordinaire de 170,000 fr., 1812. (Manuscrit).

5. — Programme des Fêtes et réjouissances publiques, qui auront lieu à Brest les 1er et 3 mai prochain, à l'occasion du Baptême de S. A. R. Mgr le duc de Bordeaux et de l'anniversaire de la rentrée de sa Majesté dans son royaume. — Arrêté du 26 avril 1821 pris par l'intendant de la marine, le maire, le commandant de la marine, le lieutenant du Roi.

6. — Ville de Brest. — Règlement de voirie, 25 juillet 1828, suivi d'une ordonnance royale à ce sujet, du 30 octobre 1822. — Brest, *Rozais.*

7. — Ville de Brest. — Programme d'une fête et de réjouissances publiques arrêtées de concert entre les principales autorités civiles et militaires, et devant avoir lieu à Brest, le 29 de ce mois, à l'occasion du sacre de sa Majesté Charles X, notre bien-aimé souverain. — Arrêté du Maire du 24 mai 1825. — Brest, *Imp. Veuve Michel.*

8. — Mairie de Brest. — Règlement sur la police du Spectacle. (Extrait du Registre des actes administratifs de la Mairie de Brest). — Arrêté de l'adjoint, du 27 juin 1825. — Brest, *Veuve Michel.*

9. — Département du Finistère. — Travaux à entreprendre pour la construction d'une Halle et d'un Marché couvert à Brest. — Arrêté du maire du 1er septembre 1825. — Brest, *Veuve Michel.*

10. — Instruction publique. — Avis du Maire, concernant trois demi-bourses communales au collège royal de Pontivy, 12 juillet 1826. — Brest, *Veuve Michel.*

11. — Règlement concernant les concessions de terrains dans les cimetières de la ville de Brest, pour y fonder des sépultures particulières et y construire des caveaux ou autres monuments funéraires. — Arrêté du Maire, du 30 avril 1827. — Brest, *Rozais.*

12. — Fripiers et Brocanteurs. — Arrêté du Maire, du 4 juillet 1827. — Brest, *Rozais.*

13. — Balayage et enlèvement des boues. — Arrêté du Maire, du 4 juillet 1827. — Brest, *J.-B. Lefournier.*

14. — Aubergistes, hôteliers et logeurs. — Arrêté du Maire, du 4 juillet 1827. — Brest, *Rozais.*

15. — Police. Salubrité. — Arrêté du Maire, du 17 juillet 1827. — Brest, *Rozais.*

16. — Objets divers. — Règlement de police d'ordre. — Arrêté du Maire, du 17 juillet 1827. — Brest, *Rozais.*

17. — Fêtes et Dimanches. — Arrêté du Maire, du 28 janvier 1828. — BREST, *Rozais*.

18. — Règlement de police. — Sûreté, liberté et commodité de la voie publique. — Arrêté du Maire de Brest, du 5 février 1828. — BREST, *Rozais*.

19. — Ville de Brest. — Règlement concernant les revendeurs de viandes fraîches ou salées sur la voie publique. — Arrêté du Maire de Brest, du 3 septembre 1828. — BREST, *Rozais*.

20. — Mairie de Brest. — Programme des Cérémonies et réjouissances publiques qui auront lieu à Brest, le 4 novembre 1828, à l'occasion de la Fête de sa Majesté. — Arrêté du Maire, du 2 novembre 1828, de concert avec le Préfet maritime, et le Maréchal-de-camp commandant le Finistère. — BREST, *Rozais*.

21. — Avis à MM. les électeurs communaux de la ville de Brest. — Arrêté du Maire, du 21 octobre 1831. — BREST, *Rozais*.

22. — Règlement sur le service ordinaire de la garde nationale de Brest, arrêté par M. le Maire et approuvé par M. le Sous-Préfet, conformément à l'article 73 de la loi du 22 mars 1831. Arrêté du Maire, du 26 août 1834. — BREST, *P. Anner et fils*.

(Carton No 11, 4e Liasse). — 1834 à 1838.

23. — Mairie de Brest. — Extrait du registre des arrêtés de M. le maire de la ville de Brest. — Règlement pour le passage de Brest à Recouvrance, arrêté du Maire, du 15 décembre 1834. — BREST, *F. Anner et fils*.

24. — Règlement de l'octroi de la commune de Brest, 15 décembre 1835. — BREST, *J.-B. Lefournier*.

25. — Mairie de Brest. — Extrait du Registre des actes administratifs de la mairie de Brest. Arrêté du maire relatif aux manufactures, fabriques, ateliers et marchands, du 21 mars 1837. — BREST, *J.-B. Lefournier*.

26. — Ville de Brest. — Règlement sur la police du théâtre de Brest. Arrêté du Maire, du 19 juin 1837. — BREST, *J.-B. Lefournier*.

27. — Ville de Brest. — Règlement sur la vidange des fosses d'aisance, dans la ville de Brest. — Arrêté du Maire, du 24 février 1836. — BREST, *J.-B. Lefournier*.

28. — Mairie de Brest. — Règlement concernant le service de MM. les commissaires de police de la ville de Brest. Arrêté du Maire, du 14 avril 1838. — BREST, *J.-B. Lefournier*.

29. — Mairie de Brest. — Arrêté relatif à l'enlèvement des vidanges. Arrêté du Maire, du 17 septembre 1838. — BREST, *J.-B. Lefournier*.

(Carton No 11, 5e liasse). — 1843-1869.

30. — Mairie de Brest. — Extrait du registre des délibérations du Conseil municipal. Séances extraordinaires du 8 octobre 1843 et du 28 novembre 1845. — Brest, *Ed. Anner.*

31. — Ville de Brest. — Exercice 1844. Compte d'administration pour l'exercice 1844, rendu par le maire, en conformité de l'ordonnance royale du 1er mars 1835. Session de mai 1845, séance du 13 mai. — Brest, *Ed. Anner.*

32. — Mairie de Brest. — Extrait du registre des actes administratifs de la mairie de Brest. Arrêté du maire sur l'exercice de la boulangerie, du 7 octobre 1845 et du 5 mai 1846. — Brest, *Ed. Anner.*

33. — Étalage, pesage et mesurage publics. Règlements pour servir à la perception des droits de location des places aux foires, halles et marchés, de pesage et de mesurage des grains et des bois à feu dans la ville de Brest. Arrêté du maire, du 24 octobre 1836 et du 8 janvier 1846.— Brest, *Ed. Anner.*

34. — Ville de Brest. — Arrêté concernant la vidange des fosses d'aisance, leur construction et leur réparation, et le curage des puisards, égoûts, etc. de la commune de Brest. Arrêté du maire, du 8 août 1846.— Brest, *Ed. Anner.*

35. — Mairie de Brest. — Extrait du registre des actes administratifs de la mairie de Brest. Arrêté du maire, concernant les chiens, dits boule-dogues, du 26 février 1847. — Brest, *Ed. Anner.*

36. — Mairie de Brest. — Extrait du registre des actes administratifs de la mairie de Brest.—Règlement sur la salubrité publique : arrêté du maire, du 20 août 1847. — Brest, *Ed. Anner.*

37. — Ville de Brest. — Réglement sur la police du théâtre de Brest : arrêté du maire, du 31 décembre 1847. — Brest, *Ch. Le Blois.*

38. — Mairie de Brest. — Extrait du registre des actes administratifs de la mairie de Brest. Arrêté du maire, sur l'exercice de la boulangerie, du 22 janvier 1847. — Brest, *Ed. Anner.*

39. — Ville de Brest. — Extrait du registre des actes administratifs de la Mairie de Brest. Règlement de voirie. Arrêté du maire du 12 janvier 1855. — Brest, *Ed. Anner.*

40. — Département du Finistère, arrondissement de Brest, commune de Brest. Règlement et tarif approuvés par l'empereur, le 16 août 1855. Arrêté du maire, du 29 août. — Brest, *Anner, 1855.*

41. — Ville de Brest. — Règlement sur la police du théâtre de Brest, sur le service intérieur, sur la conciergerie et le service des pompes. Arrêtés du maire, du 12 janvier 1857. — BREST, *J.-B. Lefournier, 1857.*

42. — Ville de Brest. — Boulangerie. Arrêté du maire, du 25 juillet 1859, visant les ordonnances, décrets et arrêtés concernant l'exercice de la profession de boulanger dans la ville de Brest et modifiant les arrêtés municipaux des 8 octobre 1846 et 21 février 1848. — BREST, *J.-B. Lefournier aîné.*

43. — Département du Finistère, ville de Brest, exercice 1860. — Compte administratif présenté au Conseil municipal de la ville de Brest pour l'exercice 1860, par le maire, le 1er avril 1861. — BREST, *J.-B. Lefournier aîné, 1861.*

44. — Département du Finistère, arrondissement de Brest, ville de Brest. Chapitres additionnels au budget de 1860. Budget ou état des recettes et des dépenses de la commune de Brest, pour l'exercice 1861. — BREST, *J.-B. Lefournier aîné, 1861.*

45. — Département du Finistère, arrondissement de Brest, ville de Brest. Chapitres additionnels au budget de 1861. Budget ou état des recettes et des dépenses de la commune de Brest, pour l'exercice 1862. — BREST, *J.-B. Lefournier aîné, 1862.*

46. — Ville de Brest. — Chapitres additionnels au budget de 1862 et budget primitif de 1863. Propositions du maire, 30 avril 1862. — BREST, *J.-B. Lefournier aîné.*

47. — Département du Finistère, arrondissement de Brest, ville de Brest. Chapitres additionnels au budget de 1862. Budget ou état des recettes et des dépenses de la commune de Brest, pour l'exercice 1863. — BREST, *J.-B. Lefournier aîné, 1863.*

48. — Département du Finistère, arrondissement de Brest, ville de Brest. Chapitres additionnels au budget de 1863. Budget ou état des recettes et des dépenses de la commune de Brest pour l'exercice 1864. — BREST, *J.-B. Lefournier aîné, 1864.*

49. — Ville de Brest. — Chapitres additionnels au budget de 1864 et budget primitif de 1865. Propositions du maire, le 30 avril 1864. — BREST, *J.-B. Lefournier aîné.*

50. — Ville de Brest. — Extrait des observations présentées par M. le maire à l'appui du compte d'administration pour l'exercice 1869, 31 mars 1870. — BREST, *J.-P. Gadreau.*

2954. — RECUEIL CONTENANT LES RÈGLEMENTS, STATUTS ET AUTRES PIÈCES CONCERNANT DIVERSES SOCIÉTÉS LOCALES.

(Carton N° 10, 6ᵉ Liasse.) — 1844 à 1883.

1. — Règlement de la Société d'Emulation de Brest, fondée le 18 mars 1832. — BREST, *Ed. Anner, septembre 1844.*

2. — Société d'Emulation de Brest. Discours de M. Allanic, président, 4 août 1850. — BREST, *Ch. Le Blois.*

3. — Société des Régates brestoises. Statuts. — BREST, *E. Anner, 1865.*

4. — Règlement de la Société de Bienfaisance mutuelle de Brest, approuvé par M. le Ministre de l'intérieur, le 11 avril 1846. — BREST, *Ed. Anner, 1846.*

5 — Société de Bienfaisance et de Secours mutuels de Recouvrance, fondée dans cette ville, le 26 mars 1848. — BREST, *J.-B. Lefournier, 1852.*

6. — Société de Secours mutuels de Recouvrance (Saint François-Xavier). — BREST, *J.-B. Lefournier aîné, 1855.*

6ᵃ. — Société de Secours mutuels et de Bienfaisance de Brest, dite de Saint François-Xavier, fondée en 1846. Statuts.— BREST, *J.-P. Gadreau, 1870.*

7. — Réponse au Rapport du Bureau d'administration de la Société des Vêpres, rapport lu par M. A. Dauvin. — BREST, *E. Anner.*

8. — Société académique de Brest Liste générale des membres. Règlement. Statuts. — BREST, *E. Anner, 1859.*

9. — Conférence de Saint-Vincent de Paul. Rapports faits aux séances générales des 29 mai et 3 octobre 1847. — BREST, *Ed. Anner, 1847.*

10. — Société républicaine d'Education populaire de l'arrondissement de Brest, autorisée par arrêté préfectoral en date du 23 janvier 1882. « Par l'Ecole, pour la Patrie. » 2ᵉ année. — BREST, *L. Evain-Roger, 1883.*

2955. — RECUEIL DE PIÈCES CONCERNANT L'ENSEIGNEMENT ET LES DISTRIBUTIONS DE PRIX A BREST.

(Carton N° 10, 7ᵉ liasse), 1842 à 1881.

1. — Collège-Joinville. — Distribution solennelle des Prix, pour l'année scolaire 1842-1843, 16 août. — BREST, *Ed Anner, 1843.*

2. — Collège-Joinville. — Distribution solennelle des Prix, pour l'année scolaire 1844-1845. — BREST, *Ed. Anner.*

3. — Discours prononcé à la Distribution des Prix du Lycée de Brest, le jeudi 12 août 1852, par M. Dunau, Professeur d'histoire et de géographie. — Brest, *J.-B. Lefournier aîné, 1852.*

4. — Discours prononcé à la Distribution des Prix du Lycée impérial de Brest, le 11 août 1855, par M. Gaucher, Professeur de rhétorique. — Brest, *J.-B. Lefournier aîné.*

5. — Nouvelle institution pour l'Instruction des jeunes gens à Brest, par E. Souvestre. — Brest, *Rozais.*

6. — Prospectus. — Classe élémentaire de musique, dirigée par M. Csernezky. — Brest, *Ed. Anner.*

7. — Lycée impérial de Brest. — Distribution solennelle des Prix, lundi 6 août 1866. — Discours de M. Dupuy, Professeur d'histoire. — Brest, *J.-B. Lefournier aîné, 1866.*

8. — Lycée impérial de Brest. — Distribution solennelle des Prix du jeudi 8 août 1867. — Brest, *J.-B. Lefournier aîné, 1867.*

9. — Lycée impérial de Brest. — Distribution solennelle des Prix du lundi 10 août 1868. — Discours par M. F. Belin, Professeur agrégé de rhétorique, lauréat de l'Académie française.

10. — Discours prononcé à la Distribution solennelle des Prix du Lycée de Brest, le 5 août 1873, par M. Penquer, Maire. — Brest, *J. P. Gadreau.*

11. — Lycée de Brest. — Distribution solennelle des Prix, sous la présidence de M. Ernest Camescasse, Préfet de police. — Discours par M. Rossigneux, Professeur de philosophie, le mercredi 3 août 1881. — Brest, *L. Evain-Roger, 1881.*

2956. — RECUEIL DE PUBLICATIONS DIVERSES.

(Carton N° 10, 8e Liasse.) — 1807 à 1869.

1. — Le Participe passé français, par D. Bourson, directeur d'une Ecole secondaire de Brest. — Brest, *imp. Michel, septembre 1807.*

2. — Tables de réduction des pièces de 48, 24, 6 et 3 livres en livres tournois et en francs, auxquelles on a joint le tarif des monnaies étrangères. — A Brest, *F.-M. Binard, an 1811.*

3. — Notice sur des pièces d'artillerie du seizième siècle, récemment retrouvées dans le port de Brest, provenant du château de cette ville, par M. le Ch^ier de Fréminville. — Brest, *Come aîné et Bonetbeau fils, 1835.*

4. — Note présentée à Sa Majesté l'Empereur, à Brest, sur l'importance de substituer des ateliers répressifs à l'emprisonnement pénal, par Francis Gouin, président du Tribunal, 1er août 1858. — Brest, *Roger.*

5. — Les Plantes de la mer, par F. Stenfort. — BREST, *J.-B. Lefournier*, *1866*.

6. — Avis important. Le journal l'*Armoricain*. Juin 1869. — BREST, *Gadreau.*

2957. — RECUEIL DE PIÈCES CONCERNANT LA MARINE.

(Carton N° 12, 1re liasse). — An IX à 1884.

1. — Au contre-amiral Terrasson, chef militaire du 3ᵉ arrondissement maritime, Lafond, capitaine de vaisseau, premier adjudant de la marine au même arrondissement. (Enlèvement de la corvette de la République, la *Chevrette*, par des embarcations anglaises, le 3 thermidor an 9. Brest, 10 pluviôse an 10 de l'ère républicaine. — BREST, *Imp. de L. Malassis fils.*

2. — Les officiers, composant le jury de jugement de l'enseigne de vaisseau Rivoire, à leurs concitoyens. — BREST, *Imprimerie d'Egasse frères* (Floréal an x).

3. — Sur l'influence et la nécessité du talent joint à la pratique des vertus, discours prononcé le 26 novembre 1827, à l'ouverture des classes de l'Ecole royale spéciale de Marine, à bord du vaisseau de Sa Majesté l'*Orion*, en rade de Brest, par M. A. M. Mathias, professeur de littérature, d'histoire et de géographie, etc., 1828. — BREST, *J.-B. Lefournier.*

4. — Discours prononcé le 20 novembre 1828, à l'amphithéâtre de l'Ecole de médecine navale du port de Brest, par L. M. Foullioy, second chirurgien en chef de la marine, professeur de chirurgie. — BREST, *J.-B. Lefournier, 1828.*

5. — Ministère de la Marine et des Colonies. Prospectus de l'Ecole navale. — BREST, *J.-B. Lefournier, mai 1833.*

6. — Développements sur une publication précédente, par P. Le Grandais, commandeur de la Légion d'honneur. — BREST, *Veuve J.-B. Lefournier, 1848.*

7. — A Messieurs les pensionnés de la marine et du port de Brest. — BREST, *Halégouet, 1883.*

8. — Appel à la presse, par les anciens retraités. — BREST, *le 15 mars 1884, imp. Hallégouet.*

2958. — RECUEIL DE JURISPRUDENCE.

(Carton N° 12, 2° liasse). — 1747 à 1865.

1. — A Nosseigneurs de Parlement supplient humblement messire Louis François Crozat, marquis du Châtel, etc., messire Joseph-Antoine Crozat, marquis de Tugny, etc.

Contre Louis-Marie-Bretagne-Dominique de Rohan-Chabot, duc de Rohan, pair de France, défendeur et demandeur. Et du procès :

M. le Procureur général du roy et le sieur préposé à la réformation du domaine de Bretagne.

RENNES, *Imp. de Jules Vatar, etc.*, 1747.

2. — Factum pour Louis-Marie-Dominique-Bretagne de Rohan-Chabot, duc de Rohan, pair de France, etc., ayant repris le procès au lieu et place de feu Louis-Alain-Bretagne de Rohan-Chabot, prince de Léon, son père.

Contre messire Louis-François Crozat, marquis du Châtel, etc., Messire Joseph-Antoine Crozat, marquis de Tugny, etc.

RENNES, *Imp. Julien Vatar*, 1751.

3. — AFFAIRE LE MAYER. — Précis pour la commune de Brest, suites et diligence des citoyens Pouliquen, Guilhem aîné, La Martinière et Le Breton, maire et adjoints en exercice, défenderesse en assignation au tribunal civil de Brest, du 13 vendémiaire, an neuf ;

Contre : les citoyens Grivart et Le Dall-Quéréon, et la citoyenne Le Mayer, veuve Picaud, demandeurs.

De la cause, le cen. Gilquin, défendeur originaire.

BREST. *Imp. Gauchelet.*

4. — Précis pour les héritiers du feu sieur Thomas Le Mayer de la Villeneuve, appelant de jugement du tribunal civil de Brest, et demandeurs ;

Contre : l'administration municipale de Brest, intimée et défenderesse ;

De la cause : le sieur Gilquin, aussi intimé et défendeur, 25 juin 1808.

RENNES, *Imp. Vatar frères*, 1808.

5. — Réplique pour la commune de Brest, suite et diligence du maire de cette ville, intimée et défenderesse ;

Contre les héritiers de Thomas La Villeneuve Le Mayer, appelans de jugement rendu au tribunal de première instance séant à Brest ; et demandeurs, Gandon, avoué, Corbières, avocat ;

De la cause : le sieur Gilquin, aussi défendeur et intimé. Le Baron, avoué, Fénigan, avocat, 27 juin 1808.

RENNES, *J. Robiquet et Cousin-Danelle.*

6. — Consultation sur la question de savoir, si la commune de Brest est fondée à demander la cassation de l'arrêt rendu contre elle, au profit des héritiers Le Mayer, par la cour d'appel de Rennes, le 4 juillet 1808. — PARIS, *Imp. Le Normant.*

7. — Mémoire pour la commune de Brest, poursuite et diligence du maire, demanderesse en cassation d'un arrêt de la cour d'appel de Rennes, du 14 juillet 1808 ; contre les héritiers de Thomas Le Mayer, défendeurs. — PARIS, *Imp. Le Normant.*

8. — Consultation pour les héritiers de Thomas Le Mayer de La Villeneuve contre la commune de Brest et le sieur Gilquin. Paris, 25 avril 1809. — PARIS, *Imp. Ant. Bailleul.*

9. — Précis signifié sur renvoi ordonné par arrêt de la cour de cassation, du 24 octobre 1809 ;

Pour : la commune de la ville de Brest, demanderesse en nullité d'un arrêt rendu par la cour d'appel de Rennes, le 4 juillet 1808 ;

Contre : le sieur Yves-Jean Le Dall de Kéon, et autres héritiers représentans du sieur Thomas Le Mayer de La Villeneuve, demandeurs. — PARIS, *Imprimerie de Migneret.*

10. — A Sa Majesté l'Empereur et Roi, et à Nosseigneurs en son conseil. Mémoire en réponse pour le sieur Yves-Jean Le Dall de Kéon, et cohéritiers de Thomas Le Mayer de La Villeneuve, au mémoire pour la commune de Brest, sur une question bien simple. — PARIS, *Imprimerie Ant. Bailleul.*

11. — Cour de cassation, chambre civile. Défense pour la ville de Brest, représentée par M. Bizet jeune, son maire, contre l'administration de la marine au port de Brest, 1865. — AUXERRE, *G. Porriquet.*

2959. — RECUEIL DE DOCUMENTS HISTORIQUES, POLITIQUES ET AUTRES, EN LANGUE BRETONNE.

(Carton N° 12, 3e Liasse). — 1790 à 1862.

1. — Liserou a berz an electourien eus a departamant Finistere, d'an Assamble national, ha d'ar Roue 1790, Juin. — E QUEMPER, *Y.-I.-L. Derrien.*

2. — Armanac an tad coz Gerard, evit ar blavez 1792, ar bevare eus al Liberte. — E QUEMPER, *Y.-I.-L. Derrien.*

3. — Brest, an 31 a vis Gouëren 1814. N° 32. Testament Loys C'Huezecvet eus an Hano, evel ma zeo bet caçet gant ar Gommun d'ar C'honseil executif. — E BREST, *J.-B. ar Fournier.*

4. — Liberte, ingalite, fraternite. En hano ar Bobl A. Franç. Ar Representant ar Bobl. E quichen costessiou Brest hac an Oriant. Brest, 25 pluviôse, an eil bloas eus a Republiq Franç, unan hac indivisibl. — A BREST, *Gauchelet.*

5. — Diseléracion a beurs ar Roue, gént antren è Paris, roet ê couend Sant-Ouen, er gèr a Rouen. An 2 à viz Mae 1814. Lezet fondus pé chart constituel a Françz, bulletîn 17, n° 136. — EN BREST, *en ty P. Anner.*

6. — Abrege deus a histoar Revolucion Franc', laquet en gouers gant an Autro Lay, Person deus a barous Peros-Quirec, en pad e exil en Bro-Zaoz. — SAINT-BRIEUC, *Prud'homme, 1817.*

7. — Reglamant tennet eus a Vandamant an Autrou J. M. Dominic de Poulpiquet de Brescanvel, Escop a Guemper, evit publia en he Escopty ar Jubile eus ar blavet santel 1826, accordet gant hon Tad Santel ar Pap Leon Daouzecvet eus an hano. — QUEMPER, *S. Blot, 1826.*

8. — Conferançou curius, util hac interessant, evit amusamant an dud divar ar meas. — E MONTROULEZ, *Lédan.*

9. — Discours prononcet gant an Autr. Gener. a Laboessière, Deputet eus depart. ar Morbihan, ar 17 a vis Mae 1828, en Assemble an Deputeet. — E MONTROULEZ, *Lédan.*

10. — Armanac brezonec, evit ar bloavez 1829. — E MONTROULEZ, *e ti Lédan.*

11. — Jardin an Amouroustet, e pelec'h e tisqer ar fèçon evit antreteni erfat ur Vestrez. — E MONTROULEZ, *e ti Lédan.*

12. — En hano an Dreindet Santel-Memor eus ar retret am eus great. — E BREST, *J.-B. Lefournier.*

13. — Ar buguel fur da dri bloas. — E MONTROULÈS, *A.-I.-M. Lédan.*

14. — Collocou familier etre un den curius hac un den expert. — E QEMPER, *e ty S. Blot.* Même brochure. E MONTROULÈS. *e ty Lédan.*

15. — Dialog etre un Doctor ac eur buguel. — E BREST, *en ty Lefournier ha Deperiers.*

16. — Afferiou Rom. Lizer hon Impalaer. 20 a Vaë 1862. — E KEMPER, *et ty Alph. Lion.*

2960. — BULLETIN DE BREST. — Bulletin de la correspondance de la députation du Tiers-Etat de la Sénéchaussée de Brest, commencée le 12 mai 1789, fini le 4 février 1791, *in-8°, 5 vol. rel.* (Ces volumes contiennent aussi un grand nombre de brochures publiées soit à Brest, soit ailleurs, sur les événements du temps.)

2961. — CRIMES (Les) De l'ex-tribunal révolutionnaire de Brest, dénoncés au peuple français et à la Convention nationale, par les députés extraordinaires de cette commune. — PARIS, *an III de la République, in-8° br.*

2962. — RÈGLEMENTS ET CONSIGNES pour le service militaire du port de Brest. 1er germinal an 7 ; *petit in-8° cart. ;* et Règlement pour le service de la Gendarmerie royale affectée au port de Brest ; 12 août 1816 ; *petit in-8° cart.*

2963. — PROXY (DANIEL DE). — Brest, son château, sa cité, son port, sa rade, etc. — BREST, *E. Alléguen, 1857, in-12.*

2964. — TROUDE (A). — Hospice civil de Brest. — Historique depuis l'an 1506, date de sa fondation, jusqu'en 1859 inclusivement. — BREST, *Imprimerie de l'Océan, 1888, in-8° br.* (Don de l'auteur.)

2965. — CUZENT (Gilbert). — L'hospice civil et les hôpitaux de Brest. — Brest, *Imprimerie de l'Océan, 1889, in-8° br.* (Don de l'auteur.)

2966. — PRADÈRE (O.). — Guide du touriste. — Brest, son château, son port, sa rade et ses environs. — Brest, *Imprimerie de l'Océan, 1889, in-8° br.* 2 exemp. (Don de l'auteur).

2967. — MAURIÈS (J.). — Documents curieux et inédits sur la ville de Brest ; *grand in-4°* manuscrit. (Don de l'auteur.)

2968. — ANNUAIRE civil, maritime et commercial du port de Brest et du département pour l'an XI (1803). — *In-32.*

2969. — D°, d°, d°, d°, pour l'an XIII (1805). — *In-32.*

2970. — ANNUAIRE de Brest et du Finistère, publié par la Société d'Emulation de Brest.

Cet annuaire, dont la publication a commencé en 1835, a paru sans interruption jusqu'en 1844. Cette année, la Société d'émulation n'ayant pu le faire paraître, un annuaire statistique et administratif de l'arrondissement et de la ville de Brest pour 1844, fut publié sous le format in-18, par MM. Levot et Anner. On y trouve une Notice Chomel et Histoire de la Mairie de Brest, depuis 1681 jusqu'à nos jours, par M. Levot.

En 1845, la Société d'émulation fit paraître de nouveau un annuaire. Cette publication a continué jusqu'en 1851 inclusivement ; in-8°, un vol. par année. (Quelques unes ont paru par livraisons).

2971. — D°. — Statistique, historique et administratif de l'arrondissement et de la ville de Brest, pour 1844, *in-18.*

2972. — D°. — Historique, administratif et commercial de la ville et de l'arrondissement de Brest, années 1865 à 1889, *in-18.*

2973. — ALMANACH MARITIME AMUSANT pour l'année bissextile 1872, par G. T., illustré par Paul Léonnec. — Brest, *J.-P. Gadreau, in-18.*

2974. — AGRICULTURE.

1. — Société d'agriculture. — A MM. les membres de la Société d'agriculture, de Brest, à propos d'une distribution d'arbres verts, par M. Riou-Kerhallet, l'un des secrétaires, le 4 juin 1839.

2. — Société d'agriculture de Brest. — Programme de questions à discuter proposé à la Société d'agriculture de l'arrondissement de Brest, par M. Fr. Gardin de La Bourdonnaye, l'un de ses secrétaires. — Brest, *E. Anner.*

3. — Appel à tous les hommes bienveillants de toutes les classes, de toutes les opinions, de toutes les religions et de tous les pays, 1847. (Extrait de la Revue bretonne et maritime). — Brest, *Ch. Le Blois.*

4. — Bulletin de la Société d'agriculture de Brest, année 1854. — Brest, *Ed. Anner.*

5. — Bulletin de la Société d'agriculture de Brest, année 1856. — Brest, *Ed. Anner.*

6. — Bulletin de la Société d'agriculture de Brest, année 1857. — Brest, *Ed. Anner.*

7. — Société d'agriculture de l'arrondissement de Brest. Rapport de la commission des visites sur la propriété de M. Le Bian, à l'Hermitage, commune de Lambézellec. — Brest, *imp. de J.-B. Lefournier, 1873.*

8. — Rapport présenté à l'Association bretonne sur l'établissement d'un jardin fruitier et sur celui créé par M. Le Bian. — Brest, *J.-B. Lefournier aîné, 1875.*

9. — Société d'agriculture de Brest. Rapport sur le concours agricole du mois de septembre 1875, par M. Mauriès, secrétaire perpétuel, adjoint. — Brest, *J,-B. Lefournier aîné, 1875.*

10. — De la culture des panais par G. Le Bian, à l'Hermitage, en Lambézellec, près de Brest. — Brest, *J.-B. Lefournier aîné, 1876.*

11. — De la culture des panais par G. Le Bian, 15e édition, augmentée de nouveaux rapports et d'une statistique de la culture des panais, de 1874 à 1879. — Brest, *F. Halégouet, 1879.*

12. — Statistique de la culture des panais, de 1874 à 1879, par G. Le Bian. — Brest, *F. Halégouet, 1879.*

13. — Note sur le fraisier de Plougastel (Fragaria Chitensis Ehrh) par M. Blanchard, jardinier-chef du jardin botanique de Brest (Extrait du journal de la Société nationale d'horticulture, 3e série, Tome v, 1883, p. 708-718). — Paris, *Imprimerie de l'Etoile, Boudet, directeur, rue Cassette, 1.*

14. — Société d'agriculture de l'arrondissement de Brest. Concours agricole donné par cette Société à Landerneau, le jeudi 4 septembre 1879. Concours horticole, de grande culture et de culture maraîchère, avec gratifications aux plus anciens serviteurs ruraux et mentions honorables pour les maîtres, à la Halle de Brest, les 26, 27 et 28 septembre 1879. Distribution solennelle des prix le dimanche, 28 septembre, à Brest (à la Halle). Tombola. — Brest, *F. Halégouet, 1880.*

15. — De la culture des panais, par G. Le Bian, 16ᵉ édition, augmentée de nouveaux rapports et d'une statistique de la culture des panais de 1874 à 1883. — Brest, *F. Halégouet, 1883.*

16. — Mémoire sur le domaine du Brohet-Beffon, par le Cᵗᵉ de Troguindy, compte-rendu par M. P. Mauriès. — Lannion, *Anger, 1884.*

NOTICES SUR BREST

Contenues dans le Bulletin de la Société Académique, depuis l'origine de cette publication jusqu'a l'année 1885 inclus.

2975. — Port de Brest sous Richelieu et Mazarin ; série I. T. I, p. 5.

2976. — La maison de l'Espion à Lanninon, près de Recouvrance, p. 87.

2977. — Notice sur le couvent et l'église des Carmes de Brest, p. 153.

2978. — Le passage et divers droits ou coutumes de Brest, avant 1789.

2979. — Le Pont impérial en 1861 ; série I. T. II, p. 249.

2980. — Notices historiques sur le Petit Couvent, communauté des Filles du Sacré-Cœur de Jésus, à Brest, p. 308.

2981. — Le Château de Brest. T. III, p. 1.

2982. — La Bastide de Quilbignon, ou Tour de la Motte-Tanguy, p. 247.

2983. — Histoire des Corporations des arts et métiers de Brest, par M. Ed. Fleury, p. 305.

2984. — La place Latour-d'Auvergne, à Brest ; séries I. T. IV, p. 80.

2985. — Fac-simile de la médaille commémorative de l'érection de la Halle de Brest (novembre 1828). T. V, p. 559.

2986. — Strophes pour l'inauguration du nouveau théâtre de Brest. T. VII, p. 386.

2987. — Projets de l'enseigne de vaisseau Rivoire contre le port de Brest, par M. Levot ; série II. T. II, p. 177.

2988. — Principaux incendies dans le port de Brest. T. IV, p. 177.

2989. — Le climat de Brest, par M. Borius, p. 129.

2990. — Objets d'art existant dans l'arrondissement de Brest, p. 385.

2991. — Stances en l'honneur de la ville de Brest, par M. Mauriès. T. V, p. 95.

2992. — Analogie du climat de Brest avec celui de l'époque tertiaire, par M. Coutance, p. 305.

2993. — Épisode tiré du théâtre de Brest, en 1770 ; série II. T. V, p. 817.

2994. — Documents inédits sur l'histoire de Brest ; affaire Bergevin. T. VI, p. 459.

2995. — Epidémie de l'année 1757, à Brest. T. VII, p. 428.

2996. — La garnison de Brest en 1594 ; série II. T. VIII, p. 858.

2997. — Les finances de Brest il y a 100 ans, par M. A. Dupuy. T. IX, p. 105.

2998. — Brest en l'an III (1794), d'après une correspondance de l'ordonnateur Redon, par M. A. Coutance. T. X, p. 407.

2999. — ASSOCIATION, Concours et Fêtes agricoles de l'arrondissement de Brest, en 1859. — BREST, *Anner, 1859, in-8° br.*

3000. — BIZET, jeune. — Notice sur les principales améliorations effectuées à Brest par l'administration municipale, depuis la promulgation de la loi de 1831 jusqu'à l'année 1845 inclusivement. — BREST, *Le Blois, 1846, in-8° br. 36 p. p.*

3001. — BREST (Ville de). — Concours régional. Exposition des beaux-arts. Catalogue. — BREST, *Halégouet, 1884, in-12, 52 pages br.*

3002. — D°. — Exposition industrielle régionale. Catalogue. — *In-8° de 29 pages.*

3003. — D°. — Exposition industrielle, artistique, scolaire, horticole. Liste des lauréats. — BREST, *Halégouet. 1884, in-8° de 24 pages.*

3004. — EXPOSITION SCOLAIRE organisée à Brest en 1884. Rapport offert à la bibliothèque par l'auteur, M. Etienne, 20 pages.

3005. — BARILLÉ (V.), adjoint. — Notice sur l'utilité d'un abattoir public à Brest, présenté au Conseil municipal. — BREST, *F. Halégouet, 1881, in-4°, 51 p. p.*

Daoulas

3006. — AVEU ET DÉNOMBREMENT des propriétés et domaines de l'abbaye de Notre-Dame de Daoulas, manuscrit *in-4°*, 9 juillet 1699.

3007. — D°. — Documents relatifs à l'abbaye de Daoulas et Adveu. (Man.)

Landévennec

3008. — LEVOT (Prosper). — Notice sur Landévennec et son abbaye, Etat ancien et moderne. — Brest, *chez tous les libraires* ; Paris, *J.-B. Dumoulin, 1838, in-8° br.*

3009. — CARTULAIRE de l'abbaye de Landévennec. — Paris, *Imprim. nationale, 1887, in-4°.* (Collection des documents inédits).

Châteaulin. — Port-Launay

3010. — PÉTITION à M. le Ministre de l'intérieur et à la Chambre des députés, afin d'obtenir l'érection en commune, de Port-Lauuay, arrondissement de Châteaulin. — Brest, *Anner, 1835, in-8°.* (Avec un plan).

3010 *bis*. — BLOIS (de). — Notice sur les villes de Châteaulin et Port-Launay. (Annuaire de Brest et du Finistère de 1848, p. 162). Avec un plan de la ville de Châteaulin.

Landerneau

3011. — PROCÈS-VERBAL de l'installation de MM. les Juges du Tribunal du district de Landerneau, le 14 Décembre 1790.

3012. — COURCY (Potier de). — Notice sur la ville de Landerneau (publiée dans l'Annuaire de Brest et du Finistère de 1841).

3013. — URSCHELLER (M.) — La lune de Landerneau. — Brest, *Imprimerie de la* Dépêche, *1889.*

3014. — FLAGELLE. — Note sur l'existence de ruines près de Landerneau. (Bulletin de la Société académique de Brest. — Série 1, V, 520).

Lesneven

3015. — PROCÈS-VERBAUX d'érection du Conseil-Général des villes et Sénéchaussée de Lesneven, le 25 Novembre 1789.

3016. — KERDANET (D. L. Miorcec de). — Notice sur la ville de Lesneven, faisant suite au Pélérinage du Folgoët. — Rennes, *Mlle Vatar-Jausions, 1825, in-18.*

3017. — LEROY (René). — Scènes de la vie municipale à Lesneven. — Nantes, *V. Forest et E. Grimaud, 1887, in-8° br.* de 28 p. (Don de M. Marion, bibliothécaire).

Le Folgoët

3018. — PENNEC (Le R. P. Cyrille). — Le dévot pélerinage de N.-D. du Folgoët, avec la liste des autres Chapelles dédiées à la Vierge, dans l'Evêché de Léon. — Rennes, *Vatar-Jausions, 1825, in-12 br.*

3019. — COURCY (Pol de). — Description de l'Eglise collégiale du Folgoët, *1843, in-8° de 11 pages.*

3020. — COETLOGON (Le Mⁱˢ de). — Dessins, histoire et description de l'Eglise de N.-D. du Folgoët. — Brest, *J.-B. Lefournier, 1852, in-8°.*

Kérilien

3021. — PROMENADES à Kérilien en 1829. Manuscrit. — *Petit in-f°,* couvert en parchemin.

3022. — D°, d°. — Avec observations par M. Mauriès, archiviste de la Société académique de Brest.

(Voir sur le même sujet les Antiquités du Chevalier de Fréminville.)

Conquet

3023. — ADRESSE du canton du Conquet, district de Brest, département du Finistère, à l'Assemblée nationale, 21 mai 1790.

Saint-Mathieu

3024. — MAURIÈS. — Mémoire sur des documents inédits relatifs à l'histoire de l'abbaye de Saint-Mathieu. — Manuscrit in-f°. (Don de l'auteur).

Concarneau

3025. — ESSAI HISTORIQUE sur la ville de Concarneau et le comté de Cornouaille, contenant un Abrégé des événements les plus intéressants de l'histoire générale de Bretagne, par M. Dellain, ancien Commissaire des classes de la marine, pensionnaire du Roi. — Manuscrit, *petit in-f°* (sans date).

Morlaix

3026. — DAUMESNIL, ancien maire. — Histoire de Morlaix, annotée par M. Aymar de Blois ; continuée et publiée par M. Allier, bibliothécaire de la ville. — Morlaix, *A. Lédan* (sans date), *in-8° rel.*

3027. — ÉLÉOUET (J.-M.). — Statistique agricole générale de l'arrondissement de Morlaix (Finistère). — Brest, *J.-B. Lefournier aîné, 1849.* (Don de M. le Dr Eléouet, fils de l'auteur.)

3028. — GOUIN (Francisque). — Notice historique sur Morlaix. (Extrait de l'Annuaire de Brest et du Finistère pour l'an 1838.)

Saint-Pol-de-Léon

3029. — COURCY (P. de). — Notice sur la ville de Saint-Pol-de-Léon. (Annuaire de Brest et du Finistère, 1841, p. 210.)

Roscoff

3030. — PAGNERRE (Louis). — Un coin de la Bretagne. — Roscoff. — Paris, *E. Dentu, 1888, in-8°,* 52 p.

3031. — CHATEAULAURENT (Pascal de), ancien maire. — Manuscrit sur Roscoff. (Don de M. Marion, bibliothécaire, qui en a fait faire une copie.)
(Voir le Supplément à la fin du 2me volume)

———

Les deux articles suivants, CORSE et ALGÉRIE, devraient être placés : le 1er, à l'article HISTOIRE DES ILES IONIENNES ET DE L'ILE DE MALTE ; le 2e, à l'article AFRIQUE, HISTOIRE DES ÉTATS BARBARESQUES.

Ils ont été réunis à l'article de la FRANCE, dont ils font partie, pour faciliter les recherches.

———

Ile de Corse

3032. — SERVAL, avocat au Parlement. — Traduction des Statuts de l'isle de Corse, faite sur un exemplaire italien, imprimé à Bastia en 1694. — Toulon, *Veuve Mallard, 1762, in-8° br.*

3033. — BELLIN, ingénieur de la Marine. — Description géographique et historique de l'isle de Corse. Pour joindre aux Cartes et Plans de cette isle. — Paris, *Didot, 1769, in-4° rel.*

3034. — POMMEREUL (F.-R. de). — Histoire de l'île de Corse. — Berne, *1779, in-8°, 2 vol. rel.*

Algérie

3035. — ITINÉRAIRE DU ROYAUME D'ALGER comprenant : la description des villes, villages, bourgades, tribus sujettes et indépendantes, ruines, antiquités, rivières, ruisseaux, montagnes, curiosités naturelles ; des détails sur les mœurs et superstitions locales, le climat, le sol, le gouvernement, la force militaire, les rapports avec les chrétiens et les puissances chrétiennes, et un résumé de l'histoire de cette régence, depuis les Romains jusqu'à nos jours. — Toulon, *L. Laurent, 1830, in-8° cart.*

3036. — ORLÉANS (Le duc d'). — Campagnes de l'armée d'Afrique, 1835-1839, par le duc d'Orléans. Publié par ses fils. Cartes de l'Algérie. 2ᵉ édit. — Paris, *Michel Lévy frères, 1870, in-8° rel.*

3037. — ROZET (M.). — Voyage dans la Régence d'Alger, ou Description du pays occupé par l'armée française en Afrique, etc. — Paris, *Arthus Bertrand, 1833, in-8°, 3 vol. rel.*

3038. — Dᵒ. — Atlas de l'ouvrage précédent ; *in-4° cart.*

3039. — PROCÈS-VERBAUX ET RAPPORTS de la Commission, nommée par le Roi, le 7 juillet 1833, pour aller recueillir, en Afrique, tous les faits propres à éclairer le Gouvernement sur l'état du pays et sur les mesures que réclame son avenir. — *Imprimerie royale, juin 1834*, et :

Procès-verbaux et Rapports de la Commission d'Afrique, instituée par ordonnance du Roi du 12 décembre 1833. — Paris, *Imprimerie royale, 1834*, avec le Supplément aux Procès-verbaux et Rapports de la Commission d'Afrique, instituée par ordonnance royale du 12 décembre 1833. — Paris, *Imprimerie royale, 1834, in-4°, 3 vol. rel.*

3040. — COLONISATION de la Régence d'Alger. — Documents officiels. — Paris, *1834, in-8°.*

3041. — RECHERCHES sur l'histoire de la partie de l'Afrique septentrionale, connue sous le nom de Régence d'Alger, et sur l'administration et la colonisation de ce pays, à l'époque de la domination romaine, par une Commission de l'Académie royale des inscriptions et belles-lettres. Publiées par ordre du Ministère de la Guerre. — Paris, *Imprimerie royale, 1835, in-8° br.*

3042. — ERLON (Le Cᵗᵉ d'). — Son opinion sur ce qu'il convient de faire à Alger. — Paris, *Dezauche, 1836, in-4° br.* (2 ex.)

3043. — CONTRIBUTION de Tlemcen. — Paris, *J.-A. Boudon* (s. d.).

3044. — APERÇU sur la situation politique, commerciale et industrielle des possessions françaises dans le nord de l'Afrique, au commencement de 1836, par L. B. — S. l. d'imp., s. n. d'imp., *avril 1836.*

3045. — DUREAU DE LA MALLE. — Province de Constantine. Recueil de renseignements pour l'expédition ou l'établissement des Français dans cette partie de l'Afrique septentrionale. — Paris, *Gide, 1837, in-8° cart.*

3046. — WALEWSKI (Le Cᵗᵉ). — Un mot sur la question d'Afrique. — Paris, *Barba, 1837, in-8°.*

3047. — DESJOBERT (A.) — L'Algérie en 1838. — Paris, *Dufart, 1838, in-8° rel.*

D°. — L'Algérie en 1844. — Paris, *Guillaumin, 1844, in-8° br.*

D°. — L'Algérie en 1846. — Paris, *Guillaumin, 1846, in-8° br.*

3048. — DOMBASLE (C.-J.-A. Mathieu de). — De l'avenir de l'Algérie. — Paris, *Dufart, mai 1838, in-8° br.* (2 ex).

3049. — TABLEAU de la situation des établissements français dans l'Algérie, précédé de l'exposé des motifs et du projet de loi portant demande de crédits extraordinaires au titre dl'exercice 1838. — Paris, *Imprimerie royale, février 1838, gᵈ in-8° cart.* (2 ex.), et, sous le même numéro, les ouvrages suivants, savoir :

Tableau de la situation des établissements français dans l'Algérie en 1838. — Paris, *Imp. royale, 1839 (juin), gᵈ in-4° cart.*

Tableau de la situation des établissements français dans l'Algérie, pour 1842-43. — Paris, *Imp. royale, mars 1844, gᵈ in-4° cart.*

Tableau de la situation des établissements français dans l'Algérie, pour 1845-1847-1848-1849. — Paris, *Imprimerie nationale, novembre 1851, in-4°.*

Tableau de la situation des établissements français dans l'Algérie pour 1852-54. 1ʳᵉ partie. — Paris, *Imp. impériale, 1855, in-4° br.* 2ᵉ partie. D°, d°, d°, d°, d°.

Tableau de la situation des établissements français dans l'Algérie, pour 1854-1855. — Paris, *Imp. impériale, 1857, in-4° br.*

3050. — LA FRANCE EN AFRIQUE. — Paris, *Direction du Musée des Familles, 1846, in-8° br.*

3051. — MÉMOIRE AU ROI et aux Chambres, par les colons de l'Algérie. Publication de la délégation de l'Algérie. — Paris, *Rignoux, 1847, in-8° br.*

3052. — ADRESSE de la délégation de l'Algérie aux chambres, par E. Delpech de Saint-Guilhem, propriétaire délégué de l'Algérie. — Paris, *Rignoux*, 1847, *in-8° br.*

3053. — ANNALES DE LA COLONISATION ALGÉRIENNE — Bulletin mensuel de colonisation française et étrangère, publié sous la direction de M. Hippolyte Peut. — Paris, 1853, *2ᵉ année, in-8°.*

3054. — BAILLET (M.) — Nécessité de la colonisation de l'Algérie et du retour aux principes du christianisme. — Paris, *Douniol;* Alger, *Bastide*, 1857, *in-8° br.*

3055. — Dᵒ. — Mémoire pour la Compagnie rouennaise algérienne contre : 1° M. Bazin ;

2° La dame Khadoudja Embarck ;

3° M. le Conseiller d'Etat, préfet à Alger.

4° Et le sid Abd el Kader-Ibrahim, etc. — Paris, *Lapierre et Cⁱᵉ*, 1862, *in-4° br.*

3056. — PRIMAUDAIE (M. F. Elie de la). — Le commerce et la navigation de l'Algérie, avant la conquête française. — Paris, *Ch. Lahure et Cⁱᵉ*, 1861, *in-8° br.*

3057. — STATISTIQUE et documents relatifs au sénatus-consulte sur la propriété arabe, 1863. — Paris. *Imp. impériale*, 1863, *gᵈ in-8° br.*

3058. — VILLE. — Notice minéralogique sur les provinces d'Oran et d'Alger. — Paris, *Imp. impériale*, 1857, *in-4° rel. avec atlas très grand in-f°.*

3059. — Dᵒ. — Recherches sur les roches, les eaux et les gîtes minéraux des provinces d'Oran et d'Alger. — Paris, *dᵒ, dᵒ, dᵒ, dᵒ* (pl.)

3060. — ORAN, sous le commandement du général Desmichels. — Paris, *Anselin*, 1835, *in-8° br.*

3061. — POULLE (Emmanuel). — Considérations générales sur la régence d'Alger. — Paris, *Krabbe*, 1840, *in-8° br.*

3062. — GALIBERT (Léon). — Algérie ancienne et moderne, depuis les premiers établissements des Carthaginois, jusqu'à la prise de la smala d'Abd-el-Kader. — Paris, *Furne et Cⁱᵉ*, 1844, *in-8° rel.*

3063. — RAPPORT adressé à M. le Président de la République, par le ministre de la guerre, sur le gouvernement et l'administration des tribus arabes de l'Algérie. — Paris, *Imp. nationale*, 1851, *in-8° br.* (2 ex.)

3064. — MORNAND (Félix). — La vie arabe. — Paris, *M. Lévy frères, 1856, in-8° br.*

3065. — HUGONNET (F.) — Souvenirs d'un chef de bureau arabe. — Paris, *M. Lévy frères, 1858, in-8° br.*

3066. - MERCIER-LACOMBE. — Etat actuel de l'Algérie, publié d'après les documents officiels par ordre de S. E. le maréchal Pélissier, duc de Malakoff. — Paris, *Imp. impériale, 1863, in-8° br.*, 2 vol. L'un, pour l'année 1862. L'autre, pour l'année 1863.

3067. — CHANZY (Le général), Gouverneur civil. — Algérie. Conseil supérieur du gouvernement. Session de 1877. Exposé de la situation de l'Algérie. — Alger, *V. Aillaud et Cie, 1877, in-8° br.*

3068. — GUILLAUMET (Gustave). — Tableaux algériens, ouvrage illustré, etc. — Paris, *Plon, 1888, gd in-4°.*

2. — HISTOIRE DES PROVINCES BELGIQUES ET DE LA HOLLANDE

3069. — BOUSSINGAULT (Le R. P.). — Le Guide universel de tous les Pays-Bas, ou les dix-sept provinces.

Où il est traité de tout ce qu'il y a de plus beau, de plus rare et de curieux, des fortifications, mœurs et coutumes des Hollandais, 4e édit., revue et augmentée par l'autheur. — Paris, *J. Cochart, 1677, in-12 rel.*

3070. — PANCKOUCKE (A. J.). — Abrégé chronologique de l'histoire de Flandre, depuis Beaudouin Ier, dit Bras-de-fer, jusqu'à Charles II, roi d'Espagne. — Dunkerque, *J.-L. de Boubers, 1762, pt in-8° rel.*

3071. — BENTIVOGLIO (Le cardinal). — Histoire de la gverre de Flandre, traduitte de l'italien par Antoine Ovdin. — Paris, *A. de Sommaville, 1634, in-4° rel.*

3072. — PAPIERS D'ÉTAT du cardinal de Granville, d'après les manuscrits de la Bibliothèque de Besançon, publiés sous la direction de M. Ch. Weiss. — Paris, *Imp. royale, 1841, in-4°, 8 vol. cart.*

3073. — BAST (M. J. de). — Recueil d'antiquités romaines et gauloises, trouvées dans la Frandre proprement dite, avec désignation des lieux où on les a découvertes. — Gand, *A.-B. Steven, an XII (1804), in-8° rel.*

3074. — LE CLERC (J.). — Histoire des Provinces-Unies des Pays-Bas, depuis la naissance de la République jusqu'à la paix d'Utrecht et le traité de Bavière conclu en 1715, avec les principales médailles et leur explication ; 2ᵉ édit. — AMSTERDAM, *Z. Chatelain, 1737, 2 vol. cart.*

3075. — KERROUX (L.-G.-F.). — Abrégé de l'histoire de la Hollande et des Provinces-Unies, depuis les temps les plus anciens jusqu'à nos jours. — LEIDE, *J. Murray, 1778, in-8°. 4 vol. cart.*

3076. — COSTARD (J.-P.). — Histoire de Ruyter, lieutenant-amiral-général des Etats de Hollande. Destinée à l'éducation de la jeunesse. — PARIS, *Masson, 1824, in-8° br.*

3077. — MIRABEAU (Le Cᵗᵉ DE). — Aux Bataves, sur le Stathoudérat. — S. l. d'imp., *1788. S. n. d'imp., in-8° br.*

3078. — PARIVAL (DE). — Les délices de la Hollande, avec un *Traité du Gouvernement* et un *Abrégé de ce qui s'est passé* de plus mémorable jusqu'à l'an de grâce 1660. — LEIDE, *Ch. Gerstecoren, 1660, in-12 maroq.*

3079. — LYONNE (M. DE). — Ses Mémoires au Roy, interceptez par ceux de la garnison de Lille. Le Sʳ Héron, courrier du cabinet, les portant de l'armée à Paris. — S. l. d'imp. n. n. d'imp., *1668, petit in-12 rel.*

3080. — LA VIE ET LES ACTIONS MÉMORABLES du Sʳ Michel A. de Rvyter, duc, chevalier et lieutenant, amiral-général des Provinces-Unies. — AMSTERDAM, *Henry et Théodore Boon, 1677, petit in-12 obl. rel. 2 vol. rel.* La 1ʳᵉ partie formant le 1ᵉʳ vol. ; la 2ᵉ, formant le 2ᵉ.

3081. — RECUEIL de pièces secrètes et intéressantes, tirées des Registres des Etats-Généraux, des Etats d'Hollande, et particulièrement de ceux du Grand-Conseil de Dordrecht, la première ville à l'Assemblée de la dicte Province.

Pour et contre

La fameuse question,

Si les Provinces-Unies sont obligées de remplir la garantie qui résulte du traité de Vienne de 1731, quoique la Cour de Vienne n'y ait point satisfait. — LONDRES, *John Nourse, 1743, petit in-8° rel.* Le 1ᵉʳ volume seulement.

3082. — KLVIT (ADRIANO). — Historia critica comitatûs Hollandiæ et Zeelandiæ ab antiqvissimis dedvcta temporibus. — Tom. II. Pars I.

Sistens codicem diplomaticum et probationes ad chronicon Hollandiæ et ejus excvrsvs.

Auctore Adriano Klvit, antiqvitatvm et historiæ imprimis, etc., etc.

MEDIOBVRGI, *apud Petrvm Gillissen et fil. et Isaac de Winter, anno 1780, in-4° cart.*

3083. — MÉMOIRES sur la Cour de Louis Napoléon et sur la Hollande. Paris, *Ladvocat, 1828, in-8° rel.* — Tirlemont, *P.-J. Merckx*, et Bruxelles, *1846-47-48, Librairie scientifique ancienne et moderne,* 4 vol.

3084. — REVUE DE LA NUMISMATIQUE BELGE. — Publiée sous les auspices de la Société numismatique, par MM. R. Chalon, C. Picot et C.-P. Serrure.—Bruxelles, *Librairie scientifique ancienne et moderne,* 1848, in-8°, 4 vol. rel.

3. — HISTOIRE D'ITALIE

3085. — RICHARD (l'abbé). — Description historique et critique de l'Italie, ou nouveaux Mémoires sur l'état actuel de son gouvernement, des sciences, des arts, du commerce, de la population et de l'histoire naturelle. — Paris, *Saillant et autres, in-12, 6 vol. rel.*

3086. — NORVINS, Ch. NODIER, Alex. DUMAS, etc. (MM. de). — Italie pittoresque. Tableau historique et descriptif de l'Italie, du Piémont, de la Sardaigne, de la Sicile, de Malte et de la Corse. Orné de dessins inédits, etc. — Paris, *A. Costes, 1834, in-4° rel.*

3087. — SAINT-MARC (de). — Abrégé chronologique de l'histoire générale d'Italie, depuis la chute de l'Empire romain en Occident, c'est-à-dire depuis l'an 476 de l'ère chrétienne jusqu'au traité d'Aix-la-Chapelle, en 1748. — Paris, *Jean-Thomas Hérissant, 1761, pt in-8°, 5 vol. rel.*

3088. — FANTIN DESODOARDS (Ant.) — Histoire d'Italie, depuis la chute de la République romaine jusqu'aux premières années du dix-neuxième siècle. — Paris, *J.-E.-G. Dufour et autres, 1803, in-8° br.,* 9 vol.

3089. — GUICHARDIN (Fois). — Histoire des guerres d'Italie, traduites de l'italien par Favre et revue par Georgeon. — Londres, *Paul et Isaac Vaillant, 1738, in-4° rel.*

3090. — D°. — Il volvme de l'histoire des gverres d'Italie, traduite d'italien en français par Hiérosme Chomedey Parisien. — S. l. d'imp. ni n. d'imp. *1593, in-8° rel.*

3091. — LACROIX (J. F. de). — Anecdotes italiennes, depuis la destruction de l'Empire romain en Occident jusqu'à nos jours. — Paris, *Vincent, 1769, pt in-8° rel.*

3092. — GROSLEY. — Nouveaux Mémoires ou Observations sur l'Italie et sur les italiens, par deux gentilshommes suédois. Traduits du suédois. LONDRES, *J. Nourse, 1764, p*^{t} *in-8° obl., 3 vol. rel.*

3093. — D°. — Autre exemplaire.

3094. — DENINA (CARLO). — Delle Revoluzioni d'Italia. — TORINO, *Reycends, 1769-1770, in-4°, 3 vol. rel.*

3095. — D°. — Tableau historique, statistique et moral de la Haute-Italie et des Alpes qui l'entourent, précédé d'un coup d'œil sur le caractère des Empereurs, des Rois et autres Princes qui ont régné en Lombardie, depuis Bellovèze et César jusqu'à Napoléon Ier. — PARIS, *L. Fantin, 1805, in-8° rel.*

3096. — SISMONDE DE SISMONDI (J.-C.-L.) — Histoire de la Renaissance de la liberté en Italie, de ses progrès, de sa décadence et de sa chute. — PARIS, *Treuttel et Würtz, in-8°, 2 vol. br.*

3097. — ZELLER (J.) — Italie et Renaissance. — PARIS, *Didier, 1869, in-8°.*

3098. — XIVREY (J. BERGER DE). — Tradition française d'une Confédération de l'Italie. Rapprochement historique (1609-1859). — PARIS, *Imprimerie impériale, 1870, in-8° br.* (2 ex.)

3099. — SAUZET (PAUL). — Rome devant l'Europe. — PARIS, *J. Lecoffre, 1860, in-8° br.*

3100. — BRÉGUIGNY (L. G. DE). — Histoire des révolutions de Gênes, depuis son établissement jusqu'à la conclusion de la paix de 1748. — PARIS, *Nyon fils, et chez Robustel, 1752, in-12, 3 vol. rel.*

3101. — ESSAI HISTORIQUE ET POLITIQUE sur l'état de Gênes, considéré sous le rapport des avantages que sa position peut offrir aux armes de la République française, en cas de guerre en Italie. — PARIS, *A. Cl. Forget et Cie, l'an 2 de la Rép., in-8° rel.*

3102. — TROGNON (M.). — Résumé de l'histoire d'Italie. — PARIS, *Lecointe et Durey, 1825, in-18 br.*

3103. — LAUGIER (L'abbé). — Histoire de la République de Venise, depuis sa fondation jusqu'à présent. — PARIS, *Duchesne, 1759, in-12 obl., 12 vol. rel.*

3104. — MACHIAVEL (NICOLAS). — Histoire de Florence. Trad. nouvelle. — PARIS, *Defer de Maisonneuve, 1789, in-8° br., 2 vol.*

3105. — PERRENS (F.-T.). — Histoire de Florence. — PARIS, *Hachette et Cie, 1877, in-8°, 6 vol.,* dont 5 rel. et 1 br.

3106. — ROSCOE (WILLIAM). — Vie de Laurent de Médicis, surnommé *le Magnifique*. Trad. de l'anglais. — PARIS, *Baudouin, an VIII, in-8° rel.*

3107. — PE' SOLENNI FUNERALI di sua Eccellenza *Jacopo Antonio* Sanvitale conte di Fontanellato et di Nocete, marchese di Medesano ; grand-maggiordomo et consigliere intimo di S. A. R. l'Infante duca di Parma, etc., etc.

Orazione detta dal Reverendissimo Padre Giuseppe Maria Pagnini, Carmelitano della Congregazione di Mantova, etc., etc. — PARMA, *Dalla Stamperia reale, s. d., in-4° rel. f. d. s. tr.*

3108. — COLLEJO Y ANGELO (PIERRE DEL). — Description de l'isle de Sicile et de ses côtes maritimes, avec les plans de toutes ses forteresses, nouvellement tirées comme elles se trouvent présentement.

Suivant l'édition qu'en a fait l'imprimeur de S. M. I. et C. à Vienne.

On a ajouté un mémoire de l'état politique de la Sicile, présenté au Roi Victor Amédée, par le Bon Agatin Appart, de la ville de Catanes, d'après un manuscrit authentique. — AMSTERDAM, *chez J. Wetstein et Smith, 1734, in-8° rel.*

3109. — LORGUES (ROSELLY DE). — Christophe Colomb. Histoire de sa vie et de ses voyages, d'après des documents authentiques tirés d'Espagne et d'Italie. — PARIS, *Didier et Cie, 1856, in-8°, 2 vol. rel.*

3110. — GIANNONE (PIERRE). — Histoire civile du Royaume de Naples, traduite de l'italien. Avec de nouvelles Notes, Réflexions et Médailles fournies par l'auteur, et qui ne se trouvent point dans l'édition italienne (par Demonceaux). — LA HAYE, *Pierre Gosse et Isaac Beauregard, 1742, in-4°, 4 vol. rel.*

3111. — EGLY (MONTENAULT D'). — Histoire des Rois des Deux-Siciles de la Maison de France, contenant ce qu'il y a de plus intéressant dans l'histoire de Naples, depuis la fondation de la monarchie jusqu'à présent. — PARIS, *Nyon, 1742, in-12, 4 vol. rel.*

3112. — COLLETTA (Le G^{al}). — Histoire des six derniers mois de la vie de Joachim Murat, publiée à Naples et trad. de l'italien par L. Gallois. — PARIS, *L'Huilier, 1821, in-12, br.*

3113. — SCROFANI (S.). — Histoire de la guerre des esclaves, en Sicile, sous les Romains. Trad. par Naudet. — PARIS, *Collin, 1807, in-8° rel.*

3114. — PIÈCES OFFICIELLES et inédites sur les affaires de Naples, précédées de réflexions. — PARIS, *Mongie aîné, 1820, in-8° rel.*

3115. — DOCUMENTS HISTORIQUES sur les derniers événements arrivés en Sicile. — Paris, *Baudouin frères, 1821, in-8° rel.*

3116. — RÉSUMÉ de l'histoire de Naples et de Sicile par S. D. — Paris, *Lecointe et Durey, 1826, in-18 br.*

3117. — PRÉCIS HISTORIQUE de la ville de Messine et de la Sicile.

3118. — DU CERCEAU (R. P.) — Conjuration de Nicolas Gabrini, dit de Rienzi, tyran de Rome en 1347. — Paris, *Veuve Etienne, 1733, in-12 obl. rel.*

3119. — ZUR-LAUBEN. — Mémoires et lettres de Henri de Rohan, sur la guerre de la Valteline, publiés pour la première fois et accompagnés de notes géographiques. — Genève et Paris, *Vincent, 1758, in-8°, 3 vol. rel.*

3120. — VARCHI (B.) — Histoire des révolutions de Florence sous les Médicis, traduite du Toscan de Benedetto Varchi, par M. Requier. — Paris, *Muster fils et autres, 1765, in-12 obl., 3 vol. rel.*

3121. — GARY (Alphonse). — Coup d'œil d'un Français sur le nouveau royaume d'Italie, considéré en lui-même et dans ses rapports avec l'Europe. — Paris, *Rondonneau, an 13, in-8° br.*

3122. — GALIBERT (Léon). — Histoire de Venise. — Paris, *Furne, 1847, in-4° br.*

3123. — RUFFINI (Lorenzo Benoni, Le Cte). — Mémoires d'un conspirateur. — Paris, *Librairie nouvelle, 1855, in-8° br.*

3124. — GARIBALDI. — Les Mille. — Paris, *C. Silvain, 1875, in-8°.*

3125. — BOTTA (Charles). — Histoire des peuples d'Italie. — Paris, *Raymond, 1825, in-12, 3 vol. rel.*

Mélanges

3126. — CHEFS D'ŒUVRE HISTORIQUES (Petits). — Recueil contenant :

1°. — La conspiration de Walstein, par Sarrasin, relié avec :

2°. — Relation des campagnes de Rocroy et de Fribourg, par H. de Bessé.

3°. — La conspiration de Fiesque, par le cardinal de Retz.

4°. — Histoire de la révolution de Russie, en 1762, par Rulhières.

5°. — Précis de l'histoire des Maures en Espagne, par Florian, précédés d'une introduction et d'une étude historique, par M. Ant. de Latour. — Paris, *Didot frères, 1846, in-8° rel.*

3127. — MÉZIÈRES (A.), de l'Académie française. — Hors de France, Italie, Espagne, Angleterre, Grèce moderne, 2ᵉ édit. — Paris, *Hachette et Cⁱᵉ, 1887, pᵗ in-8° br.*

---

4. — HISTOIRE DES ILES IONIENNES ET DE L'ILE DE MALTE

3128. — ATLAS (Nouvel), pour servir à l'histoire des îles Ioniennes, contenant cartes, plans, vues, costumes et médailles, par un ancien officier supérieur en mission dans ces îles.

Ouvrage revu par M. le colonel Bory de Saint-Vincent. — Paris, *Dondey-Dupré père et fils, 1823, in-f° cart.*

3129. — BOISGELIN (Louis de), Chⁱᵉʳ de Malte. — Malte ancienne et moderne, contenant la description de cette île, son histoire naturelle, celle de ses différents gouvernements, la description de ses monuments antiques, un traité complet des finances de l'Ordre, l'histoire des chevaliers de Saint-Jean de Jérusalem, depuis les temps les plus reculés jusqu'à l'an 1800, et la relation des événements qui ont accompagné l'entrée des Français dans Malte, et sa conquête par les Anglais. Edit. française, publiée par M. de Fortia (de Pilles). Ornée d'une carte nouvelle des îles de Malte et du Goze. — Paris, *Mᵐᵉ Hocquart et chez Petit, 1809.*

3130. — BONNIER D'ALCO (A. E. L. A.) — Recherches historiques et politiques sur Malte. Ornées de gravures, représentant les Médailles antiques et de la carte de cette île, par le citoyen Capitaine. — Paris, *C. F. Cramer, an VII, in-8° rel.*

---

5. — HISTOIRE DE LA SUISSE

3131. — DUBOCHET (J. J.) — Histoire des Suisses. — Paris, *Raymond, 1825, in-12 rel.*

3132. — D°. — Autre exemplaire.

3133. — MARTIN (A.) — La Suisse pittoresque et ses environs. Tableau général, descriptif, historique et statistique des 22 cantons de la Suisse, d'une partie du Piémont et du pays de Bade. — Paris, *H. Souverain, 1835, gᵈ in-8° rel.* (pl.)

3134. — REUGGER. — Sur la Confédération suisse et les prétentions de Berne. Ecrit en mai 1814. Trad. de l'allemand. — S. l. d'imp. ni nom d'imp., *1814, in-8° br. de 54 pag.*

3135. — RIVIÈRE (de Grenoble). — Les Suisses appréciés par l'histoire; ou quelques-unes de leurs perfidies, révoltes, refus de combattre, etc., etc., etc., etc., 2ᵉ édit. — Paris, *Corréard et autres, 1819, in-8° br.* de 80 pages.

3136. — DESOR (E.) — Les Palafittes, ou constructions lacustres du lac de Neufchatel. Ornées de 95 gravures sur bois. — Paris. *C. Reinwald, 1865, in-8° br.*

3137, — MALLET DU PAN. — Essai historique sur la destruction de la Ligue, et de la liberté helvétique. — Londres, *Wiet Spilsburg, Suow-Hill, 1798, in-8°.*

———⊱✶⊰———

6. — HISTOIRE D'ESPAGNE

3138. — BORY DE SAINT-VINCENT. — Résumé géographique de la Péninsule Ibérique, contenant les royaumes de Portugal et d'Espagne. (Carte). — Paris, *A. Dupont et Crozat, 1826, in-12 cart.*

3139. — DEPPING (M). — Vocabulaire géographique de l'Espagne et du Portugal, suivi d'un itinéraire de ces deux royaumes, traduit de l'Espagnol. Précédé d'une belle carte routière de l'Espagne et du Portugal. — Paris, *Guillaume et chez Masson, 1823, in-8°.*

3140. — Dᵒ. — Histoire générale de l'Espagne, depuis les temps les plus reculés jusqu'à la fin du 18ᵉ siècle. -- Paris, *D. Colas, 1811, in-8°,* 2 *vol. rel.* (Carte.)

3141. — FERRERAS (Jean de). — Histoire générale d'Espagne, traduite de l'espagnol, enrichie de notes historiques et critiques, de vignettes en taille douce, et de cartes géographiques, par d'Hermilly. — Paris, *Ch. Osmont, Gissey et autres, 1742-1751, in-4°, 10 vol. rel.*

3142. — DESORMEAUX. — Abrégé chronologique de l'histoire d'Espagne. — Paris, *Duchesne (N. B.), 1758, in-12, 5 vol. rel.*

3143. — MACQUER et LACOMBE. — Abrégé chronologique de l'histoire d'Espagne et de Portugal, divisée en huit périodes.

Avec des remarques particulières à la fin de chaque période sur le génie, les mœurs, les usages, le commerce, les finances de ces monarchies, ensemble la notice des princes contemporains et un précis historique sur les savants et illustres. — Paris, *J. Th. Hérissant fils, 1765, pᵗ in-8°,* 2 *vol. rel.*

3144. — DUPIN (L. Elliès). — Histoire des révolutions d'Espagne, où l'on voit la décadence de l'empire romain, l'établissement de la domination des Goths, des Vandales, des Suèves, des Alains, des Silinges, des Maures, des Français, et la division des Etats, tels qu'ils ont été depuis le commencement du cinquième siècle jusqu'à présent. Le tout conformément à la plus exacte chronologie. — Paris, *Bordelet, 1729, in-12*, 5 *vol. rel.*

3145. — RABBE (Alp.) — Résumé de l'histoire d'Espagne, depuis la conquête des Romains jusqu'à la révolution de l'île de Léon. Avec une introduction par F. Bodin, 3ᵉ édit. — Paris, *Lecointe et Durey, 1824*, *in-8° br.*

3146. — Dᵒ. — Le même. — Paris, *1823*.

3147. — GARAUDÉ (Alexis de). — L'Espagne en 1851, ou impressions de voyage d'un touriste dans les diverses provinces de ce royaume. — Paris, *E. Dentu, 1852, in-8° rel.*

3148. — GOMEZ (Mᵐᵉ de). — Histoire secrète de la conquête de Grenade — Paris, *A. Morin, 1729, in-12 rel.*

3149. — AMADOR DE LOS RIOS (Don José). — Etudes historiques, politiques et littéraires sur les Juifs d'Espagne. Trad. par J. G. Magnabal. — Paris. *Durand, 1861, in-8°.*

3150. — VARILLAS (A.) — La pratique de l'éducation des princes, contenant l'histoire de Guillaume de Croy, surnommé le Sage, seigneur de Chièvres, gouverneur de Charles d'Autriche, qui fut empereur cinquième du nom. — Amsterdam, *H. Wetstein et H. Desbordes, 1684 in-12 rel.*

3151. — Dᵒ. — Le même. — Amsterdam, *dᵒ, 1686, dᵒ.*

3152. — ROBERTSON (Will.) — L'histoire du règne de l'empereur Charles-Quint, précédée d'un Tableau des progrès de la Société en Europe, depuis la destruction de l'empire romain jusqu'au commencement du 16ᵉ siècle.

Trad. de l'anglais par Suard. — Amsterdam, *et se trouve à* Paris, *Saillant et Nyon et autres, 1771, in-12, 6 vol. rel.*

3153. — Dᵒ. — Autre exempl.

3154. — WATSON (Robert). — Histoire du règne de Philippe II, roi d'Espagne. Trad. de l'anglais par le Cᵗᵉ de Mirabeau et M. Durival. — Amsterdam, *D.-J. Changuion ;* Rotterdam, *Bennet et Hake, 1777, in-12*, 4 *vol. rel.*

3155. — D°. — Histoire du règne de Philippe III, roi d'Espagne, continuée par Guillaume Tomson, ouvrage traduit de l'anglais par L. J. A. Bonnet. — Paris, *Cérioux aîné et autres, 1809, in-8°, 3 vol. rel.*

3156. — PRAT (Mis du). — Histoire d'Elisabeth de Valois, reine d'Espagne (1545-1568). — Paris, *Techener, 1859, in-8° br.*

3157. — PRADT (de). — Mémoires historiques sur la situation d'Espagne, par l'auteur du Congrès de Vienne. — Paris, *Rosa, 1816, in-8° br,*

3158. — TARGE (M.) — Histoire de l'avènement de la Maison de Bourbon au trône d'Espagne, dédiée au Roi. — Paris, *Saillant et Nyon, et chez la veuve Desaint, 1772, in-12, 6 vol. rel.*

3159. — D°. — Autre exemplaire.

3160. — NÉGOCIATIONS relatives à la succession d'Espagne sous Louis XIV, ou Correspondances, Mémoires et Actes diplomatiques concernant les prétentions et l'avènement de la Maison de Bourbon au trône d'Espagne, accompagnés d'un texte historique et précédés d'une Introduction par Mignet. — Paris, *Imprimerie royale, 1835, 4 vol. in-4° cart.*

3161. — MÉMOIRES MILITAIRES relatifs à la succession d'Espagne sous Louis XIV, extraits de la Correspondance de la Cour et des Généraux, par le Lieutenant-Général de Vault, directeur du dépôt de la guerre, mort en 1790, revus, publiés et précédés d'une Introduction, par le Lieutenant-Général Pelet. — Paris, *Imprimerie royale, 1835, in-4° cart. 8 vol.*

3162. — ATLAS. — G^d in-f° pour cet ouvrage. Documents inédits sur l'histoire de France. — Paris, *d°, d°, d°, même numéro.*

3163. — GODOY (Don Manuel), Prince de la Paix. — Ses Mémoires, traduits en français d'après le manuscrit espagnol, par J. G. d'Esménard, Lieutenant-Général d'Etat-Major. — Paris, *Ladvocat ;* Londres, *R. Bentley ;* Madrid, *C. Monnier, 1836, in-8° br., 4 vol.*

3164. — MÉMOIRES d'un apothicaire sur la Guerre d'Espagne, pendant les années 1808 à 1814. — Paris, *Ladvocat, 1828, in-8°, 2 vol. br.*

3165. — CONSTITUTION DE LA MONARCHIE ESPAGNOLE, décrétée par les Cortès extraordinaires du Royaume, assemblées à Cadix, en 1811 et 1812, traduite de l'espagnol. — Londres, *Schulze et Dean, se trouve chez Deconchy, 1813, in-8° br.*

3166. — SAN MIGUEL (D. Evariste). — Relation de l'expédition de Riego ; ornée des portraits de Quiroga, Riego, Lopez Bannos, Y. Arca Aguero. — Paris, *Corréard, 1820, in-8° br.*

3167. — LETTRE adressée aux membres du club Lorencini à Madrid ; suivie d'un catéchisme à l'usage de tous les hommes qui respectent assez la raison pour ne pas mettre leurs passions au-dessus d'elle. — Paris, *Brissot-Thivars, 1820, in-8° br.*

3168. — SORREGUIETA (Thomas de). — Semana Hispano-Bascongada, la unica de la Europa, y la mas antigua del orbe, con dos suplementos de otros ciclos, y etimologias bascondadas. Primera parte. Dedicada a la M. N. Ym. L. Provincia de Guipuzcoa. Por su autor D. Thomas de Sorreguieta, presb. — En Pamplona : *Por la viuda e hijos de Longas, 1804, in-8° rel.*

3169. — CADIZ PHENICIA. — Con el examen de varias noticias antiguas de Espana, que conservan los escritores hebreos, phenicios, griegos, romanos y arabes. — Madrid, *José del Collado, ano de 1805, in-8°, 3 vol. rel.*

3170. — VIE (La) et les actions héroïques et plaisantes de l'invincible Empereur Charles V. Dédiée à S. A. Electorale Mgr le duc de Bavière. — Amsterdam, *1704, petit in-8° rel.*

3171. — MEXIQUE (Question du) devant les Cortès d'Espagne. Discours prononcés au Sénat et au Congrès par MM. Bermudès de Castro, Concha, Mon et Rios y Rosas. — Paris, *Lainé et Havart, 1863, in-8° br.*

3172. — Dº. — Le général Prim jugé par le Sénat. Les Cortès et la presse espagnole dans la question du Mexique. — Paris, *Dentu, 1863, in-8° broché.*

3173. — FILTZ-MORITZ (Lettres de M.) sur les affaires du temps, et principalement sur celles d'Espagne sous Philippe V, et les intrigues de la Princesse des Ursins. — Amsterdam, *Du Villars et Changuion, 1718, in-8° rel.*

3174. — LETI (Gregorio). — La vie de Philippe II, roi d'Espagne. Traduite de l'italien, de *Gregorio Leti.* — Amsterdam, *Mortier, 1724, petit in-8°, 6 vol. rel.*

3175. — ALBERONI (Testament politique du cardinal Jules), recueilli de divers mémoires, lettres et entretiens de S. E., par Monsignor A. M. Traduit de l'italien par le C. de R. B. M. — Lauzanne, *M. M. Bousquet, 1754, in-12 rel.*

3176. — MARTEN DE GARREY. — Manifeste de la nation espagnole à l'Europe.

Où la junte suprême découvre à toutes les puissances le pressant besoin de se coaliser pour renverser le colosse tyrannique qui avait osé siéger sur le trône de Saint-Louis, de Henri IV et de l'infortuné Louis XVI, etc. — Dijon, s. d., *in-8° br. de 31 p.*

3177. — APPEL à l'opinion publique sur la situation de l'Espagne, par M. F. de M. — Paris, *1839, in-8° br.*

3178. — JULIAN (L.). — Précis historique des principaux événements politiques et militaires qui ont amené la Révolution d'Espagne. — Paris, *Mongie aîné, 1821, in-8° br.*

3179. — RECUEIL DE DIVERSES PIÈCES et des discussions qui ont eu lieu aux Cortès générales et extraordinaires d'Espagne, en l'an 1811, sur la traite et l'esclavage des nègres. Trad. de l'espagnol. — Paris, *janvier, 1814, in-8° br.*

3180. — MONGLAVE (E. de). — Histoire de l'Espagne. — Paris, *Raymond, 1825, in-12 rel.*

3181. — MARINA (D. F.). — Histoire constitutionnelle d'Espagne, depuis l'origine de cette monarchie jusqu'à nos jours. — Paris, *Dondé-Dupré, 1834, in-8° br.*

3182. — SAINT-PROSPER (Auguste). — Histoire d'Espagne, de Portugal, de Hollande et de Belgique, depuis les temps les plus reculés jusqu'à nos jours. Ouvrage orné d'environ 32 belles planches gravées sur acier. — Paris, *Béthune et Plon, 1844.*

3183. — FLORIAN. — Précis de l'histoire des Maures en Espagne. — Paris, *F. Didot frères, 1846.* Contenu dans le Recueil de Petits chefs-d'œuvre historiques, *petit in-8° cart.*

3184. — SAINT-RÉAL (l'abbé de). — Conjuration des Espagnols contre Venise. — D°, d°, d°, d°.

---

7. — HISTOIRE DU PORTUGAL

3185. — FARIA, Y SOUZA (Manvel de). — Evropa Portvguesa. Segvnda edicion, correta, ilvstrada, y anadida en tantos lugares, y con tales ventajas que es labor nueva. — Lisboa, *Acosta d'Antonio Craesbeeck de Mello, 1678, in-f°, 3 vol. rel.*

3186. — VERTOT (l'Abbé de). — Révolutions de Portugal, 4e édit. — Paris, *Nyon et autres, 1737, in-12 rel.*

3187. — D°. — D°. — Nouvelle édition. — D°, d°, *1750,* d°.

3188. — D°. — D°, d°, d°, d°, *1758,* d°.

3189. — D°. — D°, d°, d°, *Humblot, 1768,* d°.

3190. — D°. — Histoire des Révolutions de Portugal. — Paris, *Ménard, 1819, in-12 cart.*

3191. — Dᵒ. — Histoire des Révolutions de Portugal. — Paris, *F. Didot frères, 1846.* Contenue dans le Recueil nᵒ

3192. — DURDENT (J. R.) — Beautés de l'histoire de Portugal, ou Abrégé de l'histoire de ce pays, depuis l'antiquité jusqu'à nos jours, etc., etc. -- Paris, *A. Eymery, 1821, pᵗ in-8ᵒ cart.*

3193. — RABBE (Alp.) — Résumé de l'histoire de Portugal, depuis les premiers temps de la Monarchie jusqu'en 1823, seconde édition. — Paris, *Leçointe et Durey. 1824, in-18 br.*

3194. — GUSTA (Le P.) — Mémoires de Sébastien Joseph de Carvalho et Melo, comte d'Oeyras, marquis de Pombal, secrétaire d'état, premier ministre du roi de Portugal Joseph Iᵉʳ. Traduit de l'espagnol par Gattel, *1784, in-12, 4 vol. rel.*

3195. — LA BLAIRE (Ollivier de). — Lisbonne et les Portugais. — Paris, *Corréard, 1820, in-8ᵒ cart.*

3196. — QUESTION PORTUGAISE. — Documents authentiques et officiels concernant les affaires du Portugal, depuis 1824 jusqu'à 1829. Trad. en français par L. J. de Sampaio, émigré portugais. — Brest, *chez l'auteur, juillet 1832, in-8ᵒ br.*

3197. — PAGÈS (D. J. C.) — Revolutiones de Portugal, por el abato de Vertot. Traducido al Castillano. — Paris, *Parmentier, 1825, in-12 rel.*

3198. — GUICHON de GRANDPONT. — Justification de la domination portugaise en Asie, par le Dʳ F. Sébastien de Freitos, trad. par le commissaire général de la marine A. Guichon de Grandpont. — Paris, *J.-B. Aillaud, Gaillard et Cⁱᵉ, in-18.*

---

8. — HISTOIRE DES ILES BALÉARES

3199. — AMSTRONG (J.) — Histoire naturelle et civile de l'île Minorque. — Amsterdam, *Arkstée et Merkus;* Paris, *de Hansy le jeune, 1769, in-12 rel.*

9. — HISTOIRE D'ALLEMAGNE

3200. — DE LA GERMANIE EN GÉNÉRAL. — Première partie. Manuscrit in-8°, maroq. rel. arm. S. L. P. D. S. Tr. Trad. de la Germanie de Tacite.

3200 *bis*. — BARRE (Le père). — Histoire générale d'Allemagne. — Paris, *Delespine, 1748, 11 vol. in-4° rel.*

3201. — ZELLER (Jules). — Histoire d'Allemagne.

I. — Origines de l'Allemagne et de l'empire germanique.

II. — Fondation de l'empire germanique.

III. — L'empire germanique et l'église au moyen-âge. — Paris, *Didier et Cie, 1872-1873-1876, in-8°, 3 vol. cart.*

3202. — D°. — Autre exemplaire.

I. — Origines de l'empire Germanique, avec introduction générale et cartes géographiques. 3e édit. — Paris, *E. Perrin, 1884, in-8° br.*

II. — Fondation de l'empire Germanique. Charlemagne, Otton, etc. 3e édit. Carte. — Paris, *Perrin et Cie, 1886, in-8° br.*

III. — L'empire Germanique et l'Eglise au moyen-âge. — Les Henri. — Querelle des investitures. — Paris, *E. Perrin, 1884, in-8° br.* (2e édit.)

IV. — L'empire Germanique sous les Hohenstauffen. — L'empereur Frédéric Barberousse. — Paris, *E. Perrin et Cie, 1881, in-8° br.* (2e édit.)

V. — L'empereur Frédéric II et la chute de l'empire germanique du moyen-âge. — Conrad IV et Conradin. — Paris, *E. Perrin, 1885, in-8° br.*

3203. — HEISS (J. de). — Histoire de l'Empire, contenant son origine, son progrès, ses révolutions, la forme de son gouvernement, sa politique, ses négociations et les nouveaux règlements qui ont été faits par les traités de Westphalie et autres. Nouvelle édit. Augmentée de notes historiques et politiques, et continuées jusqu'à présent par M. G. J. D. G. — Paris, *1731, in-12, 8 tom., 10 vol. rel.*

3204. — PFEFFEL (C. F.) — Abrégé chronologique de l'histoire et du droit public d'Allemagne, contenant les guerres, les traités de paix, les lois, etc., etc. — Paris, *Hérissant, 1754, in-8° rel.* (2 ex.)

3205. — D°. — Le même. Nouvelle édition. — Paris, *Hérissant, 1766, petit in-8°.* 2 tom. en un vol. rel.

3206. — WEILL (Alex.). — Histoire de la grande guerre des paysans. 2ᵉ édit. — Paris, *Poulet-Malassis, 1862, in-12.*

3207. — STAEL (Mᵐᵉ de). — De l'Allemagne. Nouvelle édition. — Paris, *Treuttel et Wurtz, 1835, in-12,* 2 vol. rel.

3208. — D°. — Autres exemplaires. — Paris, *Didot, 1845, in-12 rel.*

3209. — PFEFFEL. — Histoire du règne de Marie-Thérèse, etc. — Bruxelles, *Le Maire, 1786, in-8° rél.* (2 ex.)

3210. — GOERRES (J.). — L'Allemagne et la Révolution. Trad. de l'allemand, par C.-A. Scheffer. — Paris, *Brissot-Thivars, 1819, in-8° broché.*

3211. — FISCHER. — Considérations politiques sur l'état actuel de l'Allemagne. Ouvrage attribué au professeur Fischer et saisi au-delà du Rhin. Trad. nouvelle avec des notes et des remarques de MM. Bignon, de Pradt, Regnault, Warin, Schæffer, Thevenin, etc. — Paris, *Corréard, 1821, in-18 cart.*

3212. — D°. — Autre exemplaire.

3213. — COXE (William). — Histoire de la maison d'Autriche, depuis Rodolphe de Hapsbourg jusqu'à la mort de Léopold II (1218-1792). Trad. de l'anglais par P.-F. Henry. — Paris, *H. Nicolle, 1810. in-8°,* 5 vol.

3214. — VITON DE SAINT-ALLAIS (N.). — Histoire généalogique des Maisons souveraines de l'Europe, depuis leur origine jusqu'à présent. (Maison d'Autriche). — Paris, *1811, in-8°,* 2 vol. rel. (avec les cartes).

3215. — BONAIR (de). — La politique de la Maison d'Autriche, avec un discours sur la conjoncture présente des affaires d'Allemagne. De l'élection et couronnement des Empereurs et des Rois des Romains, suivant la copie imprimée à Paris, *chez Ant. de Sommaville, 1658, petit in-12.*

3216. — DU BOSC DE MONTANDRE. — L'histoire et la politique de l'auguste Maison d'Autriche, où se voient ses établissements sur les trônes de l'empire de Bohême et de Hongrie, etc., etc. — Paris, *E. Loyson, 1633, in-4° rel.* (2 ex.)

3217. — FRESCHOT (Casimir). — Mémoire de la Cour de Vienne, contenant les remarques d'un voyageur curieux sur l'état présent de cette Cour et sur ses intérêts. Divisé en 7 parties, savoir : Description de la ville de Vienne, etc., etc. — Cologne, *G. Étienne, 1706, in-12 rel.*

3218. — CARACCIOLI (L. A. D.) — La vie de Joseph II, empereur d'Allemagne, roi de Hongrie et de Bohême. Portrait. Suivie de notes instructives. — Paris, *Cuchet, 1790, in-8°.*

3219. — LA VICOMTERIE (E.) — Les crimes des empereurs d'Allemagne, depuis Lothaire Ier jusqu'à Léopold II, 5 gravures. — Paris, *1793, in-8° rel.*

3220. — PEYSSONNEL (de). — Observations historiques et géographiques sur les peuples barbares qui ont habité les bords du Danube et du Pont-Euxin. — Paris, *N. M. Tilliard, 1765, in-4° rel.*

3221. — MERCEY (Fréd.) — Le Tyrol et le nord de l'Italie. Esquisses de mœurs, anecdotes, etc. Extrait du journal d'une excursion dans ces contrées en 1830. Cartes, paysages et costumes. — Paris, *Paulin, 1833, in-8°, 2 vol. rel.*

3222. — SACY (C. L. M. de). — Histoire générale de Hongrie depuis la première invasion des Huns jusqu'à nos jours. — Paris, *Demonville, 1778, in-12, 2 vol. rel.*

3223. — HISTOIRE du prince Ragotzi, ou la guerre des mécontents sous son commandement. — Cassovie, *1707, in-12 rel.*

3224. — FRÉDÉRIC II (Roi de Prusse). — Mémoires pour servir à l'histoire de la Maison de Brandebourg. — Au Donjon du Château, *1750, in-8° rel.*

3225. — D°, d°. — Précédés d'un discours préliminaire et suivis de trois dissertations sur la religion, les mœurs, le gouvernement de Brandebourg, etc. — Berlin et La Haye, *J. Neaulme, 1751, in-12 rel.*

3226 — D°, d°. — Avec quelques autres pièces intéressantes, première partie. — S. l. d'imp., *1751, in-8° rel.*

3227. — D°. — Sa vie, attribuée à Thiébault de Laveau (d'après Barbier). — Strasbourg, *Treuttel, 1787, in-8°, 4 vol. cart.*

3228. — BROGLIE (Le duc de), de l'Académie française. — Frédéric II et Marie-Thérèse, d'après des documents nouveaux, 1740-1742, 2e édit. — Paris, *Calmann-Lévy, 1883, 2 vol. in-8° br.*

3229. — WILHELMINE DE PRUSSE. — Mémoires de Frédéric-Sophie-Wilhelmine de Prusse, margrave de Bareith, sœur de Frédéric-le-Grand, écrits de sa main, 4e édit. — Paris, *Delaunay, 1813, in-8°, 2 vol.*

3230. — MIRABEAU (Le Cte de). — De la monarchie prussienne sous Frédéric-le-Grand, avec un appendice contenant des recherches sur la situation actuelle des principales contrées de l'Europe. — Londres, *1788, in-8°, 8 vol. rel.*

3231. — D°. — Atlas de la monarchie prussienne. — Londres, *In-f° rel.*

3232. — D°. — Histoire secrète de la cour de Berlin ou correspondance d'un voyageur français depuis le 5 juillet 1786, jusqu'au 19 janvier 1787-1789, *in-8°, 2 vol. rel.* (2 ex.)

3233. — GRIMOARD (Le Cte de). — Tableau historique et militaire de la vie et du règne de Frédéric-le-Grand, roi de Prusse. — Londres et Paris, *Didot, 1788, in-4° rel.*

3234. — SÉGUR (Le Cte L. P. de). — Histoire des principaux événements du règne de Guillaume II, roi de Prusse, et tableau politique de l'Europe depuis 1786 jusqu'en 1796. Contenant un précis des révolutions de Brabant, de Hollande, de Pologne et de France. — Paris, *F. Buisson, an IX (1800), in-8°, 3 vol. cart.*

3235. — HISTOIRE des guerres de Prusse et d'Allemagne, depuis Frédéric-le-Grand, jusqu'à la fin du règne de Napoléon. — Paris, *Philippe, 1831, in-8°, 3 vol.*

3236. — WIMPFFEN (Le baron de). — Ses mémoires écrits par lui-même. — Paris, *Didot, 1788, in-8°.* Le premier volume seulement contenant sa vie.

3237. — KOREFF. — Du triomphe inévitable et prochain des principes constitutionnels en Russie. Trad. de l'allemand par M***, avec un avant-propos et des notes de Benjamin Constant. — Paris, *Mars 1821, in-8° broch.*

3238. — CRAMER (J.-G.) — Joannis Georgii Crameri J V D commentarii de Juribus et prœrogativis nobilitatis avitæ ejusque Probatione et Institutis Germanorum et priscis et hodiernis. Tomus I. — Lipsiæ, *apud Joannem Christianvm Martini, 1739, in-4° rel.* (Fleuron et frontispice gravés).

3239. — MAFFEI (Mémoires du Marquis). — Contenant une exacte description de plusieurs des plus fameuses expéditions militaires de notre siècle. — La Haye, *J. Neaulme, 1740, in-12 rel.*

3240. — ECCARD (J. G.) — Joh. Georgii Eccardi V. C. De origine Germanorum eorumque vetustissimis Coloniis, migrationibus ac rebus gestis libri duo. Ex Schedis manuscriptio viri illustris edidit, figuras aeri incisas adjecit et præfatus est Christianus Ludovicus Scheidius J.-C. — Goettingæ, *sumptibus Joh. Guil. Schmidii, 1750, in-4° rel.* (Fleuron dont les attributs et les devises : honni soit qui mal y pense).

3241. — SAINT-MARC GIRARDIN. — De l'instruction intermédiaire et de son état dans le midi de l'Allemagne. — Paris, *Levrault, 1835, in-8° br.*

3242. — BERNARD (M. P.) — Histoire de l'Autriche depuis son origine jusqu'en 1845, suivies de notes biographiques sur ses grands hommes. — Paris, *Pagnerre, 1845, in-12 br.*

3243. — D°. — Histoire de la Prusse depuis son origine jusqu'à 1846, suivie de notices biographiques sur ses grands hommes. — Paris, *Pagnerre, 1846, in-8° br.*

3244. — D°. — Histoire de l'Allemagne depuis son origine jusqu'en 1846, suivies de notices biographiques sur ses grands hommes. — Paris, *Pagnerre, 1847, in-12 rel.*

3245. — SCHILLER. — Histoire de la guerre de trente ans, traduite par Mᵐᵉ la baronne de Carlowitz. — Paris, *Charpentier, 1849, in-8° br.*

3246. — LÉGER (Louis). — Histoire de l'Autriche-Hongrie, depuis les origines jusqu'à l'année 1878, 4 cartes. — Paris, *Hachette et Cⁱᵉ, 1879, in-8° rel.*

3247. — LAVISSE (Ernest). — Etude sur l'histoire de Prusse. — Paris, *Hachette et Cⁱᵉ, 1879, in-8°.*

10. — HISTOIRE D'ANGLETERRE, D'ÉCOSSE ET D'IRLANDE

3248. — BELLIN. — Essai géographique sur les îles britanniques. — Paris, *Didot, 1757, in-4° (2 ex.)*

3249. — L'QUETIN. — Nouvel itinéraire portatif de la Grande-Bretagne, contenant l'Angleterre, l'Ecosse et l'Irlande, etc. Avec une carte routière. — Paris, *H. Langlois et Cⁱᵉ, 1828, in-18.*

3250. — CAMBDEN (G.). — Britannia, sive florentissimorum regnorum Angliæ, Scotiæ et Insularum adjacentium, ex intimâ antiquitate chorographica descriptio. — Francofurti, *1616, petit in-8° rel.*

3251. — NOTICE descriptive sur l'Angleterre, l'Ecosse et l'Irlande. Extraits de divers auteurs. — Paris, *Imp. de la République, an XII (1803), in-8°, 3 vol. cart.*

3252. — CRUTWELL (Cl.). — Description géographique, topographique, pittoresque, industrielle et commerciale de l'Angleterre, de l'Ecosse et de l'Irlande. Trad. de l'anglais sur la 4ᵉ édition, avec un itinéraire des routes de la Grande-Bretagne, etc. Trad. de l'anglais de Kearsley. Orné de 7 cartes. — Paris, *H. Langlois, 1804, in-18, 4 tomes en 5 vol. cart.*

3253. — STRUTT (Joseph). — Angleterre ancienne, ou tableau de mœurs, usages, armes, habillements, etc., des anciens habitants de l'Angleterre, c'est-à-dire des anciens Bretons, des Anglo-Saxons, des Danois et des Normands. Trad. de l'anglais par M. B*** (Boulard), et pouvant servir de suite aux recueils de Montfaucon et de Caylus. — Paris, *Maradan*, 1789, in-4°, 2 vol. rel.

3254. — RAPIN-THOYRAS (P. de). — Histoire d'Angleterre, contenant ce qui s'est passé depuis l'invasion de Jules César jusqu'à la conquête des Normands. — La Haye, *A. de Rogissart, 1724, 15 vol. in-4°* rel.

3255. — D°. — Autre. 2° édit. — *1727, 13 vol.* G. F. D. S. T.

3256. — TINDAL (N.). — Remarques historiques et critiques sur l'histoire d'Angleterre de Rapin-Thoyras, et abrégé historique du recueil des actes publics d'Angleterre de Thomas Rymer, par Rapin-Thoyras, avec les notes de M. Etienne Whatley. — La Haye, *P. Gosse, etc.*, 173, in-4° 2 vol. V. G. F. D. S. T.

3257. — RAPIN-THOYRAS (P. de). — Extraits des actes de Rymer, tirés de la Bibliothèque choisie et de la Bibliothèque ancienne et moderne de M. Le Clerc. — Amsterdam, *David Mortier, 1728, in-4°.* V. G. F. D. S. T.

3258. — HISTOIRE (Nouvelle) d'Angleterre, en français et en anglais, par demandes et par réponses, tirée des plus fameux historiens anglais et particulièrement de M. Rapin-Thoyras. Nouvelle édit. — Londres, *P. Vaillant, 1749, in-12* rel.

3259. — SMOLETT (T.). — Histoire d'Angleterre, depuis la descente de Jules César jusqu'au traité d'Aix-la-Chapelle en 1748. Trad. de l'anglais par M. Targe. — Orléans, *J. Rouzeau-Montaut, 1759, in-12, 19 vol.* rel.

3260. — D°. — Histoire d'Angleterre, depuis le traité d'Aix-la-Chapelle, en 1748, jusqu'au traité de Paris, 1763. Pour servir de continuation aux histoires de MM. Smolett et Hume. Trad. par Targe. — Londres et Paris, *1768, in-12, 5 vol.* rel.

3261. — HUME (David). — Histoire d'Angleterre, depuis l'invasion de Jules César jusqu'à l'avènement de Henri VII. Trad. de l'anglais par Mme B*** (Bellot). — Amsterdam, *1765, in-12, 6 vol.* rel.

3262. — D°. — Histoire de la maison de Tudor sur le trône d'Angleterre. Trad. de l'anglais par Mme B*** (Bellot). — Amsterdam, *1763, in-12, 6 vol.* rel.

3263. — D°. — Histoire de la maison de Stuart sur le trône d'Angleterre. Trad. de l'anglais par l'abbé Prévost. — Londres, *1763, in-12, 6 vol.* rel.

3264. — CHEVRIÈRES (J.-G. DE). — Abrégé chronologique de l'histoire d'Angleterre, avec des notes où l'on rapporte les différences qui se trouvent entre les principaux historiens de cette monarchie, etc., par M. J. G. D. — AMSTERDAM, *F. Chauguion, 1730, in-12, 7 vol. rel.*

3265. — MILLOT (L'abbé). — Eléments de l'histoire d'Angleterre, depuis la conquête des Romains jusqu'au règne de Georges II. 3ᵉ édition. — PARIS, *Durand, 1776, in-12, 3 vol. rel.*

3266. — PRÉCIS (Nouveau) de l'histoire d'Angleterre, depuis les commencements de cette monarchie jusqu'en 1783. Trad. de l'anglais par Miss D. P. (Mˡˡᵉ Dupont, depuis Mᵐᵉ Brissot). — PARIS, *Belin, 1783, in-12.* Carte.

3267. — GOLDSMITH (OL.) — A history of England in series of letters. — LONDON, *1812, in-12, 2 vol. rel.*

3268. — Dᵒ. — Lettres philosophiques et politiques sur l'histoire d'Angleterre, depuis son origine jusqu'à nos jours. Trad. de l'anglais et enrichies de notes sur l'original, par M. Brissot de Warville. 2ᵉ édit. — LONDRES et PARIS, *Régnault, 1790.*

3269. — BODIN (FÉLIX). — Résumé de l'histoire d'Angleterre, 3ᵉ édition. — PARIS, *Le Cointe et Durey, 1824, in-18.*

3270. — Dᵒ. — Autre exemplaire. — *1827, in-18 rel.*

3271. — ROUJOUX (DE) et MAINGUET (ALF.) — Histoire d'Angleterre, depuis les temps les plus reculés jusqu'à nos jours. — PARIS, *Hingran, 1844, in-4ᵒ rel.*

3272. — Dᵒ. — Dᵒ. — PARIS, *Hingran, 1847, p. p. vel., gᵈ in-8ᵒ, 2 vol.* couv. en toile frapp. D. S. T. (détérioré).

3273. — GUIZOT. — Histoire d'Angleterre depuis les temps les plus reculés, etc., racontée à mes petits-enfants. Illustrée de plus de 116 grav. — PARIS, *Hachette, 1878, gᵈ in-8ᵒ, 2 vol.*

3274. — LA CROIX (J. F. DE). — Anecdotes anglaises, depuis l'établissement de la Monarchie jusqu'au règne de Georges III. — PARIS, *Vincent, 1769, in-8ᵒ rel.* (2 ex.)

3275. — NUITS (Les) Anglaises ou Recueil de traits singuliers, d'anecdotes, d'événements remarquables, de faits extraordinaires, etc., etc., propres à faire connaître le génie et le caractère des anglais. — PARIS, *J. P. Cossard, 1770, pᵗ in-8ᵒ, 4 t. en 2 vol. rel.*

3276. — ORLÉANS (le P. J. D'). — Histoire des Révolutions d'Angleterre depuis le commencement de la Monarchie. Nouvelle édition, fig. — AMSTERDAM, *1772, in-12, 4 vol. rel.*

3277. — D°. — La même. Nouvelle édition. — Paris, *1787, in-12,* 4 vol. rel. (Cartes).

3278. — TURPIN (F. B.) — Histoire des Révolutions d'Angleterre pour faire suite à celles du Père d'Orléans. — Paris, *1786, in-12, 2 vol. rel.* (2 exempl.)

3279. — THIERRY (Augustin). — Histoire de la Conquête de l'Angleterre par les Normands. De ses causes et de ses suites jusqu'à nos jours, en Angleterre, en Ecosse, en Irlande et sur le continent, par Augustin Thierry, membre de l'Institut. Cinquième édition.— Paris, *Just Tessier, libraire-éditeur, Quai des Augustins, 37, 1838, 4 vol. in-8°* (3 exemp.)

3280. — D°. — Autre exemplaire, même édition.

3281. — D°. — D°. — Paris, *1839.*

3282. — JUILLY (Baudot de Nic.) — Histoire de Catherine de France, Reine d'Angleterre. — Paris, *G. de Luyne, 1696, in-12 rel.*

3283. — PRÉVOST (l'abbé). — Histoire de Marguerite d'Anjou, Reine d'Angleterre. — Amsterdam, *J. Catuffe, 1741, in-8°, 2 vol. rel.*

3284. — MARSOLIER (l'abbé). — Histoire de Henri VII, Roi d'Angleterre, surnommé Le Sage et le Salomon d'Angleterre. — Paris, *Barbou, 1765, in-12 rel.*

3285. — LETI (Grégoire). — La vie d'Elisabeth, Reine d'Angleterre, trad. de l'italien, 2ᵉ édit. — Amsterdam, *H. Desbordes, 1704, in-12 rel.*

3286. — GOLDSMITH. — An abridgment of Dʳ Goldsmith history of england, from the invasion of Julius Cesar to the death of George the second and continued to the general peace in the Year, 1813. — Paris, *Printed fon Tournachon, Molin, and H. Seguin, 1817, 2 vol. in-12.*

3287. — BARNEVAL (Tachet de). — Histoire légendaire de l'Irlande, par L. Tachet de Barneval. — Paris, *Librairie H. Plon, 1856, in-8° br.*

3288. — CLARENDON (Edward Cᵗᵉ de). — Histoire de la rébellion et des guerres civiles d'Angleterre, depuis 1641 jusqu'au rétablissement du roi Charles II. — La Haye, *Louis et Henry Van Dole, 1704, in-12, v. f., 6 vol. rel.*

3289. — TARGE — Histoire d'Angleterre, depuis le traité d'Aix-la-Chapelle en 1748, jusqu'au traité de Paris en 1763. — Londres et Paris, *1768, Desaint, 5 vol. in-8° rel.*

3290 — PRÉCIS philosophique et politique de l'histoire d'Angleterre, depuis l'invasion des Romains jusqu'en 1763, ouvrage trad. de l'anglais. — Londres, *1776, 2 vol. in-8° rel.*

3291. — GUERRAS CIVILES de Inglaterra y tragica muerte de su rey Carlos. (Le titre manque), *in-4° rel.*

3292. — PILLET (M^{al} de camp). — L'Angleterre vue à Londres et dans ses provinces, pendant un séjour de 10 années, dont six comme prisonnier de guerre. — Paris, *Eymery, 1815, in-8° rel.*

3293. — SCHEFFER (C. A.) — Essai sur la politique de la nation anglaise et du gouvernement britannique. — Paris, *L'Huillier et chez Delaunay, 1817, in-8° br.*

3294. — CUSTANCE (Georges). — Tableau de la constitution du royaume d'Angleterre, traduit de l'anglais sur la 8e édition. — Paris, *Maradan, 1817, in-8° br.*

3295. — ORIGINE et vices de la constitution britannique, suivi d'un détail historique des élections pour le parlement en 1818. — Paris, *L'huillier, 1818, in-8° br.*

3296. — PARISOT (J. T.) — Lettres de Junius, traduites de l'anglais, avec des notes historiques et politiques. — Paris, *chez Bechet;* Rouen, *même maison, 1823, 2 vol. in-8° br.*

3297.. — GUIZOT. — Collection des mémoires relatifs à la Révolution d'Angleterre, accompagnée de notices et d'éclaircissements historiques. — Paris, *Pichon, Bechet, 1827, in-8°, 25 vol.*

3298. — LETI (Grégoire) — La vie d'Olivier Cromwell. — Amsterdam, *1696, 2 vol. in-12 rel.*

3299. — D°. — La vie d'Olivier Cromwell, où l'on voit comment ce tyran, d'une naissance obscure, vint à bout de détrôner son roi (Charles Ier. de la maison des Stuart) et en le faisant mourir publiquement sur un échafaud par la main du bourreau, s'assura l'impunité, etc., etc. — Amsterdam, *1746, in-12 rel.*

3300. — SHAFTESBURY (Earl of).— Memoirs, letters and speeches, etc. — London, *J. Murray, 1859, in-8° rel.* (Port)

3301. — BOULAY (Le Cte), de la Meurthe. — Tableau politique des règnes de Charles II et de Jacques II, derniers rois de la maison de Stuart. — Paris, *Thomine et Fortic, 1822, in-8°, 2 vol.*

3302. — D°. — Autre exemplaire, même année.

3303. — DUPLESSIS (Dom T. C.). — Histoire de Jacques II, roi d'Angleterre. — Bruxelles, *J. Léonard, 1740, in-12 rel.*

3304. — CLARKE (M. Mary-Anne) [Les princes rivaux, ou les mémoires de]. — Paris, *1813, Buisson, in-8° rel.*

3305. — VIE (La) d'Anne Stuart, reine de la Grande-Bretagne, de France et d'Irlande. Trad. de l'anglais. — Amsterdam, *P. Humbert, 1716, in-12 rel.*

3306. — CONDUITE (La) de Son Altesse le prince et duc de Marlborough, dans la présente guerre, avec plusieurs pièces originales. Trad. de l'anglais. — Amsterdam, *P. Decoup, 1714, in-12 rel.*

3307. — CAROLINE (La princesse). — Mémoires de la princesse Caroline, adressés à la princesse Charlotte, sa fille, publiés par Th. Asche, écuyer. Trad. de l'anglais sur la 4ᵉ édit. Port. — Paris, *J. Dentu, 1813, in-8°, 2 vol.*

3308. — JOURNAL d'un Voyageur anglais, ou Mémoire et anecdotes sur Son A. R. Caroline de Brunswick, princesse de Galles, de 1814 à 1816. Trad. en français par C. G. — Bruxelles, *Le Charlier, 1817, in-8° br.*

3309. — PERGAMI (Le Bᵒⁿ). — Mémoires de M. le baron Pergami, chambellan, chevalier de Malte, chevalier du Saint-Sépulcre, etc. Trad. d'après le manuscrit italien, par M***. — Paris, *Brissot-Thivars, 1820, in-8° br.* (Portr.)

3310. — HISTOIRE de Marie Stuart, par M. Mignet, membre de l'Académie française, secrétaire perpétuel de l'Académie des sciences morales et politiques. 2ᵉ édit. — Paris, *Paulin, Lheureux et Cⁱᵉ, éditeurs, 1832, 2 vol. in-8°.*

3311. — MIGNET. — Histoire de Marie Stuart. — Paris, *Charpentier, 1854, in-8° br.*

3312. — ALMERTÉ (Tarmini). — Voyages de Sa Majesté la Reine d'Angleterre et du baron Pergami, son chambellan, en Allemagne, en Italie, en Grèce, etc., etc., pendant les années 1814 à 1820, avec des notes curieuses et piquantes. — Paris, *Locard et Davi, 1821, in-8° br.* (Portr.)

3313. — MÉMOIRES historiques et critiques sur les plus illustres personnages vivants de l'Angleterre, ouvrage qui renferme les détails les plus étendus sur l'état présent de ce royaume, etc. Trad. de l'anglais sur la 3ᵉ édit. — Paris, *L. Duprat, etc., 1803, in-8°, 2 vol.*

3314. — HISTOIRE du droit héréditaire de la couronne de la Grande-Bretagne. Ecrite en faveur du prince de Galles, par quelqu'un de son parti, et pour laquelle le Dʳ Bedfort a été condamné depuis peu à Westminster. Réfutée par des remarques sur le véritable droit de la Reine, les justes motifs de la Révolution et la succession dans l'illustre maison de Hanovre. Trad. de l'anglais. — La Haye, *P. Husson, 1714, in-8°, 2 vol. rel.*

3315. — RAYNAL (L'abbé). — Histoire du Parlement d'Angleterre. — LONDRES, *1748, in-12 rel.*

3316. — Dº. — La même. Nouvelle édition. — LONDRES, *1751, in-12, 2 vol. rel.*

3317. — CIZE. — Histoire du Whigisme et du Torisme. — LA HAYE, *Veuve d'A. Moetjens, 1718, in-12 rel.*

3318. — LEDIARD (THOMAS). — Histoire navale d'Angleterre, depuis la conquête des Normands en 1066 jusqu'à la fin de l'année 1734 ; tirée des historiens les plus approuvés, des manuscrits originaux, des actes publics, des traités et des journaux, avec un grand nombre de faits et d'observations. Trad. de l'anglais (P.-F. de Puisieux). — LYON, *Duplain, 1751, in-4º, 3 vol. rel.*

3319. — SAINTE-CROIX (Le Bᵒⁿ DE). — Histoire des progrès de la puissance navale de l'Angleterre, suivie d'observations sur l'acte de navigation et de pièces justificatives. — YVERDON, *1783, in-12, 2 vol.*

3320. — Dº. — Autre exemplaire. Même édition.

3321. — DÉTAILS HISTORIQUES sur les principales descentes faites en Angleterre depuis Jules César jusqu'à nos jours, par H.-V. de Nantes. — NANTES, *an XII (1804), in-8º.*

3322. — BOUCHER. — Histoire de la dernière guerre entre l'Angleterre et les Etats-Unis de l'Amérique, la France, l'Espagne et la Hollande, depuis son commencement, en 1775, jusqu'à la fin, en 1783, avec l'éloge impartial des officiers qui s'y sont trouvés. Edition ornée de tableaux contenant la liste des officiers de la marine française, tués ou morts de blessures, etc., etc. — PARIS, *Brocas, 1788, in-8º cart.,* 2 tomes en un vol.

3323. — WHITWORTH (CH.). — Commerce de la Grande-Bretagne et tableaux de ses importations et exportations progressives, depuis l'année 1697 jusqu'à la fin de l'année 1773. Trad. de l'anglais. — PARIS, *Imprimerie royale, 1777, in-fº rel.*

3324. — BRISSOT DE WARVILLE (J.-P.). — Testament politique de l'Angleterre. — PHILADELPHIE, *1781, in-12 rel.*

3325. — CLARKE (T. B.) — Coups d'œil sur la force et l'opulence de la Grande-Bretagne, où l'on voit les progrès de son commerce, son agriculture et sa population, avant et après l'avènement de la maison de Hanovre. On y a joint une correspondance inédite du doyen Tuckeo et de David Hume avec le lord Kaims concernant le commerce. Ouvrage publié à Londres en 1801. Trad. de l'anglais par J. Marchena. — PARIS, *Levrault, an X (1801), in-8º.*

3326. — FIEVÉE (J.) — Lettres sur l'Angleterre et réflexions sur la philosophie du XVIIIe siècle. — PARIS, *Perlet, 1802, in-8° cart.* (2 ex.)

3327. — RICARD (Le Ch[ier]). — Analyse fondamentale de la puissance de l'Angleterre, ou l'Angleterre considérée dans sa marine, son commerce, sa situation dans l'Europe et ses ressources contre la France, ouvrage rédigé d'après les matériaux du Ch[ier] Ricard, colonel d'infanterie, par J.-F. André. — PARIS, *Hubert, 1805, in-8° rel.*

3328. — MONTGAILLARD (M. DE). — Situation de l'Angleterre en 1811. — PARIS, *1811, in-8°.*

3329. — D°. — Autre exemplaire, même édition.

3330. — LEBERTRE. — Aperçu du traitement qu'éprouvent les prisonniers de guerre français en Angleterre. (Pl.) — PARIS, *Dentu, 1813, in-8°, brochure rel.*

3331. — SAY (J.-B.) — De l'Angleterre et des Anglais. — PARIS, *A. Bertrand, 1815, in-8°, brochure.*

3332. — DÉCADENCE de l'Angleterre, ou lettre d'un anglais à l'honorable Cte de Liverpool, ministre, etc. Trad. avec l'anglais en regard sur la 2e édition, augmentée de notes du traducteur français et d'opinions curieuses de plusieurs anglais sur le commerce actuel, les finances et le dépérissement de leur pays. — PARIS, *T. Desoer, 1816, in-8°, brochure.*

3333. — DUCHATELLIER (A.), du Finistère). — Du commerce et de l'administration, ou coup d'œil sur le nouveau système commercial de l'Angleterre. Quels sont les intérêts de la France ? — PARIS, *1826, in-8°, brochure.*

3334. — FERRIER. — Du système maritime et commercial de l'Angleterre au 19e siècle, et de l'Enquête française. — PARIS, *Mai, 1829, in-8°, broch. rel.*

3335. — LA VAUGUYON (DE). — La vérité sur l'Angleterre par un français, publiée et dédiée à la nation anglaise, par J. A. Vievard. — LONDRES, *1817, in-8° rel.*

3336. — MALO (CHARLES). — Panorama d'Angleterre. Journal politique, littéraire et critique. — *1816-1817, in-8°, 2 vol.* (fig.)

3337. — NOUGARÈDE DE FAYET (A.) — Lettres sur l'Angleterre et sur la France. — PARIS, *Amyot, 1846-47, in-8° 4 vol.*

3338. — A LIST of the officers of the army and royal marines, etc. — LONDON, *1833, in-8°.*

3339. — GROSLEY (P. J.) — Londres. — Lausanne, *1770, in-12, 3 vol.* reliés.

3340. — D°. — Le même. Nouvelle édition. Cartes et plans. — Lausanne, *1774, in-12, 4 vol. rel.*

3341. — CRAPELET (G. A.) — Souvenirs de Londres en 1814 et 1816, suivis de l'histoire et de la description de cette ville dans son état actuel, 12 planches et un plan de Londres. — Paris, *Crapelet, 1817, in-8° cart.*

3342. — DEFAUCONPRET (A. J. B.) — Londres en 1824, ou Recueil de lettres sur la politique, la littérature et les mœurs de cette ville, dans le cours de l'année 1824. — Paris, *Gide, 1825, in-8°.*

3343. — ROBERTSON (G.). — Histoire d'Ecosse durant les règnes de la Reine Marie et du Roi Jacques VI, jusqu'à l'avènement de ce prince au trône d'Angleterre. Avec un précis de l'histoire d'Ecosse qui précède cette époque. Trad. nouvelle, par l'abbé Blavet. — Paris, *Pissot, 1785, in-12, 3 vol. rel.*

3344. — D°. — La même. Trad. de l'anglais par Campenon. — Paris, *Janet et Cotelle, 1821, in-8°, 3 vol. cart.*

3345. — CARREL (A.). — Résumé de l'histoire d'Ecosse avec une Introduction par Augustin Thierry. — Paris, *Lecointe et Durey, 1825, in-18.*

3346. — FRANCISQUE-MICHEL. — Les Ecossais en France et les Français en Ecosse. — Paris, *Franck, 1862, 2 vol. in-8°.*

3347. — CAUSSIN (Le P.). — Histoire de Marie Stuart, reine de France et d'Ecosse, décapitée à Londres le 18 février 1587. Nouvelle édition. Rédigée sur des pièces originales, publiée par Mercier de Compiègne.— Paris, *Mercier, 1795, in-18, 2 vol.*

3348. — WIESENER (L.). — Marie Stuart et le comte de Bothwell. — Paris, *Hachette, 1863, in-8°.*

3349. — TEULET (Alexandre). — Relations politiques de la France et de l'Espagne avec l'Ecosse au xvi° siècle. Nouvelle édition. — Paris, *J. Renouard, 1862, in-8°, 5 vol.*

3350. — MAGEOGHEGAN (L'abbé). — Histoire de l'Irlande ancienne et moderne, tirée des monuments les plus authentiques. — Paris, *A. Boudet, 1758, in-4°. 3 tomes en un vol. Parch. vert.*

3351. — ROWLANDS (Henry). — Mona antiqua restaurata. An archeological discourse, etc., of the Isle of Anglesey, the ancient seat of the Bristish Druides. The 2° edition. (By Henry Owen, with notes by Lewis Enorer.) — London, *J. Knox, 1766, in-4° rel.* (Pl.)

3352. — DERNIERS agrandissements des Anglais dans l'Inde, par M. Richild Grivel, enseigne de vaisseau. (Extrait de la Revue coloniale, juin 1851). — Paris, *Imprimerie administrative de Paul Dupont, 1851, in-8°, 36 pages.*

3353. — WEY (Francis). — Les Anglais chez eux. — Paris, *M. Lévy frères, 1856, in-8° br.*

3354. — FOUBLANQUE (A. de). — L'Angleterre, son gouvernement, ses institutions. Trad. de l'anglais sur la 4ᵉ édit., par Ferd. Cam. Dreyfus, avec une préface de M. Henri Brisson. — Paris, *Hachette et Cⁱᵉ, 1881, in-8° br.*

3355. — NAVY LIST, corrected to the 20 th. December 1846. — London, *Murray.*

3356. — ARMY LIST (The) for January 1858. By authority. — London, *1858, in-8° br.*

3357. — KYLE'S description of Glascow. With six illustrations. — Glascow, *Morison Kyle, in-12 (48 pages).*

***

11. — HISTOIRE SCANDINAVE

A. — Généralités

3358. — GRABERG DE HEMSO (J.). — La Scandinavie vengée de l'accusation d'avoir produit les peuples barbares qui détruisirent l'empire de Rome. — Lyon, *J.-B. Kindelem, 1822, in-8°.*

3359. — LA CROIX (J.-F. de). — Anecdotes du Nord, comprenant la Suède, le Dannemarck, la Pologne et la Russie, depuis l'origine de ces monarchies jusqu'à présent. — Paris, *Vincent, 1770, petit in-8° rel.*

3360. — CATTEAU CALLEVILLE (J.-P.). — Tableau de la mer Baltique, considérée sous les rapports physiques, géographiques, historiques et commerciaux, avec une carte et des notes détaillées sur le mouvement général du commerce, sur les ports les plus importants, sur les monnaies poids et mesures. — Paris, *Pillet, 1812, in-8°, 2 vol.*

B. — Danemark

3361. — DESROCHES (J.-B.). — Histoire de Danemark avant et depuis
l'établissement de la monarchie. Nouvelle édit. sur l'édition de Hollande,
à laquelle on a joint la suite de la même histoire, jusqu'à l'an 1732. —
Paris, *Rollin, 1732, in-12, 9 vol. rel.*

3362. — MALLET (P.-H.). — Histoire de Danemark. 3ᵉ édit. — Genève
et Paris, *1787, in-12, 9 vol.* (Cart.)

3363. — SPITTLER. — Histoire de la Révolution de Danemark en 1660,
par laquelle l'autorité monarchique devint illimitée en ce pays et la couronne héréditaire d'élective qu'elle était auparavant. Traduit de l'allemand par Soulange, Artaud. — Metz, *Collignon, an XII, 1805, in-12.*

3364. — LAMI (P.). — Résumé de l'histoire du Danemark. 2ᵉ édit. —
Paris, *Lecointe et Durey, 1825, in-18.*

3365. — MÉMOIRES authentiques et intéressants, ou histoire des comtes
Struensée et Braud. Edition faite sur le manuscrit, tiré du portefeuille
d'un Grand. — Londres, *1789, in-8° rel.* (Port.)

3365 bis. — DESROCHES. — Histoire de Danemark, avant et depuis
l'établissement de la monarchie. — Paris, *Rollin fils, 1732, 8 vol. petit
in-8° rel.*

C. — Suède

3366. — GOUVERNEMENT (Nouvelle forme du) de Suède, ratifié par le
Roi et les Etats le 21 août 1772. Extrait, article par article, sur deux
colonnes, l'une contenant les choses conservées, et l'autre les changements et les établissements ultérieurs avec des observations du 28
octobre 1772. Suivi d'un précis de l'histoire de Suède et de quelques
événements relatifs à la Révolution du 20 août 1772. Manuscrit *petit
in-8°.* Mar. rouge, fil. arm. D. S. T.

3367. — VERTOT (L'abbé de). — Histoire des Révolutions de Suède, où
l'on voit les changements qui sont arrivés dans ce royaume au sujet de
la religion et du gouvernement. Nouvelle édit. — Paris, *Durand, 1778,
in-12, 2 vol. rel.*

3368. — HISTOIRE des Révolutions de Suède. — Paris, *Ménard, 1819,
2 vol. in-8° rel.*

3369. — VERTOT (L'abbé). — Histoire des Révolutions de Suède. —
Paris, *F. Didot frères, 1846, petit in-8° rel.*

3370. — HISTOIRE ABRÉGÉE de l'état présent de la Suède. — LONDRES, *J. Nourse, 1758, petit in-8° rel.*

3371. — CATTEAU-CALLEVILLE (J.-P.). — Histoire de Christine, reine de Suède, avec un précis historique de la Suède, depuis les anciens temps jusqu'à la mort de Gustave-Adolphe Le Grand, père de la Reine. — PARIS, *Pillet, 1815, in-8°, 2 vol.*

3372. — ARCKENHOLTZ (J.-W.). — Mémoires concernant Christine, reine de Suède, pour servir d'éclaircissement à l'histoire de son règne et principalement de sa vie privée, et aux événements de l'histoire de son temps civile et littéraire. — AMSTERDAM et LEIPZIG, *1760, 4 vol. in-4° reliés.*

3373. — VOLTAIRE (DE). — Histoire de Charles XII, roi de Suède. — BASLE, *Christophe, 1731, in-12, 2 vol. rel.*

3374. — D°. — Histoire de Charles XII, roi de Suède. Nouvelle édition, augmentée d'une table des matières. — AMSTERDAM, *P. Mortier, 1741, in-12 rel.*

3375. — D°. — Histoire de Charles XII, roi de Suède. Edit. stéréot. — PARIS, *P. Didot, 1802, in-8° br.*

3376. — D°. — Histoire de Charles XII, roi de Suède. — PARIS, *Lecointe, 1831, in-16 cart.*

3377. — MAUVILLON (ELÉAZAR). — Histoire de Gustave-Adolphe, roi de Suède, composée sur tout ce qui a paru de plus curieux, et sur un grand nombre de manuscrits et principalement sur ceux de M. Arckenholtz. — AMSTERDAM, *Chatelain et fils, 1764, petit in-4° rel.*

3378. — SARRANS Jne (J.-B.). — Histoire de Bernadotte, Charles XIV, roi de Suède et de Norwège, etc. — PARIS, *in-8°, 2 vol.*

3379. — HORDT (Le Cte DE). — Ses mémoires historiques, politiques et militaires, rédigés par M. Borelly. — PARIS, *F. Buisson, an XII (1805), 2 vol. in-8°.*

—————

12. — HISTOIRE DE L'EMPIRE RUSSE

—————

3380. — DESCRIPTION géographique et topographique de la Russie d'Europe, extraite en grande partie du Dictionnaire géographique, historique de cet empire, publié à Moscou, en 1813, par Vlevolytki. Conte-

nant : des notions exactes et détaillées sur les mœurs et usages de
37 différents peuples, et sur plus de 500 nouvelles villes dont on n'avait
pas encore fait mention ; avec les nouvelles divisions de cet empire et du
nouveau royaume de Pologne. Atlas de 13 cartes. — Paris, *H. Langlais,
1819, in-4°.*

3381. — ANVILLE (D'). — L'empire de Russie, son origine et ses accroissements. — Paris, *Imprimerie royale, 1772, in-12 rel.*

3382. — LECLERC. — Histoire physique, morale, civile et politique de
la Russie ancienne et moderne. — Paris, *Froulle, 1783, in-4°, 6 vol.,*
v. porph. fil.

3383. — ATLAS. — *Grand in-f° rel.*

3384. — KARAMSIN (N.-M.). — Histoire de l'empire de Russie. Trad.
par MM. Saint-Thomas et Jauffret. — Paris, *Belin, 1819-26, in-8°,
11 vol. cart.*

3385. — ANECDOTES historiques et curieuses de l'empire de Russie.
Trad. de l'anglais. — Paris, *Cailleau, 1791, in-8° rel.*

3386. — LAVEAUX (J.-C.-T. DE). — Histoire de Pierre III, Empereur
de Russie, imprimée sur un manuscrit trouvé dans les papiers de
Montmorin, ancien ministre des affaires étrangères, et composée par un
agent secret de Louis XV à la cour de Pétersbourg, avec des éclaircissements et des additions importantes, suivie de l'histoire secrète des amours
et des principaux amants de Catherine II (fig.) — Paris, *an VII (1799),
in-8°, 3 vol. rel.*

3387. — SALDERNE (DE). — Histoire de la vie de Pierre III, Empereur
de toutes les Russies, présentant sous un aspect impartial les causes de
la révolution arrivée en 1762. — Metz, *Collignon, an X (1802), in-8°.*

3388. — PIERRE III (Le faux). — Ou la vie et les aventures du rebelle
Jemell Jean Pugatschew, d'après l'original russe de M. F. E. G. W. D'B.,
avec des notes historiques et politiques. — Londres, *C. H. Seyffert, 1775,
in-8° rel.*

3389. — CASTERA (J. H.) — Histoire de Catherine II, Impératrice de
Russie. — Paris, *F. Buisson, an VIII, in-12, 4 vol.*

3390. — CÉRENVILLE (Mᵐᵉ DE). — Vie du prince Potemkin, feld maréchal au service de Russie, sous le règne de Catherine II, rédigée d'après
les meilleurs ouvrages allemands et français, etc. — Paris, *Nicolle,
1808, in-8° cart.*

3391. — MASSON (C. F.-P.) — Mémoires secrets sur la Russie et particulièrement sur la fin du règne de Catherine II et le commencement de celui de Paul Ier, formant un tableau des mœurs de Saint-Pétersbourg, à la fin du 18 siècle, etc., etc. — PARIS, *Ch. Pougens, an 8 (1800), in-8°, 2 vol.*

3392. — KERALIO (DE). — Histoire de la dernière guerre entre les Russes et les Turcs (1769). — PARIS, *Desaint, 1777, in-12, 2 vol. rel.*

3393. — LAVERNE (L. M.) — Histoire du feld maréchal Souvarof, liée à celle de son temps, avec des considérations sur les principaux événements politiques et militaires auxquels la Russie a pris part pendant le XIXe siècle. — PARIS, *Le Normant, 1809, in-8° cart.*

3394. — PROGRÈS DE LA PUISSANCE RUSSE (Des), depuis son origine, jusqu'au commencement du XIXe siècle. — PARIS, *Pantin, 1812, in-8° br.*

3395. — MULLER (CHRÉTIEN). — [Tableau de Pétersbourg, ou lettres sur la Russie, écrites en 1810, 1811, 1812 par] et traduit de l'allemand par Legros. — PARIS, *Treuttel et Würtz, 1814, in-8° br.*

3396. — WILSON (ROBERT). — Puissance politique et militaire de la Russie en 1817. Carte. — PARIS, *Plancher, 1817, in-8° brochure.*

3397. — D°. — Le même ouvrage d'une autre traduction sous le titre de : Tableau de la puissance militaire et politique de la Russie en 1817. Trad. de l'anglais sur la 2e édition. Augmenté de plusieurs autres pièces, etc. — PARIS, *Dentu, 1817, in-8° broch.*

3398. — PASSENANS (M. P. D. DE). — La Russie et l'esclavage dans ses rapports avec la civilisation européenne, ou de l'influence de la servitude sur la vie domestique des Russes, etc. — PARIS, *P. Blanchard, 1822, in-8°, 2 vol.*

3399. — DUPRÉ DE SAINT MAUR (E.) — Pétersbourg, Moscou et les provinces, ou observations sur les mœurs et les usages russes au commencement du XIXe siècle. — PARIS, *1830, in-12, 3 vol. cart.*

3400. — MOSCOU. — Avant et après l'incendie, ou notice contenant une description de cette capitale, des mœurs de ses habitants, des événements qui se passèrent pendant l'incendie et des malheurs qui accablèrent l'armée française pendant la retraite de 1812, par G. D. L., témoin oculaire. — PARIS, *Gide fils, 1814, in-8° br.*

3401. — SCHERER (J. B.) — Annales de la petite Russie, ou histoire des Cosaques Saporogues et des Cosaques de l'Ukraine ou de la petite Russie, depuis leur origine jusqu'à nos jours, suivie d'un abrégé de l'histoire des hetmans des Cosaques et des pièces justificatives. Trad. d'après les manuscrits conservés à Kiew, enrichie de notes. — Paris, *Cuchet, 1788, in-8°, 2 vol. rel.*

3402. — DOLGOROUKY (Le Prince Pierre). — Notices sur les principales familles de la Russie. — Bruxelles, *Méline, Cans et Cie, 1843, in-8°.*

3403. — RÉVÉLATION sur la Russie ou l'empereur Nicolas et son empire en 1844, par un résident anglais. Trad. de l'anglais par M. Noblet et annoté par M. Cyprien Robert. — Paris, *J. Labitte, 1845, in-8°, 3 vol.*

3404. — CHARRIÈRE (Ernest). — Mémoires d'un seigneur russe, ou tableau de la situation actuelle des nobles et des paysans dans les provinces russes. Trad. du russe par Ernest Charrière. — Paris, *L. Hachette et Cie, 1854, in-8°.*

3405. — RAMBAUD (Alfred). — Histoire de Russie, depuis les origines jusqu'à l'année 1877, 2e édit. — Paris, *Hachette et Cie, 1879, in-8° rel.*

3406. — RULHIÈRES. — Histoire de la révolution de Russie en 1762. — Paris, *F. Didot frères, 1846, p^t in-8° rel.*

3407. — NESTESURANOI (Le B. Isvan). — Mémoires du règne de Pierre Le Grand, nouvelle édit. — Amsterdam, *Wetsteins et Smith, 1728, 4 vol. in-12 rel.*

3408. — LEROY-BEAULIEU. — L'empire des Tsars et des Russes. — Paris, *Hachette et Cie, 1881, 3 vol. in-8°.* Le 1er contient : Le pays et les habitants. Le 2e, les Institutions. Le 3e, la Religion.

---

13. — HISTOIRE DE LA POLOGNE, DE LA LITHUANIE, ETC.

3409. — MALTE-BRUN. — Tableau de la Pologne ancienne et moderne. Contenant la description de ce pays, de ses montagnes, plaines. fleuves, etc. La topographie de la haute et basse Pologne, etc. La description politique, ou aperçu de la Constitution polonaise, des religions, des lois, etc. Rédigé principalement d'après des notes communiquées par des Polonais et d'après les auteurs du pays même. — Paris, *H. Tardieu, 1807, in-8° cart.* (2 ex.)

3410. — SOLIGNAC (Le Ch^{ier} de). — Histoire générale de Pologne. — Paris, *J.-T. Hérissant, 1750, in-12, 5 vol. rel.*

3411. — CHODZKO (Léonard). — La Pologne historique, littéraire, monumentale et illustrée, ou scènes historiques, monuments, médailles, costumes, etc. Rédigé par une société de littérateurs, sous la direction de Léonard Chodzko. 3e édit. — *Grand in-8°.* (2 ex.)

3412. — THIESSÉ (Léon). — Résumé de l'histoire de Pologne. — Paris, *Lecointe et Durey, 1824, in-18.*

3413. — CONTANT D'ORVILLE (A.-G.). — Les fastes de la Pologne et de la Russie. — Paris, *J.-P. Costard, 1770. petit in-8° rel.*, 2 vol.

3414. — LA BIZARDIÈRE (de). — Histoire de la scission ou division, arrivée en Pologne le 27 juin 1697, au sujet de l'élection d'un Roi. — Paris, *J. Jombert, 1699, in-12.* M. r. fil. D. S. T.

3415. — D°. — Autre exemplaire. Même édition.

3416. — RULHIÈRE (C.-C.). — Histoire de l'anarchie en Pologne et du démembrement de cette République, suivie des Anecdotes sur la révolution de Russie en 1762, par le même. — Paris, *Desenne, 1807, in-8°, 4 vol. rel.*

3417. — DROITS (Les) des trois puissances alliées sur plusieurs provinces de la République de Pologne. Les réflexions d'un gentilhomme polonais sur les lettres patentes, etc. — Londres, *1774, 2 vol. in-8° rel.*

3418. — VIOMENIL (Le B^{on} de). — Lettres particulières sur les affaires de Pologne en 1771 et 1772, précédées d'une notice sur les principaux agents français, notamment sur Dumourier, et de souvenirs contenant des faits inconnus jusqu'ici, tant sur ce général que sur le démembrement de la Pologne en 1772. — Paris, *Treuttel et Würtz, 1808, in-8°.*

3419. — HISTOIRE des Révolutions de Pologne, depuis la mort d'Auguste III jusqu'à l'année 1775. — A Varsovie, mdcclxxv, *2 vol. in-8°.*

3420. — MÉMOIRES sur la Révolution de Pologne, trouvés à Berlin, 1794 (Coste). Avec un avertissement attribué à M. André d'Arbelles. — Paris, *V. Galleud, 1806, in-8°.*

3421. — POULAIN (Jules). — Un épisode de l'insurrection de Pologne, 1830 à 1832. — Paris, *Ambroise Dupont, in-8° br.*

3422. — PROYART (L'abbé). — Histoire de Stanislas Ier, roi de Pologne, duc de Lorraine et de Bar. — Paris, *Delalain, 1826, 2 vol. in-12 rel.*

3423. — PIETKIEWIEZ (M.). — La Lithuanie et sa dernière insurrection. — Bruxelles, *H. Dumont, 1832, in-18.*

14. — HISTOIRE DE L'EMPIRE OTTOMAN, ETC.

3424. — POSTEL (Guill). — De la République des Turcs, et là où l'occasion s'offrera, des meurs et Loy de tous Muhumédistes en bref. — Poitiers, *Engilbert de Marnef, 1560, in-4°.* 3 parties en un vol. cart.

3425. — TOTT (Le baron de). — Mémoires sur les Turcs et les Tartares. — Amsterdam, *1784, in-8°, 2 vol.* rel.

3426. — MOURADJA D'HOSSON (de). — Tableau général de l'empire Othoman. Divisé en deux parties, dont l'une comprendra la législation mahométane, l'autre l'histoire de l'empire Othoman. Fig. — Paris, *Imprimerie de Monsieur, 1788, in-8°, 5 vol.*

3427. — D°. — Tableau historique de l'Orient. — Paris, *Didot jeune, an XII (1804), in-8°, 2 vol.* rel.

3428. — GUER. — Mœurs et usages des Turcs, leur religion, leur gouvernement civil, militaire et politique, etc. — Paris, *Coustellier, 1746, in-8°, 2 vol.*

3429. — FÉBVRE (Michel). — L'Etat présent de la Turquie, où il est traité des vies, mœurs et coutumes des Ottomans et autres peuples de leur empire, divisé par 14 nations qui l'habitent, toutes opposées à la puissance qui les gouverne et les unes aux autres ; sept desquelles sont infidèles et sept chrétiennes. — Paris, *E. Couterot, 1675, in-12* rel.

3430. — PORTER. — Observations sur la religion, les lois, le gouvernement et les mœurs des Turcs. Trad. de l'anglais par M. B. (Bergier). — Londres et Paris, *1769, petit in-8°.* 2 parties en un vol. rel. (2 ex.)

3431. — MARSIGLI (Le Cte de). — L'état militaire de l'empire Othoman, ses progrès et sa décadence. Pl. — La Haye, *1733, in-f°* rel.

3432. — SAGREDO. — Histoire de l'empire Ottoman. Trad. de l'italien par Laurent. — Paris, *F. Barrois, 1724, in-12, 5 vol.* rel.

3433. — D°. — La même. — Amsterdam, *P. de Coup, 1730, in-12, 7 vol.* reliés.

3434. — MIGNOT (L'abbé). — Histoire de l'empire Ottoman, depuis son origine jusqu'à la paix de Belgrade, en 1740. — Paris, *Leclerc, 1771, in-12, 4 vol.* rel. (2 ex.)

3435. — CANTIMIR (Demetrius). — Histoire de l'empire Othoman, où se voient les causes de son agrandissement et de sa décadence. Avec des notes très instructives. Trad. en français par M. de Joncquières. — Paris, *Nyon, 1748, in-12, 4 vol.* V. F. D. S. T.

3436. — PALLA (E.) — Histoire abrégée de l'empire Ottoman, et observations sur ses progrès et sur l'état présent de l'empire. — Paris, *1789, in-8° rel.*

3437. — CHÉNIER (de). — Révolutions de l'empire Ottoman et observations sur ses progrès et sur l'état présent de l'empire. — Paris, *1789, in-8° rel.*

3438. — VOLNEY (de). — Considérations sur la guerre actuelle des Turcs. — Londres, *1788, in-8° rel.*

3439. — PEYSSONNEL (N. de). — Examen du livre intitulé : Considérations sur la guerre actuelle des Turcs, par M. de Volney. — Amsterdam, *1788, in-8° rel.*

3440. — ABESCI (Elias). — Etat actuel de l'empire Ottoman, contenant des détails plus exacts que tous ceux qui ont paru jusqu'à présent sur la Religion, le Gouvernement, etc., traduit de l'anglais par M. Fontanelle. — Paris, *Lavillette, 1792, in-8°, 2 vol.*

3441. — RÉFLEXIONS historiques et politiques sur l'empire Ottoman, suivies de notes du Père Sicard, sur les antiquités de l'Egypte, par C. L. D. — Paris, *Belin, an XI, 1802, in-8°*

3442. — BOUVET (Francisque). — La Turquie et les Cabinets de l'Europe, depuis le xvᵉ siècle, ou la question d'Orient. — Paris, *D. Giraud, 1853, gᵈ in-18.*

3443. — CHASSEPOL (de). — Histoire des grands vizirs Mahomet Coprogli Pacha et Ahmet Coprogli Pacha. Celle des trois derniers grands seigneurs, de leurs sultanes et principales favorites, avec les plus secrètes intrigues du sérail, et plusieurs autres particularités des guerres de Dalmatie, Transylvanie, Hongrie, Candie et Pologne, avec le plan de la bataille de Cotzchin. — Paris, *E. Michalley, 1676, in-12 rel.*

3444. — LA VICOMTERIE. — Les Crimes des empereurs turcs, depuis Osman premier jusqu'à Selim IV. (Grav.) — Paris, *an III, in-8° cart.*

3445. — BEAUVOISIN (J.-E.). — Notice sur la Cour du grand Seigneur, son sérail, son harem, la famille du sang impérial, etc., 3ᵉ édit. — Paris, *G. Warée, 1807, in-8° br. (2 ex.)*

3446. — ASSAD EFFENDI. — Précis historique de la destruction du corps des janissaires par le Sultan Mahmouden, 1826. Trad. du turc par A.-P. Caussin de Perceval. — Paris, *F. Didot, 1833, in-8°.*

3447. — AZAM (Victor). — L'avènement d'Abdul-Azis. Avenir de l'empire Ottoman. — Paris, *E. Dentu, 1861, in-8°.*

3448. — MAKRIZY. — Traité des Monnaies musulmanes. Trad. de l'arabe par A.-I. Sylvestre de Sacy. — Paris, *an V (1797), in-8° cart.*

3449. — SÉVIN (L'abbé). — Lettres sur Constantinople, suivies de plusieurs lettres de M. Peyssonnel, contenant des détails curieux sur l'empire ottoman; on y a joint la relation du Consulat de M. Anquetil à Surate, adressée à M. de Vergennes, un Mémoire du savant Beschi sur le Calendrier de l'intérieur de l'Inde, revu par Jérôme Lalande, etc. Le tout imprimé sur les originaux inédits et revus par l'abbé Bourlet de Vauxcelles. — Paris, *Obré, an X (1802), in-8° rel.*

3450. — WILKINSON (W.) — Tableau historique, géographique et politique de la Moldavie et de la Valachie. Trad. de l'anglais par M. de La Roquette. — Paris, *1824, in-8°.*

3451. — CHRONIQUE historique des Empereurs d'Orient. Extraite de l'Art de vérifier les dates. — Paris, *Egasse, 1809, in-8° br.*

3452. — DUVAL (Amaury). — (Exposé des faits qui ont précédé et suivi la cession de Parga. Ouvrage écrit originairement, en grec, par un parganiste et traduit en français par un de ses compatriotes, publié par). — — Paris, *Brissot-Thivars et autres, 1820, in-8° br.*

3453. — MAC-FARLANE (Ch.). — Constantinople et la Turquie. Traduit de l'anglais par M. Nettement. — Paris, *Moutardier, 1829, 2 vol. in-8° brochés.*

3454. — QUESTION D'ORIENT. — La France et la Russie. — Paris, *Librairie nouvelle, 1854, in-8° br.*

3455. — LAVALLÉE (Théophile). — Histoire de l'empire Ottoman, depuis les temps anciens jusqu'à nos jours. — Paris, *Garnier frères, 1855, in-4° br.*

3456. — KÉRATRY (Cte E. de). — Mourad V, prince, sultan, prisonnier d'Etat (1840-1878), d'après les témoins de sa vie. Ouvrage orné d'un magnifique portrait sur acier et d'un autographe de Mourad V. — Paris, *E. Dentu, éditeur, 1878, in-8° br.*

3457. — JONQUIÈRE (Vte de la). — Histoire de l'empire Ottoman, depuis les origines jusqu'au traité de Berlin. (4 Cartes). — Paris, *Hachette, 1881, in-8° rel.*

15. — HISTOIRE DE LÁ GRÈCE ET DE SES ILES

3458. — CASTELLAN (A.-L.). — Lettres sur la Morée et les îles de Cerigo, Hydra et Zante, avec 23 dessins de l'auteur, gravés par lui-même, et 3 plans. — PARIS, *H. Agasse, 1808, in-8° rel.* — Et lettres sur la Grèce, l'Hellespont et Constantinople, faisant suite aux lettres sur la Morée, avec 20 dessins et 2 plans. — PARIS, *H. Agasse, 1811, in-8° rel.* 2 vol. v. marb. fil. (2 ex. des lettres sur la Morée.)

3459. — DAPPER (OL.) — Description exacte des Iles de l'Archipel et de quelques autres adjacentes dont les principales sont Chypre, Rhodes, Candie, etc., comprenant leurs noms, leur situation, leurs villes, etc., enrichie de plusieurs cartes et de figures, traduit du flamand. — AMSTERDAM, *G. Gallet, 1703, in-f° cart.*

3460. — CORONELLI (le P.) — Mémoires historiques et géographiques du Royaume de la Morée, Négrepont et des places maritimes jusqu'à Thessalonique. Cartes et plans. — AMSTERDAM, *Wolgang, 1686, petit in-8° cart.*

3461. — D°. — Description géographique et historique de la Morée, reconquise par les Vénitiens, du royaume de Négrepont, des lieux circonvoisins et de ceux qu'ils ont soumis dans la Dalmatie et dans l'Epire, depuis la guerre qu'ils ont déclarée aux Turcs en 1684, jusqu'en 1687. Plans et vues. — PARIS, *N. Langlois, 1687, in-f° rel.*

3462. — CARTE de la Grèce moderne. — *1826, in-18 cart.*

3463. — CARREL (ARMAND). — Résumé de l'histoire des Grecs modernes depuis l'envahissement de la Grèce par les Turcs jusqu'aux derniers événements de la Révolution actuelle. — PARIS, *Lecointe et Durey, 1826, in-18.*

3464. — VOUTIER (le Colonel). — Mémoires sur la guerre actuelle des Grecs. — PARIS, *Bossange frères, 1823, in-8°.*

3465. — BELLOC (Mᵐᵉ L. S. W.) — Bonaparte et les Grecs, suivi d'un tableau de la Grèce en 1825, par le Cᵗᵉ Pecchio. — PARIS, *Urbain Canel, 1826, in-8°.*

3466. — BORY DE Sᵗ-VINCENT. — Expédition scientifique de Morée. — PARIS, *F. G. Levrault, 1836, gᵈ in-4°, 5 vol. rel.* avec Atlas.

3467. — ATLAS de l'expédition. — *In-f° rel.*

3468. — CHENNECHOT. — Histoire de la régénération de la Grèce, résumée d'après M. Pouqueville, et continuée jusqu'aux événements les plus récemment connus. — PARIS, *Dauthereau, 1826, in-32.* (De la bibliothèque en miniature).

3469. — D°. — Autre exemplaire, même édition.

3470. — SAVARY. — Lettres sur la Grèce, pour servir de suite à celles sur l'Egypte. — PARIS, *Bleuet, an VII (1798).*

3471. — POUQUEVILLE (F.-C.-H.-L.) — Histoire de la régénération de la Grèce, comprenant les événements, depuis 1740 jusqu'en 1824, avec cartes et portraits. — PARIS, *F. Didot père et fils, 1824, 4 vol. in-8° cart.*

3472. — POUQUEVILLE. — L'univers. Histoire et description de tous les peuples. Grèce. — PARIS, *Firmin Didot, 1835, in-8°.*

3473. — ABOUT (EDMOND). — La Grèce contemporaine par E. About, 2° édition. — PARIS, *Hachette, 1855, in-8°.*

3474. — DESMAZE (EDMOND). — Etudes et souvenirs helléniques, première série. Etudes. — LYON, *Louis Bouillieux, libraire ;* PARIS, *Garnier frères, éditeurs ;* ATHÈNES, *aux bureaux du* Messager d'Athènes, 1878, *in-8° br.*

3475. — RAULIN (V.) — Description physique et naturelle de l'île de Crète. Itinéraires, histoire, population, agriculture. — PARIS, *Arthus Bertrand, 1869, in-8°, 2 vol. et atlas.*

3476. — MISSOLONGHI N'EST PLUS ! appel aux amis des Grecs, par Camille Paganel. — PARIS, *Desanges, 1826, in-32 br.*

3477. — JUBILÉ DES GRECS et jubilé de la civilisation, nouvel appel en faveur des Grecs par M. Félix Bodin ; *in-32 br.*

---

15. — HISTOIRE DES HORDES NOMADES, VULGAIREMENT NOMMÉES BOHÉMIENS, ETC.

3478. — GRELLMANN (H.-M.-G.) — Histoire des Bohémiens, ou tableau des mœurs, usages et coutumes de ce peuple nomade : suivie de recherches historiques sur leur origine, leur langage et leur première apparition en Europe. Trad. de l'allemand sur la 2° édit. par M. J. — PARIS, *J. Chaumerot, 1810, in-8°.*

3479. — MICHEL (FRANCISQUE). — Histoire des races maudites de la France et de l'Espagne. — PARIS, *A. Franck, 1847, in-8°, 2 vol. rel.*

FIN DE LA PREMIÈRE PARTIE

TABLE
DES DIVISIONS ET SUBDIVISIONS

———◦✦◦———

HISTOIRE

I. — PROLÉGOMÈNES HISTORIQUES

Pages.

1. — Traité sur la manière d'écrire l'histoire. — Philosophie de l'histoire. — Atlas historiques. — Dictionnaires. 1

2. — Géographie

A. — Introduction et dictionnnaires. 2

B. — Description du Globe terrestre. — Mesure de la Terre et mesures itinéraires. 4

C. — Géographie ancienne et géographie comparée. . . . . id.

D. — Géographie moderne. 6

E. — Mélanges de géographie. 9

F. — Atlas généraux et Cartes particulières. 10

EUROPE

Cartes générales de l'Europe. 12

France. . . . . id.

France. — Bretagne. 13

   Dᵒ. — Finistère. 14

   Dᵒ. — Côtes-du-Nord. . . . . id.

   Dᵒ. — Normandie. . . . . id.

   Dᵒ. — Roussillon. . . . . id.

Bays-Bas. 15

Italie. . . . . id.

Mer Méditerranée. 16

Suisse. 17

Espagne et Portugal. . . . . id.

Espagne. . . . . 17 et 18

                                                                    Pages.

Allemagne. . . . . 18 et 19

Allemagne. — Prusse..   19

    Do. . — Plans de villes.. . . . .   id.

Angleterre.   20

Danemark. . . . .   id.

Russie.. . . . .   id.

Pologne. . . . .   id.

Turquie.   21

                                    ASIE

Asie-mineure.. . . . .   id.

Perse.   22

Inde.. . . . .   id.

                                  AFRIQUE

Egypte..   23

Algérie.. . . . .   id.

Iles. . . . .   id.

Ethiopie. . . . .   id.

                                  AMÉRIQUE

Iles et Ports..   24

G. — Hydrographie ou Géographie maritime.   25

                              3. — Voyages

A. — Introduction.   29

B. — Histoire générale et particulière ou analyse des voyages. . . . . . .   id.

C. — Collections de relations de voyages..   30

D. — Voyages autour du Monde.   31

E. — Voyages en Europe, en Asie et en Afrique.   34

F. — Voyages en Europe, en Afrique et en Amérique.. . . . .   id.

G. — Voyages au Levant..   35

H. — Voyages en Europe et en Asie (non compris dans la section précédente). .   36

J. — Voyages en Asie, en Afrique et en Amérique. . . . .   id.

K. — Voyages en Asie et en Afrique.   id.

L. — Voyages en Asie, en Amérique et dans la Polynésie.   37

M. — Voyages en Europe. . . . .   id.

a. — Voyages qui, dans un seul itinéraire, embrassent plusieurs parties de l'Europe.. . . . .   id.

b. — Voyages en France..   38

    Voyages en Bretagne et dans les départements qui en ont été formés. . . .   40

    Voyages dans le Finistère..   41

Pages.

c. — Voyages en Espagne, Portugal, Iles Baléares. 42

d. — Voyages en Italie et ses îles. . . . . id.

e. — Voyages en Suisse. 45

f. — Voyages en Belgique et Hollande ; diverses parties de l'Allemagne, Autriche
et Hongrie. . . . . id.

g. — Voyages aux îles Britanniques. 46

h. — Voyages en Danemarck, Suède, Norwège, Laponie, Russie, Crimée, etc. . 47

i. — Voyages en Turquie d'Europe y compris la Grèce et les îles Ioniennes. . . 48

N. — **Voyages en Asie** 49

a. — Relations qui embrassent, dans un même itinéraire, différentes parties de
l'Asie. . . . . id.

b. — Turquie asiatique, comprenant l'Asie-Mineure, l'Arménie et en particulier
la Terre-Sainte. 50

c. — Arabie, mer Rouge. 51

d. — Voyages aux contrées caucasiennes, Géorgie, Circassie, pays des Kalmouks,
Sibérie et Kamtschatka. 52

e. — Route de l'Europe aux Indes orientales, et retour, soit par le Nord de l'Asie,
soit par le grand désert. . . . . id.

f. — Recueil de relations de voyages dans l'Inde, relations de séjours dans les
mêmes contrées et à Ceylan. . . . . id.

g. — Voyages en Indo-Chine, en Asie centrale, y compris le Thibet. 54

h. — Navigation dans la mer des Indes, etc., comprenant l'archipel des Moluques. id.

i. — Voyages en Chine, Corée, Japon. 55

O. — **Voyages en Afrique** 56

a. — Relations qui embrassent, dans un même itinéraire, plusieurs parties de
l'Afrique. . . . . id.

b. — Région du Nil, contenant l'Egypte, l'Abyssinie, etc. 57

*(Voir les sections 2 — E. F et 3 — G. H. J. K. N, b des voyages
où se trouvent différentes relations de l'Egypte).*

c. — Région de l'Atlas, contenant les côtes de Barbarie, Tunis, Alger, etc. . . 59

d. — Région du Sahara et région centrale. 60

e. — Régions occidentales y compris les côtes, depuis le cap Blanc jusqu'au cap
de Bonne-Espérance. 61

f. — Régions australe et occidentale, où sont compris le cap de Bonne-Espérance
et la Cafrerie. . . . . id.

g. — Iles d'Afrique. 62

P. — **Voyages dans les deux Amériques.** . . . . id.

a. — Recueil de relations. . . . . id.

b. — Voyages dans les mers polaires contenant les expéditions entreprises pour
trouver un passage Nord-Ouest à la partie septentrionale de l'Océan
Pacifique. 63

P'. — **Amérique septentrionale.** 64

                                                                 Pages.
c. — Relations qui, dans un même itinéraire, embrassent plusieurs parties de
    l'Amérique septentrionale.. . . . .   id.

d. — Détroit de la baie d'Hudson, Nouvelle-Bretagne, Canada, Louisiane, Floride,
    Etats-Unis. . . . .   id.

e. — Mexique, Californie, Nouveau-Mexique.   66

P''.— Amérique méridionale . . . .   id.

f. — Relations qui, dans un même itinéraire, embrassent plusieurs parties de
    l'Amérique méridionale.. . . . .   id.

g. — Colombie, Pérou, Chili, Rio de la Plata, Paraguay, etc.   67

h. — Patagonie, îles malouines, détroit de Magellan et Pôle Sud.   68

Q. — Voyages dans les mers du Sud, comprenant la Polynésie
    australe, etc. . . . .   id.

                           4. — Chronologie

A. — Systèmes et traités de chronologie générale. . . . . , ...   69

B. — Systèmes et traités de chronologie particulière à certaines peuples et à
    certaines époques. Histoire du calendrier.   70

C. — Chronologie historique. Tables chronologiques,.   71

II. — HISTOIRE UNIVERSELLE, ANCIENNE ET MODERNE

1. — Anciennes chroniques et ouvrages sur l'histoire universelle. . . .   73

2. — Traités particuliers relatifs à l'histoire universelle. — Mœurs et
    Usages.   75

III. — HISTOIRE DES RELIGIONS ET DES SUPERSTITIONS

1. — Histoire générale des Religions..   77

A. — Histoire de l'Eglise chrétienne.   78

a. — Introduction et origines, etc..   id.

b. — Histoire de l'Eglise par des écrivains catholiques   79

c. — Histoire de l'Eglise à certaines époques.   80

d. — Histoire de l'Eglise par des écrivains protestants.   81

e. — Histoire ecclésiastique de différents pays. . . . .   id.

Pages.

f. — Missions en différents pays du Monde.   82

g. — Histoire des papes, des cardinaux et des conclaves. . . . .   id.

h. — Histoire des Inquisitions.   84

i. — Histoire des Conciles. . . . . :   id.

l. — Histoire du Clergé et des Ordres religieux de l'un et de l'autre sexe. . . .   85

m. — Histoire des Ordres de Chevalerie institués pour la défense de l'Eglise. . .   89

n. — Hagiographes . . . . -   90

o. — Histoire des anciens rites des chrétiens. Histoire des lieux saints, des
cimetières, des images, des miracles, de l'institution et de la célébration de
la Fête-Dieu.   92

B. — Histoire générale et particulière des hérésies, des schismes, des sociétés
secrètes, etc.   93

2. — **Histoire des Religions payennes (Polythéisme et Panthéisme)
considérées sous le rapport mythologique.**   96

A. — Mythologues anciens. . . . .   id.

B. — Dictionnaires, traités généraux et spéciaux sur la mythologie du Paganisme
ancien, etc.   97

C. — Mythologie des Egyptiens, des Assyriens, des Mèdes et des anciens Persans,
des Carthaginois, etc.   99

D. — Mythologie des Grecs et des Romains.   100

E. — Mythologie celtique, mythologie scandinave. . . . .   id.

F. — Mythologie indienne et chinoise. . . . .   id.

IV. — HISTOIRE ANCIENNE

1. — Origine des nations.   101

2. — Histoire générale et particulière de plusieurs peuples anciens. . .   id.

3. — Mélanges historiques.   103

4. — Histoire des Juifs. . . . .   id.

5. — Histoire des Phéniciens, des Babyloniens, des Egyptiens, des
Perses et de quelques autres peuples anciens.   106

6. — Histoire générale et particulière de la Grèce.   107

A. — Auteurs anciens. . . . .   id.

B. — Auteurs modernes   110

Pages.

7. — Histoire générale et particulière du peuple romain et de ses empereurs 113

A. — Auteurs anciens. . . . . id.

B. — Auteurs modernes. 121

IV*. — APPENDICE A L'HISTOIRE ANCIENNE

1. — Histoire byzantine ou du Bas-Empire. 127

2. — Histoire des migrations des Scythes, des Goths, des Visigots, des Huns, des Vandales, etc. Leurs invasions en Europe pendant les premiers siècles de l'ère chrétienne. 130

V. — HISTOIRE MODERNE

Généralités. 131

A. — Histoire générale de l'Europe, depuis la chute de l'Empire d'Occident, pendant le moyen-âge et après. 132

B. — Histoire du Moyen-Age jusqu'au milieu du 15ᵉ siècle y compris les croisades. id.

C. — Histoire générale de l'Europe, depuis la fin du 15ᵉ siècle jusqu'à nos jours. . 135

D. — Mélanges historiques, civilisation, politique, commerce, etc. 138

1. — Histoire de France

A. — Géographie ancienne et moderne. Topographie. Statistique. 139

B. — Histoire celtique et gauloise. 143

C. — Origine des Français. Etablissement de la monarchie dans les Gaules. . . . 144

D. — Mœurs et usages, antiquités et monuments. . . . . id.

E. — Histoire générale de France, sous les trois races. 146

F. — Collection de chroniques et de mémoires historiques. 154

G. — Collections de dissertations particulières. Recueils de diplomes et chartes. 160

H. — Mélanges historiques. 161

J. — Ouvrages qui se rapportent à certaines époques de l'histoire de France. . . 162

K. — Histoire particulière de France sous chaque race. 164

Pages.

a. — Les deux premières races (418-986). . . . . id.

b. — Troisième race : De Hugues-Capet (987-1328) . . . . id.

c. — Première branche des Valois (1328-1498). 165

d. — Seconde branche des Valois (1498-1589). 168

e. — Branche des Bourbons : Henri IV (1589-1610). 174

f. — Louis XIII (1610-1643). 177

g. — Louis XIV (1643-1715). 181

h. — Louis XV et Louis XVI (1715-1789). 191

i. — Révolution de 1789 jusqu'au Consulat, an VIII (1799). 201

j. — Consulat et Empire (1799-1815). 216

k. — Restauration (1815-1830). 226

l. — Révolution de 1830. — Louis-Philippe Ier. 237

m. — Révolution de 1848. — Deuxième République. 240

n. — Second Empire. 241

o. — Révolution de 1870. — 3e République. 242

L. — Histoire royale et princière de France. 243

M. — Cérémonial français. 245

N. — Mélanges d'histoire politique et civile de France. . . . . id.

a. — Etat politique. — Droit public. — Gouvernement, etc. . . . . id.

b. — Etats-généraux. — Ancienne Pairie. — Magistrature. — Administration
municipale. — Offices. 247

c. — Population. — Milice. — Marine. — Finances. — Monnaies. — Médailles. —
Commerce et Industrie. 252

d. — Histoire diplomatique. 256

O. — Histoire particulière des anciennes Provinces et Villes de France 259

a. — Paris et résidences royales. . . . . id.

b. — Isle de France. — Picardie. — Artois. (Seine. — Seine-et-Oise. — Seine-
et-Marne. — Aisne. — Somme. — Pas-de-Calais). 263

c. — Beauce. — Orléanais. — Blaisois, etc. (Eure-et-Loir. — Loir-et-Cher. —
Loiret). 264

d. — Normandie. (Seine-Inférieure. — Eure. — Calvados. — Manche. — Orne). id.

e. — Maine. — Touraine. — Anjou. — Poitou. (Sarthe. — Mayenne. — Indre-et-
Loire. — Maine-et-Loire. — Vienne. — Deux-Sèvres. — Vendée). 267

f. — Nivernais. — Bourbonnais. — Berry. (Nièvre. — Allier. — Indre. — Cher). . 268

g. — Champagne. (Marne. — Haute-Marne. — Aude. — Ardennes). . . . . . . id.

h. — Bourgogne et Franche-Comté. (Côte-d'Or. — Saône-et-Loire. — Jura. —
Doubs. — Haute-Saône. — Yonne. — Ain). 269

j. — Lyonnais. — Beaujolais. — Bresse et Forey. (Rhône. — Loire). . . . . . id.

k. — Aunis. — Saintonge. — Angoumois. — Périgord. (Charente-Inférieure. —
Charente. — Dordogne). 270

l. — Marche. — Limousin. — Auvergne. — Vivarais. — Velay. (Creuse. —
Haute-Vienne. — Corrèze. — Cantal. — Puy-de-Dôme. — Haute-Loire). . . id.

Pages.

m. — France méridionale ou Aquitaine en général.   271

n. — Guyenne et Gascogne,. y compris le Béarn et la Navarre, le Quercy, le
Rouergue, etc. (Gironde. — Lot. — Aveyron. — Lot-et-Garonne. — Tarn-
et-Garonne. — Hautes-Pyrénées).   id.

o. — Languedoc. — Pays de Foix. — Roussillon. (Aude. — Tarn. — Hérault. —
Lozère. — Ardèche. — Gard. — Ariège. — Pyrénées-Orientales. — Haute-
Garonne. — Haute-Loire).   272

p. — Provence. — Avignonais. — Orange. (Bouches-du-Rhône. — Var. — Basses-
Alpes. — Vaucluse)..   273

q. — Dauphiné. (Isère. — Hautes-Alpes. — Drôme.   274

r. — Savoie française. — Comté de Nice et principauté de Monaco. (Savoie. —
Haute-Savoie. — Alpes-Maritimes). . . . .   id.

s. — Barrois et les Trois-Evêchés, Metz, Toul et Verdun. — Lorraine et Alsace.
(Moselle. — Meuse. — Vosges. — Meurthe. — Haut-Rhin. — Bas-Rhin). .   id.

t. — Ancienne province de Sédan. — Flandre française. (Nord et Pas-de-Calais).   275

u. — Bretagne.   276

   Côtes-du-Nord.   286

   Ille-et-Vilaine. . . . .   id.

   Loire-Inférieure.   287

   Morbihan.. . . . .   id.

   Finistère.   288

   Quimper.   290

   Brest..   291

   Daoulas.   318

   Landévennec.   319

   Châteaulin. — Port-Launay.   id.

   Landerneau. . . . .   id.

   Lesneven. . . . .   id.

   Le Folgoët.   320

   Kerilien. . . . .   id.

   Conquet. . . . .   id.

   Saint-Mathieu. . . . .   id.

   Concarneau. . . . .   id.

   Morlaix. . . . .   id.

   Saint-Pol-de-Léon   321

   Roscoff. . . . .   id.

(Voir le supplément à la fin du 2e Volume).

   Ile de Corse.   321

   Algérie..   322

2. — **Histoire des provinces belgiques et de la Hollande.**   325

Pages.

3. — Histoire d'Italie. 327

4. — Histoire des îles Ioniennes et de l'île de Malte. 331

5. — Histoire de la Suisse.. . . . . id.

6. — Histoire d'Espagne.. 332

7. — Histoire du Portugal. 336

8. — Histoire des îles Baléares, ... 337

9. — Histoire d'Allemagne. 338

10.—Histoire d'Angleterre, d'Ecosse et d'Irlande. 342

11.—Histoire scandinave. 351

A. — Généralités.. . . . . id.

B. — Danemark. 352

C. — Suède. . . . . id.

12.—Histoire de l'empire russe.. 353

13.—Histoire de la Pologne, de la Lithuanie, etc. 356

14.—Histoire de l'empire ottoman. 358

15.—Histoire de la Grèce et de ses îles.. 361

16.—Histoire des hordes nomades, vulgairement nommées bohémiens, etc. 362

FIN DE LA TABLE DE LA PREMIÈRE PARTIE

.B.-R.

www.ingramcontent.com/pod-product-compliance
Lightning Source LLC
Chambersburg PA
CBHW071619270326
41928CB00010B/1690